中央民族大学"985工程"
中国少数民族语言文化教育边疆史地研究创新基地文库
双语研究丛书

总主编　戴庆厦

双语与双语教育概论

作　　者：[英] 科林·贝克
汉译主编：翁燕珩
译　　者：翁燕珩　关春明　洪苹
　　　　　任中夏　魏　强

中央民族大学出版社

图书在版编目（CIP）数据

双语与双语教育概论/（英）科林贝克著，翁燕珩译.
北京：中央民族大学出版社，2008.4（2015.6 重印）
ISBN 978-7-81108-496-2

Ⅰ.双… Ⅱ.①科…②翁… Ⅲ.双语教学-概论
Ⅳ.H09

中国版本图书馆 CIP 数据核字（2008）第 054822 号

双语与双语教育概论

汉译主编	翁燕珩
责任编辑	戴佩丽
封面设计	布拉格工作室
出 版 者	中央民族大学出版社
	北京市海淀区中关村南大街27号　邮编：100081
	电话：68472815(发行部)　传真：68932751(发行部)
	68932218(总编室)　　　68932447(办公室)
发 行 者	全国各地新华书店
印 刷 者	北京宏伟双华印刷有限公司
开　　本	787×1092(毫米)　1/16　印张：34
字　　数	470千字
印　　数	1001—2000册
版　　次	2008年4月第1版　2015年6月第3次印刷
书　　号	ISBN 978-7-81108-496-2
定　　价	52.00元

版权所有　翻印必究

My considerable gratitude goes to Weng Yanheng who enthusiastically created a Chinese version of this book. Greetings & goodwill are extended from Wales to all Chinese Readers.

Colin Baker

谨在威尔士向所有中国读者致以诚挚的敬意!

科林·贝克

目　录

一本具有双语研究前沿气息的专著……………………………… 1
译者的话 ……………………………………………………………… 5
中文版导言 …………………………………………………………… 8
序言 ………………………………………………………………… 11
致谢 ………………………………………………………………… 15
第二版介绍 ………………………………………………………… 17
本书介绍 …………………………………………………………… 20

上篇：双语的个体属性与社会属性

第一章　双语：定义与区别 ………………………………………… 3
第二章　双语的衡量标准 …………………………………………… 20
第三章　语言的社会属性 …………………………………………… 40
第四章　语言的复兴与逆转 ………………………………………… 59
第五章　双语的发展 ………………………………………………… 89
第六章　第二语言习得 …………………………………………… 111
第七章　双语与智力 ……………………………………………… 136
第八章　双语与思维 ……………………………………………… 150
第九章　双语的认知理论与课程设置 …………………………… 169

下篇：双语教育原则与教学实践

第十章　　双语教育绪论 ………………………………………… 190
第十一章　双语教育的效度 ……………………………………… 231
第十二章　双语教育环境中的语言发展与语言分配 …………… 262
第十三章　双语教育问题 ………………………………………… 292
第十四章　第二语言学习 ………………………………………… 320
第十五章　多元文化社会中的读写能力 ………………………… 340

第十六章	课堂上的读写能力与双语读写能力	366
第十七章	加拿大浸没型教育的课堂	385
第十八章	双语教育的模型与框架	396
第十九章	双语的政治问题	407
第二十章	多元文化主义与反种族主义	434
推荐读物（英文）		1
附录（英文）		5
参考书目（英文）		13
作者索引（英文）		49
主题索引（英文）		56

一本具有双语研究前沿气息的专著
——《双语与双语教育概论》汉译版版序

《双语与双语教育概论》一书，是1998年由英国多语出版公司出版的一本双语学概论的专著。作者是英国Bangor大学的Colin Baker博士。Colin Baker教授是国际著名的双语与双语教育研究专家，Bangor大学副校长。曾获世界"突出教育家和作者"称号、美国加州双语教育学会"2000年研究与学术活动特别奖"。Colin Baker教授还担任《世界双语与双语教育》杂志主编。他有长期的双语教学研究的实践，曾出版了双语方面的专著15部，论文60余篇。本书的出版单位多语出版公司，是目前世界上唯一一家专门以出版双语、第二语言和多语研究方面著作、教材的出版公司，也是世界上在本领域影响最大的公司。多语出版公司与世界其他许多大的出版商有着密切的合作关系和学术出版交流，包括与我国的北京外国语大学出版社、湖南教育出版社、上海外语教育出版社等。多语出版公司的Mike Grover先生本人就是双语与双语教育研究领域的专家。

《双语与双语教育概论》一书问世后多次再版，已被翻译成日语、西班牙语、拉脱维亚语、希腊语等多种语言。该书曾获欧盟"教育突出大会"最佳图书奖、英国"最高学术专著奖"、美国加州双语教育学会"研究与学术活动特别奖"。2000年以后，《双语与双语教育概论》一书成为欧美国家大学教育专业必读的教材。

《双语与双语教育概论》一书内容丰富，是当今研究双语和双语教育专著中内容最为丰富的一本。包括对双语定义、双语范围、双语发展、语言复兴与反转等问题的论述，对语言习得中的双语与智力、双语与思维、双语与认知等问题的探讨，以及对双语教育中的语言发展与语言分配、双语学校的教学、多元文化社会中的语言教育、双语教育的模式与框架、双语政策、多元文化主义与反种族主义等问题的研究。既有一般的双语教育，又有特殊双语教育（包括聋人群体的双语与双语教育）。既注意到人口多的群体的双语教育，又注意到人口较少的少数民族的双语教育。对双语教育与语言保持、语言衰败、语言复兴的关系，家庭和社会对双语发展的影响，双语对思维发展的影响等理论问题都做了探讨。作者广泛收集各国的双语资料，不仅有发达国家的资料，如欧美诸国的双语现象，而且还有欠发达国家的，如印度和非洲等国家的资料。

该书在理论论述上，既重视介绍当今世界有影响的双语和双语教育的理论，给各种观点留下"一席之地"，避免"一言堂"；又不单纯罗列观点，在介绍各家理论的同时还阐述自己的观点。兼收广聚，能够使读者对双语的各种理论有一个较为系统、较为客观的认识。

该书角度广，重视从跨学科的角度剖析双语和双语教育的问题。双语教育涉及到家庭、社区、学校、社会、国家和国际等诸多方面的问题，又与政治、教育、语言、心理、态度、家长、教师等诸多因素密切相关。因而，作者没有简单地仅从双语教育本身探讨双语问题，而是从社会学、人类学、教育学、语言学、心理学、政治学等多学科的综合考察中探讨双语问题。这样研究双语，视野开阔，结论合理。

该书既有双语的宏观探讨，又有双语的微观研究。如幼儿、儿童以及成年人获得双语的途径，双语人的思维能力，双语会不会影响智力，双语人与单语人思维运作的差异，双语人和半语人的区别等。对双语应用中的一些实际问题也做了一些分析。如：课堂上怎样培养双语能力、怎样更好地学会第二语言、双语教育中什么是成功形式等。还涉及到现代社会中存在的一些双语问题，如对少数民族语言是坚持语言多样化，还是倾向于同化。主张建设多彩的双语世界，保护世界语言的多样性。功能双语、成就双语、复合双语、交叉双语、并列双语等双语学概念，是该书涉及到的新术语。

中国是一个以汉族为主体的多民族、多语种的国家。56个民族使用百种以上的语言和近30种的文字，语言文字的结构特点和使用情况十分复杂。55个少数民族为了发展的需要，都面临着既要使用本族母语又要兼用汉语的双语习得任务。所以在中国，双语和双语教育是一个非常重要的问题，关系到各民族社会经济、文化教育的发展和各民族的团结。我国各民族在人口分布、社会文化的发展水平等方面都存在不同的特点，双语教育存在不同的模式和不同的发展规律，所以要解决各民族的双语教育问题，就必须根据不同民族的情况"对症下药"，分门别类地解决，而不能只使用一种模式、一种办法去解决。

在双语和双语教育的理论建设上，中国的语言学家、教育学家面临着繁重的任务。因为在我国，双语和双语教育研究的历史还不长，双语的语言国情还不清楚。特别是进入改革开放的新时期，双语和双语教育有什么新特点、新规律，都是摆在我们面前的新课题，有待我们去认识。双语和双语教育的理论建设，必须建立在对我国国情深入了解的基础上，必须经过对客体的反复分析和归纳才有可能理出科学的认识。所以，中国双语和双语教育问题的合理解决，需要有切合中国国情的理论作为指导。

这部书的出版，无疑对于我国从事双语教学和双语研究都是一本非常有用的参考书。它汇集了当代研究双语的新思想、新概念、新术语，对我国双语和双语教育的研究都会有所启迪，将会起到很好的推动作用。我国从事双语研究的科学工作者和教师在读这本专著时，必然会想到我国的双语实际，提出许多新的问题。我想只要我们从本国实际出发，并重视借鉴各国双语和双语教育的理论，就能建设具有我国特色的双语和双语教育理论，也就能推动双语和双语教育研究向深度发展。

在这里，我们要感谢 Colin Baker 教授，他满腔热情地应允该书译成中文，给中国的双语和双语教育研究带来了前沿信息。同样的感谢还要送给多语出版公司、送给 Mike Grover 和 Marjukka Grover 夫妇。他们以非常低的价格将本书的中文版权让给了中国，并在期间对我们的翻译出版工作给予经常性的鼓励和配合，方才使得本书在中国的出版成为可能。该书的译者翁燕珩教授主要从事双语与双语教育、第二语言教学方面的研究，对我国少数民族的双语和双语教育问题有过多年的研究,而且他从上世纪八十年代起就从事英语教学,具有较好的英语功底。由他来翻译这本专著是再好不过的人选。我们同样要感谢他为此书的翻译付出了辛勤的劳动。

是为序。

戴庆厦

2008 年 3 月 22 日于中央民族大学

译者的话

双语,这个由民族接触和语言接触引起的语言现象,随着民族接触的不断发展、加深和普及而变得比以往任何时候都更加普遍。由于社会的发展、科技的进步、交通的便捷和旅游的方便,人与人之间、民族与民族之间乃至国家与国家之间的接触、交往、交流与合作更加频繁,而双语也必将得到普及和发展。

可以说,世界上几乎没有绝对意义上的单一民族、单一语言的国家。每一个国家,除主体民族外,都以不同的形式、在不同的程度上存在着不同的民族和不同的语言。因此,少数民族人民在使用本民族语言的同时,还要学习和掌握另外一种或几种语言,特别是掌握主体民族的语言(或国语),或国际上通用或流行的语言。这就存在一个双语教育和双语教育研究的问题。双语教育较之单语教育影响,不是 1 + 1 = 2 的简单公式。双语教育不论其出发点如何,目的是什么,都不可避免地要涉及到家庭、社区、学校、社会、国家和国际等诸多方面及各个方面之间的关系问题的影响;都会受诸如语言、心理、政治、教育、态度、家长、教师等诸多因素的影响,而这些因素又相互作用,似乎人们很难确定究竟哪个因素在双语或双语教育上起着决定性的作用。正因如此,使得双语和双语教育的话题众说纷纭,世界各国的研究者也各有侧重,各有其"理"。

Colin Baker 教授,英国 Bangor 大学副校长、欧盟观察员,以其广博的学识、深入的调查、与世界其他地区和国家的专家的广泛交流又博览社会学、人类学、教育学、语言学、心理学、政治学等多学科书籍,历经数年工作,终于在错综复杂的各种现象中,在各家理论和各种学说中,理出了一条清晰的脉络,写成了《双语与双语教育概论》一书。

《双语与双语教育概论》分上、下两篇,共二十章。该书涉及了双语与双语教育的各个方面，如双语的定义、双语的衡量标准、社会中的语言、语言的复兴与逆转、双语的发展、语言习得、双语与智力、双语与思维、双语认知理论与双语教育、双语教育的效度、双语教育环境中的语言发展与语言分配、双语学校与教学、第二语言学习、多元文化社会中的识字教育与读写能力、课堂上的单文与双文、加拿大的浸没教育、双语教育的模式与框架、双语政策、多元文化主义与反种族主义等。作者在书中不仅客观、全面介绍了国际上有影响的各种理论，介绍了对各种理论的评价，分析了各种理论的合理之处与不足之处，还将作者自己的观点贯穿始终。作者在介绍理论的同时还为读者提供了大量的实例，以使读者对书中的理论有更为清楚的认识。此外，书中所提出的问题，以及各章后的思考题，又给读者留下了无数的课题，可以帮助读者进行更加深入、更为客观、更加实用、更合实际的研究和探讨。该书一出版，立刻受到了世界各国学者的密切关注和好评，并将其视为迄今为止双语教育界最全面、最权威的书之一。很快，该书便成了欧美国家高校教育学专业的教材。

　　译者在阅读这本原著时，觉得不够过瘾，于是产生了将其翻译成汉语的念头，希望与国内广大从事双语及双语教育研究的同行共享这种快乐，希望本书的翻译出版，能为我国的双语和双语教育的研究打开一扇新的窗户，并为国内的双语及双语教育研究提供多一些的参考。本书的对象包括从事双语和双语教育研究工作的研究者，从事双语和双语教育实践的广大教师，从事社会语言学和文化语言学研究工作的研究者，外语教学与研究的研究者，应用语言学专业的研究生。本书也可作为民族语言学、民族教育学、民族学和语言教学专业的研究生和本科生的专业参考教材。

　　本书的中文翻译工作，征得了原作者 Colin Baker 教授的同意。原著的出版单位——英国多语出版公司的 Majukka Grover 从一开始就给了我们诸多的鼓励和热情的关心，特别是多语出版公司，为支持我国的民族教育，以极低的价格将本书的中文版权转给了我们。在我们由于工作繁忙，不能按时将本书的中文版出版时，多语出版公司又给予我们充分的理解，这使我们受到莫大的鼓舞。中央民族大学出版社前社长丁文楼先生得知我们准备将此书翻译出版的事后，给予了大力的支持，决定将由中央民族大学出版。戴佩丽教授对本书的出版同样给予了尽可能的支持和帮助，在此我们对各位给予我们的支持和帮助表示衷心的感谢。另外，我们对田茂淑女士在我们翻译过程中所给予的支持表示特别的感谢。

本书人名、地名的翻译有些直接使用英文，这是因为，第一，目前我国的绝大多数学者都或多或少懂英语，人名、地名翻译与否既不构成对原作风格的破坏，也不影响读者对意思的理解；第二，除众所周知的几位，如乔姆斯基等和一些较大的地名外，都没有统一的汉译名称，不论音译、意译还是音译结合，标准问题都是一个不可逃避又不好掌握的问题。我们认为与其制造不必要的麻烦，不如直接使用原文。因此，有的名称翻译了，有的又没有，但愿这种尝试不会给读者带来阅读上的麻烦。

对于在国际上享有如此盛名的大篇，在翻译时，对其文字、风格和文体都应该字斟句酌。为了使汉译版与英文版得以更好的匹配，译文出来后，邀请中央民族大学王远新教授对中文的行文、语言和风格进行了审读，校对和修改，王教授在繁忙的工作中，对译文进行了认真的审阅并给予译者真诚、严肃、认真的帮助和肯定。在此向王远新教授表示真诚的感谢。

最后，当这本书列入出版计划后，出版社要求戴庆厦教授（国家双语学学会主席、美国语言学会终身荣誉会长、中国语言学会副会长、中央民族大学教授）对本书做出版鉴定和介绍时，戴教授欣然接受并在百忙中对本书进行了认真的审阅，更为本书专门撰汛了序言并对本书给予了中肯的评价。在此，我们对戴教授给予我们的支持表示诚挚的感谢！

书中定有很多在翻译和表达上的欠妥之处。恳望各位专家、同事、同行和广大读者予以指正。

译 者
2001年2月
于中央民族大学

中文版导言

对于中国的儿童和成年人来说，双语人不仅仅是拥有两种语言。双语通常会具有很高的教育、社会、经济、文化优势。成为双语人或多语人会有明显的优势而少有劣势。

首先，双语人比单语人有更多的对外交流的机会。当你在国内、周边国家或世界各地旅游时，双语便会在语言上为你提供一座建立新关系的桥梁，而单语人虽然可以用一种语言和人们交流，但这种语言有时会成为与其他种族或民族建立关系的障碍。在一个经济、贸易、电子邮件快速发展，旅游、交通日益便利的世界，那些能够用两种或多种语言进行交际的人无疑具有明显的优势。

另外，一个儿童或成年双语人的优势是他们同时拥有"两个世界的经验"。双语为他们提供了经历两种或多种文化的机会。每一种语言都有其不同的行为规则、民间传说、故事、历史、传统、见面和打招呼的方式、出生、结婚、丧葬的仪式、谈话方式（比较中国人、意大利人、阿拉伯人、北美人谈话的方式）、不同的文学、音乐、娱乐形式、政治传统、了解和理解世界的方式、思想与信仰、思考与饮食、哭泣与爱情、吃饭与关爱的方式、开玩笑与悲痛的方式等等。两种语言会有更丰富、更广泛的文化经历。双语和多语为我们经历世界打开了两个或更多的窗口，因此会使人的思想和精神更为丰富。

汉语单语人同样可以经历不同的文化。单语人同样可以周游周边地区、经历其他文化，但他是以被动的方式进行的。进入不同的文化要有该文化的语言，双语人增加了积极参与不同语言文化的机会。

双语不仅能使人在两种不同的文化间架起一座桥梁，它还能使人在几代人之间架起一座桥梁。当生活在另一个地区的祖辈、父辈及其他亲戚讲一种不同于当地的语言时，单语儿童可能就不能和这样的亲戚进行交流。双语儿童就有机会弥补这一"代沟"，在家庭和家庭以外的亲戚之间建立起联系，同时他会真切地感到他是属于这一大家族的。单语儿童由于没有家庭的继承语言，则会感到与亲戚之间、与过去之间有一定的距离。双语往往能够使家庭、家族的传统具有延续感。

双语人不仅在经济上有潜在的优势，并且能够增加这种优势。具备两种语言的人今后的工作选择范围会更广。随着经济贸易障碍的取消，随着国际关系的日益密切，随着各个国家更为广泛的参与，越来越多的工作岗位都要求具有双语或多语能力的人。跨国公司的工作、销售和出口工作会使中国的双语人比单语人更多才多艺。双语并不能保证一张饭票或今后的富足，然而随着地球村的成长和贸易障碍的取消，双语和多语在今后的求职竞争中必将占据更为有利的位置。

除了社会、文化、经济、人际关系和交流的优势以外，研究已经向人们展示了双语人在思维上的优势。只要词语上附有一丝不同的联想，中国的双语人就能够更灵活、更富创造力地去思考。因此，双语儿童就有可能更熟练、更灵活、更准确地思考问题。游离于两种语言之间，可能语言意识更强且更具交际敏感性。这些在本书中得到了充分的考虑。

在中国，父母操不同的第一语言，儿童成为双语人的优势在于他们能分别用父亲或母亲的语言与他们进行交流。同样，他们也可以用 种语言与父母交流，用另一种语言与他们的朋友或另一个社区的人进行交流。对于许多父母来说，和他们的孩子讲自己的第一语言是很重要的。许多父母只能用第一语言（或他们愿意使用的语言或主流语言）亲切、自然、充分地进行交流。孩子使用父亲或母亲的语言与父亲或母亲进行交流可以最大限度地密切他们的关系。同时，父母也能够分别向他们的孩子传授他们的过去及传统。

讲少数民族语言的家庭的孩子（由于主流语言在家庭以外使用），具备将其继承家庭中的语言或方言、所有的亲密关系及传统参与其中的优势。双语儿童能够与更广泛的社区成员、同学和朋友进行无障碍的交流。当听那些语言不太流利的人讲话时,双语人比单语人更有耐心。

  国家之间、民族之间的障碍之一就是语言。语言有时会成为交流和创造友好关系的障碍。双语人在家庭、在社区、在社会上可以起到减少这种障碍的作用。中国的双语人可以在核心家庭及家庭的亲戚之间、在社区内、在社会之间乃至国家之间起到桥梁的作用。只讲一种语言的人与动物的本质区别在于语言,讲两种语言的人则代表着在不同的肤色、不同教派、不同文化、不同语言之间架起桥梁的人类的本质。

  本书的中文版很大程度上归功于中央民族大学外语系的翁燕珩先生,是他提出的出版中文版的建议。为此,多语出版公司和我本人对他表示无限感谢。在此,我想对他表示衷心的感谢。

科林·贝克

序　言

　　长期以来，多数教师的工作就是施教于那些与自己同属一个社区的儿童。他们与这些儿童使用同一种语言，同属一个民族，因此对这些儿童有着深刻的了解。一些教育的方针政策也就主要集中在社会——教学法的问题上，其中包括课程内容和用来正确讲解这些内容的教学方法。

　　然而，在过去的三十年中，世界各民族相互依存的趋势越发变得明显，人们越来越深刻地意识到民族语言学的多样性，更多的少数民族群体获得了受教育的权力。因此，摆在教师面前的任务是艰巨的。这种挑战来自一个新的民族语言学难题，其复杂性越来越多地表现在日常的教学工作中。

　　对某些教师而言，这种变化使他们必须面对那些与他们自己的孩子以及他们社区中的儿童有差异的学生，这些差异表现为语言、文化及种族的不同。有些教师认为，正是由于他们要培养儿童与那些同自己有差异的人的交际能力并试着去理解这些人，因而才有了这种变化。另一些教师认为，在这种变化中需要对那些民族语言身份正在发生变化的儿童提供帮助。有的时候教师面对的是讲多数民族语言的儿童，双语现象正在成为这些儿童在文化上的明显特征。而另外一些时候，教师所面对的学生，其文化身份的主要特征是少数民族语言。

　　严格地讲，当代教育的最大失误是未能帮助教师去理解这个由儿童、课堂教学、语言社区以及社会所带来的民族语言学难题，因而未能使他们就语言和文化的教学问题做出明智的决定。Colin Baker 的《双语与双语教育概论》第一版的成功，就在于该书在当今整个教育界中证实了对理解社会语言学和心理语言学问题的一种需要，而这两个问题又是与双语和双语教育密不可分的。

这次再版，除保留了原书中那些宝贵的内容外，还做了一些重要的改动，增补了新的内容。Baker花了两年时间到学生、教育工作者和学者中了解情况，这些人都曾使用过该书的第一版。在第二版中采纳了国际学术界所提出的有意义的建议。

与第一版一样，本书同样提出了对一些心理学和社会学问题的处理方法，使教师在制定具体的教学目标时可以采取更为积极的行动。本书无意将教师封闭于某个范围之内。恰恰相反，本书从广泛的社会现象中归纳出一些理论和实际的方法，开阔教师的眼界，使其不为具体的课堂实践所困。既不拘泥于那些简单的官方定义，又不与那些偏狭的社会观点随波逐流，使教师在培养或毁灭儿童双语能力的问题上放开手脚地做出选择，决定自己所扮演的角色。因此，Baker在书中所持的是一种开明的双语教育观点，在提高双语教育工作者扮演语言设计师的觉悟方面起到了积极的作用。

跨学科的研究方法是该书受到空前欢迎的又一个原因，关于这一点可以在第二版中感受到。Baker在讨论语言学的诸多问题时，充分考虑了心理学、社会学、教学法以及政治等因素。但是，该书始终将教师视为主要对象，向他们提供在观察儿童、个体以及语言社区时所必须具备的知识；提供在制定社会化教育的目标时所必须具备的知识，使这些目标与实际情况相吻合；提供在设计和实施各项计划、模式及具体操作时所必须具备的知识，使它们与所制定的目标相适应。

这次再版除了顾及到社会环境的多样性和一些具有该领域特色的模式与策略外，还回答了教师提出的许多具体问题，尤其是美国教师提出的问题。例如，在第二版中虽然同样没有提及那些众所周知的、在美国用来限制双语教育的可能性的标签问题，但却叙述了美国语言政策的演化过程。因而，使双语教师——无论是在美国还是在其他地方——可以站在历史和社会的高度，轻而易举地理解当今自己所扮演的角色。

双语课堂中的双语读写能力问题及语言使用的问题，是这次再版时所增补的重要内容。双语的读写能力实为双语教育中的一个显著特点，教师的责任重大。因为在教学中如何调剂两种语言的使用，是双语教育中的一个至关重要的问题。Baker 就这个问题提出了全面的处理意见，根据不同社会的教育需求，再一次谈到了各种可能性。这些需求产生于包括语言群体在内的种类繁多的社会环境。

作为欧盟的一位敏锐的观察员，Baker 在第二版中加进了"双语与经济"的内容。Baker 甚至认为这是一个曾被忽视了的问题，而在当今互相依存的社会条件下，双语与经济的关系正在成为极为重要的问题。

Baker 这本书的第一版所涵盖的问题可谓是面面俱到了，可还是遗漏了一个非常重要的语言少数民族群体——聋人群体。这次再版，使聋人群体在双语与双语教育的领域里找到了属于自己的恰当位置。最后，在双语教育中还有一个很重要的问题，这就是那些有着特殊需要的语言少数民族的教育问题。因此，在第二版中增补了"双语的特殊教育"一章。

在第二版中，Baker 开门见山地谈到了双语问题，他指出，尽管望远镜是由两个镜筒组成的，但是双语绝非仅仅是两种语言的问题。的确如此，那两个用来观察在本书中所讨论的双语和双语教育的镜筒的倍率增大了，同时，也深化了我们的定义，丰富了我们的知识。Baker 给予我们的不仅仅是一架望远镜，还为我们配备了高倍率的镜头，通过它展现在我们眼前的是一幅内容丰富层次分明的风景画。

我从一名实习教师到后来从事培训双语教师的工作，作为一名美国的双语教育工作者，我深切地感到将 Baker 的多样性思想介绍给工作在第一线的教师的重要性。教师们往往陷于行政规定、家长的要求、新生代的需要与他们自身的能力和态度的矛盾之中。由于阅历上的局限，他们想像中的课堂实践到头来只能变成一种现实。而 Baker 使他们在不同的社会环境中看到了自己的现实情况，看到了这种情况因另一类双语个体、另一类教育计划的存在而发生变化。在 Baker 的书中，教师平静的头脑开窍了，他们在自己的教学实践，乃至他们所置身的社会中，看到了变革和变化的可能性。

在 Baker 写作本书的第一版和第二版期间，我们经常交换意见，使我获益匪浅。我们几乎每天都互发电子邮件，了解对方当地的双语发展情况，这已成了我们交流的一种重要的形式。我能在第一版中就多样性思想谈出自己的看法，完全得益于 Baker 虚怀若谷的品德。而本书的第二版则极大地丰富了我们的思想，因为它囊括了学生和教师提出的许多评论、建议、思想乃至批评意见。在能够贴近各层次的、读过第一版的读者、关注他们的集体情况的同时，又能使读者更上一层楼，去展望外部的世界，在第二版中 Baker 的聪明才干也就一览无余了。

纽约城市大学，教育学院，Ofelia Garcia 教授

致　谢

撰写这部介绍性教材的想法缘自我的朋友，埃萨克斯郡的 Mike Grover 先生。他曾给我写过一句简单的话："可以考虑写一本关于双语教育的教科书"。正是他的这句话，对我的学术研究产生了影响。我之所以要感谢多语出版公司的 Mike 先生，不仅仅是因为他使我敢于担负起这个责任，还因为他所给我的一贯鼓励和他那友好、支持的做事风格。Mike Grover 是我合作过的出版商中最令人满意的一位。

在本书的第一版中，我曾对那些在我写作第一版时给予我帮助的人士表示过我的谢意。今天，我想再一次真诚地感谢他们：Iolo Williams, Andrew Cohen, Edward David, Viv Edwards, Peter Garrett, Sharon Lapkin, Hilaire Lemoine, Bernard Spolsky, Merrill Swain, Ann Illsley 和 Dilys Parry。我的夫人是威尔士人，我们有三个讲双语的孩子。在决定写这本书时，我从他们身上找到了灵感。他们无时不使我领略到双语的魅力。我永远不会忘记他们所给予我的支持与爱。Diolch yn fawr iawn am bopeth.（这里是 Colin Baker 教授在用威尔士语对他的夫人表示感谢，大意是："非常感谢你为我所做的一切"——译者注）

多语出版公司独具慧眼，指定纽约城市大学的 Ofelia Garcia 教授作为本书第一和第二版的学术顾问。她对初稿的每一章都提出了详细、认真、明智和独到的建议。在初稿中，很快就发现了一些致命的缺陷，她建议我仔细推敲并恰到好处地揭示了某些文化上的假设。在此，对她发给我的数十个电子邮件和我到纽约访问时她所慷慨花费的时间和付出的耐心，我谨表示由衷的感谢。在我们交流彼此想法的同时，我发现她对语言少数民族深深的同情，这无疑是一种真正意义上的学识。Pocos lectores hay que sean tan compresivos, entusiastas, perspicaces, y conocedores tanto de la escuela como de la calle, y tan capaces de saber criticar y al mismo tiempo saber apoyar. Generosay entregada a sus estudiantes tanto como a su investigacion, la Profesora Ofelia Garcia supo ensenarme, de hecho y de palabra, por correo electronico y por su ejemplo personal, como se puede combinar en una misma persona el elevado logro academico y el alto altruismo personal.（这是 Colin Baker 教授用西班牙文写的对 Gacia 教授的感谢，原文大意是：Garcia 教授提供了高效、全面、热情、有洞察力和友好的合作，她慷慨而文雅地提出了建设性的意见。她对同事和学生的慈善好施，通过我们之间每天的电子邮件交流扩展到我身上，并将这种特惠赋予了我。Garcia 教授的学术和为人都使我获益匪浅。她献身于少数民族语言事业和考虑他人利益的精神，以及对双语的热情提高了她的学术成就——译者注）。

我是在一些出版商给我的信中首次结识 Garcia 教授的。信中有这样一句简单的话："我一直与当今美国最优秀的人物保持着联系"。这句话正好也表明我的看法，对此，我完全同意。

我所得到的支持与帮助是一种极为慷慨的给予，并深感受之有愧。然而，如果让这种慷慨来承担责任的话，则有悖常理，全部责任应由我个人承担。

科林·贝克

第二版介绍

《概论》一书的第一版已经与读者见面了。写完这本书后，我长长地舒了一口气。在此之前，像雪豹一样，我搜集了双语和双语教育的有关文献；像松鼠一样，我先是逐渐地积累材料，然后就是阅读和检查的工作。最初的十八章经过写作、改写、反复地核对编排，通过了一审，便又寄给欧洲和美国的一些专家，征询他们的意见。做了进一步的修改和校订后，这个由多语出版公司分派给我的任务终于完成了，而且是永远地完成了。这时，我又可以去重新做那些更为得心应手的事了：就专业性的学术课题进行研究和写作，而目光也就变得越来越短浅了。

生活中，越是可以预知的事情却总是出乎人们的预料。本书的第一版在世界各地会有如此大的销售量，是我始料不及的。对第一版进行重新检查是一件有意义的工作。因为我们知道要使一本书成为一本全面性的、可读性强的书，这样做是有必要的。但是，随着销售量的增加，却反而使我不安起来。本书的第一版写于1990至1992年间，书中的部分内容已经过时，双语教育的思想又有了新的发展。作为多语出版公司的系列编辑，看了一些收到的文稿和建议后，感触很深，加之在美国和英国做的一系列讲座中所得到的重要反馈信息，所有这些都使该书要跟上时代的步伐成为一件重要的事情。尽管高层和委员会认为有责任劝我改掉雪豹和松鼠的习惯，但我还是保持了这种精神。

这些便是写作第二版的主要原因。在重新检查第一版时，发现了几处值得商榷的地方，使我们有必要重新思考书中的部分内容。Nancy Dorian 教授，Viv Edwards 教授和 John Eggleston 教授在这方面做了大量工作。他们每位都对第一版的内容提出了自己独到的见解。当用批评的眼光去看待第一版时，他们的观点对我产生了极大的影响。这里我要特别感谢 Viv Edwards，是他对读写能力的重要研究使第二版有了重大的改动。本书的第二版希望读者看到，双语尤其是双语教育绝非是个静止的问题，而是一个发展着的、逐渐演化的问题。这一点已写进了新的版本，在第四章、第十一至第二十章里做了重点论述。

教师们尤其想知道在第二版中究竟做了哪些调整。首先，我们做了一些细微的改动。例如，更新了一些参考资料，增加了一些研究成果和研究问题，更正了原书中的一些误识，增大了评论的篇幅。第二，这也是很重要的一点，增补了新的内容和章节。增补的内容包括：读写能力与双语的读写能力（新加的章节）；美国双语教育史；大脑的双重代码模式；经济与双语；聋人与双语；以及教学中的语言界线。

第二版未就具体的教学方法发表过多的意见。这样做是有原因的。纽约城市大学的 Ofelia Garcia 和笔者为本书编辑了一个"参考读物"。这些内容具有重要的意义，虽未在《概论》的第一版中占有太多的篇幅，但却是《双语教育的政策与实践：扩展基础》(Policy and Practice in Bilingual Education: Extending the Foundations) (1995) 的重要组成部分。这本由多语出版公司出版发行的读物，精选了当今在双语和双语教育领域最具影响力的文章。每一篇文章都堪称"大师级作品"，是一些重要的论文。我们编辑的这本"参考读物"在四个方面介绍了当今双语和双语教育的一些基础性和建设性的思想。这四个方面是：一，学校双语和双语教育的政策与立法问题；二，在学校中实施双语政策：调整教学方法；三，使用双语进行教学：构建课堂教学；四，利用学校社区的双语资源：教师和家长。

在与学生和教师就第一版的内容进行讨论后，注意了以下几个问题：既照顾到北美的观点也考虑到欧洲的观点，从而更多地展现全球对双语和双语教育的关心；将语言少数民族的观点与那些具有相对优势的双语人（例如，讲法语和英语的双语人）的观点联系起来，为了共同的利益，对双方的观点都持肯定的态度；用浅显的语言阐发深刻的思想；以大学生、研究生、在职教师及准教师为本书的阅读对象；在做到全面、公平和建设性地介绍各类观点的同时，加入分析、解释和讨论；既综合性地介绍双语和双语教育的有关资料，又不失批评性的评论意见。

有些教师希望看到只涉及欧洲或美国的版本，而有些教师则认为双语是个国际性、跨地区的问题，他们希望保留一本涉及方方面面的书。我的看法是，任何地区的局限性都会伤及本书的一个基本原则：语言少数民族只有通过联合才能得到发展，而封闭只能失去自己。同样，双语和双语教育在世界范围内有许多共性的东西。因此，从世界的角度看问题是一种开明和有效的方法。任何带有民族偏见的或反省式的"双语概论"，都将是自相矛盾的，从而使这个实实在在的全球性问题蒙上偏狭的阴影。

在编辑第二版的过程中，承蒙纽约城市大学的 Ofelia Garcia 教授、威尔士大学的 Sylvia Prys Jones 博士、多语出版公司的 Mike 和 Marjukka Grover，波士顿大学聋人研究中心的 Jim Kyle 教授，力丁大学（University of Reading）的 Viv Edwards 教授，以及宾夕法尼亚大学的 Nancy Hornberger 教授的鼎立协助，《概论》一书的日文翻译是 Hideo Oka 教授，其一丝不苟、精益求精的工作态度促成了精雕细镂的日文译本。在此谨对各位所耗费的时间、慷慨的帮助和耐心认真的精神一并表示我衷心的感谢。书中的纰漏均由我个人负责。

这次再版，实望能扬第一版之长，避其之短，使之在国际范围内全面地阐述双语这一课题，为这个日渐重要的研究领域增添一本新书。

本书介绍

　　本书的目的是介绍双语教育和双语。以跨学科的态度为出发点，广泛涉猎有关这个方面的话题。其中包括：少数民族和多数民族语言的个体和社会概念；儿童发展的观点；双语教育的一般性问题；双语与第二语言课堂以及政治和多元文化的观点。

　　编写这本介绍性的教材，包含哪些内容，割舍哪些问题，哪些方面可以施以重墨，哪些观点只做总结性的论述，哪些假设可以做深入的探究，哪些部分只可轻描淡写，实在彷徨不定。对问题的分析达到何种程度才算恰当，行文既不宜太过平直而有纡尊降贵之嫌，又要避免晦涩难懂，这其中又有颇多的争议。另一个折衷的办法是，既然在各个章节之间有着如此之多的内在联系，何不搭建一个清晰的结构。在各章的排列上我常常被问到这样一个问题："为何不把第五章放在前面呢？"的确如此。每件事情都是重要的。书中有关两个篇章的引言对本书在内容上的编排进行了说明。

　　在心理学和社会学方面、宏观教育和微观教学方面、语言学和社会政治学方面、个体层面和社会层面的讨论上，我们都做了平衡。本书在设计上着眼于新一代的双语学生。因此，我们试图从未来的角度论述双语和双语教育中的重点问题。面对围绕双语人的社会和政治难题，学生会在书中发现建设性地处理这些难题的一种尝试，从而认识到未来双语和多元文化领域中的那些积极的价值与美德。

　　对于一本内容丰富的基础性教材而言，其章节的排列和全书的结构尤其重要。因为结构问题会影响到一个初学者今后阅读和体验书中内容的方便程度。本书从一般的、宏观的问题入手，逐步深入到具体的、微观的事物中。对双语教育和双语课堂的讨论是以那些基础性的理论为基础的。然而，本书除了这些跨学科的基础理论外，最终还要在各个层面上讨论教育的问题。在写作风格和便于理解的结构中做到层次分明，事物的内在联系于各章之间做了详细而明确的铺垫。一个关于这些内在联系的简明图示可在附录4中查到。这是个概念性的图示，最好在读完全书后再做参考才更有意义。教师可以从中获得本书的一个简明且是总结性的框架。这样安排的目的在于避免因读完各独立的章节后所带来的前后脱节的感觉，表明各个主题是如何联系在一起而最后形成一个统一的整体的。

在写这本书时，"以哪方面的观点为主"一直是个令人头疼的问题。有多数民族的主流观点，相对处于上风的少数民族语言观点，也有各种占下风的少数民族语言的观点；有左翼和右翼的观点，也有积极分子和稳健派的观点。在本书中，我尽可能地为各种观点保留一席之地，有些读者和审查的专家曾善意地指出了某些隐晦的假设，并热心地提出了改动意见，这些我都如实地写进了书中，如若出现结论性的东西或占主导地位的观点，均由我个人负责。

另一个头疼的问题是一般性和上下文的问题。本书的对象是各国的读者，所反映的思想也是跨国界的。本书试图找到在国际上带有一般性的问题，不幸的是，有限的活动空间制约了对不同地区和不同民族语言状况的讨论，而一些其他的著作会为我们提供必要的上下文。这些书的目录可以在本书的后面查到。如果对某些特殊的语言状况进行了讨论的话（如，加拿大的浸没型教育，或是对美国语言少数民族的讨论），也主要是考虑到资料的完整性和在相关文献中所做的分析的深入程度。以此类推，在讨论双语的状况时，通常也包含了多语的状况。在本书中，多语人这一概念的表达，使用的是"双语人"的术语。

为了使本书的内容适用于各种情况和地区，每一章都对"整体理论"给予了充分的注意。对某一个人的研究，其结果往往不能说明一般性的问题。对加拿大研究的结果，几乎说明不了加泰隆的情况。对6岁儿童所做的调查不能说明16岁或60岁两个群体的情况，对那些生活在使用两种多数民族语言环境（如，加拿大）中，讲法语和英语的中产阶级的儿童所做的研究，几乎或根本说明不了来自较低的社会阶层，处于"削减性"双语环境（在这种环境中第二语言有可能取代第一语言）中的儿童的情况。因此，对双语研究做一总的回顾，把其中的主要方面联系起来，使之成为一个整体，就成了一件必要的事情。我们可以从大量单调乏味的研究中（例如，对第二语言习得的研究），有时也可以从少量的研究中（例如，对认知和双语的研究）得到一个理论性的框架，用以勾画一些主要的特点和过程。这样，一个理论性框架可以尝试着用来完成如下几件事：对现象进行解释；将各种（显然是相互矛盾的）研究结果组成一个整体；确定主要的特性和正在发生的相互作用；预测双语人行为的结果和模式；既可以测试出虚假的东西，也可以提炼出精华的东西；表明各种各样的条件，使理论适用于不同的场合。

本书的结构

本书分为两大部分：上篇，双语的个体与社会属性；下篇，双语教育政策与教学实践。

上篇：双语的个体与社会属性

本书首先介绍了在讨论双语教育和双语时所使用的术语。除了这些重要的术语外，还介绍了一些在以后的章节中将出现的主要的概念、区别和不同意见。一些重要的二元论和矛盾贯穿于双语研究的始终：双语个体有别于其生活在其中的双语群体及社会；语言学观点与社会文化观点的比较；保护主义者的观点与复兴主义者的观点；语言技能与语言胜任能力；双语的减削形式与附加形式。这些基本问题都在上篇中做了介绍，因为它们会影响到对双语教育的讨论，所以我们要首先了解这些问题。双语教育是一个更大的整体的组成部分，与那些基础性的宏观问题有着直接的联系。我们在理性地讨论双语教育问题之前，有必要考虑下面几个问题：

——谁是双语人？

——双语教育如何适应少数民族的语言保持、语言衰败和语言复兴？

——儿童如何才能成为双语人？

——家庭和社会对双语的发展产生怎样的影响？

——双语对思维会产生积极的影响，还是消极的影响？

下篇：双语教育政策与教学实践

在上篇中，我们把双语教育放在更大的范畴里加以讨论。在下篇中，我们集中讨论有关双语教育的几个问题。首先广泛讨论双语教育的几种形式，然后便是检查这些形式的效果。在重点讨论双语教育的制度后，进而对双语课堂进行考察。通过保护少数民族语言来培育双语的情况，学习或习得第二语言的情况，也纳入了讨论的范畴。这里有一些基本的问题：

——哪些双语教育的形式是更为成功的形式？

——不同类型的双语教育都有哪些目标？会产生什么样的结果？

——在课堂上培养双语能力有哪些主要的特点和方法？

——双语课堂上的主要问题有哪些？

——在课堂环境中，怎样才能更好地学会第二语言？

在下篇中，我们还要审视一些政治和文化问题，这些问题在社会上与双语（尤其是双语教育）有着密切的关系。对双语的目的和整体价值的不同看法，将本书的许多线索串在一起，使我们最终要考虑社会、学校和课堂上的多元文化主义的本质问题。在本书的最后则回答了一些整体性和结论性的问题：

——在语言少数民族和双语教育的问题上，为什么会有不同的观点？

——为什么有些人倾向于同化语言少数民族，而有些人则坚持语言的多样化？

——在更加多元文化和更少种族主义的社会里，学校能发挥作用吗？

复习题与研究活动

复习题与研究活动两项内容置于每章最后。目的是回顾每章的重点内容，想扩大知识面的学生，可以参加这类实践活动。研究活动中列出的各项内容，可以灵活掌握，自由取舍。教师和学生可根据实际情况做一些调整。附于本书之后的参考读物也列出了一些研究活动的内容。

总之，写这本书的主要动机是要把学生带进一个积极的双语和双语教育的领域。本书是为那些寻求理解和保护的少数民族语言学生而写的，是为那些想要增强自己的感受能力的多数民族语言学生而写的。本书试图为保护这个多彩的世界做出贡献。在这个多彩的世界中，双语人和多元文化现象是日显重要的语言保护者和文化大使。双语人可以帮助保护这个美丽的世界语言花园的多样性。从环境意义上讲，双语人是和蔼可亲的人。

上篇：双语的个体属性与社会属性

本书上篇涉及双语的四个基础领域。每一个领域旨在提供一套词汇和构架，以理解在第十章和第二十章中讨论的双语教育和双语课堂问题。这四个领域是：

双语的术语

社会科学研究大都使用一些专业术语来规范课题的讨论，双语和双语教育也不例外。在第一章及第二、三、四章中，除了介绍词汇外，我们还要讨论一些重要的定义以及它们之间的区别，其目的不仅仅是介绍一些术语，还要介绍一些概念和结构，以便能更深刻地了解双语人以及他们的状况。

术语和概念提出了"标准"的问题。例如，"达到何种程度"才算是双语人，表明了对双语人的判断有时需要一种标准（量与质）。第二章将主要讨论双语的标准问题。这种标准本身并不重要，但它却有助于澄清概念，而且正如第二章所说的那样，它与学校的课程有着直接的关系。

双语的社会属性

第三、四章将讨论的重点从第一、二章的对"个体"的研究转移到对语言的群体及社区的研究上。语言人生活在语言社区中，而语言社区又常随其两种语言的使用而变化。因此，第三、四章主要讨论诸如语言计划、语言转换、语言保持、语言消亡、语言活力、语言复兴、语言逆转等一些关键性的社会问题。一种假设认为，双语教育是更为广泛的社会政治运动的一部分。教育可以用来影响语言的变化，同时又受到语言转换的影响。相互联系的两种语言的社会和政治属性将在本书的最后一章中加以讨论。

双语的个体发展

第五、六章主要讨论幼儿、儿童及成人获得双语的各种途径以及家长、社区、社会和个人在语言发展中所起的不同作用。通过全面介绍双语发展的理论与实例，着重说明在获得两种语言的过程中社会因素和个人因素的相互联系。双语发展的途径不是一个简单的过程。例如，我们不能将学习的年龄和语言天赋这样的单个因素孤立地加以考虑。因此，第六章介绍了不同学者所提出的全面的、相互作用的综合框架。目的是通过一些主要的、全面的实例和理论使复杂的双语发展问题变得简单明了。在这里，我们没有将这些理论统一起来或分裂开来，而是保留了这些"孤立的"理论最初的完整性。

双语和思维的关系

本篇的最后讨论双语是否会对思维产生影响的问题。双语人在思维能力和思维过程方面是占有优势还是处于劣势？或者说双语根本就不会对思维产生任何影响？双语会不会影响人的"智力"？会不会因为有两套词汇和语法系统，双语人的思维就更具创造力？双语人与单语人在大脑的思维运转系统上有什么不同？这些问题将在第七章（智力）和第八章（思维的产品与过程）中讨论。第九章则归纳了第五章至第八章的部分内容，考察那种逐渐发展出来的、对语言和思维发展的研究进行解释的理论。我们可以看出这种理论与课堂教学有着直接的关系。

第一章 双语：定义与区别

引 言

既然自行车有两只轮子，双筒望远镜有两个镜筒，那么双语似乎就是简单的两种语言了。本章的目的就是要说明，拥有两种语言绝不像拥有两个轮子和两个镜筒那样简单。当你问某人是不是双语人时，有的人会回答"是"，有的人会回答"不是"；而有的人则想回答得更具体一些。如果有人能流利地讲一种语言而另一种语言则差一些的话，他算不算双语人？如果有人很少或从不使用他的另一种语言，他算不算双语人？我们提出这些基本问题，是为了能够合理地讨论书中的其他问题。

在考察这些问题之前，重要的是首先要将作为个人现象的双语与作为群体或社会所拥有的双语区分开来。我们可以将双语和多语作为一种个人的拥有来考察。书中所提到的各个题目都是以双语作为一种个人的实践而展开的，例如，在讨论双语是否会对思维产生影响时，就需要研究个体的单语人和双语人。社会学、社会语言学、政治学、地理学、教育学以及社会心理学均从不同角度来观察这些问题。双语人和多语人通常又以群体的形式出现，这些群体可以集中在一个特定地区（如西班牙的加泰隆人），也可以散居在一些社区中（如美国的中国人）。双语人可以形成一个明显的语言群体而不论其人数的多少。在一个国家里，我们可以把双语人和多语人当作一个明确的语言群体来分析，例如，语言学家会研究双语群体的词汇在时间跨度上所发生的变化；地理学家会研究双语人在一个国家中的分布情况；教育学家则考察少数民族语言群体的双语教育政策与规定。

因此，第一个区别便是双语作为个体拥有与群体拥有的区别。

它们通常被称为个体双语和社会双语。就像大多数的定义一样，个体双语与社会双语之间也存在着重要的联系。例如，个人对一种语言的态度将会影响到某一社会的语言保持、语言恢复、语言转换、语言消亡等问题。为了理解"双语"这一术语，我们将在本章中就个体层面上的一些重要区别进行详细的讨论，而在第三章中将主要介绍双语的群体拥有（社会双语）问题。

术　语

当问到某人是否讲两种语言时，我们便提出了一个有歧义的问题。有些人也许能讲两种语言，但在实际生活中他们却只讲一种语言；相反，有些人则会经常地讲两种语言，但其中一种语言的水平是有限的；有些人在交谈时使用一种语言，而在阅读和写作时使用另外一种语言。因此，在能力和使用之间存在着本质的区别。这种区别有时被称作水平与功能的差别。本章将继续探讨双语人的语言能力问题，然后再讨论语言的使用问题。

在讨论语言能力的本质之前，我们先来关注一下术语。在涉足双语及双语教育的众多领域之前，了解一些经常使用的术语及它们之间的区别是很有益处的。在这个领域中的术语有：语言能力（language ability），语言成就（language achievement），语言潜能（language competence），语言呈现（language performance），语言水平（language proficiency）及语言技能（language skills）。那么，这些术语是否属于同一个概念，或者它们之间还存在着细微的差别？在这个问题上专家学者有时往往采用他们自己的释义和区别。实际上，对于这些术语的使用是没有统一标准的（Stern, 1992）。

语言技能（skills）一般是指那种非常具体的、看得见的、可以解释清楚的能力，例如，写的能力；相反，语言潜能（language competence）则是一个广义的、一般性的术语，尤其用来描述那种内在的、心理上的语言表现，它是一种潜在的能力，不是表面上的能力，这种能力通常是指那种由语言表现能力推断出来的潜在的系统；而语言呈现（language performance）相对语言潜能而言，则是一种外在的表现。通过对语言的一般性理解及语言输出的观察，我们可以推测出语言潜能；语言能力（language ability）和语言水平（language proficiency）更多地是作为"伞状"术语来使用的，因而，在使用中有模棱两可之嫌。有些人认为，语言能力是一种普遍的、潜在的倾向，是语言最终成功的决定因素。有些人则将语言能力看成是一种结果，虽然与语言技能相似，但没有那么具体。他们认为语言能力所代表的是当前的语言状况。同样，语言水平有时会被用作语言潜能的同义词（Ellis, 1985），有时又被看成是语言测试中的一种具体的、可衡量的结果。然而，语言水平和语言能力却与语言成就（造诣）有着明显的区别。语言成就（language achievement）通常被看作是正规教育的结果，而语言水平和语言能力则被认为是各种技巧的产物：正规的学习、随意和自发的语言习得（例如在街上）或是像"智力"一样，是一种个人的特点。

双 语 能 力

语言的四种能力

如果我们把"你是双语人吗？"这样的问题限定为两种语言的能力的话，那么这个问题就变成了"是哪些能力"的问题。有四种基本的语言能力：听、说、读、写。这四种能力适用于两个层面：接收技能与产出技能；口语技能与文字技能。参见下表：

	口 语 技 能	文 字 技 能
接 收 技 能	听	读
产 出 技 能	说	写

这个表格避免了谁是双语人或不是双语人这种简单的分类。有些人用一种语言来交谈，但是不用这种语言来阅读和写作；有些人可以听懂一种语言并用该语言进行阅读（被动双语），但不用这种语言说话和写作；有些人能听懂一种语言，但他们自己却不能说这种语言。因此，将人们分为双语人和单语人是一种过于简单化的做法。或者说，就像本章开头所分析的那样，双语人的两个轮子有着

各种各样的尺寸和类型；双语人的两个镜筒的倍率和大小也不尽相同。

在这些基本的语言能力之间，我们找不到一条泾渭分明的界线。在黑色与白色之间除了有灰色的阶调外，还存在着种类繁多的其他色彩。展现在我们面前的是一幅绚丽多彩的双语能力的风景画。各种语言能力的发展是不平衡的。就流利和熟练而言，阅读能力可以是一种简单的和基础的能力。有些人在一种场合中可以听懂某种语言（如购物），而在另一场合（如学术讲座）却听不懂。这表明四种基本能力可被进而演译成更小的范围和层面。也就是说在技能中包含着技能。人们在习惯上将那些主要的能力分为：语音、词汇量、正确地使用语法和在不同的场合以不同的语言风格准确表达意思的能力。

那些可以测定的子技能的种类是广泛而有争议的（Lado, 1961; Mackey, 1965; Macnamara, 1969; Oller, 1979; Carroll, 1980; Baetens Beardsmore, 1986）。语言能力，诸如说的能力或读的能力，可以被无休止地分为更小的部分。因为，描绘一张准确的图画需要使用大量不同的颜色。在后面的章节中，我们将就那些用以描述个人的双语表现且在实践中得到检验和测定的因素展开讨论。现在的问题是，一个人两种语言的能力往往会避开简单化的分类，因为语言能力是多层面的。

如果语言能力是多彩的，如果双语人在两种语言中有着各种各样的颜色，那么，我们就需要用一些肯定的术语来描述这种多样性。在加拿大和英国，把双语学生叫做 ESL（英语为第二语言的学生）；在美国，把双语学生叫做 LEP（英语水平有限的人），这些称谓都带有否定和贬抑的性质。因为他们强调的是儿童表面的缺点而非他们的能力水平；强调的是表面的"贫乏"而没有看到这些儿童所取得的成绩；他们站在多数民族的立场上，强调这些儿童低下的、边缘化的少数民族地位，而忽略了他们的双语潜力。这些称谓强调的是双语儿童过去和现在的表现，而不是完全双语化的潜力和可能性。

第五语言能力

人们通常把听、说、读、写的能力视为语言的四种基本能力。然而,有的时候,人们不进行听、说、读、写的活动却仍然可以使用语言。正像 Skutnabb – Kangas(1981)提出的,用语言进行思维也许是语言能力的第五个领域。我们可以简单地把它称为内在的语言,并将其归入一个伞状的范围——"说"的范围。或者,把它与真正的说话区别开来也是有意义的,因为第五语言能力提出了双语人能力的一个层面,即使用两种语言作为思维的工具。Cummins(1984b) 将这种概念表述为语言的认知能力。也就是说,使用一种或两种语言进行推理和思考问题的能力。

微观双语与宏观双语

到目前为止,人们认为,要对谁是双语人谁不是双语人这个问题做出决定是件困难的事情。简单的分类是一种主观臆断,它需要对获得双语人的称号所必备的微观上的能力做出有意义的判断。因此,像那种"母语般的掌握两种或两种以上语言"(Bloomfield, 1933)的有关双语的经典定义,就显得过于极端和宏观化了(母语般的)。同时,这种定义也太模糊(例如,"掌握"的含义是什么?哪些人可以是这种"母语般的"参考群体?)。问题的另一个方面是微观化的定义。如 Diebold(1964)提出的"早期双语"(incipient bilingualism)的概念(参见本章后面的双语术语和定义)。"早期双语"的概念使我们能够勉强地将那些在微观上具备了第二语言能力的人划入双语的范畴。那些会讲几句第二语言的旅游者和会说几句问候语的商人可以算是早期双语人。因此,过于包容的危险并没有因过于排斥而得到消除。撒下过大的渔网会捕获很多种类的鱼,因而使双语的讨论变得模棱两可和缺乏准确性;如果使用的尺度过于狭窄,又会使讨论过于迟钝并受到限制。

将语言人分为双语人和单语人取决于分类的目的。例如,在不同的时期,政府会希望接受或排斥语言少数民族。如果在某个地区只存在着一种本地语(如爱尔兰和威尔士),政府会希望增大该地区双语人的数量。双语人数量的增加说明政府在实行本地语言政策方面是成功的。相反，如果使用压制和同化的手段，少数民族语言和双语人的数量就会减少（如英格兰）。

在宏观定义和微观定义之间是否存在一个中间领域？在能力的层面上，对是或不是双语人的问题在主观上做出一刀切的判断是一种危险的做法。分类中的差别存在于两个方面中，一是具备什么样的语言能力才算是双语人，二是具备多少能力才能成为双语人。

另外一种方法是抛开能力水平的多彩画卷来描述两种语言日常使用的情况。根据语言的使用对双语人进行的分类，是本章后面要讨论的问题。在考虑这些问题前，我们先就语言能力方面的一些重要的"标签"和区别进行讨论。

平衡双语人

有关双语的著述通常将重点放在一个特殊的双语群体中，这些双语人的两种语言能力都得到了充分发展。那些在各种场合都能近乎同样流利地使用两种语言的人，通常被称为等同双语人（equilingual）或真正双语人（ambilingual），但更多的时候人们称他们为平衡双语人（balanced bilingual）。正像第八章将会谈到的那样，当讨论双语可能具有的认知优势时，平衡双语人占有举足轻重的地位。

平衡双语有时被用作一种理想化的概念。Fishman（1971）认为，很少有人能在各种场合都表现出相同的能力，绝大多数双语人使用两种语言是因为不同的目的和功能。例如，某人可能在工作时使用一种语言，回到家中或在当地社区中则使用另一种语言。

平衡双语有时也会因其他原因而成为一个难以处理的概念。因为平衡可以是两种语言能力在较低水平上的平衡。某人也许会拥有两种相对不发达的语言，而他使用这两种语言的能力却几乎是相同的。尽管这是对"平衡"双语人在字面上的解释，但是许多研究人员并不使用这一概念。平衡双语所暗含的意思通常是指两种语言的"合理的"或"好的"能力。一个学生能听懂用两种语言中的任何一种所讲的课程，能使用任何一种语言参加课堂活动或学习，这个例子或许对平衡双语人做出了说明。

我们是否可以得出这样的结论：平衡双语作为一个术语来讲并不具备实际的意义？平衡双语虽然有定义和衡量上的局限性，但在进行研究和讨论时，平衡双语这一术语被证明还是有价值的（参见第八章）。不过，如果把个人划归到平衡双语的群体中时，就引出了比较的问题。

评判正规、精通、技能、流利或能力的标准是什么？由谁来评判？这时可能会出现将单语人作为评判标准的危险。Grosjean（1985）认为，把单语人与双语人进行比较，不是在比较两个相同的事物。我们能用短跑运动员的标准来公正地评价十项全能运动员吗？我们能恰当地将游蛙泳的人和游混合泳的人进行比较吗？将单语能力和双语能力进行比较是否有欠妥当？是不是只有通过参考其他的双语人，才能对双语人进行衡量和分类？例如，当某人将英语作为第二语言来学时，我们是用英语单语人的标准，还是用"平衡"双语人的标准来衡量他的语言水平？

半语/双半语

就整体的或部分的语言能力而言，双语人往往在一种语言上表现出优势。而这种情况又会因环境的不同而不同，随着时间的变化而改变。在一种语言上表现出的优势除了会因时间的变化而改变外，还会随着地理或社会的变化而改变。对于其他人来讲，这种优势在时空上则表现出相对的稳定性。我们将在以后（在第二章中）讨论测验的问题时，考虑到这个优势的话题。现在，我们提出一个有别于平衡双语人和优势双语人的群体。因为有时这个群体被贬义地称为半语人或双半语人，所以人们认为这个群体在两种语言上都不具备"足够的"能力。

Hansegard（1975；参见 Skutnabb–kangas, 1981）从语言能力的六个方面描述了半语的缺陷：(1) 词汇量，(2) 语法的正确性，(3) 下意识的语言加工过程（自动化），(4) 语言创造力（创造新词），(5) 对语言功能的把握（比如情感上的、认知上的），(6) 含义和意像。

因此，与单语人相比，半语人的两种语言无论在数量上还是质量上都是匮乏的。

"半语人"的两种语言表现出如下的特点：有限的词汇和语法的错误，有意识地去思考语言输出；两种语言都显得生硬且缺乏创造力，无论用哪种语言进行思维和表达情感时，都颇感吃力。

半语或双半语的概念受到了批评（例如，Skutnabb – kangas, 1981）。这里存在着六个主要问题。

第一，这个术语，尤其是在斯堪的纳维亚以及在谈到美国的移民群体时，带有贬低和轻视的口气（为了避免使用带有贬义的 in-migrant 一词，为了避免因赘述移民工人、流动工人、短期逗留、长期逗留和相对的永久性移民之间的区别而带来的在意义上的模糊性，作者在本书中凡是遇到"移民"时，一律使用 in – migrant）。半语或许会被用作一个否定的标签，这会导致对未能完成学习任务的期望，而这又会引出一种自我满足的预言（对于有些人来说，当给了他半语或半双语的称呼后，他可能就满足于自己未完成的学业，而对号入座地认为自己就是"半语人"。译者注）。

第二，如果相对来讲语言没有得到充分的发展，问题的根源也许不在双语本身，而在于造成这种情况的经济、政治和社会条件。关于这个问题，我们将在以后的章节中进行详细的讨论。半双语一词的危险在于，它把语言没有得到充分发展的根本原因归咎于双语本身和个人的拥有，而不是那些与双语并存的外部的和社会的因素。因此与其说半双语是个语言上的词汇，不如说是个政治性词汇。

第三，许多双语人会因不同的目的和事件而选用他们的两种语言，因为在具体场合需要具体的语言。某些人的语言能力也许只适用于某些场合，而不适用于其他的场合。

第四，学校的考试往往是为了检验学生的语言水平和他们之间的差异，这种考试或许没有注意到语言质量方面的问题和种类繁多的语言能力。语言测试也许只检验了学生语言能力的一小部分，而这并不能代表学生全部的语言行为。这个问题我们将在下一章中作详细讨论。

第五，在双半语现象所出现的频率问题上存在着不同意见。例如，这种情况会发生在讲芬兰语和瑞典语的人中。出现的频率达到何种程度才能被恰当而清楚地划入半语的范畴，是个有争议的问题。在谁是双半语人和谁不是双半语人之间划出一个明确的界限，虽然是一种主观上的决定，但又是有价值的。那么，双半语这个词是不是一个空洞而没有意义的概念呢？这种分类所缺少的是详实的、客观的和以观察和实验为基础的证据。

第六，与单语人进行比较是不公平的。如果在两种语言的使用上（作为双语的功能来使用），双语人在质量和数量方面与单语人有着"本质的"区别的话，那么将双语人与单语人区分开来就显得很重要了。与单语人所进行的不公平的比较，也许是造成双语人在能力上表现出明显不足的原因。

这些批评意见使人们对"半语"一词的价值产生了深刻的怀疑。然而，这并不影响人们确实在许多语言能力上有着不同的表现这一事实，因为有些人处于语言发展的早期阶段。但是，处于早期阶段这种情况也许不是双语的结果。例如，经济和社会因素或是教育制度，也许是语言没有得到充分发展的原因。如果我们不是把眼光紧紧地盯在语言发展中的表面上的"缺陷"的话，更加积极的方法则是强调当具备了合适的条件时，语言可以轻松地逾越"半语"的状态而得到进一步的发展。

口语的流利水平与学术语言能力

至此，本章主要讨论了语言能力的多样化问题，以及使用少量的或带有偏见的选择语言子能力进行分类时的危险性。现在的问题是，是否可以将这些语言子能力简化成为数不多的重要层面。例如，Hernandez-Chavez 等人（1978）认为，语言能力是由 64 种单独的因素组成的。相反，大量的语言测试则主要将阅读能力作为一个单独的项目来考察。许多阅读测试都默认阅读可以简化为一个能力层面（Levy 和 Goldstein，1984）。

是否会有这样的情况，儿童既能在拼写测试中有上佳的表现，同样又能在听说测试中取得较好的成绩？Oller（1982）的研究表明，在各种不同的语言能力之间，往往确实存在着一种特定的联系。如果对读、写、说的测量标准进行分析的话，我们就需要找到一个基础的层面作为依据。各种单独的测试成绩可以归纳为一个整体的成绩。这种联系足以支持 Oller & Perkins（1980）的观点：即存在着一个整体语言能力（global language proficiency）的单一因素。这个整体因素是与其他具体的语言因素并存的，而这些具体因素又是衡量那些相对较小的语言技能的标准。

Oller（1982）承认，整体语言因素的思想是有争议的。"现有的证据表明，在语言能力的问题上，既有整体的因素，又有部分的因素。然而，我们目前还未找到一种能将一般因素与具体因素恰当地结合起来的完美理论——或许我们永远也不会就这个问题达成一致意见"（Oller，1982：710）。Oller（1982）的整体语言因素的思想是以量的测试为依据的。正如我们在以后将会讨论的那样，这种量的测试忽略了人们质上的差异。

Oller（1982）提出的一个整体语言因素的主张，虽然引起了很多争议，但却为我们提供了区别两种不同语言能力的出发点。Oller（1982）所提出的语言能力因素已经被结合到课堂学习所必需的那些语言能力中。绝大多数的（但不是所有的）语言测验都与课堂上认知的、学术的语言能力有着密切的联系，读与写的测验就是明显的例子。这种以语言能力为基础的课程概念，使得不同的学者做出了一个重要的区别。除了与学术有关的语言能力外，人们还提出了一个在概念上有着明显区别的范畴：口语能力（conversational competence）。Skutnabb - Kangas 和 Toukomaa（1976）指出，表面流利（surface fluency）不同于那些与学术有关的语言能力。表面流利可以包括那种在商场里或在街道上进行简单交谈的能力，而通过第二语言的学习，人们可以在较短的时间内（两年或三年）掌握这种能力。但是，口语能力还不足以应付课程的学习。人们需要用五至七年或更长的时间才能掌握第二语言的与学术有关的语言能力。关于这个问题将在以后的章节中进行讨论，那时我们将把基本的人际交流能力与认知的/学术的语言能力区分开来。区分语言能力的两个层面有着重要的意义，因为它对 Oller（1982）的

"单一因素"的语言技能提出了质疑。

我们现在将要讨论的是语言的使用问题,而不是语言的能力问题。

双语的个人使用

在讨论个人的语言能力时,我们已经知道,语言是不能脱离上下文的。语言不会凭空地产生;语言表现于富有情节的戏剧中。随着舞台和布景的变化、相互合作的男女演员的变化、剧情和角色的变化,语言也发生着变化。纯粹的语言学或心理学的方法,不足以说明两种语言的各种能力。交流不仅包含了语言的结构(如,语法和词汇),还包括讲话的主体、内容、对象和场合。有些人也许语言能力有限,但在某些场合却能进行成功的交流。有些人也许相对来讲掌握了某种语言,但由于缺乏社会的交往能力,因此他们的交流相对来讲是不成功的。两种语言发生作用的社会环境,对于理解双语的使用是至关重要的。在这一节里,我们将讨论个人两种语言的使用(use)和功能(function)。

个人对其双语能力的使用(功能双语 functional bilingualism),与那些复杂的、无法调和的有关语言能力的争论无关,因为这些争论往往注重的是学业上的成功和学术上的表现。功能双语所涉及的,是在日常事件的"百科全书"中随处可见的语言输出。功能双语所关心的,是人们使用两种语言的时间、地点与对象(Fishman, 1965)。

对语言使用时的时间、地点及对象所进行的分类,会因文化的不同而有所变化。社会事件的本质与范围,也会因地区的不同,副文化的不同而不同。下面的表格列出了一些具体的标的(人)和上下文(场合),对功能双语进行了说明。

具体的语言标的	具体的语言上下文(范围)
1. 核心家庭	1. 购物
2. 大家庭	2. 视听媒介(电视、收音机、唱片、磁带、CD、录像)
3. 同事	3. 印刷媒介(报纸、书籍)

续表

具体的语言标的	具体的语言上下文（范围）
4. 朋友	4. 影院/迪厅/剧院/音乐会
5. 邻居	5. 工作
6. 宗教领袖	6. 通信/电话/办公通信
7. 教师	7. 俱乐部、社会团体、组织、体育活动
8. 总裁、院长、其他领导	8. 休闲和爱好
9. 官员	9. 宗教仪式
10. 当地社区	10. 信息技术（计算机）

将功能双语与语言背景区别开来是必要的（Baker 和 Hinde, 1984; Baker, 1985）。语言背景是一个较宽泛的概念，是指那种参与性和非参与性的语言经历。非参与性的语言背景是一种间接的，旁观者的经历，我们可以用诸如"当你在场时，你母亲对你父亲讲哪种语言"这样的问题对它进行衡量。功能双语是一个较窄的概念，是指对语言场合的直接介入。因此，功能双语仅仅局限于个人的语言产出和语言接收上（如，在各种不同场合的读、写、说和直接的听）。功能双语需要研究五种情况：

(1) 主体是谁（即，谁是讲话者）？
(2) 语言对象是谁（即，谁是听者）？
(3) 在什么场合（如，在工厂、课堂、清真寺）？
(4) 谈话的主题是什么（如，体育、工作、食品）？
(5) 目的是什么？想达到何种效果？

因为上述五种因素中的一个或几个因素发生了变化，所以使用的语言也会随之而发生变化。这表明许多复杂的因素可以促成语言的选择。在试着去预想"谁将会讲哪种语言，什么时候讲，对谁讲"时（Fishman, 1965），个人所做出的决定或许是错综复杂的。Sankoff（1972）利用一张决定的树形图说明了这种选择的复杂性。

下面的树形图（选自 Appel & Muysken, 1987）描述了一个讲柏柏尔语的荷兰籍摩洛哥成年人所做的选择。该图以摩洛哥语言人开始，以决定讲五种语言的哪一种结束。做出决定的依据是，谈话的对象是谁，是在正式场合还是在非正式场合。Romaine（1995：32）提出了更为复杂的例子。

摩洛哥语言人

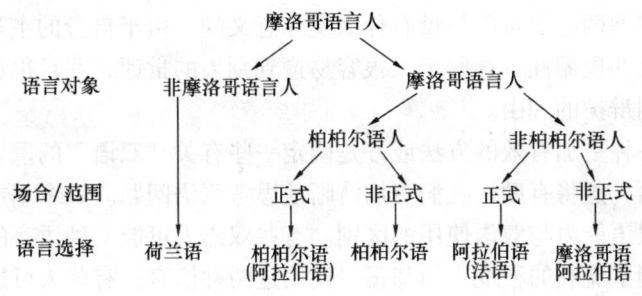

```
                        摩洛哥语言人
                       ↙         ↘
语言对象      非摩洛哥语言人      摩洛哥语言人
                                ↙         ↘
                           柏柏尔人      非柏柏尔人
                           ↙    ↘       ↙      ↘
场合/范围              正式   非正式   正式    非正式
                       ↓      ↓      ↓       ↓
语言选择    荷兰语   柏柏尔语  柏柏尔语  阿拉伯语  摩洛哥语
                   （阿拉伯语）        （法语）  阿拉伯语
```

树形图会不可避免地过于简化并缩短了选择的复杂过程，但它表明了这种决定是合乎逻辑的，在时间和地点上是一致的，是可以预料的。现实中的情况要比树形图所反映的模式复杂得多，也更难预料。在现实中，心理学的因素更为重要。例如，有些人会决定在使用语言时，让人们感到更适合社会的需要，或更具影响力，或更适合听者的口味。

有时，人们在说话的时候会将语言混用，轮换着使用几种语言（比如，为了把思想阐述的更加准确，为了吸引其他的听众，在讲故事）。双语人经常在不同的场合使用他们的两种语言（比如，工作时使用一种语言，在家里使用另一种语言；与祖父母讲话使用一种语言，与子女讲话则使用另一种语言）。

关于双语能力与功能的区别和分类的讨论，往往会涉及标准的问题。用什么样的标准，我们才能衡量人们的两种语言的能力？我们怎样才能说清楚人们在使用两种语言时的时间、地点及对象？在衡量双语人时，会出现哪些问题和危险？这些问题提出了在下一章中我们要讨论的内容。

结 束 语

确定谁是双语人，或谁不是双语人，从本质上讲，这是个难以捉摸的问题，这种决定最终也是不可能的。分类常常是必要的，并且有助于人们认识这个问题。因此，我们或许需要使用一些分类法和近似法。那些三言两语的定义诸如 Bloomfield（1933）的"母语般的掌握两种语言"是没有什么实际意义的。由于自身的主观性与本质上的模糊性，这些定义很容易遭到别人的批评，并且很难为自己找到辩护的理由。

一种更加有效的方法或许是确定一些有关"双语"的重要区别和层面。这将有助于我们更加清晰地思考双语问题。一个基本的区别是双语能力与双语使用的区别。有些双语人可能两种语言的水平都达到了流利的程度，但却很少使用这两种语言；有些人可能两种语言的水平都比较低，但他们却经常在不同的场合使用这两种语言。类似的情况不胜枚举。这种区别势必导致层面问题。就两种语言的能力而言，听、说、读、写是四个基本的层面。用两种语言进行思维，或许是第五种语言能力。这些能力的每一个层面都可以分为更小的和更具体的层面（比如，语音、词汇、语法、语义及风格）。这些子层面继而又可被分解为更小的范畴。

创造一个多层面的、详尽而复杂的双语能力的结构，其目的是为了增强问题的敏感性与准确性。然而，为了使人们能够轻松地把握事物的概念，我们需要的是简单化而不是复杂化。因此，简单的分类就成了复杂详述的似是而非的隽语。本章的重点是平衡双语、半双语的分类问题，以及语言能力的单一因素的理念。我们对这些分类做了深入的讨论，而且了解到了一些批评意见。正如在后面的章节中所表明的那样，这些分类同样与有关双语和双语教育的主要研究有关。

与双语能力无关的问题，是个人对其两种语言的使用。即个人的两种语言是用来干什么的，在什么时候，在什么场合，对象是谁？这个问题突出地反映了讨论场合或上下文的重要性。由于双语人会从一种环境进入到另一种环境中，因此，他们所使用的语言也会在形式上（如，西班牙语或英语）、内容上（如，词汇）以及风格上有所变化。随着时间和地点的改变，个人的两种语言绝不会是静止的，而是在不断地变化和发展。

推荐读物

BEATENS BEARDSMORE, H., 1986, Bilingualism: Basic Principles. Clevedon: Multilingual Matters.

HOFFMANN, C., 1991, An Introduction to Bilingualism. London: Longman.

SKUTNABB – KANGAS, T., 1981, Bilingualism or Not: The Education of Minorities. Clevedon: Multilingual Matters.

复习题

(1) 根据下面的内容写出简短的复习笔记:

(i) 下列术语间的区别与联系:语言技能,语言胜任能力,语言表现能力,语言能力,语言水平,语言成就。

(ii) 平衡双语人,"双半语"的概念,有关双半语的批评意见。

(iii) 口语的流利水平与学术语言能力的区别。

(iv) 语言使用的不同场合/上下文。

(2) 语言能力与语言使用间的主要区别是什么?用文字或表格的形式说明这两个术语间的区别,并举例说明两者间的主要区别。

(3) 就你所处的语言环境而言,你认为"平衡双语"和"双半语"有多大的有效性和多少实际意义?在用这些术语描述儿童和成人时,你发现了什么问题?

(4) 你所在的地区使用什么样的称谓来描述双语人?使用这些术语的可能性和问题分别是什么?有没有更加合适的术语?

研究活动

(1) 你认为你自己或你所认识的人是"双语人"吗?你认为你自己或你认识的人是"平衡双语人"吗?在哪些语言中,你认为自己保持了"平衡的"状态?这种状态是否会因场合的不同而有所改变？你希望在哪些语言中成为"平衡"双语人？

（2）你可以根据自身的情况来思考这些问题，或者你也许希望采访其他双语人。画出一个表格或用图示来说明一个人双语或多语能力及语言使用的变化与发展的全过程。记下不同的场合是如何对变化和发展产生影响的。图表应当说明某人的全部双语状况，反映出随着时间和场合的改变而发生的那些变化。

附录：术语解析

• 成就双语（Achieved Bilingualism）：童年以后获得的双语能力。又称为后续双语（Successive Bilingualism）。参见第六章。

• 自然双语（Ascribed Bilngualism）：指在童年的早期所获得的双语能力。与之相关的术语有：幼儿双语（Infant Bilingualism），连续双语（consecutive Bilingualism），同步双语（Simultaneous Bilingualism）。参见第六章。

• 双文（Biliteracy）：指用两种语言读和写。由于技能的增长所带来的复杂性，所以双文一词的使用频率要低于双语一词。(Hornberger, 1989)。参见第十五、十六章。

• 复合双语（Compound Bilingualism）：通常在同一个环境中，同时学会两种语言。因此，事物在人脑中的再现曾被认为是一种融合的、相互依赖的活动。

• 并列双语（Co-ordiate Bilingualism）：在不同的、分开的场景学会的两种语言。因此，这两种语言被认为是相互独立的（如，在人脑的反映中）。

• 交叉双语（Diagonal Bilingualism）：一种"非标准"语言或方言与一种不相关"标准"语言的共存状态。(Pohl, 1965)

• 优势语言（Dominant Language）：在熟练程度和使用频率上强于另一种语言的语言。

• 第一语言（First Language）：有时指学会的第一种语言；又指使用最多的那种语言；有时指掌握得最好的那种语言。第二语言（Second Language）同样是有歧义的，因为它泛指一种较弱的语言，也指所学过的一种语言（像在第二双语中那样），又指很早以前学会的或是很少使用的语言。

• 平行双语（Horizontal Bilingualism）：两种语言具有同等或相同的地位的状况（Pohl，1965）。

• 早期双语（Incipient Bilingualism）：是指双语的早期阶段，其中一种语言没有得到很好的发展（Diebold，1964）。

• 母语（Mother Tongue）：这是个有歧义的概念。它有以下几种含义：(1) 从母亲那里学到的语言。(2) 最早学会的那种语言，跟谁学的并不重要。(3) 一生中掌握得最好的那种语言。(4) 一个地区或国家的"母语"（如爱尔兰的爱尔兰语）。(5) 经常使用的语言。(6) 人们对其抱有更积极的态度和情感的语言（参见 Skutnabb – Kangas 和 Phillipson，1989）。

• 意愿语言（Prefered Language）：自我认定较为精通的语言（Dodson，1981）。

• 原生双语（Primary Bilingualism）："自然地"学会两种语言（不经过学校学习）。(Houston，1972)。参见第六章。

• 主动双语（Productive Bilingualism）：使用第二语言进行听、说、读、写。

• 被动双语（Receptive Bilingualism）：能够听懂和阅读第二语言，但不具备说与写的能力。

• 第二双语（Secondary Bilingualism）：在学校里接受正规教育学会第二语言。(Houston，1972)。参见第十四章。

• 纵向双语（Vertical Bilingualism）：两种相关的语言（或是一种语言和一种方言）并存的状态，尤指存在于个体自身之中的（Poht，1966）。

• 参见 GARCIA，O. and BAKER．C．，1995，《双语教育的政策与实践》一书的术语汇编，Clevedon：多语出版公司。

第二章 双语的衡量标准

引 言

在讨论了一系列的定义、层面和区别之后，对双语人进行衡量的话题会使这种讨论变得更加具体和清楚。当我们试着去衡量和分类时，对"双语人"进行分类的问题就更有意义了。我们首先回到第一章的矛盾中。在双语的问题上，对个人之间的差异所表现出的复杂性进行分类，既是自然的又是有意义的。通过不断的分类，我们使这一领域更有意义。我们总是不停地对人们进行比较和对照。然而，简单的分类常常掩盖了现实（reality）中难以察觉的复杂性。分类常常导致无情的简化，个人之间的差异被减化成相似。但是，过于复杂化又会使人感到茫然和不知所措。复杂可以使那些必不可少的秩序和形式变得混乱不堪。对双语人进行衡量，是为了确定相似之处、秩序和形式。

对双语人进行衡量的目的

对双语人进行衡量可以出于各种各样的目的。但首要的问题是将这些相互关联的目的区别开来。

人口的分布

我们可以在人口普查所提出的问题中发现对双语人进行衡量的例子。提出这些问题是想获得有关两种语言或多种语言的能力及使用情况的资料（如，美国、加拿大、爱尔兰、以色列）。这样的资料数据可以使研究人员对某一特定地区双语人的规模和分布情况做出估计。例如，地理学家可以在一个国家或地区内，测定少数民族语言群体的比例和分布情况。

选择

因选择的目的，双语人可以被划为一个"单独"的群体。例如，学校希望根据双语能力或语言背景，对学生进行分班和分组。另一个不同的例子是，在研究的初始阶段，便对双语人进行衡量。调查工作需要至少两个群体的原始资料（如，"平衡"双语人，"部分"双语人及单语人的资料）。

总结

在衡量人们当前的能力水平时，我们可以使用一系列的语言水平和成就的测试（如，阅读理解、阅读词汇、拼写、语法等测试）。这些测试往往是学校用来检查学生的四种基本语言能力的。在少数民族语言环境中，测试的重点通常是既衡量少数民族语言的能力，又衡量多数民族语言的能力。在美国，强调少数民族语言群体掌握英语的水平，一直是对双语人进行测试的主要问题。对学生的语言能力所做的"总结"可以在学期末或学年末进行。

随着能力测试的开展，对双语人进行的衡量便与第二语言的测试和语言的一般领域的测试结合了起来。除了一般的语言测试外，还有要对两种语言中较强的那种语言进行衡量和对两种语言的混用（这种现象有时被贬称为"干预"，参见第五、六两章）进行衡量。测试突出了双语人的具体特点，这些特点既有别于第二语言学习者的特点，也有别于第一语言发展的特点。我们将在本章的后面举例说明这个问题。

建设性

语言能力测试往往用作总结性评定的依据。相反，那种在学习的过程中能够提供反馈的、有利于学生进步的测试或评定的手段，则被称为建设性评定。通过对语言技能所做出的准确的统计分析，使教师可以轻松地了解到学生的大致情况，并根据这些情况直接制定相应的教学措施。这就是建设性测试的概念。如果这种测试反映出学生在语言方面有需要改进的地方,教师便可以立即介入并提供补救性帮助。对语言难点的诊断可以形成一个有效的治疗方案。双语人的评定问题将在第十三章中加以讨论。

对双语人进行衡量的实例

对双语人进行衡量的方法是多种多样的,我们不会对这些方法进行逐一的讨论。下面的这些例子,可以帮助我们了解一些主要的方法。

语言背景的范围

语言背景或功能双语的范围是一些自我评定的范围。与语言能力相反,这些范围主要衡量的是两种语言的实际使用情况。

我们现在举一个小学生的例子(选自 Baker, 1992):

这里有几个你用哪种语言与别人讲话,别人用哪种语言与你讲话的问题。请根据实际的情况回答这些问题。不存在答案的对与错。不适合你的问题可以不做选择。
你用哪种语言与表格中的人讲话?你只能选择一个答案:

	总用西班牙语	用西班牙语多于用英语	西班牙语和英语用的一样多	用英语多于西班牙语	总用英语
父亲					
母亲					
兄弟/姐妹					
学校里的朋友					
运动场上的朋友					
老师					
邻居					
祖父母					
其他亲属					
学校外的朋友					

第二章 双语的衡量标准　23

表格中的人用哪种语言与你讲话？					
	总用西班牙语	用西班牙语多于用英语	西班牙语和英语用的一样多	用英语多于西班牙语	总用英语
父亲					
母亲					
兄弟/姐妹					
学校里的朋友					
运动场上的朋友					
老师					
邻居					
祖父母					
其他亲属					
学校外的朋友					

在下面的情况中你使用哪种语言？					
	总用西班牙语	用西班牙语多于用英语	西班牙语和英语用的一样多	用英语多于西班牙语	总用英语
看电视/录像					
宗教活动					
报刊/戏剧					
听录音机/CD盘					
听收音机					
购物					
体育运动					
打电话					
读书					
工作					
社会团体					
其他活动					

除了我们在以后要谈到的歧义性和"社会愿望"（social desirability）的问题外，这个范围还是带有局限性。因为它没有穷尽所有的对象（人）或场合（上下文）。例如，这个范围并未包括与叔叔、姑母、迪斯科舞厅、通信、机构、俱乐部、社团、休闲活动、爱好、旅游所发生的语言行为。这个范围所选择的项目，是介乎于那种包罗万象的范围和那种只选择了几种主要场合的范围之间的。从表面上看，一种范围似乎包含的项目越多越好。这里出现了一个问题，Baker 和 Hinde 是这样解释的（1984：46）：

"有一个人说，她用威尔士语与父亲交谈（多数总是在航行时），用威尔士语与祖父母交谈（一年见一次面），用威尔士语与朋友交谈（但往往是在感到孤独的时候），阅读威尔士语书籍和报纸（只是偶尔的），去讲威尔士语的教堂（只在参加婚礼和葬礼时）。但她大部分的时间是和讲英语的母亲一起生活，并在讲英语的学校读书。这个人或许能得到较高的'威尔士语'的分数。"

这个例子表明，"讲话的对象"这一问题是不充分的。我们还需要加上在这些场合中、与特定的对象使用语言的频率问题。除了提出"对谁讲，在哪些场合讲"的问题外，我们还要提出"隔多长时间讲一次"的问题。Baker 和 Hinde（1984）、Baker（1985）进一步讨论了语言背景和功能双语的范围。

语言水平的自我评定

这里举两个语言水平自我评定的例子：第一个例子来自在人口普查中所提出的问题；第二个例子来自调查研究。在人口普查中，有时会涉及讲少数民族语言的问题。例如，人口普查会提出这样一个有歧义的问题："这个人讲威尔士语吗？"（Baker，1985）。这个问题显然没有将语言能力和语言使用区分开来。有些人虽然能讲威尔士语，但他们不使用这种语言；有些人虽然讲威尔士语，但水平很低。在美国，人口普查的问题是这样提出的："除英语外，这个人在家里还讲另一种语言吗？（如果回答是肯定的）讲哪种语言？这个人讲英语的水平如何？很好/好/一般/不会讲。"通过强调在家里的语言表现，美国的人口普查问题所关心的是非英语的语言使用而不是能力。然而,将环境限定在家庭的范围内则忽略了可能使用语言的其他环境的多样性与广泛性。在涉及双语时,美国人口普查的问题强调的是英语的能力。因此,双语被含蓄地描述为对英语以外的另一种语言的使用和(比较而言)英语的能力。

加拿大1986年的人口普查提出了三个有关语言的问题,其中一个问题是:"你讲英语或法语的能力是否足以进行交谈?"这个问题再一次反映出人口普查问题的歧义性。像"讲"、"足以"、"交谈"这类词,不同的人会有不同的理解。对一个人而言的"足以",可能对其他人来说就属于不同的流利程度。商店里的简单交谈与教室里或总经理办公室中的谈话不可能是在同一个水平上。

目前,在教育中有一种倾向,让学生对自己的学习情况做出评定。虽然这种评定只占学校中语言评定的一小部分,但它却能使学生了解到自己的学习是"因为什么"和"如何"被评定的,这种做法有助于激励学生的学习兴趣并提高他们的学习积极性。学生可以对自己的语言强项和弱项进行分析,对一学期的进步进行总结,制定出下一步的学习计划。这种做法可以加深学生对课堂语言活动的情景、结构和进程的认识,因为这种认识会对他们的学习产生直接的影响。当缺点和错误变得公开化时,与教师的评定相联系的自我评定(self assessment)可以是师生合作和增强学生责任感的强有力的手段。

语言能力自我评定的第二个例子来自少数民族语言工程(Linguistic Minorities Project)所进行的调查(1985:349)。这项调查要求伦敦的儿童就语言能力的四个基本层面做出自我评定。

衡量标准的局限性

自我评定包括了两种语言(例如,西班牙语和英语)的四种基本语言能力。答案很可能会过于笼统(例如,在"是"、"很好"和"只会一点"的答案之间,可以有许多的等级)。除了等级问题外,在衡量语言能力时,我们还常常会遇到一些其他的问题。这些问题是:

(1) 歧义(ambiguity):像"讲"、"理解"、"读"和"写"这类

词，包含着各种各样的能力水平。其范围可以从那些最小的能力层面扩展到 Bloomfield（1933）的"母语般的掌握两种语言"的最大的概念。

在相对于每个问题和每种语言的一个方格中画勾			
	语言 1		语言 2
如果现在和你讲这种语言，	☐	完全能听懂	☐
你能听懂这种语言吗？	☐	只能听懂一点	☐
	☐	现在听不懂	☐
你现在能讲这种语言吗？	☐	能讲得很好	☐
	☐	能讲一点	☐
	☐	现在不能讲	☐
你现在能读这种语言吗？	☐	能读得很好	☐
	☐	能读一点	☐
	☐	现在不能读	☐
	☐	永远不能读	☐
你现在能写这种语言吗？	☐	能写得很好	☐
	☐	能写一点	☐
	☐	现在不能写	☐
	☐	永远不能写	☐

如果我们所设定的范围是从初学者到专家的话，就等于撒下一张巨网而未对网中的鱼进行分类。

（2）上下文（context）：某个双语人也许在一种场合能听懂一种语言（如在商场里），而在另一种场合却听不懂（如学术讲座）。另一个双语人也许能看懂报纸，但却看不懂教科书。水平和使用会随着场合的变化而变化。这样我们就需要一种涉及各种场合的总结性的答案，这种答案也许并不关心各种场合中不同的能力水平。

（3）社会愿望（social desirability）：调查对象会自觉或不自觉地掩饰自身的真实情况。自我评定容易犯夸大其词或言而不尽的毛病。有些人出于自尊和社会地位的原因，会自称第二语言讲得很流利（实则不然）；有些人则会表示自己不会这种语言，其实他能讲这种语言。例如，这种情况会发生在威信较低、"削减性的"少数民族语言的环境里，其中第二语言的引入可以取代第一语言。因此，语言能力的问题可以被解释成带有政治色彩的公民投票或是态度的问题（Baker, 1985; Baetens Beardsmore, 1986）。

（4）默认（acquiescent response）：少数被调查者在回答自我评定的问题时，往往会说"是"，而不说"不是"。他们似乎更愿意做出肯定的回答，而不愿意做出否定的回答（Kline, 1983）。同样，这种情况也往往表现为，倾向于"同意"而非"不同意"，倾向于"我是这样的"而不是"我不是这样的"。

（5）自我意识（self awareness）：对自身情况的正确认识，是自我评定的基础。因此，我们需要一个认识的框架来作参考。对某人来讲，这个参考的框架也许就是邻居家那种语言讲得还不如他们流利的儿童。当与另一个社区的儿童进行比较时，他们这种表面上的流利也许就逊色了许多。在一种环境中的语言能力换成另一种环境时就未必凑效。考虑到对照组的年龄、特性和地理位置，自我评定与典型样板的比较更显得缺乏严谨性。儿童同样会对表面的语言流利水平作出自我评定，而没有意识到在有认知要求的语言中这种流利水平则相差甚远（Skutnabb - kangas, 1981）。

（6）参考点（point of reference）：把单语人的语言水平作为比较的标准，是一种危险的做法。

（7）测验的神秘性（test aura）：另一种危险的做法，是把语言测试提升为一种科学的测试，这种测试往往带有一种夸大的神秘感。语言标本更"自然的"形式（如，录制的现场谈话）被置于较低的地位，因为这些语言样品没有教育学和心理学（心理测验学）标准的神秘色彩。

（8）语言标本的狭窄性（narrow samping of dimensions of language）：语言测试的标准会被不明智地认为是一种有形的、具体的东西（就像测量高度和重量一样）。更确切地讲，语言测验大多检查的是一些具体的语言技能，这些技能是假象的和有争议的。这种测验常常只包含语言能力整体中的一小部分，不具有代表性。

（9）对变化缺乏敏感性（insensitivity to change）：人们习惯地

认为，制定一个在各种时期和场合都靠得住的标准（在几个星期或几个月里，使用一致的标准为同一个学生打分），是个理想的办法。然而，问题是这种标准察觉不到学生自身的变化。因此，评分和标准应当有个期限（比如两年以后就应当有所改变）。

(10) 贴标签（labeling）：考试分数容易给学生贴上"标签"（例如某个学生因此会被认为缺乏能力），这种标签会导致一些预想（如今后也不会好），而这些预想又可能会导致一种自我满足（self fulfilling）和不思进取的预言。

语言平衡与优势语言的衡量

设计各种考试的目的是对双语人较强的一种语言或两种语言的平衡状况进行测试。当这类测试被用于研究的同时，它们在美国的教育中也占有重要的地位。因为在美国的许多州中，都要求少数民族语言儿童的教学必须使用儿童所熟悉的语言，所以，就需要对语言的强项进行衡量。例如，英语和西班牙语能力的测试。

下面是五种心理测验学测试的例子：

(1) 词语联想反应的速度（speed of reaction in a word association task）：这是要测试双语人能否对一个词给出一个联想词，这种联想在一种语言中比在另一种语言中快得多。这对于一个平衡双语人来说似乎没有什么特殊的区别。有一个例子，是给双语人一个词，比如"房子"，然后测量他给出联想词（如窗子）的时间。如果一个人总是在一种语言中给出的联想比另一种语言给出的联想快，则可能是他这种语言占优势。但是，优势不同于能力。某人可能两种或多种语言的能力都较强，但只有一种语言是强项。同样，可能存在平等强项而两种语言都处于能力不足的情况。

(2) 词语联想反应量（quantity of reactions to a word association task）：在一分钟内，双语人要对一个词（比如"颜色"）做出一系列的联想，如果两种语言联想出的词的数量大致相同，就表明他的两种语言是平衡的。

(3) 使用两种语言的词语检测（detection of words using both languages）：根据一个没有意义的词比如 DANSONODEND，写出两种语

言的词语。那些没有意义的词语的字母，必须同是代表两种语言的字母。这不是一件容易做到的事，它取决于相同的字母和书写体。

（4）阅读时间（time taken to read）：用被试者的两种语言读一组词语的时间。

（5）两种语言混用的程度，两种语言的相互借用（"干预"）和相互转换。

这种"平衡"和"强项"测试的问题主要出在语言水平和语言表现衡量的代表性上。在这方面，这些测试似乎只涉及了更大的更复杂的整体（语言能力或语言使用）中的一小部分，所涉及的是那些能被检验的语言子技能的一小部分，也是个体语言属性的一小部分。人的特点是在不断变化的，强项语言也会因环境和时间的变化而变化。两种语言的能力可以是大致相同的，但一种语言可能会占主导的地位。加工的速度可以提供有关"平衡"的证据，但却不能说明"强项"在语言的实际使用中、在不同社会文化背景和时间上的表现（Valdes 和 Figueroa, 1994）。

交际性语言的测试

在试图确定双语人的能力时，使用笔试的方法并相信这种方法会对日常生活中的语言使用做出可靠的估计，是一种危险的做法。多项选择、听写、阅读理解和拼写测验，已经成了检验语言技能时用烂了的方法。把日常的语言能力测试降低为对一些具体技能的测验，就像只用色彩的排列来评价米开朗基罗的油画。另一种激进的方法是，在现实的交际环境中观察双语人的语言表现。在商场、家里、工作的时候，以及业余活动中对双语人进行观察，或许是衡量双语能力的理想途径。这个想法在时间上是不切实际的，并且可能会因主考官的不同而带有偏见。这样的观察场合也是不自然的，因为这是一种有考官在场的"考试"场合，侵犯了个人的权力，也不具有时间和地点的代表性。总之，就可靠性和有效性而言，现实生活的观察很可能是不尽人意的。

为了收集真实的和有代表性的资料，我们需要了解场合之间是如何联系起来的，我们还要了解与全部的语言能力有着充分联系的具体的语言表现，以及哪种测验中的表现与语言能力有着密切的联系。这需要一个完整的语言能力的模式或理论。有关这个问题我们将在本章的后面进行讨论。

语言测验中特别强调的是交际能力（Hart, Lapkin & Swain, 1987）。在大量的拼写、语法、写作和阅读测验的同时，现实生活中使用语言的重要性在流行的测验趋势中得到了体现。Skehan（1988）是这样表述这种思想的：

"真正的交际是以相互作用为基础的，参与者也不止一个；这种交际是不可预测的，是创造性的，也就是说，在真正的交际中参与者不能预见交际的内容和结果；交际的场合既有语言的/谈话的因素，又有社会文化的因素；真正的交际是有目的的，其中参与者会借助语言的使用而努力达到某种目的。例如，去说服或欺骗某人等；使用真实的和有刺激性的资料，不使用策划的、特别编造的资料；它是在真正的心理状态下进行的，比如时间的压力；它的结果是可以评估的，根据是否达到了交际的目的来对成功的语言表现做出判断"（P. 215）。

语言能力的测验可能很难达到 Skehan（1988）提出的标准。在足够的场合中对有目的的交流进行真正的测量而不受考官的影响是不可能的。有些人认为，干脆就不要进行测验了；有些人认为，可以实行一种最近似的方法进行测试。测量有限的意念表现能力而不是更广泛的胜任能力，也许是可以用到的一种测验方法。

口试是一种试图近似于 Skehan（1988）提出的条件的测验。美国外交部的口试就是其中的一个例子，这种口试分为四个阶段（Lowe, 1983; Shohamy, 1983）。第一个阶段是热身阶段；第二阶段是测试语言的能力水平；第三阶段是更深层次的语言水平测试；最后是如释重负的结束阶段。口试的时间约半小时，中间的两个阶段检查应考者是否能够在各种问题和各种语言功能上表现出一致的水平。口试由两名主考官一起主持。

训练有素的主考官不使用那种狭窄的、事先定好的考题，而是试图把口试组织得对考生更有意义。主考官使用规定的标准进行评判和打分。分数的范围是从 0 分（无能力）至 5 分（受过教育的母语般的语言能力)。在语言能力方面,这种考试在受过教育的母语般的语言能力与其他的母语般的语言能力之间划出了一条假定的界线。从1分至5分间都有"+"的可能,因此便有了十一个评分点。

这种面试的程序也许不能反映实际的情况。真正的交流是发生在陌生人之间,是在一个设计好的、人为的环境中进行的吗?语言的全部技能都得到了表现?"考试所使用的语言"是否能代表日常生活中的语言功能?我们是否能够从那种基于单一形式、单一环境的口语交际测试中归纳出哪一种情况不是现实生活的情况?人们怀疑这种面试程序是否可以有效地模仿和考察真实的交际能力。同时,这些口试又是在人为的笔试和不切实际的对个人进行具体观察之间的一种折衷的办法。

参考性标准语言测试:语言测验的课程方法

最近,在测验中有一种从参考性正规考试(Norm Referenced Tests)向参考性标准考试(Criterion Referenced Tests)转变的趋势(联合国教科文组织,《世界教育报告》)。这种转变的部分原因是语言教育向交际技能、课程目标及掌握学习的方向转变。那么,参考性正规考试与参考性标准化考试的区别是什么呢?

语言能力的测验通常分为参考性正规考试和参考性标准考试,前者一般是总结性考试,而后者多半是建设性考试。标准化的参考性正规考试主要是个体之间的比较,比如智商测验。例如,在阅读能力的测试中,教师可以用一个民族或地区的平均水平作为标准对一个学生的能力进行比较,然后将该学生的成绩准确地排列在预定的表格中(例如,在最高等级中占16%)。参考性标准考试则不做个体间的比较。相反,这种考试是就某个特殊的语言技能记录下学生的简单情况。这种简单的记录是根据对语言技能所做出的准确的统计分析,来检验学生具体的语言能力。与之类似的情况是学习驾驶时的路考。学会驾驶要掌握多种技能(例如,倒车转向、三点转向、起步爬坡等)。驾驶技术常常需要在这些技能上满足考官的要求。与其他驾驶员的比较是不重要的,个人对具体技能的熟练程度是成功与失败的标准。

规定驾驶的标准要比找到语言的标准容易得多，因此这种分析就不准确。语言的子技能是有争议的，也许很难对它们进行定义或衡量。除了语言技能外，还有语言质量方面的问题，我们不能因考试的原因而简化这些问题（例如，语言的情感的和诗意的功能）。

对双语人来讲，与参考性正规考试相比，参考性标准考试的好处之一在于比较点的不同。参考性正规考试将双语人与单语人进行比较。一些学者（例如，Grosjean，1985）认为这种比较是不公平的，无效的。短跑选手与十项全能运动员之间能进行公平的比较吗？参考性标准考试，是就具体的语言技能对双语人进行简单的记录。因而，从理论上讲，避免了双语人和单语人之间不公平的比较（unfair comparisons）。但是，从实践上讲，参考性标准考试可以被用在学生之间、学生群体之间乃至学校之间的比较。参考性标准考试的好处在于，它可以使教师容易得到直接导致行动的反馈信息。这就是建设性测验的概念。如果测验暴露出学生语言需要改进的地方，教师便可以采取进一步的行动。

听的目标	说的目标
1. 语音辨别	1. 语音
2. 听力词汇	2. 口语词汇
3. 大体上听懂一段讲话	3. 流利的口头表达
4. 理解动词的形态	4. 掌握动词形态
5. 理解介词的形态	5. 掌握介词形态
6. 理解形容词的形态	6. 掌握形容词形态
7. 理解名词的形态	7. 掌握名词形态
8. 理解陈述句的句法	8. 掌握陈述句的句法
9. 理解疑问句的句法	9. 掌握疑问句的句法

Harris（1984）就运用参考性标准考试检验语言能力做出了说明。上面的表格列出了测验的具体内容，重点是要达到爱尔兰语的听说目标。

用来衡量每一目标的内容从 3 项（问句的掌握）到 25 项（大

体上听懂一段话）不等。四年级学生要求掌握 145 项。Harris (1984) 的语言测试是以语言学理论为基础的。下面的例子是基于语言测试的交际方法。

数量繁多的语言目标（评定工作因此也得到了发展）是 1990 年至 1995 年英格兰和威尔士国家教学大纲的一部分。它的基本原则是教学与考试应当结合起来而不是相互脱节。国家教学大纲详细规定了课程范围，以此对学生做出评定。下面的例子是对讲威尔士语的要求（语言目标），用以说明语言测试与课程的直接联系（Department of Education and Science and The Welsh Office，1990）。有一个例子说明，可以创造一种参考性标准工作的一般形式，用以确定个人所达到的水平。我们将在第十二章中对这种语言少数民族的教学方法进行详细的讨论。

这些测试工作是很重要的，因为它们强调的是学生能做什么，而不是那些典型的课堂测验所注重的学生不能做什么。扼要记录的是交际的技能、知识和理解力，而不是分数、百分比和等级。注重的是能力而不是错误和缺点。这些工作是将学生与语言发展的计划做比较，而不是在学生之间做比较。这些考试是建设性的，可以提供直接的信息双向反馈，并据此为学生制定出具体的教学计划。

第一阶段（5 岁左右）

语言目标实例：以小组为单位进行听说练习活动，其中包括具有想像力的表演。

评定工作实例：在课堂"商店"中扮演店主或顾客，教师根据既定的指标观察和记录学生说的能力。

第二阶段（7 岁左右）

语言目标实例：对教师的复杂指令做出正确的反应，并且能做出一些简单指令。

评定工作实例：按顺序做三件事：首先列出教室中三处最适合花卉生长的地方；然后找出其他学生的看法；最后达成一致的观点。

第三阶段（9 岁左右）

语言目标实例：学生单独或作为一个小组的成员在完成一项工作时，能够准确地发出、接收和执行所给的指令。

评定工作实例：设计一个墙报或安排一次郊游。

第四阶段（11 岁左右）
语言目标实例：详细地述说一个事件或是有根据地解释为什么采取一个特殊的行动路线。
评定工作实例：就一项科学调查做口头报告。

参考性标准考试所提供的信息应当直接反馈到以下几个方面（Baker, 1995 b）：

(1) 教学决定（如，诊断出学生没有掌握的课程内容）；
(2) 向学生家长汇报并与他们讨论学生的学习成绩；
(3) 确定那些需要特别帮助的学生和帮助的形式；
(4) 找出那些可以加快学习进度的学生；
(5) 在班上公布某一课程的学习计划的标准；

我们现在开始观察各种语言结构的理论。语言能力的结构理论就双语的定义与标准问题进行了全面的讨论。

语言能力的结构

20 世纪 60 年代的语言理论（如：Lado, 1961；Carroll, 1968）往往把注意力集中在语言的技能和知识成分上。技能包括听、说、读、写，知识成分则包括语法、词汇、音位学及书写。这些早期的研究模式没有指出技能与知识是怎样联系在一起的（Bachman, 1990）。例如，听的能力怎样区别于说的能力？读的能力怎样区别于写的能力？同样需要指出的是，这些研究技能与知识的模式往往忽略了语言的社会文化和社会语言学环境（Hymes, 1972 a, 1972 b）。早期模式没有探讨谈话中"其他"人的能力问题。在谈话中，在两个或更多的人之间存在着一种谈判的意思。真实的交流包括了对听者的反应、理解与误解的预料，有时还要对自己的语言进行调整，以确保相互间的理解（Paulston, 1992 a）。

在 Oller (1979) 的语言行为的基本能力理论遭到批评之后，出现了各种描述型和实验型的语言能力模式。这里我们将简单地介绍两个主要模式，它们既对双语能力的定义与衡量标准做出了某些暗示，又体现了对语言能力相对全面的思考。

Canale & Swain 的语言能力模式

Canale 和 Swain (1980), Canale (1983, 1984) 认为，语言能力有四种成分：语言学成分 (linguisitc component)（如，句法和词汇）；社会语言学成分 (sociolinguistic component)（如，在不同的场合使用恰当的语言）；话语成分 (discourse compoment)（如，开始并参与持续性谈话和阅读一定数量文字的能力）；策略成分 (strategic component)（当交流出现困难时，语言的即兴创作能力）。

正如 Oller (1979) 的"一个因素"的说法因没有认识到一些具体的语言领域而遭到批评一样，Canale & Swain (1980) 的理论也因没有表明是否这四种成分之间存在着联系或存在着怎样的联系而遭到了批评，即便这四种因素可以归纳为一个全面的整体因素。同样，对语言能力结构的描述总是很难与各种测验联系起来。正像 Bachman (1990) 指出的那样，对社会语言学能力和策略能力进行测试，尽管不是不可能的，实际上很可能是困难的、有争议的和难以捉摸的。

Bachman 的语言能力模式

Bachman (1990) 提出了语言能力的第二个重要模式。这个模式的价值在于它不仅考虑到了语言能力，而且还考虑到了语言呈现。这个模式不仅包括了语法知识，还包括了在具体的场合中如何使用语言的知识。"交际性的语言能力 (Communicative Language Ability)，可以描述为既包括了知识或能力，又包括了完成或实施那种恰当的、有语境的交际性的语言使用能力的能力" (Bachman, 1990: 84)。

为了充分地定义、规范和实施对交际能力的测试，Bachman (1990) 提出了一个具体的模式，归纳如下：

语言能力：

(1) 组织能力（organizational competence）
    (i) 语法能力（如，句法、词汇）
    (ii) 正文能力（如，文字的和口头的结合）

(2) 语用能力（pragmatic competence）
    (i) 非语言能力（如，讲话的策略，语言的功能）
    (ii) 社会语言学能力（如，对语域、方言、文化比喻的敏感性）

对此表的说明：Bachman（1990）认为，交际能力由两大部分组成：一个是组织能力，一个是实际能力。组织能力又分为两个部分：语法能力和正文能力。语法能力包括词汇、句法、词法和音位学/书写的知识。例如，人们需要将单词安排在语序正确的句子中，并加以适当的后缀（如，high, higher, highest）。

正文能力包括"将语句连接起来形成正文的惯例的知识，实际上这是一个语言的单位——说的或写的——包括两个或更多的语句或句子"（Bachman，1990：88）。

语用能力包括两个部分：非语言能力和社会语言学能力。根据Halliday（1973）的说法，Bachman（1990）列出了非语言能力的四种语言功能，即：概念的功能（ideational function）（我们表达意思和经历的方式），操作的功能（manipulative function）（以一种有效的方式使用语言来达到某种目的），启发的功能（heuristic function）（使用语言去发现新的东西并解决问题），想像的功能（imaginative function）（超出"此时此地"的语言使用。如，为了幽默或离奇的效果）。语用能力的第二个部分是社会语言学能力。社会语言学能力指的是对上下文的敏感力，确保语言适合于讲话的对象或场合。这就需要对各种方言的差异和语域上的差异（如，会议室，棒球运动，酒吧和卧室的语域）有着敏锐的感觉。社会语言学能力也指对母语般的或自然的讲话形式的敏感力，其中包括语法和词汇中的文化变化（例如，黑人讲的英语）。社会语言学能力的另一个方面是指解释文化现象和修辞手段的能力。有的时候，为了弄懂一次特殊的谈话，必须了解一种语言的文化背景。威尔士语中有这样一个比喻:"to go round the Orme"(喋喋不休地),像这样的比喻只有在威尔士北部当地的方言文化中才能完全理解。

为了将语言说成是一个动态的过程,Bachman(1990)认为上面提到的成分是相互作用的。因此,他又为这个模式增加了策略能力的概念,在策略能力中,人们不停地设计、执行和评定他们的交际策略和信息的传递。

既然一种语言的能力被视为是语言表现能力的整体中必不可少的组成部分,而不是从整体中抽出来的东西,那么语言能力的测试就不能仅仅是笔试,它同时需要对真正交流中的语言进行调查。与那种人为的生硬的考试(如,语言听写考试)相反,交际能力的测试所包含的是有创造性的、不可预见的和有上下文的谈话。

这就说明以一种没有偏见的、全面的、有效的和可靠的方式来衡量交际能力是一件困难的事情。课堂上的简单测验很可能只是部分地衡量了双语人日常的表现。在测试交际能力时,Bachman(1990)补充了一些影响被衡量的交际能力的因素。这些外部因素经常会以一种消极的方式影响考生语言能力的情况。这些因素包括:

(1)考试环境(如,考官的影响,考试时间和考试地点的安排)。

(2)试卷中的说明性标题(如,试卷的布局,时间上的分配,语言指令,对正确答案的一些具体要求)。

(3)测验的形式(如,笔头的,"录音的"、"现场的"测试)。

(4)语言测验的性质(如,选择性的题目,固定上下文或没有上下文的交流)。

(5)反应测验的性质(如,多项选择或是自我发挥题,笔头的或口头的,具体的或抽象的,是否许可非言语交流)。

结 束 语

有关测试标准的话题总是在定义、区别、层面和分类的讨论之后进行。正如层面和分类不能捕捉到双语的所有特点一样,标准通常也没有完全捕捉到各种概念性的层面和分类。正像足球赛或冰球赛的技术统计数字不能反映出全部的比赛情况一样,语言的测试和标准同样也不能完全体现思想或理论的概念。复杂而大量的描述是标准和测验必不可少的伴侣。足球或冰球比赛枯燥的统计数字和精彩的评论不是相互矛盾的，而是相辅相成的。

衡量语言使用的语言背景的范围和衡量语言能力的大量的考试是确实存在的。后者包括了参考性的正规语言考试和参考性的标准语言考试、自我评定的标准和强项语言的测试。本章对参考性标准考试给予了特别的关注，这种考试的目的是检查具体语言目标的掌握情况。那些既适合于第一语言又适合于第二语言，有时基于理论的原则，有时又不拘一格的考试，总是与教学和学习的进程有着直接的联系。

本章还讨论了语言能力结构的理论。这些理论将前两章的内容连在了一起，使定义与标准的问题成为一个整体。我们特别注意将语言能力的语言学观点与交际的观点联系起来。语言可以被分解为某些语言学的成分（例如，语法、词汇）。把语言看作交际和交流信息的工具同样具有重要的意义。能力与使用、语言与社会、能力与交流，这些重要的两重性将伴随着我们读完这本书。

推荐读物

BACHMAN, L. F., 1990, Fundamental Considerations in Language Testing. Oxford: Oxford University Press.

BAETENS BEARDSMORE, H., 1986, Bilingualism: Basic Principles. Clevedon: Multilingual Matters.

SKUTNABB – KANGAS, T., 1981, Bilingualism or Not: The Education of Minorities. Clevedon: Multilingual Matters.

VALDES, G. and FIGUEROA, R. A., 1994, Bilingualism and Testing: A Special Case of Bias. Norwood, NJ: Ablex.

复习题

（1）根据下面的内容写出简短的复习笔记：

（i）衡量双语人的不同目的。
　（ii）语言能力自我评定的不同方式及问题。
　（iii）交际语言测试的本质，参考性标准考试。
　（iv）语言能力的结构。
　（2）为什么要对少数民族语言和多数民族语言的水平进行衡量？这样的测试会遇到什么问题？
　（3）找出更多的参考性正规考试与标准考试之间的区别（可以阅读第十三章中有关评定的内容）。少数民族语言的学生从这两种不同的考试中得到什么样的结果？对讲多数民族语言的学生来讲，两种考试是否有相同的或是不同的潜在影响？

研 究 活 动

　（1）将"语言背景范围"（稍加改动以适用于你的情况）用于你自身或你认识的人，也可用于班上的同学。检查一下每个人的答案，以文字或数字的形式对语言的使用和平衡情况做出总结。如果是对一组学生进行调查，在这些人中是不是存在着几种类型？是不是有的人在一种语言里表现出色，有的人在另一种语言里表现出色，而有的人表现出平衡的状态？
　（2）对当地的一些学校进行调查，看看他们采用什么样的考试来检查学生的语言能力？它们也许是一些听、说、读、写和语言发展的考试。它们是参考性正规考试，还是标准考试？为什么要使用这些考试？这些考试对双语学生是公平的吗？

第三章 语言的社会属性

引　言

　　双语人不是孤立的岛屿。相反，讲两种或多种语言的人生活在群体中，生活在社区中，有时甚至生活在地区中。在多数民族语言环境中讲少数民族语言的人形成了一个语言社区（language community）。个人层面上的双语只是问题的一半，问题的另外一半是分析各个语言群体的实际行为与变化。这种分析尤其关注几十年来语言的运动与变化。语言少数民族在规模、强度和安全上是很不稳定的。因此，我们还需要考察少数民族语言赖以存在的政治与权力环境。

　　本章重点介绍这样一个思想：不存在没有语言社区的语言。语言社区往往不是孤立的，因此考察语言社区之间的接触（contact）就变得很重要。在这个充满了信息交流、大陆间的交往变得容易起来、形成地球村趋势的世界里，语言社区间的分隔状态几乎是不可能的。信息产业和洲际旅游的迅猛发展意味着语言社区很少是（也许曾经是）稳定的，无论是少数民族语言还是多数民族语言，都有一个不断变化与运动的过程。有的语言变得更加强盛，有的语言则开始呈下降趋势直至消亡。人们认为消亡了的语言，有时也可以复活（例如，康沃尔人说的凯尔特语 Cornish）。因此，本章将就语言社区，语言接触、语言变化与语言冲突的问题进行讨论。通过讨论我们可以看到，双语教育政策也是整个问题的一部分。就是说，我们只有考察实行双语教育的社区环境，才能对双语教育有一个正确的理解。

　　本章将以社会语言学的观点（sociolinguistic perspective）来考察诸如社会的两种语言、语言转换、语言保持、语言消亡与语言扩展这些重要的概念。有关这些题目的语言学观点（例如句法、语义与专门词汇的变化）将不在本章及讨论语言复活的下一章中讨论（有关这些问题的讨论，可参见 Aitchison，1991；McMahon，1994，Romaine，1995）。我们首先从社会语言学的角度讨论两种语言的问题。

两种语言（DIGLOSSIA）

双语一词专门是用来描述个体的两种语言的，在谈到社会中的两种语言时，经常使用的词则是"两种语言"（diglossia）（Ferguson，1959；Fishman，1972，1980）。近二十年来，"两种语言"这个词有了更广泛更精确的定义，但最初它却是一个希腊语词，意思是两种语言。实际上，一个语言社区不可能为了同一个目的去使用两种语言，语言社区更可能是在某种特定的情况下因某种特定的功能而使用一种语言，在另一种环境中因另一种功能而使用另外一种语言。例如，一个语言社区也许在家庭生活中，或是为了宗教目的，或是在社会活动中使用它的继承语言——少数民族语言。而在工作时，在接受教育时，在接触大众传媒时，语言社区也许使用多数民族语言。

Ferguson（1959）首先用同一语言中的两种变体（方言）介绍了"两种语言"的概念。Fishman（1972，1980）将这一概念的意义扩大为在一个地理区域内的两种语言的并存。Ferguson（1959）最初的理论区分了高级语言变体（称之为 H）和低级语言变体（称之为 L）。这种区分同样可以用于一个国家内的多数民族语言（H）和少数民族语言（L），这确是一种非中性的和略带歧视性的区分。在两种场合中，不同的语言或变体可用于不同的目的。见下表。

场 合 或 环 境	多数民族语言（H）	少数民族语言（L）
1. 家庭		√
2. 学校	√	
3. 新闻媒介	√	
4. 商业活动	√	
5. 社区中的社会和文化活动		√
6. 与亲属和朋友的信件往来		√
7. 与政府部门的信件往来	√	

这个例子表明，语言可被用于不同的场合。低级语言变体可能更多地用于非正式的、个人的场合；高级语言变体或多数民族语言更多地用于正式的、官方的场合。在该用高级语言变体的场合使用低级语言变体，很可能会导致尴尬的，甚至是可笑的局面。

上面的图表说明，不同的语言环境通常会使一种语言比另一种语言更"受尊敬"。多数民族语言有时被认为是更高级的、更雅致的和更有教养的语言。这个高级语言变体被视为通向教育和经济成功的门径。

将"两种语言"的概念与双语的概念放在一起讨论是十分有用的。Fishman（1972）曾经指出，双语是心理学家和语言学家研究的课题。双语是指个体使用不止一种语言的能力。"两种语言"，是社会学家和社会语言学家研究的概念。Fishman（1980）把"双语"和"两种语言"结合起来描述了双语和"两种语言"可以或不可以共存的四种语言情况。根据 Fishman 的观点（1980；参见 Glyn Williams，1992 年的批评意见），下面这张图表描述了双语和"两种语言"之间的这种关系。

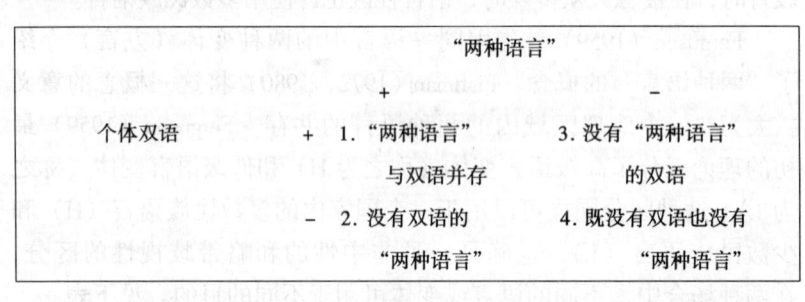

	"两种语言"	
	+	−
个体双语　　+	1. "两种语言"与双语并存	3. 没有"两种语言"的双语
−	2. 没有双语的"两种语言"	4. 既没有双语也没有"两种语言"

第一种情况是，语言社区既包含了个体双语又包含了"两种语言"。在这样的社区中，几乎每个人都既能使用高级语言变体，又能使用低级语言变体。高级语言变体用在一套功能上，低级语言变体用在另外一套功能上。Fishman（1972）以巴拉圭为例说明了这个问题。在巴拉圭，几乎所有的居民都讲瓜拉尼语和西班牙语。瓜拉尼语是低级语言变体，西班牙语是高级语言变体。

Fishman（1972，1980）描述的第二种情况，是没有双语的"两种语言"。在这样的环境中，两种语言存在于一个特殊的地理区域中，一个居民群体讲一种语言，另一个群体讲另外一种语言。瑞士就是一个例子。在很大程度上，不同的语言群体（德语、法语、意大利语、罗曼语）分布在不同的区域。从理论上讲，各种不同语言的官方地位也许是相同的。两种语言讲得都很流利的人只是例外而不是规定（Andres, 1990）。

在某些情况下，统治阶层会讲典型的高级语言变体，而更大的无权群体则只讲低级语言变体。例如在殖民地，统治阶层讲英语或法语，而群众则讲本地语言。

第三种情况是只有双语而没有"两种语言"。在这种情况里，大多数的人都是双语人，而且不因某种具体的目的而限定一种语言。两种语言的任何一种几乎都可以用于任何的功能。Fishman（1972, 1980）认为，这些社区缺乏稳定性，处于一种变化的状态。在没有"两种语言"而只有双语的环境中，人们会期望一种语言变得更加强大和拥有更多的目的。另一种语言的功能会减少，并在地位和使用程度上不如以前。

第四种情况是既没有双语也没有"两种语言"。例如，一个多语种的社会被迫转变为相对的单语社会。在古巴和多米尼加共和国，当地的语言已被根除了。另一种情况是，一个小型的语言社区在所有功能上都使用少数民族语言，并且坚持认为与邻近的多数民族语言没有任何关系。

Fishman（1980）认为，"两种语言"与双语的并存与否，往往提供一种稳定和持久的语言状态。然而，这种稳定的状态也许会越来越少。随着往来与交流日益便捷、社会与职业流动的日益便利、经济的日益全球化和都市化，语言社区间的联系会更加频繁。正像我们在本章中后面将会看到的那样，语言转换往往会比语言的稳定更具典型意义。少数民族语言在命运上的变化原因往往是两种语言的不同目的随着几代人的变化而变化。分割一种语言与另一种语言的界线不会长期存在的，无论是少数民族语言社区，还是这个社区对其低级语言变体/少数民族语言的使用都不可能永远是独立的。即使根据"区域性原则"（在一个地理区域内，赋予一种语言以官方地位；在另一个地理区域内，赋予另一种语言以官方地位），由于时间的原因，这两种语言的政治和势力的基础也会发生变化。然而，对于较弱的或是低级语言变体的复兴来讲，保持语言间的界线和语言使用的社会独立性，又是十分必要的。

在"区域性原则"存在的地方（例如，威尔士和瑞士），地理学被用来确定语言的界线，一个地区的居民被划分为明显的语言群体。语言复兴、语言保持和语言扩展的观点，是以某个规定的地区的历史情况为依据的。作为本地区土生土长的语言，法律会神圣地记载着这些语言的权力。讲威尔士语的人在威尔士具有一定的语言权力（例如，在法庭上使用威尔士语），但是当他们跨过边界进入英格兰时他们的这种权力就没有了。区域原则给威尔士人带来了好处，但却为在英国的其他"移民"语言少数民族带来了不幸的暗示（Stubbs, 1991）。区域性原则的危险和歧视的本质，被一连串的问题揭示了出来：如果威尔士语是威尔士的语言，那么是否可以认为英语是英格兰的惟一合法的语言？是不是说语言属于地区和领土，而不属于那些无论在哪里都讲着这些语言的人或群体？旁遮普语，乌尔都语、孟加拉语、印地语、希腊语和土耳其语只是属于本国的语言吗？在英国就没有这些语言的栖身之地吗？

根据"区域性原则"，是否语言少数民族或者讲该地区的语言，或者回到自己的国家？对某些人来讲，"区域性原则"是有好处的（例如，威尔士人），而对其他人来讲，它又是一种不能接受和不公平的原则。在欧洲，许多当地的语言正在欧洲社区中寻求它们的保护地位。但是，有什么样的地位可以给予欧洲的移民语言呢（例如，旁遮普语，乌尔都语、孟加拉语、印地语和 Gujerati 语这些亚洲语言）？

个性原则对描述那些不能要求语言区域原则的少数民族群体是很有帮助的。每一种语言的"个性"，都是对该语言或多或少的特色属性的概括（例如，在语言的使用和功能、习俗与礼仪、文化与含义、交际方式和文化上所表露出的特点。参见 Allardt, 1979）。宾夕法尼亚的 Amish 人就是使用个性原则的一个例子。为了保住他们的遗产语言社区，他们决定在家中为这种继承语言的继续保留一个独立王国；同时，为了接受教育并保持与外面的世俗世界的接触，他们又保留了英语。因特殊的社会功能保留一种语言；因其他的功能保留另外一种语言。这种将事物分隔的办法是一种相对稳定的安排。为每种语言找到一个特殊的身份，这种思想在每个成员的心中是根深蒂固的。如果"两种语言"是以个性原则为基础的话，那就不存在没有双语的"两种语言"。相比之下，没有双语的"两种语言"则是以区域原则为基础的。

个性原则（personality principle）可以是对区域原则提出要求的那些人的特点。然而，个性原则首先是同情移民群体（例如，欧洲的亚洲语言及加拿大和美国的许多移民语言少数民族）的一个概念。那些不能为自己的语言要求到区域权力的人们，可以坚持认为，自己继承的语言是有"个性的"语言，是具有特殊功能的语言，它需要保护性的措施，需要与多数民族语言的使用分离开来。这些语言群体可以认为，他们使用自己少数民族语言的权力完全是便携式的，不受国界和地区界线的限制。因为这种语言在使用上是有"个性的"。

在语言权力方面,试图将区域性原则与个性原则结合起来的做法被称之为"非对称性原则"（asymmetrical principle）或"非对称性双语"（Reid,1993）。加拿大的支持者们（如在魁北克）认为，非对称性原则应当赋予语言少数民族充分的权力，而相对地减少语言多数民族的权力。这是一种积极的歧视形式，它是为那些总是受到歧视的人而寻求一种歧视。少数民族语言的某些功能可以通过立法确定下来，这样便以一种积极的方式保护该种少数民族语言。有关语言权力的问题，我们将在第十九章中继续讨论。

在语言社区中，两种语言的功能和界线既影响双语教育的政策和实践，又在这些政策和实践中得到反映。在"两种语言"的环境里，在教育的各个阶段——从幼儿园到大学——是使用高级语言变体还是使用低级语言变体呢？如果在学校使用低级语言变体的话,在哪些课程上使用这类语言呢？低级语言变体是否只用于口语的交流,还是鼓励双语的读写能力？在理科,科技和计算机课上,是使用高级语言变体还是使用低级语言变体？是否只在小学的一、二年级使用低级语言变体而在以后的阶段则完全以高级语言变体取而代之呢？学校会不会有意排斥低级语言变体作为教学语言呢？在学校中，每种语言的目的和功能既是一种象征又是一种规定。这个问题与第十章的内容有关，那时我们将就双语教育的形式问题进行讨论。

语言花园：语言计划

Ofelia Garcia（1992 b）运用一种强有力的分析方法对语言规划的问题进行了描述。她的语言花园理论（Language Garden Analogy）最初的思想是：如果我们在周游世界时，发现一块块田地，一座座花园都是一模一样的，只生长着一种颜色的花朵，这个世界该有多么的单调和乏味。如果这个世界上只有一种颜色的花朵，又在形状、大小和颜色上没有变化，这个世界又该是多么的沉闷和贫瘠。

值得庆幸的是，这个世界上生长着种类繁多的花朵，它们的形状和大小、色泽和质地、颜色和色调千姿百态。各种色彩的鲜花为这个花园平添了许多美丽，令人赏心悦目。

世界上的语言花园也是一样。如果花园中只有一种语言，管理和照料起来会很容易。如果世界上只有一种多数民族语言（例如英语），那将是多么的单调和乏味。相反，我们的语言花园里有各种各样的花朵。单就伦敦而言，据说就有大约184种不同的语言。因此我们首先得出这样的结论：花园中语言的多样性会使世界变得更丰富、更有趣、更加绚丽多彩。

然而，语言的多样性使花园的照料工作更加困难。在花园中，有些花卉和灌木以惊人的速度蔓延着。某些多数民族语言，特别是英语，在本世纪有了很大的扩张。忽略了对花园的管理，某个品种的花卉就会长满整个花园，而其他小型的、数量少的花卉就会面临灭绝的危险。因此，某些花卉需要特别地照顾与保护。这便引出Garcia（1992 b）理论的第二部分。我们不需要那种放任某种花卉占据整个花园的自由语言经济，我们需要的是认真的语言规划（Rubin, 1977; Eastman, 1983; Cooper, 1989）。如果一个园丁想创造一个美丽的花园，就需要对它进行精心的规划，不断的照料和保护。有时为了达到保持和保护的目的也需要采取激烈的行动。这种理论表明，语言的多样性需要规划和照料。这里举四个例子：

(1) 增添花园的花卉品种。这种理论认为，在多数民族语言为人们的第一语言的地方，如果增添了第二、第三种语言甚至第四种语言，会使这里的语言状况变得更加丰富。例如，在加拿大，讲英语的人学会法语会使加拿大的多语状况得到保持；在欧洲大陆，讲法语、德语、西班牙语和意大利语的人，通常要学第二种或第三种语言；在美国、澳大利亚和英国的大部分地区，单色的语言花园似乎相对地更多一些。

(2) 保护稀有花卉。在世界许多国家的"两种语言"状况里，少数民族语言或本土语会受到来自迅速扩张的多数民族语言的威胁。正如二十世纪的环境保护主义者提醒人们要对动植物种群加以保护一样，在语言花园里，保护稀有的语言花朵也是一种善意的环境意识。我们可以试着通过教育和立法，通过权力集团的影响和实施一些具体的计划，来保护那些濒临灭绝的语种。

(3) 增加濒临灭绝的花卉数量。当某种语言濒临灭绝时，我们需要的也许是强有力的行动，而不是保护。我们也许要通过干涉的手段努力拯救某种濒危语言。比如，在特定的中心地区对爱尔兰语实行的经济优惠政策，有望在其传统的区域内保护这种本地语。

(4) 对自然迅速扩展的花卉实行控制。那些迅速扩展并占据其他花卉品种空间的花卉也需要实行管理和规划。尽管在国际交往中所使用的多数民族语言在信息社会中是不可取代的，但是语言规划可以寻求一种既可以扩展又不取代和消灭濒危物种的方法。

通过对语言花园的分析，我们可以清楚地看到，与自由放任的情况相比，更可取的是精心的、理性的语言规划。我们需要园丁们（如学校的教师）在花园中耕作、浇水、施肥，播种各种少数民族语言的花朵，来确保世界上语言花园的丰富多彩。尽管我们还需要园艺师来设计语言花园，但是风景工程师要规划和管理语言花园的整体形态。语言风景工程师们（例如，政治家和政策制定者）往往认为语言花园的管理是整个环境工作的组成部分，决定社会、经济和文化状况的、占主导地位的权力阶层将语言看作是整体风景设计中的一个因素。例如，某地区实行的双语教育形式（少数民族语言的淹没型教育，过渡型教育，浸没型教育，参见第十章），只是语言风景整体设计中的一部分。

只关心多数民族语言花朵的园艺师认为，保护稀有花卉开支太大而且没有必要，他们希望把一个国家内的各种语言统一起来。而希望保护稀有花卉、增加濒临灭绝的花卉数量的园艺师，则会鼓励这类花卉在双语教育中与多数民族语言共同发展。例如，在美国有许多政治家倾向于单语，而不喜欢双语。他们更喜欢将少数民族语言社区同化，形成统一的、单色的语言花园。美国的统治阶层是单语的群体，他们认为没有必要去了解这个国家的少数民族语言，或是去说这种语言。因此，他们的远大理想决定了他们对双语教育的看法。

值得注意的是，对待语言环境的态度是多种多样的（variations in attitude）。Williams（1991 a）对不同的"环境"态度做了总结，这些态度涉及了少数民族语言的生存和发展问题。首先，进化论者（evolutionist）追随的是达尔文当地"适者生存"的思想。他们认为，只有强大的语言才会生存下来，弱小的语言或者改变自己去适应环境，或者灭亡。这种观点的另外一种表达是"自由放任的语言经济"。语言必须靠自身的优势而生存，而不是靠语言规划的支持。

然而，适者生存是一种过于简单的进化论观点。它强调的只是进化中消极的一面：残杀、剥削和压制。更为积极的进化观点是互相依存（interdependence），而不是无休止的竞争。互利的合作与剥削具有同等的可能性（Williams, 1991a）。进化论者同样没有认识到语言的转换并不是一个简单的、自发的或是冲动的过程。确切地讲，语言的命运总是和社会上各个语言群体被人操纵的政治和权力基础连在一起的。语言转换（langauge shift）（就语言人的数量和使用情况而言）是由那些人为的政策所决定的，这些政策直接或间接地对语言产生了影响，并且反映了经济、政治、文化、社会和技术的变革。因此，我们有可能找出并分析语言转换的原因，而不是简单地认为语言转换是一种偶然的现象。所以，那些在语言问题上持进化论观点的人会支持发展多数民族语言而取代少数民族语言。那些坚持用经济的、成本效益的方法来解决语言问题的进化论者，认为在国际交往中多数民族语言应占主导地位，他们对语言功能的看法是缺乏远见的。语言不单纯是为了经济的交流。语言同样会牵涉到人类的文化和遗产，牵涉到充满各种颜色花卉的花园的价值，而不只是一个品种的价值。

对待语言的第二种态度是自然环境保护论（conservationist）的观点（Williams, 1991a）。保护论者坚持认为应当保持语言花园的多样性，语言计划必须照顾和爱护少数民族语言。

就像某些动物种群在特定的区域内被人为地保护起来一样，环境保护论者认为，处于濒危状态的语言也应当在这种语言的中心地区获得特殊的地位。西班牙的加泰罗语，北美的土著印第安语，英国和法国的凯尔特语，都引起了环境保护论者的关注。在爱尔兰，那些被叫作 Gaeltachta 的地区，被政府定为爱尔兰语的保护区。

对待语言的第三种态度是保护主义（perservationist）的观点（Williams, 1991 a）。保护主义者与环境保护论者不同，他们的观点更具保守性，他们注重的是语言的现状而不是语言的发展。保护主义者担心，任何的改变，不单单是语言的改变，都会损害他们的语言生存的机会。因此，保护主义的观点是传统主义者的观点，是反现代的观点。鉴于环境保护论者是着眼于全球而行动于地区，保护主义者则往往着眼于地区又行动于地区。

语言与宗教的紧密联系，或许是语言保护的一个例子。美国 Amish 社区中的历史幸存者——宾夕法尼亚州的德国人，典型地说明了保护主义者对语言的态度。这些德国人——有时被称为宾夕法尼亚 Dutch（注：Dutch 指荷兰人，美国俚语中指德国人。译者注）——在十八世纪初从德国来到美国，他们最初定居在宾夕法尼亚的东南部和中部的农业区，其语言是与莱茵河畔的德国巴列丁奈特居民（Palatinate）所操语言有密切联系的一种德国方言。这些严紧派新教徒（Old Order Amish 和 Old Order Mennonite）身着特殊的服装，在家中和在社区中讲宾夕法尼亚德语（一种德国方言）。因为英语是教育语言，所以他们在学校学习英语。他们也用英语与外人交谈，而且这种情况有日益增长的趋势（Huffines, 1991）。德语的古体被用于新教的宗教仪式。因此，该社区的语言在这个社区的界线范围内被保存了下来。然而，尤其是在非教派的宾夕法尼亚德国人中，这种语言正在消亡（Huffines，1991）。由于英语取代了用于宗教仪式的高地德语（现为标准德语，译者注），因此，也就没有理由在家中和社区中使用宾夕法尼亚德语了。宗教保护了这种语言，随着宗教习惯的改变，保护也就变成了变革。

语言转换与语言保持

没有一个花园是固定不变的。随着四季的交替和气候的改变，有的生长，有的死亡，有的开花，有的枯萎。少数民族语言社区也同样处于不断变化的状态。语言的转换有快有慢，也许呈上升的趋势，也许呈下降的趋势，但是转换与花园的发展具有同等的可能性。

一般来讲，用于学术著作中的语言转换是指语言的下降趋势。即，语言人数量的减少，语言人人口饱和程度的下降，语言能力的丧失，或是在不同领域里越来越少使用某种语言。语言转换的最后阶段是语言的消亡。语言保持通常指某种语言在人数和分布上相对稳定、儿童和成人能熟练地使用该语言，以及在具体的领域内（例如，家庭、学校、宗教）保持对该语言的使用。语言扩张（language spread）指语言人、语言网络或语言使用在数量、地理分布或功能上的增长（Cooper，1989）。

然而，在使用这些术语的方式上存在着危险性。首先，这些术语的定义不清，它们也许是指语言少数民族在数量上的规模，也许是指语言少数民族在某地区的饱和程度，也许是指使用语言的能力，或者是指该语言在不同领域的使用情况。第二，这些术语主要是社会语言学的概念。语言学家就这些术语有着他们自己的用法（例如，是指跨时间的语法和词汇的变化——参见 Aitchison，1991；McMahon，1994；Romaine，1995）。第三，不是语言失去或得到讲某种语言的人，而是讲某种语言的人会得到或失去某种语言。

造成语言转换的因素是多种多样的。例如，对由某个地区迁出的移民来讲，也许对保证就业、高工资和升迁来讲是至关重要的。迁入移民可以是强迫性的（例如，捕获的奴隶），也可以是更为自愿的行为（例如，流动工人）。有时也存在少数民族语言群体在一个特定的地理区域内被迫或自愿流动的情况。在一个国家里，婚姻也可以引起双语的转换。例如，一个来自少数民族语言社区的双语人可以嫁给一个讲多数民族语言的单语人，其结果可能是产生一个讲多数民族语言的单语儿童。二十世纪日益发展的工业化和都市化导致了劳动力的大量流动。随着大众传媒、信息技术、旅游业、陆、海、空往来的发展，少数民族语言似乎处在更加危险的状态。双语教育，或者不实行双语教育，都同样会成为少数民族语言和多数民族语言不断长落的因素。

　　Conklin & Lourie（1983）相对全面地列出了造成语言保持和语言转换的种种因素（参见 Gaarder，1977：141 和下面的内容）。这些因素主要是就移入移民而言，不是指本地少数民族的。但是其中有很多因素是这两个群体所共有的。未涉及的方面只是权利的问题（比如，处于较低的社会地位——例如，纽约市的波多黎哥人——参见 Zentella，1988）。

激励语言保持的因素	激励语言丧失的因素
A. 政治、社会及地理因素	
1. 大量的语言人聚居；	少量语言人散居；
2. 移民最近不断增加；	长期、稳定的居住；
3. 紧邻家乡或祖国且回乡便利；	远离家乡或祖国且不可能回乡；
4. 愿意回乡且实际经常回乡；	很少回乡，不愿回乡或不可能回乡；
5. 家乡语言社区完好；	家乡语言社区严重受损；
6. 稳定的工作；	工作变迁，特别是从农村到城市；
7. 工作中可以把家乡语言作为日常用语；	工作要求使用多数民族语言；
8. 在主要工作岗位上的低社会经济流动性；	在主要工作岗位上的高社会经济流动性；
9. 接受低水平的教育限制了社会经济的流动性，但受过良好教育且善表达的社区领袖们忠实自己的语言社区；	高水平的教育提高了社会经济流动性，可能成为社区领袖的人由于教育而疏远了自己的语言社区；
10. 是少数民族身份而不带有多数民族语言群体的本土主义和种族歧视。	为社会和职业上的升迁而否认少数民族身份；这是迫于本土主义和种族歧视。

激励语言保持的因素	激励语言丧失的因素
B. 文化因素	
1. 母语机构（如学校、社区组织、媒体娱乐活动）；	缺少母语机构；
2. 用母语举行文化和宗教仪式；	用多数民族语言举行文化和宗教仪式；
3. 种族意识与母语紧密相连；	种族意识受语言以外的因素的限制；
4. 把民族主义当作一个语言群体的精神；	极少民族主义精神；
5. 母语是家乡的民族语或国语；	母语不仅是家乡的民族语或国语，或者母语是多国语言；
6. 母语情感赋予自我意识和种族意识；	自我意识是由其他因素而不是由共享的母语而来；
7. 强调家庭与社区的关系；	不强调家庭与社区的关系而强调个人的成就；
8. 强调母语学校教育，以强化种族意识；	
9. 在多数民族语言社区内不强调多数民族语言教育；	强调多数民族语言的教育；
10. 文化与多数民族语言文化不同。	接受多数民族语言的教育；
	文化和宗教与多数民族语言的相同。

激励语言保持的因素	激励语言丧失的因素
C. 语言因素	
1. 母语是标准化的并有文字形式；	母语是非标准化的且没有文字；
2. 字母文字的使用使出版和识字相对容易；	书写系统的再生产昂贵且难学；
3. 母语有国际地位；	母语没有或极少国际地位；
4. 母语的书面形式用于社区或家乡；	母语无文字形式；
5. 母语发展的灵活性（如多数民族语言的术语使用较少）。	对多数民族语言的术语无承受能力，或者对借词的承受过多造成语言混合或语言丢失

（选自 Conklin & Lourie, 1983）

以上表格中的内容对语言转换因素的最初讨论进行了总结。它表明这种转换尤其与经济和社会的变化、与政治和权力、与少数民族语言人之间使用当地的社会网络进行交际的状况和为保护少数民族语言而提供的法律和机构方面的支持有关。尽管这些因素有助于搞清影响语言转换的原因，但是就这些因素相对的重要性而言是有争议的、不明确的。形成语言转换的原因是多层面的，比如有政治、经济、心理（例如，个人和家庭的层面）和社会语言学的层面。一张这些因素相对重要性的清单将问题简单化了，因为这些因素在一个复杂的等式中是相互作用和相互渗透的。这样一张清单并没有确定哪些因素更为重要，哪些因素较次之，更没有揭示语言转换的过程与机制。

哪些少数民族语言处于何种程度的危险，哪些语言有多大的复兴可能，是很难预测的。如果可以概括的话，Garcia 和 Diaz（1992）为我们提供了一种经常出现的迁入的移民情况：

"在美国，大多数移民群体都经历了由母语向英语转换的过程，这一过程是他们融入美国社会生活的结果。第一代移民一边继续使用着自己的第一语言或母语，一边学习英语。第二代移民，热衷于融入更大的英语社区，开始了只与第一代语言人（父母、祖父母、其他人）讲母语而在更正式的场合使用英语的语言转换。渐渐地，英语被用于本该使用第一语言的场合。因此，英语对第一语言领地的侵占动摇了母语的地位。

最终，第三代语言人完全停止了母语的使用。当第三代的大多数人成为英语单语人后，语言的转换也就完成了。"（P. 14）

然而，"三代人的转换"并不是惟一可能的模式。Paulston（1994）引用匹兹堡的希腊人的情况以证明四代人语言转换的经历。她认为这种缓慢的转变是由于以下的情况引起的：使用标准的、有威望的书面语；接近教授希腊语的机构的机会（即匹兹堡的希腊语教堂）；婚姻的一方为讲希腊语的单语人的婚姻状况。相反，匹兹堡的意大利人则经历了三代人的语言转换，其原因是他们使用非标准的和没有书面文字形式的意大利方言，这种方言是没有威望的语言；他们与爱尔兰的牧师、修女和普通信徒共同参加英语的罗马天主教的礼拜仪式；他们与罗马天主教徒的通婚，更看重的是宗教上的融洽而不是语言上的融洽。

在英国的旁遮普语、意大利语、盖尔语和威尔士语的社区中，有时存在着"第四代"语言人希望振兴自己本族语言的情况。有些人认为，融入多数民族的语言和文化并没有为他们带来自我价值的实现。确切地讲，这些复兴主义者似乎是在通过找回他们的语言和文化的民族遗产，来寻到一条返回自己的民族身份的途径。在欧洲，随着获得欧洲人身份的压力的迅速增长，语言少数民族似乎越来越意识到那种更为特殊和更为亲切的地方身份为他们所带来的好处。那种成为更大的整体中的一部分压力，似乎产生了需要在更小的和更家乡化的社区中保留自己的根的一种平衡。地方语言在这种更特殊的身份中显露出了自己的价值。双语既为国际化又为地方化的状态提供了方法。

语言的衰退与消亡

确定语言转换原因的另一个方法是，考察一个具体地区内正在消亡的语言（例如，Dorian, 1988）。

Susan Gal（1979）仔细研究了匈牙利语在奥地利东部城镇 Oberwart 被德语所取代的现象。匈牙利语－德语的双语现象在经历了400年的相对稳定期后，经济、社会和家庭生活变得更加德语化了。Gal（1979）用人类学的方法，研究了语言衰退的过程。Gal（1979）认为，问题不是出在语言转换的相互联系上，而是出在这种转换的过程中。例如，即使工业化与 Oberwart 的语言衰退现象有关，但关键性的问题是："工业化，或其他社会变革，是通过哪些干预过程而影响了人们在日常行为中对语言的使用？"

Gal（1979）说明了社会变革（Social Changes）（例如，工业化和都市化）是如何改变了社会网络、人与人的关系、社区中语言使用的形式的。随着新的环境和新的语言人的出现，语言就有了新的形式、新的内容，并形成了新的社会交往的模式。

另一项著名的研究是 Dancy Dorian（1981）完成的。Dorian 对位于苏格兰高地东北部的东 Sutherland 的盖尔语的衰退状况进行了仔细的个案研究。在该地区的历史上，存在着英语和盖尔语两种语言，而英语通常是统治的语言和"文明"的语言；盖尔语则被更多地认为是"未开化的"语言和威信较低的语言。该地区最后两个讲盖尔语的群体分别是"佃农"（拥有少量土地的农民）和捕鱼群体。Dorian（1981）对这个捕鱼群体进行了研究，他们是一个独立的和有特点的群体，居住在一个不大的地理区域内。他们的周围都是讲英语的群体。这些捕鱼人最初只讲盖尔语，后来成为了既讲英语又讲盖尔语的双语人，他们认为自己的社会地位低下，并且别人也这么认为。他们往往只在自己的群体内嫁娶。当捕鱼业不景气时，这些讲盖尔语的鱼夫开始寻找其他工作。讲盖尔语的人和讲英语的人之间的界线被打破了，更大范围内的通婚取代了群体内部的嫁娶，"外界的"人开始移居到东 Sutherland 地区。随着时间的推移，这个群体放弃了他们打渔人的身份，而盖尔语则走上了衰退的道路：

"既然盖尔人已经有了这样一种行为方式——可以用打渔人这个词作为对人们的一种称谓，因此就有了放弃盖尔语和与之相关的其他"打渔人"的行为方式的趋势。"（Dorian, 1981: 6F）。

经过了二十世纪的几代人之后，东 Sutherland 的盖尔语衰退了。然而，祖父母们却只讲盖尔语，别人对他们讲话时也用这种语言。父母们常常用盖尔语与其他人交谈，但用英语与自己的子女交谈，他们也希望子女能够讲英语。子女们虽然能够听懂父母讲的盖尔语，但他们自己却从来不讲这种语言：

"家庭在与更为流行的占统治地位的官方语言的竞争中，是那种从属性语言的最后堡垒，……语言人没有将这种语言传授给他们的下一代，以致父母这一代死后没有人能代替他们。"（Dorian, 1981: 105）

John Edwards（1985）提出了一个不同的和有争议的观点。Edwards 提出的问题是，一旦语言消亡，那么消亡了的语言是被谋杀的还是自杀的？在加拿大和美国的当地印第安语的历史上，尤其是在曾沦为奴隶的非洲语言的历史上确实可以找到谋杀的证据；在爱尔兰语、盖尔语和威尔士语的历史上，人们尤其认为，是英语和英国对周边地区的绝对统治谋杀了这些语言。单语的英语学校是不是这个谋杀机器的组成部分？对盖尔语的"破坏"是有意的和蓄意的行为，还是无意的和麻木的表现，这还是一个有争议的问题。

当少数民族语言人成为双语人并对多数民族语言产生好感时，对少数民族语言的惩罚或许就是这种语言的衰退，甚至是死亡。然而，如果人们决心保护一种语言的存在，那么对这种语言的破坏也许就是不可能的了。语言积极分子，权力集团，积极的行动和语言保护论者会全力拯救那些濒危语言。在波多黎哥，政府已将英语引入学校，以在这个岛国营造一个双语的局面。大约有四分之三的人在功能上属于西班牙语单语人。Resnick（1993）指出，民族主义、政局的动荡及语言与身份的关系，已经使很多的波多黎哥人反对语言的改变，反对使用英语。

Edwards（1985）认为语言转换常常反映了对社会和职业流动、提高生活水平的实际渴望。这种渴望提出了一个不同于语言花园理论的观点。对于那些希望保存一个美丽花园的环保论者的回答是，当首要的问题是吃饭和穿衣的问题时，"你不能把观点当饭吃。"有时在语言保护的华丽辞藻与严酷的现实之间或许存在着一定的距离。Bernard Spolsky（1989 b）讲的一个故事说明了这个问题：

"我的一个纳瓦霍学生曾非常明确地谈到这个问题：她说假如我必须在离河一英里远的茅屋、儿子长大以后讲纳瓦霍语和搬进城市的一所房子，里面有自来水管，儿子和邻居讲英语之间做出选择的话，我将选择英语和浴室！"

然而，在语言少数民族受压迫的地方，人们被迫生活在与世隔绝的社会中，选择到哪里居住和工作的希望几乎是没有的。在上例中，纳瓦霍人可能有自己的选择。实际上，很多语言少数民族几乎没有或根本没有选择。因此，选择语言的自杀可能是误导，把问题归结于自杀是在"责备受害者"，转移了决定语言转换真正原因的焦点。自由选择更具表面性而缺乏实际性。少数民族语言人的切实可行的选择几乎是不常见的。

结 束 语

本章集中讨论了在群体、社会和社区层面上的语言问题。一个地区内的两种语言称为"两种语言"（diglossia）。多数民族语言与少数民族语言是经常接触的，尽管有时会发生冲突。两种语言间的关系总是不停地变化，而这种变化则是各种文化、经济、语言学、社会、人口学及政治因素变化的结果。

保护语言少数民族社区的争论，有时涉及到特定区域内作为本地语言而存在的问题。同样，语言少数民族也会对个性原则提出要求；他们会要求其民族特点与身份的统一。一场"保护主义"的争论借助了对花园理论的分析。我们需要在这个世界上保持一个多姿多彩的语言花园。为了避免只有多数民族语言的单色花园，我们需要包括增加品种、保护、控制和繁殖的方法在内的语言规划。有意识地保护和保存的语言规划，也许迎合了进化论者的狭隘观点。语言规划试图通过考虑到少数民族语言的经济、社会和象征地位，以及地域的分布和机构的支持，来创造语言的生命力。不就语言的保持和发展制定出计划，也许会宣判语言的消亡。保护多彩的语言花园需要的是一种复兴的乐观主义，而不是衰退和消亡的悲观主义。下一章我们将把讨论的重点放在积极的建设性而不是破坏性上。

推荐读物：

EDWARDS, J., 1985, Language, Society and Identity. Oxford: Blackwell.

EDWARDS, J., 1994, Multilingualism. London: Routlege.

FISHMEN, J. A., 1989, Language and Ethnicity in Minority Sociolinguistic Perspective. Clevedon: Multilingual Matters.

PAULSTON, C. B., 1994, Linguistic Minorities in Multilingual Settings. Amsterdam/Philadelphia: John Benjamins.

PAULSTON, C. B., (ed.) 1988, International Handbook of Bilingualism and Bilingual Education. New York: Greenwood.

SKUTNABB – KANGAS, T., 1981, Bilingualism or Not: The Education of Minorities. Clevedon: Multilingual Matters.

复 习 题

(1) 根据下列内容写出复习笔记：

(i) 写出下列术语的含义："两种语言"（diglossia），区域性原则，个性原则，语言转换，语言保持，语言丧失，语言消亡。

(ii) 进化论者，环境保护论者和保护主义者对语言的态度有何不同？

(2)"两种语言"与双语的区别是什么？请举例说明。

(3)区域性原则与个性原则的区别是什么？将你所熟悉的（或从书本上了解到的）两种社会环境进行比较，举例说明区域性原则和个性原则。

(4)语言保持和语言丧失的主要因素是什么？哪些是少数民族语言保持和扩展的主要因素？

研 究 活 动

(1)以小组的形式或与他人合作，根据 Conklin & Lourie（1983）的观点，简单地列出语言转换的因素，用5分制的方法（5＝非常重要，4＝比较重要，3＝中性，2＝不很重要，1＝不重要），根据你的感觉给这些因素打分。

(2)根据 Conklin & Lourie（1983）列出的语言转换诸因素，比较一下两个不同语言社区保持和转变的前景？

(3)制作一张语言花园理论的挂图。这张挂图也许能反映出语言花园的很多信息，或是能简洁地表示出世界重要的语言种类。

(4)你所在的地区有几种不同的语言？它们是那些语言？在哪些地区它们被当作本地语言使用？对语言少数民族成员做一项口头或书面调查，提供这种语言的简单实例。在你列的该地区的语言清单中，这些语言是"本地的"语言还是"移民的"语言？是不同年龄段的人都讲这种语言还是更多的时候只是老一辈才讲这种语言？有没有语言保护和保持的现象？或是这种语言正在衰退？

第四章 语言的复兴与逆转

引 言

希伯来语和威尔士语、加泰隆语和马来印尼语（马来西亚土语）的近代史使我们看到的不是语言衰退和消亡的挽歌，而是一首更具乐观色彩的抒情诗。正如热带雨林和鲸鱼已成为环保的对象一样，语言也可以得到保护与支持，从而影响到语言的复兴与逆转。本章要讨论的主要问题是语言保持的可能性，以及支持少数民族语言发展的乐观态度。为此，我们将具体讨论一些主要理论的资料。第一批资料试图回答的问题是"如何才能使语言获得生命力？"借助这一理论，我们还要考察少数民族语言保持和复兴的经济意义。第二批资料讨论的问题是"语言怎样才能达到复兴和逆转？"我们首先了解一下 Giles, Bourhis 和 Taylor（1977）有关语言生命力的观点。

语言转换与生命力的模式

为了建立一种模式，Giles, Bourhis 和 Taylor（1977）没有去列各种因素的清单，而是提出了一个有关语言生命力的三因素模式。三因素模式包括：地位因素、人口因素和机构支持因素，从这三个因素中，我们可以或多或少地看到少数民族语言的生命力。对这种模式的讨论为 Conklin 和 Lourie（1983）的框架增添了具体的解释性内容，这一点将在最后一章中讨论。

地位因素

语言地位的关键问题是，语言少数民族是处于一种优势的支配地位（统治地位）还是处于一种从属的地位。瑞典语在芬兰的优势地位部分地说明了瑞典语在芬兰的复兴情况。在语言多数民族看来，语言少数民族总是处于从属的地位（例如，在加拿大和英国的亚洲语言和在美国的西班牙语）。然而，对问题更深入的研究则需要对语言地位的各种不同类型进行统计分析。

语言生命力中的关键因素，很可能就是少数民族语言的经济地位（economic status）。例如，如果一个少数民族语言社区普遍存在着失业和低工资的现象，那么就会产生一种向多数民族语言转换的压力。在经济发展的祭坛中，少数民族语言也许会成为这个祭坛上的祭品。穷人和农民的语言不是财富和权力的语言。寻求社会和职业流动的流动工人、移民和难民会赋予多数民族语言的教育以很高的价值。在讨论完 Giles, Bourhis 和 Taylor（1977）的三因素模式后，我们将仔细探讨少数民族语言的经济问题，因为这个问题在语言的生命力和语言的复兴中具有非常重要的意义。

语言的社会地位（social status）——威望价值——与语言的经济地位有很大的关系，同时也是语言生命力中的重要因素。当一种多数民族语言可以带来更高的社会地位和更多的政治权力时，也许就会发生向这种多数民族语言转换的情况；在语言少数民族地区，绝大多数的家庭都是社会地位低下和经济状况不好的家庭；当少数民族语言与失业、贫困、社会剥夺和缺少福利设施联系在一起时，这种语言的社会地位也就受到负面的影响。

语言活力的另一个重要因素是语言的象征性地位（symbolic status）。继承语言可以是一种民族身份和"辉煌的过去"的重要象征。一种语言所象征的重要意义在一些盖尔特族的国家里表现得尤为明显。例如，在爱尔兰，爱尔兰语言有时就被看作是一种民族的标志，一种文化遗产与身份的象征。对爱尔兰语、苏格兰的盖尔特语和威尔士语来讲，人们往往在公开的场合给予肯定，而在私下里则持怀疑的态度；人们只对少数民族语言的生存感兴趣，并不加入到这种语言的行列中。盖尔特语作为民族历史和文化遗产的象征，有时倍受公众推崇，当作为一种广泛的交际工具，作为一种大众教育的传播媒介时，就很少有人问津了。如果在个人的资产负债表中包括了就业、教育和事业成功及人际交往这些项目时，那么对作为文化与民族象征的语言的积极态度的存款，则被事先就感觉到需求和动机支用了很多。在个人花费不是很大时，对这种语言的良好愿望便嘎然而止了。

在多数民族语言和少数民族语言的关系中是否出现了一种矛盾的情况？多数民族语言，比如英语，具有较高的地位，因为这是诸多语言在国际交流中使用的语言。同时，国际主义（例如，九十年代末期日益加剧的欧洲化）似乎唤醒了一种寻根的基本需求，一种停泊在地方语言和地方文化社区的港湾的需求。获得欧洲身份可以使人再一次意识到那种属于自己的地方遗产和历史群体的需要。在成为更大整体的一部分的同时，首要的和基本的东西便是地方的身份。成为地球村一员的推动力似乎会导致一种寻根求源的吸引力。

人口因素

Giles, Bourhis 和 Taylor（1977）提出的第二个因素是语言少数民族群体的地理分布（geographical distribution）。区域原则是这个问题的一方面；两种语言在一个国家的不同区域拥有各自的权力。或者是，在爱尔兰，有一个规定的中心地区，爱尔兰语在这里得到了保护和保持（the Gaeltachta）。这个因素的另一方面是一种语言语言人的数量（the number of speakers）及他们在一个特定地区的饱和程度。

借助人口普查的数据，对威尔士语进行的研究表明，一个地区的语言人的饱和程度对语言的保持具有重要的意义（Baker, 1985）。例如，在一个有 70% 以上的人讲威尔士语的社区里，该语言存活的机会似乎是很多的。在语言保持的等式中，双语读写能力的人口同样占有重要的地位。对威尔士语的人口普查资料的分析表明，在存在着双语现象但不具备双语读写能力的地方，语言衰退的可能性会越来越大。如果人们只能讲但不能写一种少数民族语言，这种语言在功能和使用上的数量就会减少。没有读写能力的双语同样意味着该语言地位的下降，而语言稳定性的机会也会减少。

同时，一个在多数民族语言包围下的少数民族语言也可能生存。这里有三个例子，可以说明为数不多的少数民族语言人，即便是处于多数民族语言社区的包围中，同样可以形成一个有生气的语言社区。第一个例子是，在大城市或边境地区，数量不多的少数民族语言人，可以用他们的少数民族语言从事社会和文化活动。这些语言人交往频繁，而且形成了一个强有力的语言群体。儿童在家中和街上对语言的使用，对这种语言的延续起着重要的作用。第二个例子是，当某些语言群体保持着坚定的宗教信仰时，他们就更不愿意与多数民族语言人来往。The Old Order Amish 的宾夕法尼亚德籍人就是这样做的。他们在家中和社区中继续讲着宾夕法尼亚德语。这样的少数民族已经在他们的语言使用史中，形成了强大的防线。第三个例子是，当少数民族语言人能自由地、轻松地往返于祖籍地和现居住地之间时，这种语言也许就会充满了活力（例如，纽约的波多黎哥人，德克萨斯和加利福尼亚的墨西哥人）。

人口因素的理论涉及到混合的、跨语言的婚姻问题。在这种婚姻中，地位较高的语言作为一种家庭语言来讲，通常会获得最佳的生存机会。由于语言间的婚姻是具体的，而语言少数民族社区是一般的，所以这个过程很可能需要几代人的时间才能完成。例如，移民会在他们的第二代或第三代或第四代身上失去他们的继承语言。这充分说明了家庭语言作为少数民族语言的衰退、复兴或保持的主要和直接的原因，所起的非同寻常的重要作用。年轻一代的语言再生产，是语言生命力的一个重要组成部分。

总的来讲，保护少数民族语言的更大可能性，是在农村而不是在城市。一旦农村人口向城市转移，少数民族语言失去其实际功能的机会就会增加。在办公室和工厂，主要使用的语言很可能是多数民族语言，而少数民族语言则往往遭到轻视。在乡村地区，用于工作和文化活动的语言，相对来讲更可能是该地区的历史语言。在农场或渔船上使用的语言，在宗教和乡村文化中使用的语言，很可能是少数民族语言。但是也有例外的情况，这些情况也是很重要的（例如，城市中的种族群体建立了自己的企业，或位于城市的一个特殊区域，或因宗教目的而定期聚会，也可能使用少数民族语言）。

机构支持因素

一个地区内各种机构使用少数民族语言的性质和程度，也会对语言的生命力产生影响。这些机构包括中央政府、地区政府、宗教和文化团体、传媒、工商界，尤其是教育机构。传媒（电视、电台、报刊、杂志、音像制品和计算机软件）使用或不使用少数民族语言，至少会对语言的威望产生影响。例如，在书刊和杂志中使用少数民族语言，对培养双语的读写能力会起到重要的作用。在新闻媒体中使用的语言，会赋予该语言一种当代的、二十世纪的语言地位。可以感受的电视节目的质量（与那些用多数民族语言制作的节目相比）将是很重要的（Baetens Beardsmore 和 van Beek, 1984）。然而，这样也可能夸大了电视和电台影响少数民族语言使用的重要性。电视和电台提供的只是一个被动的语言媒介。对威尔士语的研究表明（参见 Baker, 1985, 1992），正是多数民族语言的传媒破坏了少数民族的语言和文化，而不是少数民族语言的电视和电台在拯救这种语言。光彩夺目的、高质量的英文电视节目是少数民族语言强大的竞争对手。宣传媒介的吸引力导致了好莱坞电影对非英语国家的侵入。语言的生存需要对少数民族语言的积极参与；收视性的大众媒体不能提供这种需求。

对多数民族语言和少数民族语言的保持来讲，宗教可算是一种强有力的和重要的手段。古老的阿拉伯语在伊斯兰教中的使用，希伯来语在犹太教中的使用，以及德语在宾夕法尼亚 Old order Amish 新教徒中的使用，都说明了宗教业已成为语言的保护神。据说，在威尔士，若不是在教堂礼拜中和在家庭的宗教活动中（例如，全家用威尔士语朗读圣经）占据支配的地位，威尔士语就不可能进入二十世纪。宗教也有助于语言的标准化。通过宗教书籍、小册子、四处游荡的传道士和教师，也许可以形成一种相对标准化的语言形式。

提供一些使用少数民族语言的行政服务设施（administrative services），同样有助于提高少数民族语言的地位，提高少数民族语言的使用价值。教育机构中语言的使用，对语言的保持来讲可能是一种重要的条件,但这还不够。如果教学中不使用少数民族语言,那么这种语言在现代社会中长期生存的机会将大大地减少;如果在教学中使用少数民族语言,这种语言生存的机会就会大大增加,但并不能保证该语言的生存。Nancy Hornberger (1988) 从人类学的角度,对秘鲁南部高原盖丘亚语的语言规划、语言转换及双语教育做了精彩的研究:

"如果他们的社区,不论出于何种理由,不想让他们成为代理人的话,学校不可能成为语言保持的代理人"(P.229)。

社区支持(community support)对校外使用少数民族语言与文化的双语教育是很重要的。教育本身并不能保障少数民族语言的生存。其他方面的支持是必要的,特别是家庭生活和经济基础对语言的再生是必要的。有关家庭在语言保持中所起的作用,将在下一章中进行讨论。在对民族语言生命力概念做出简单的批评性评论后,本章继续对语言逆转与语言保持中经济因素的一些重要意义做深入的探讨。

Giles, Bourhis 和 Taylor (1977) 的语言生命力理论受到了 Husband 和 Khan 的批评(1982)。第一,他们认为各个层面和因素不是相互分离、相互独立的。实际上,这些问题是相互作用、相互联系的,通常是相互依赖的。尽管这些因素看上去面面俱到,实际上却是一个"非理论化的混合物"(P.195),只是涉及了一致的看法而没有从相互对立的角度来看问题,因而也就不能对"那些被列出的可变因素进行筛选和权衡"。(P.195)。这些作者们怀疑那些罗列出的、构成语言生命力的各种因素,是否会比各部分的总和或是创建一个统一的整体更为重要。第二,不同的环境具有许多不同的过程和方法,这些过程和方法会在不同程度上对语言的生命力产生影响。历史、社会、经济、文化和政治的变化,在任何一个语言社区中所起的作用都是非常大的。例如,我们需要用历史学和社会学的观点来帮助我们解释与语言活力有关的互动模式。在这种理论中似乎未涉及因时间因素而引起的变化。第三,这种理论在研究上不容易操作。很难轻松而准确地衡量这些因素。因此,对该理论的检验也是困难的。

由此我们完成了对 Giles, Bourhis 和 Taylor (1977) 语言生命力理论的讨论。在本章开始时，我们谈到了语言的经济地位，它是语言丧失、语言转换、语言生命力和语言复兴的关键要素。因此，我们现在对语言转换和语言生命力的经济层面的重要性，进行更深入的讨论。但是有两点值得注意：(1) 经济层面只是语言地位问题中的一个因素——还有社会地位和象征地位的因素；(2) 经济因素是与其他影响语言生命力的因素相互作用和联系的，它不是一个单独的因素。

双语与经济

有些关于少数民族语言的著作和讲演带有浪漫和隐居的色彩，有时这是一种很危险的现象。对某种语言的热爱和对历史上有价值的东西加以保护，当然很重要。但生活却常常是寻找一份工作，挣到足够的钱来养家糊口，找个住的地方和拥有一台电视机，不失业，不受穷。对某些人来讲，生活就是挣更多的钱，在一个舒适的小区买一套更大的房子，有钱去度假，去买汽车，让孩子过得更好和在经济上超过别人。

双语教育除非与经济连在一起，否则这种教育就会失去它的意义。学生从学校毕业后，他们需要工作，需要钱，需要越来越富裕的生活。当学校的双语教育与地方、国家或国际的经济情况挂上钩时，这种教育才具有更大的价值。因此，我们讨论的前提是，语言少数民族的前途是与个人、家庭和社区的经济状况密切相关的。正是由于这种联系，我们将在更大的范围内来讨论语言的生命力。

我们现在探讨双语人的一种矛盾现象。在语言少数民族群体中，我们常会见到失业、贫困和低工资的现象。然而，双语人却拥有语言的资本。双语人往往有着市场所需要的那种语言技能和跨文化的知识。双语人在经济上往往是贫困的，但他们在语言上却颇有成就。

双语的经济优势

在一个越来越双语化和多语化的世界里，随着贸易壁垒的打破，某些地区如欧洲单一市场的发展，以及全球范围内经济竞争的快速发展，语言的能力就显得日益重要起来。具有多种语言能力的人也许就有机会增强他们的经济实力。

人们马上会提出这样一个问题：哪些语言在经济发展中是有用的？在世界上的许多国家里，英语作为一种第二语言或外语具有明显的经济价值。Coulmas（1992）这样写道：

"没有一个在美国市场上做买卖的日本商人是不精通英语的。然而，恰恰相反的是，那些认为能够在日本做成生意而不需精通日语的美国人，倒是绝非少数。一方面，这反映了大国的一种傲慢态度；另一方面，也证明了这样一个事实：在日本市场实现英语功能潜力的机会要远远大于在美国市场实现日语功能潜力的机会。"（P.67、P.68）

然而，日语正在成为一种人们所需要的现代外国语。因为人们认识到，要把东西卖给日本人就必须要懂日语，要了解日本的文化。正如前西德总理施密特所言："如果你想买我们的东西，你可以讲任何一种你喜欢的语言，因为我们会努力明白你的意思。如果你想卖给我们东西，你就必须讲我们的语言。"

除英语以外，日语、德语、法语、西班牙语和葡萄牙语正被历史性地认为是一种重要的贸易语言。然而，在将来，这些用于市场和贸易中的语言很可能有重大的发展。例如，马来印尼语，汉语普通话和广东话，旁遮普语和印地语，阿拉伯语和朝鲜语也许会变得越来越有价值。这些都说明了 Coulmas（1992）的"半个真理"的重要性，Coulmas 认为"尽管语言被认为是没有经济价值的，但是在语言的种种问题中占有最重要地位的则是那种能带来利润的东西。"（P.152）"半个真理"的另外一半是语言同样与一些不太确切的、不好衡量的、少有情感的特点有关，比如某一具体语言在语言社区中的社会、文化，尤其是特殊的宗教价值。"半个真理"同样掩盖了经济发展与文化再生产之间的紧张关系。一种语言的经济价值，有时会与保护语言所代表的遗产、家庭价值和历史传统发生冲突。然而，语言的经济价值与该语言的威望地位有着密切的关系，因而也与语言的保持和发展有着紧密的联系。

如果语言正在国际贸易中起着越来越重要的作用，那么这些语言在一些小型的和中型的公司，以及大型跨国公司中，是否有着同等重要的地位？Garcia 和 Otheguy（1994）认为，在大公司里，如果我们假设只有公司高级决策层和总经理需要现代外语时，我们可要格外小心了。例如，跨国公司一般不会把有现代语言资历的高级管理人员派到国外工作，而是由某国当地的一些人代替这个公司工作。这些人是懂一门外语（比如，英语）的双语人。在国外开展业务的美国公司以及一些多国组织，也许更愿意雇佣当地的管理人员为他们服务。因为这些当地的管理人员，不但能讲流利的当地语言，而且非常了解当地文化，能够与客户和公司其他人员乃至外国同行进行很好的沟通。当地人的工资要比派去的管理人员的工资低许多，例如，美国就是这样。

这说明一些大公司和跨国公司日益认识到，国际业务需要使用地区的和民族的语言。强加给别人的语言，比如英语，无助于产品在国外的促销。在德国、拉丁美洲、日本、太平洋周边国家做买卖的商人，其语言和文化要适合当地消费者的语言和文化。一种"针对性的语言"在交际中是很重要的。有的时候，或许没有其他的办法来进行贸易活动（例如，假如消费者（买方）不会讲英语）。讲消费者的语言同样可以显示出对消费者的民族和文化的好感。对消费者文化的足够的了解同样显示出对消费者本身和他们买卖方式的尊敬。

Garcia 和 Otheguy（1994）在他们的研究中发现，"小型的和中型的机构"常常需要一些能讲除英语或其他多数民族语言以外的语言的行政管理人员和经理。为了在竞争中略胜一筹，生意上的语言使用是很重要的。如果能使用当地的语言做生意，竞争的实力就会得到加强。那些坚持认为英语应当成为国际贸易的交流语言的人，也许不会在经济、社会和个人方面充分体现他们的价值。

这就反映了一个矛盾的问题。当英语常常在跨国公司和国际贸易中被视为一种国际语言时，本世纪英语大量的传播却导致了一股相反的潮流，这有点像调试一架天平，那些种族和地区的群体坚持用他们的传统语言和文化来显示他们本地人的身份。这种现象在法国和英格兰以及其他许多欧洲国家都可以见到。在国际贸易中更多的强调地区和民族语言，导致了人们只愿意买使用该地区语言和文化的产品，而不买那些将自己的语言强加给消费者的产品。当然，竞争的手段常常是与价格、最低报价、和最低出价有关，而并非语言的好恶。

少数民族语言

在指出双语具有经济优势的同时，我们仅仅集中讨论了多数民族的语言。例如，英语、德语、法语和阿拉伯语，相对来讲是属于有威望的多数民族语言。那么少数民族语言在经济发展中处于什么样的地位呢？来自语言少数民族的双语人就不会有那种经济优势吗？在他们的少数民族语言里就没有有价值的贸易语言吗？他们就没有因他们的双语能力而逃出至今许多人还在经历着的贫困的机会吗？

例如在欧洲，地区和国家经济向单一欧洲市场政策的转移，欧洲各国商贸结构的统一，鼓励商贸活动跨国经营，也许会在中心地区和边缘地区之间形成差别，同时也在这两个地区的人之间形成了差别（例如，在爱尔兰、威尔士和苏格兰的农村地区）。由于在欧洲的少数民族语言地区人口相对稀少，经济不发达，道路交通设施落后，因此，在中心地区与边缘地区之间就存在着发展不平衡的问题。

在过去60年的经济改革中，日益加剧的竞争需要更高的效率来保持利润。各种企业和服务机构不得不提高"自动化水平，在其他地区扩展企业规模或是一种蒸发式的发展"。一些企业已经向诸如台湾地区、墨西哥、巴西、新加坡等地转移，这些地区和国家工资水平较低，因而也就降低了产品的成本。这种境外投资也许为语言少数民族带来了就业的机会，但这种境外投资也为语言少数民族带来了消极的后果。我们现在就讨论一下由此而产生的一些后果。

一个消极的后果是，投资项目可能没有到达少数民族地区。例如，假如这种少数民族居住在农村地区（例如讲爱尔兰语和威尔士语的人），经济的发展也许是在城市的"中心地区"，而不在农村的边缘地区。换言之，高级的工作也许是在相对富裕的城市，而那些低级的、报酬少的工作则在农村。

另一种情况是，边远地区对外资的吸引（比如在那里建厂）。当地的语言少数民族提供廉价劳动力，而高薪的管理人员或是在远离该地区的城市总部里指挥，或是在当地进行管理。在两种情况中（下文将提到），管理人员（经理）也许会对语言的保持带来负面影响。

1. 如果管理人员（经理）在城市的总部里指挥，那么讲多数民族语言的经理和讲少数民族语言的工人就在地理上被分开了，这等于是地位的划分，是社会、文化、经济和权力的划分。这种划分为多数民族语言和少数民族语言在威望上带来了不同的结果。两种语言在身份上就有了富有与贫穷，在地位上就有了高与低，在权力上就有了大与小的差别。

2. 如果在语言少数民族社区中工作，一个不学当地语言的经理，会带来阶层的差别。这个经理讲多数民族语言，工人讲少数民族语言；一个是较高的社会经济阶层：另一个是较低的社会经济阶层。因此，在社区的社会结构中存在着一种社会阶层的划分，一种分离或断裂的状态（Morris, 1992）。社会的不协调关系，既导致了社会阶层的划分，又导致了语言层面的划分。正如 Morris（1992）在研究中所发现的那样，一个解决办法就是讲少数民族语言的经理们，能够跨越自己群体的社会阶层而工作。作为双语人，这些经理同样可以使用多数民族语言在城市工作（例如从事出口工作）。

对语言少数民族来讲，以开拓进取的精神创办企业，具有风险意识，开发与外界相联系的小型和中型企业，是十分必要的。这样的企业常常位于农村地区，生产一些出口产品，有时利用便捷的通讯手段（如通过电脑）为客户提供服务。他们在当地语言的保护方面起着重要的作用。语言少数民族企业需要尽可能地扩展自己的经营范围，在本地区乃至国际上不断扩大自己的影响。

不搞以社区、种族为基础的产业，那些有本事、有技术和有企业家素质的人才就会游离于这个地区，因而也就使该地区的语言处于危险的地位。没有经济行为的语言社区，会使语言失去经济保障这一重要的支持手段。经济上富有的语言更有机会成为强大的语言。经济上没有保障的语言则使自己处于危险的境地。

尽管语言社区的内部不一定是统一的（内部权力和地位的争斗，各种差别和分歧等），这些语言社区还是首先要启动自己的地方经济，然后才能将自己的产品和服务拓展到地区以外的市场。例如在北威尔士的 Gwynedd，就有两个经济语言规划（economic language planning）的例子。第一，一些在语言少数民族社区新建的企业最初是需要资助的，然后需要一些专业方面的建议和指导，结果这些企业得到了发展。第二，很多工作需要双语人来做。在教学、行政管理、当局的各服务部门、秘书和办事员等工作中，具有使用威尔士语和英语两种语言能力被视为就业的重要条件。威尔士语因此有了至关重要的经济基础。

一些少数民族语言企业（如本地的电台和电视台）开展了与语言有关的经济活动，这种活力本身所派生出的其他经济活动，反过来支持了这些行业的发展（例如，饮食服务业、翻译服务、音乐与戏剧界）。

世界上许多国家都有这样一些语言社区，它们是由移民而不是本地人民组成的社区。这些语言社区依靠民族企业如快餐（例如，中国餐馆）和服装生意（例如，各种亚洲群体）等，保持了他们的民族语言。语言得到了行业的支持，因为工厂里的工人，店员和经理在工作时会部分或主要使用他们的继承语言。

这就提出了一个关于通常是定居在城市中的语言少数民族的问题，一个城市中移民社区的问题。就像本节开始时讲到，这些家庭和语言社区常常被贫穷、公民权力遭到剥夺、失业以及不平等的致富机会所困扰。Garcia 和 Otheguy（1994）就美国一些城市中语言社区的经济可能性进行了分析。讲一种少数民族语言的能力，可能是进入这些民族行业的关键条件。假如在这个组织中的其他人讲西班牙语或广东话，你若想获得就业的机会就需要具备那种语言的知识。

少数民族语言的价值同样体现在为顾客提供服务上。Garcia 和 Otheguy（1994）举出了这样一个例子：

"当夹馅包和油煎食品在讲西班牙语雇员的柜台上被以正常的速度有条不紊地卖给排队的顾客时，在讲英语雇员的柜台前排队的顾客则移动得很慢。造成这种低效率的原因便是她不能与讲西班牙语的顾客进行流利的交谈。"（P. 110）

许多民族企业存在的问题是他们为雇员所提供的条件、地位及工资水平。这些企业所提供的往往是一些地位不高且工资又低的工作，在这种企业中要想出人头地是很难的，也是不可能的。Garcia 和 Otheguy（1994）发现，在美国的企业中，对双语人的需求往往并不在高级管理层。相反，需要双语人的只是那些中低层的位置。例如，美国的一些企业需要双语秘书、办事员、生产区的协理，而不是经理和高级管理人员。Waldman（1994）的美国研究发现，最需要语言能力的是 5 种工作：打电话、接待顾客、笔译和口译、文字处理和信件往来。西班牙语是这些公司最需要的语言，其次是德语、法语及日语。

然而，一些小公司的高层位置则对语言的能力感兴趣。在这些小公司中，也许所有的雇员都讲少数民族语言。为了公司的凝聚力以及与雇员的沟通，经理们就要讲雇员们所讲的那种语言。

由于讲西班牙语的人口在美国的迅速增长，由于西班牙语在拉丁美洲和其他地区已成为一种重要的贸易语言，西班牙语在美国及国外市场的经济地位很可能会日益增长。因此，下个世纪的双语人似乎具有很大的经济价值。对某些双语人来讲，这意味着获得就业的机会并摆脱贫困；对另外一些人来讲，在本地为国际和跨国公司服务也可以实现双语的价值。而对那些想去境外旅游或做生意的人来说，语言也同样变得日益重要。那种认为无论在欧洲或是美国只懂英语就够了的观点，只说明了问题的一部分。

即便在语言上融入了像美国这样的国家（例如，只会讲英语）也不一定就有工作保证。Garcia 和 Otheguy（1994）、Morales 和 Bonilla（1993）的证据表明，单纯的英语能力并不能满足就业和致富的需要。语言上的同化并非意味着成为该国经济结构中的一部分。假如民族企业有了起色（例如，在城市），在偏远地区的语言少数民族企业有了发展，那么是双语而不是作为单语的英语就会具有更大的经济价值。

语言少数民族的经济意义虽然很重要，但这只是语言保持和语言复兴中的一个因素而已。因此，本章将在更广泛的意义上对语言复兴的因素与过程加以探讨。在考察 Joshua Fishman 的重要贡献之前，我们先关注一下有关的术语。

Paulston, chen 和 Connerty (1993) 在语言复兴、语言振兴与语言逆转之间提出了一个非排他性的区别，这些术语可以归入"语言再生"一词之下。语言复兴（language revival）意指赋予一种死亡的语言以新的生命。比如希伯来语的重新流行——使一种语言起死回生。毛利语和威尔士语不在此例，因为它们已被连续地使用了几个世纪。语言振兴（language revitalization）是指为一种现存的语言增加新的活力，常常通过扩大该语言使用的领域来完成（例如，芬兰语和威尔士语）。语言逆转（language reversal）是指语言流行趋势（向下的）的彻底转变。Paulston, Chen & Connerty (1993) 认为，语言逆转主要是指考虑到该语言与他国语言的关系，而更多地使用这种语言。这种情况也许与法律有关（如加泰隆语于 1978 年获得了官方语言的地位）；或使用上的复兴（如毛利语）；或者是经过一段排斥期后，因经济和国际交流的原因而承认一种非母语的语言（如新加坡和马来西亚的英语）。

语言的复兴与逆转

Joshua Fishman (1991, 1993) 对争取语言转换的反转理论做出了一个重要贡献。Fishman (1991) 注意到语言转换中变化的一个方面。有一种说法是，少数民族语言就像住在医院或躺在手术台上的病人一样终究会消亡的。因此，现在能做的工作只是弄清死亡和得病的原因，并尽可能长时期地抑制这些病因。然而，Fshman 却认为，语言转换应当要超越现代医学，而去尝试一种"不仅仅是治病，还需要养生"的方法（P. xii）。

Fishman（1991）想回答的问题是："什么是涉及语言转换的先决条件？"比如，当人们无论是在家中、邻里之间，还是在抬头不见低头见的社区中，都很少使用自己的少数民族语言时，对少数民族语言的传播媒介和双语机构投入这么多资金的意义何在呢？这有点像往一个刺破了的气球中吹气。把少数民族语言的空气吹进传播媒介和立法机构，不会得到一个有用的气球，因为那个洞还没有补上。

Fishman（1991）提出了一些先决条件，遏制语言的衰退，使语言转换向相反的方向发展。这个计划同时也说明了为什么许多扭转少数民族语言境况的努力总是没有成功的原因。在考察这个计划之前，Fishman（1991）提出了一个基础性的原则和一系列的假设。

逆转语言转换假设

首先，一个正在失去自己语言和文化的社会或社区，很可能感到非常痛苦。这种伤痛或许是社会对该社区不公正对待的一种表征。虽然这不是癌症的痛苦，但它却更像是牙痛，是一种实实在在的而不是想像中的痛苦。这种痛苦需要得到治疗。

第二，使语言转换朝着相反方向发展的基础是，更加的全球化、频繁的交流和快捷的旅行所带来的更加统一的世界、更为统一的东、西欧，不去埋葬那种对于地方语言和文化的需求。的确，一个更加集中管理和更加统一的世界可以增强而不是消弱区域层面上对语言、文化身份的需求。拥有地方文化和语言的根可能是融入这个日益全球化的社会的先决条件。

第三，Fishman（1991）认为最重要的是，该计划的政治基础是支持文化多元主义和文化自主权。对少数民族语言的破坏也就是对亲情、家庭和社区的破坏，这常常包括强者对弱者的压迫，统一和集中对那些独一无二和传统事物的征服。因此，Fishman（1991）坚持认为，语言社区应当享有"更大的社会文化的自足、自助、自律与自主"的权力。(P.4)

第四，一个失去了自己语言的种族或文化群体有别于其他拥有自己语言和文化的少数民族语言群体。Fishman (1991) 引证了不讲希伯来语的犹太人往往有着与众不同的生活方式和副文化现象。语言转换伴随着文化的改变。这表明语言转换不单单是语言的问题；它还涉及到与这种语言有关的文化。因此，有关语言恢复和语言复活的争论必须考虑到文化的改变和更重要的文化自主权的需求。Fishman (1991) 警告说，把语言视为惟一的因素去研究语言转换是危险的。这种危险就是少数民族语言的积极分子会"逐渐地习惯于彼此之间的交谈而淡忘了如何有效地与其他人进行交谈。他们彼此间不再需要进行解释的东西，正是这些积极分子不再知道如何向其他人解释的东西。他们需要时常地提醒自己更加注意他们的"基础性原则"（使语言转换产生逆转）(reversing language shift)，以使其他人更加意识到这些基础性原则"(PP. 18/19)。

那些相信语言逆转只是权力和金钱的积累问题（例如已经谈过的希伯来语和威尔士语的使用情况）的人们，受到了另外一种警告。认为那些正在争取语言逆转和语言复活的语言少数民族只关心权力获得和财富积累的观点，是一种误导，把问题简单化了。Fishman (1991) 认为，人类的价值观、情感、忠诚以及基本生活准则，在语言演变的复杂理由中得到了体现。语言积极分子常常是一些有理想、有承诺的人，他们甚至是一些利他主义者，正是这种利他主义，使他们的动机所包含的不仅仅是权力与金钱。在他们理想的状况中，少数民族语言和文化有时是荒诞无稽的，有时又是天经地义的。就像宗教、爱情、艺术及音乐一样，在这里，人的因素超越了理性的范围，超越了权力与金钱的私利。

第五，为便于理解语言的转换，Fishman (1991) 说明了语言和文化间的关系：

(1) 语言表明其文化（A language indexes its culture）。在历史的长河中，语言与其相伴的文化共同发展，二者处于一种和谐的状态。因此，语言最贴切地表达了这种文化。语言的词汇、成语和比喻，在认知与情感的层面上能最好地诠释这种文化。

(2) 语言是其文化的象征（A language symbolizes its culture）。在第一次世界大战中的美国，第二次世界大战中的法国和英国，讲德语都是不合时宜的，也是不可接受的。这不是说盟国在与德语作战，而是德语象征着敌人。因此，在盟国使用这种语言是不合时宜的。一种语言往往象征着这种语言的地位。例如，在战胜伊拉克的萨达姆·侯赛因后的科威特讲英语，这种语言就被象征性的与地位、力量和胜利联系在一起。讲英语常常象征金钱与现代化，富有与成就。英语也许同样象征着对殖民地的征服。一种将要死亡的语言或许象征着低下的社会地位和经济收入。在爱尔兰和威尔士的某些地区，本地语言时常被视为一种过去的标志，而不是现在的标志，是一种劣势的标志，而不是优势的标志。

（3）语言在一定程度上创造了文化（Culture is partly created from its language）。文化中的大部分内容是通过语言来表达和传播的。歌曲、赞美诗、一种文化的祈祷文、民间传说和警句、礼仪上的套语、历史、至理名言、理想，所有这些的载体都是语言。文化的品位由语言来表达；文化的回忆和传统保留在语言中。例如，少数民族语言中的格言或比喻，在另一种语言中往往需要很长的句子才能解释清楚。即便如此，或许也不能完全贴切地表达出它所包含的全部意思与情感。同时，文化又来源于除语言以外的许多途径。例如，有许多不同的文化都使用西班牙语。

第六，Fishman（1991）就语言规划提出了自己的观点。他认为，正像有经济计划、教育计划和家庭计划一样，语言也可以并且应该有自己的计划。这种计划以"重新确立当地的选择权、控制权、希望及生活的意义"为基本原则，"它所展露的是群体内部生活的人本主义和积极的一面，而不是机械论和宿命论的一面。它支持那种少数民族文化有生存的权力和能力，有哺育其成员成长以及因此而对整个人类的文化宝库做出贡献的权力和能力的主张。"(P. 35)

语言规划（language planning），又称作语言工程，是指"就某种语言代码的获得、结构和功能上的分配对某些人的行为施加影响的、有意识的努力"（Cooper，1989：45）。语言规划涉及到地位规划（status planning）（提高语言的社会地位），语料规划（corpus planning）（词汇、拼写、语法、少数民族语言标准化），习得规划

(acquisition planning)（通过语言教学来扩大该语言的影响，增加语言人数和强化语言的使用）。

Cooper（1989：98）提出了一些关键的问题，由此提出了一个理解语言规划的方案：

（1）有哪些人（例如，精英，有影响的人物，反精英，非精英政策的执行者）？

（2）试图影响哪些行为（例如，语言使用的目的或功能）？

（3）影响哪些人的行为（例如，个人或组织的行为）？

（4）为了什么目的［例如，公开的（与语言有关的行为）或是潜在的（与语言无关的行为，利益上的满足］？

（5）在何种条件下（例如，政治的、经济的、社会的、人口学的、生态学的、文化的条件）？

（6）以什么样的方式（例如，政府行为、强迫、提倡、说服）？

（7）使用哪些做出决定的程序与方法？

（8）达到了何种效果或结果？

这些相对全面的问题具有某种重要的意义。首先，语言规划可以来自不同的群体。例如，诗人、语言学家、词典编纂者、传教士、士兵以及行政管理人员、立法委员、政治家，都可以参与到语言规划中来。然而，Cooper（1989）认为，当得到了精英或反精英群体的支持时，语言规划成功的可能性才会更大。这些精英往往会从自己的私利出发，保护和巩固特殊人群的利益成了实施语言计划的动力。但是，如果把群众的自我身份、自尊、社会联系、遗产与未来联系起来，语言计划也可以对群众产生积极的影响。

对语言规划的讨论，有过分强调语言规划在整个政治规划中的重要性的危险。首先，经常存在的是支离破碎的实用主义，而不是规划。希伯来语的复兴常常作为语言规划的成功例子而被引用。但是希伯来语在以色列人中的快速发展似乎靠的是即兴的创作和各种冒险，而不是精心设计的、系统的、按步就班的语言计划。第二，就像 Heath（1986）曾经指出的那样，政治和经济的决策常常制约着语言的决策。语言决策在达官显贵的眼中是附带的和次要的问题，他们普遍关心的问题是权力和金钱。语言通常是一种其他政策的结果，而不是社会、政治或经济政策所决定的。然而，由于欧洲委员会的日益重视，语言少数民族问题和未来的欧洲对双语和多语的需要，与欧洲文化和经济的发展有着密切的关系。双语是欧洲一体化的组成部分。

语言的地位和语料规划，需要对双语进行全面的讨论，而不仅仅是为少数民族语言做出规划。在少数民族语言地区，如果不成为多语人也要成为双语人。少数民族语言的单语化通常是行不通的。在语言之间设置障碍和实施封锁，在二十世纪是不可能的。跨文化的交流是现实存在的；对少数民族语言和文化的封锁等于是在扼杀这种语言。这使我们又回到了"两种语言"的概念上，强调少数民族语言和多数民族语言在功能上的重要性。如果不同的语言有着不同功能的话，那么双语的状况也许是"附加式的"，而不是"削减式的"。

"附加式的"双语状况是指，增加一种第二语言及文化而又不取代或置换第一语言及文化的语言现象（Lambert, 1980）。例如，北美讲英语的人学会一种第二语言（如，法语、西班牙语）不会丢弃他们的英语，他们只是获得了另外一种语言及与之相伴的文化。这种"有价值的添加"所带来的好处不仅仅体现在语言与文化上，还体现在社会与经济上，同时会带来对"两种语言"和双语持积极态度的结果。相比之下，学习多数民族的第二语言或许会逐渐削弱少数民族的第一语言及文化，因此产生了"削减式的"现象。例如，移民会觉得必须使用占统治地位的语言，他们认为使用家乡语言会出现尴尬的局面。

当第二语言是一种有威望和有势力的语言时，当在教育中和工作市场中是一种具有排他性的语言时，当少数民族语言被认为是地位低下和价值不高的一种语言时，"两种语言"和双语的稳定性或许就受到了威胁。这时就没有了附加，取而代之的是减少，除法取代了乘法。关于附加式和削减式双语的问题，我们将在下一章做进一步的讨论。

逆转语言转换的步骤

Fishman（1990，1991，1993）的"几代人语言混乱的等级度"（Graded Intergenerational Disruption Scale）（GIDS），对语言规划和希望中的"语言逆转"来说，是很有帮助的。正如Richter测量地震等级的标度一样，Fishman的标度指明了少数民族语言受到威胁和混乱的程度。标度上的数字越大，语言所受到的威胁也就越大。阶段的概念是指，假如没有哪怕是部分地完成上一个阶段的话，那么试图完成下一个阶段几乎是没有意义的。在搭建更高一层之前，先要做好各种基础性的工作。这个标度的价值不仅仅在于它的八个按顺序而来的步骤或阶段，它还提供了一个使语言的下降趋势发生逆转的行动方案和一系列先决条件。我们先简单地归纳一下这八个阶段，然后再逐一加以讨论。

Fishman（1990，1991）的几代人语言混乱的等级度（GIDS）

阶段8：仅存的少数民族语言人的社会隔离。需要记录下这种语言，以备日后的重建。

阶段7：少数民族语言只被老年人使用。需要在年青一代中增加这种语言的使用机会。

阶段6：少数民族语言一代传一代且在社区中使用。需要支持语言在几代家庭中的延续（例如，建立少数民族语言托儿所）。

阶段5：少数民族语言的读写能力。支持少数民族语言的读写运动，特别是在没有得到政府的支持时。

阶段4：正规的、义务的、可行的少数民族语言教育，最好得到少数民族语言社会的财政支持。

阶段3：在专业性不强的工作地区使用少数民族语言包括与多数民族语言人的交往。

阶段2：政府下属机构和传媒使用少数民族语言。

阶段1：少数民族语言部分地用于高等教育、中央政府及国家传媒。

阶段8

阶段8代表了语言"最坏的情况"。少数的老人虽然还能够讲这种语言，但是他们相互间不可能讲这种语言，因为他们不能来往。仅存的少数民族语言人散居各处，使用少数民族语言交往的机会几乎很少。在这个阶段，民俗学家和语言学家，应当从语言社区的幸存者中尽可能地收集有关资料，用录音和书写的方式，记录下民间的传说和谚语、语法和词汇，作为这种语言的永久性保存。既然这种语言的建筑和基础已被毁坏，还有什么办法来拯救这种语言呢？惟一的希望就是将这种语言记录下来，使年轻的一代可以使用这种语言，从而达到复兴这种语言的目的。对澳大利亚的土著语和英格兰的康沃尔语（Cornish）已开展了这方面的工作。因此，可以重新利用这个基础的剩余部分，以重建这种语言。

阶段 7

在这个阶段中，语言除了用于年长者带孩子外，也被用作日常生活交流。一种只被老一辈人而不是年轻人使用的语言，很可能会随着老一辈人的去世而消失。如果父母使用多数民族语言与儿童进行交流，少数民族语言就不可能在年轻的一代中得到发展。阶段 8 的目的是重新收集这种语言，而阶段 7 的目标是在年轻人中传播这种语言。应当鼓励父母用少数民族语言教育儿童。重要的是，在儿童中传播这种濒危语言，这些儿童长大后，可以用这种语言教育他们的子女，以确保语言的延续。

Fishman（1991）的愿望无疑是善意的，但是，考虑到一种语言的长期发展，这种观点降低了事件的重要性。阶段 7 的危险在于，它只包括了没有积极行动的积极态度："在通往社会的语言消亡的道路上，铺满了一种叫做'积极态度'的良好愿望"（P. 91）。夸大那些在少数民族语言中、在舞台上和文稿中、在家族聚会和各种仪式中的象征性事件的作用，同样是一种危险的做法。与用少数民族语言教育儿童相比，这些事件在长期拯救这种语言的问题上，相对来讲是不重要的。但是，这并不是说这些语言事件就一文不值。这些事件的价值最终在于间接地鼓励人们参与日常的语言生活。

当一种语言一代一代地流传着，并用以抚养孩子时，这种语言也就获得了长期成功发展的机会。在孩子的成长过程中，尤其是在青少年期间，使用而不是丢弃少数民族语言是至关重要的。当流行的多数民族的语言文化开始吸引青少年时，少数民族语言的青少年使用少数民族语言进行的参与和交往的活动，就成了关键性的问题（Baker, 1992）。

Fishman（1991）对确保一种少数民族语言世代相传的重要意义做了总结：

"在通往社会死亡的道路上，是一些不注重延续性的语言活动。这种语言活动所做的努力，既没有参与也没有影响那些有儿童的家庭的社会化行为。"（P. 91）

各种演出和出版物、各种仪式和文化聚会的本身并不应该被看作是目的而是达到目的手段。这些正规的语言事件，不论如何精心安排，就其本身而言都不能保证语言世代相传，这些事件的价值只是在于语言延续的程度。这类事件绝不只是为了名人、坚定的追随者或皈依者，它们还有传播的目的，在年轻的一代中保存这种语言。这类事件的重要性在于促进语言在家庭和社区的日常生活中的使用。那些绝无仅有的事件（例如，在威尔士举行的诗人与音乐家的比赛年会），可以使人感到语言的力量和情感的升华。

Fishman（1991）认为，除非这些事件融入日常的、普通的、家庭的社会生活中，否则便不能促进语言的长期发展。

阶段 6

这个阶段是语言生存的关键阶段。在这一阶段中，语言将传给下一代。也就是说，在这第六阶段，少数民族语言将在三代中使用——祖父母、父母、子女。它被认为是语言命运中的重要阶段。如果少数民族语言被用于家庭中，那么这种语言也同样可以用于街道和商店里，用于与邻居和朋友的交往中。这种语言更有可能被用于小区和社区的生活中，用于宗教和文化活动中，用于休闲和当地非正规的商业活动中。在这个阶段上，语言社区的规模有大小之分。

这个阶段主要关心的是语言在家庭和社区中的非正规使用。由此，语言得到了支持和鼓励，但是，正式的语言规划也许没有包括这个阶段。这个阶段的主角是家庭，以及生活在社区中的家庭。作为一个机构，家庭建立并保持了与外界分离的界线，这些界线可以防止多数民族语言过多的侵入。然而，Fishman（1991）指出，在更加都市化的二十世纪里，家庭不足以形成坚固的堡垒以抵御来自其他语言的强大的外部影响。随着单亲家庭和双职工家庭的增多，父母作为少数民族语言惟一传播者的可能性变得越来越小。政府的特殊机构和慈善团体对家庭的支持，同样可以创造少数民族的语言和文化环境（例如，建立少数民族语言托儿所）。关键的问题是儿童和青少年的早期社会化活动要体现在少数民族的语言和文化中。如果认为机构本身（学校，传媒，经济和政府立法）可以使语言转换向相反的方向发展，那将是很危险的。相反，语言的逆转在阶段6中才是最重要的。Fsihman（1991）认为阶段6是必不可少的阶段。

除非语言能够得到延续，否则其他的活动都是短期的行为，不能带来长期的效果：

"假如这个阶段的要求没有得到满足，其他的努力就等于是浪费时间……。阶段6的完成是逆转语言转换必备的条件，尽管不是一个充分的条件。"（P. 399）

阶段5

阶段5是少数民族语言在家庭、学校和社区中从口语转变为书面语的阶段。首先，书面语在少数民族语言中占有重要地位，因为它提供了一种方便的交际手段，特别是它不受时间和空间的限制。第二，当这种语言以印刷的形式出现的时候，少数民族语言的形象和地位也就得到了提高。这种地位不仅仅是象征性的。少数民族语言书面语的出现，意味着人们不仅仅是受多数民族语言印刷媒介的左右。多数民族语言的传媒宣传的是统治的和权力的观点，是中央的态度，是多数民族语言的价值观和信仰。少数民族语言的书面语则使少数民族语言的文化、政治和思想观点的传播成为了可能。第三，书面语确保了语言使用的更多的功能。这种书面语可以为就业提供更多的途径，增加了社会和职业流动的机会。然而，在阶段5，假如你希望得到社会和职业流动的机会的话，具备多数民族语言或双语的读写能力比只具备少数民族语言的读写能力更为重要。

如果在教育中使用多数民族的语言，那么少数民族语言的读写能力则可以通过当地社区的努力来获得。少数民族语言读写能力的计划，可以通过假日学校、夜校和宗教机构来完成。尽管这些工作需要资金的支持，但是他们得到的好处是，教育的控制权在社区而不在多数民族语言的中央政府。有了控制权，地方机构便可以制定适合自己情况的教育计划。尽管会给财政带来负担，但是这些行动会引起语言社区的关注，使大家做出共同的承诺，找出进一步存在的理由。这样的自我牺牲常常是困苦的和不公平的，但是它却可以带来活力、承诺和热情，以及为了一个共同目标而努力的精神。

Fishman（1991）认为，阶段 8 至阶段 5 构成了逆转语言转换的最小基础。这几个阶段的活动主要依赖于语言社区的努力。它所反映的是"两种语言"的状况，少数民族语言功能与多数民族语言是分开的。双语的而不是单语的少数民族语言群体，或许不会处于不利的地位。双语的少数民族语言群体通常会有接受从小学到大学水平的正规教育的便利条件。所有的政府机构都可以利用，这其中包括教育和福利机构。过了第五阶段后，便是试图去夺取至今为多数民族语言所有的正式功能（例如，传媒、义务教育、政治上的自主权）。只有这样，少数民族语言才可能走出自己的世外桃源，向多数民族语言的堡垒发出挑战。

阶段 4

进入多数民族语言堡垒的首要通道之一就是教育。少数民族语言社区本身，可以创办和维持一些学校，而不需要中央财政的投入。这类私立学校可以不占用相对贫困的少数民族语言社区的财政支出。因此使用少数民族语言的教育，可以寻求中央财政的支持。但是，中央政府通常会对这类学校的课程安排实行部分控制。也就是说，少数民族语言社区对这类教育只有部分控制权。这些学校还要证明他们与周边的多数民族语言学校具有同等的效率和业绩，证明接受少数民族语言学校教育的学生不仅没有劣势反而有优势。

阶段 3

在前面的各个阶段，一些人会在"较低的工作岗位"上使用他们的少数民族语言（当地的或专业性不强的工作）。在前面的各个阶段里，一部分这样的工人是在当地社区相对封闭的环境中，或是在只有自己人的群体里，使用着语言的经济功能。他们几乎没有与多数民族语言社区沟通的桥梁。因此，在第三阶段，为少数民族语言开辟一个更广阔的经济领地，就成了十分重要的问题。

这类经济活动就是建立使用少数民族语言工人的企业和机构。这些企业的经营，不仅要着眼于当地的市场，还要面向国内和国际市场。这类少数民族语言企业，在某些时候，需要使用多数民族语言进行交流。但是，语言的基本活动及家中的语言交流也许会全部使用少数民族语言。

然而，语言少数民族企业在国际和国内的经济活动中所取得的成功，不可能不对少数民族语言产生冲击。多数民族语言的经济价值和以挣钱为目的的移民潮，就是两个可能的结果。随着经济独立和自律的逐渐形成，摆在眼前的诱惑，也许就是为了获得更多的利润转而使用国际化的多数民族语言。

尽管如此，这些少数民族语言的经济活动，还是为增加财富、促进职业流动和提高社会地位，提供了便利的条件。对于年轻一代的少数民族语言人来讲，如果有经济发展机会的话，他们也许宁愿呆在家乡发展，也不愿意融入多数民族语言的社会。如果社区可以提供工作的话，那么这个少数民族语言就有了坚实的基础。

阶段 2

在这个阶段上，政府的基层部门和传媒正在逐步使用少数民族语言。地方政府部门，例如卫生和邮政部门，法院和警察局，会提供少数民族语言的服务。电话局和银行，能源部门和超市，同样可能会在服务和公共交流中使用少数民族语言。

中央政府会对语言少数民族地区提供的公用业务实行控制，希望以此对他们的观点和看法、信息和思想施加影响。对该地区所施加的政策性影响越大（教育的、经济的、政治的影响），当地语言越是坚持自己的少数民族思想。在第2阶段，国家级电台和电视台会被要求留出一些时间播放少数民族语言节目。

或者，如在威尔士，为少数民族语言专门设定一个频道。在电视和电台中使用少数民族语言，不仅有助于少数民族文化的传播，而且还为少数民族语言人提供了就业的机会。

在这个阶段中存在的危险是，那些能力很强又有事业心的专业人才，会被吸引到多数民族语言的工作岗位上。少数民族语言传媒还面临着实力雄厚的英美节目的挑战。尽管传媒提高了少数民族语言的地位，为少数民族文化的传播提供了渠道，但是这些传媒本身还是救不了这种语言。

阶段1

在这个最后的阶段中，语言转换取得了空前的成就。少数民族语言将被用于高等教育中，传媒、政府机构和各行各业都将广泛使用少数民族语言。某种程度上的经济自主，带来了文化上的自治。在这个阶段，少数民族语言将在政府立法中，或在语言法案中，得到正式的承认。

在最后四个阶段中，Fishman（1991）强调指出，阶段6仍然是最主要的阶段。当大众交流、经济回报和就业机会存在于少数民族语言中时，家庭、邻里和社区的语言生活仍然是语言长期成功发展的关键所在。任何语言地位的外部标志（例如，传媒），任何形式的立法以及在经济自决权上的成功，都不会保证语言未来的命运。阶段4至阶段1固然很重要，但语言最终会在人们的心目中保持或失去自己的这一事实，同样具有重要的意义。尽管人们无疑会受到经济、政治和传媒因素的影响，但是个人的成本效益分析将最终决定语言的延续与否。

局限性与批评意见

尽管Fishman（1991）谨慎地指出，一个阶段不一定以前一个阶段为基础，但确实存在着一些先决条件。一般来讲，不打好现在的基础,下一步的工作就得不到保证。四面出击会带来更大的危险。只顾一城一地的得失,不考虑战争的全局,是不会取得最后胜利的。只为那些有形的、有新闻价值的、容易被承认的成就而努力,同样是危险的(Fishman,1993)。在一些少数民族语言地区,为更换路标和征税表中的文字、在电视节目中使用少数民族语言所进行的斗争已经取得了胜利。但是,更为困难也更为重要的是,支持和鼓励在家中,在社区的日常生活中使用少数民族语言的问题。Fishman(1991,1993)认为,那种世代相传的非正规的、亲切的口语,才是语言转换最重要的基础。

使语言转换向相反的方向发展的最初努力,通常主要来自少数民族语言社区。语言社区需要有意识地动员起来,以支持自己的语言,这尤其需要家庭和社区的参与。但是,有的时候中央政府也会支持社区的少数民族语言的复兴运动。政府可以通过制定双语教育的政策、提供政府部门的服务、建立少数民族语言电视台,来实现对少数民族语言的支持。

Fishman(1991)对双语教育能在多大程度上参与语言转换的问题上,表现出了非常谨慎的态度。有时人们会认为,如果家庭不再传播少数民族语言,学校可以担负起传播的责任;如果父母不用少数民族语言教育其子女的话,学校应该代替这些父母。学校可以开展少数民族语言的第二语言教学。但是,很少有人会一生中都使用,特别是在教育自己的子女时使用从学校学来的语言。即使在学校里成功地获得了少数民族语言的口语和笔头能力,除非有学校以外的社区环境和经济支持,否则这种语言能力很可能会因枯萎而死亡。课堂上学会的第二语言,可能会变成一种只在学校使用的语言。

为了能继续使用这种语言,学生必须与语言社区保持一种紧密的联系,尤其是在毕业之后。我们需要一些支持与奖励的制度以确保少数民族语言在上学前、校外和毕业后的使用。少数民族语言应当植根于家庭——邻里——社区的生活中,植根于家庭的经济生活中,否则受过双语教育的学生将不能使少数民族语言延续至下一代人。因此,Fishman(1991,1993)认为,每一个阶段都应做一次检查，看看自己是否满足了阶段 6 的要求——延续少数民族语言的要求。

Fishman（1991）提出的八个阶段，应被看作是相互联系和相互作用的八个阶段。语言复兴不是走一步或一个阶段就能完成的。语言逆转中的无数因素是以各种复杂的形式联系在一起的。阶段 2 的语言，可能仍保留了先前阶段的一些因素。阶段 6 的语言将会涉及长期的规划，以确保达到更高的阶段。同样，在同一个国家里，不同的社区和不同的地理区域，会处在不同的语言发展阶段。某个地区的双语教育或许是有保障的，而邻近的地区双语教育尚未成熟；在某些社区中，少数民族语言的书面语可能较强，而在其他社区就可能较弱。少数民族语言在商业和当地经济中的使用程度，从农村到城市，会有很大的不同。这种不同也取决于机场、公路、铁路和海港码头的便利程度。在某些村庄，语言的消亡可能指日可待，而在同一地区的其他村庄，少数民族语言又会在社区生活中广泛使用。

Glyn Williams（1992）在批评 Fishman 时认为，预先的假设应当是，变化带有逐渐、机械、进化和累积的性质。Williams（1992）指出，Fishman 的观点总是带有意见一致的性质，涉及只是问题的合作的、平衡的、次序的和结合的一面。Williams（1992）认为，Fishman 的理论在政治上是保守的，因此在讨论反常的倾向、权利、斗争和冲突的问题时，往往带有局限性。这种偏爱在忽视权利的同时，淡化了冲突，因而没有表达少数民族群体及其成员所感到的愤怒、歧视和沮丧。在第十九章讨论 Paulston（1980）的平衡和冲突的事例时，我们还要谈到这个问题。

在语言少数民族看来，Fishman 的理论可能是一些不切实际的理论。少数民族参加者自身的解释，或许为说明和理解语言的复兴和逆转提供了一个可供选择的出发点（一种现象学的观点）。

类型学和等级标度有助于思维的系统化和编写一本简单的旅游指南（但不是一张详细的地图）。它们扼要地描述了各种现象复杂的相互作用。在处理事物的先后顺序和轻重缓急方面，GIDS 的划分是一种有益的尝试。

结 束 语

本章集中讨论了语言活力和语言逆转问题。语言不仅仅是个人的问题，语言还是群体的问题，这些群体在规模和实力上有所不同。有时这些语言群体会走向衰落甚至消亡；有时这些语言群体除了争取生存之外，还要发展自己。关于语言的生存问题，有一种观点认为，随着语言的消亡，人类的部分历史和文化也会随之消亡。动植物种群受到了威胁，少数民族语言也是一样。在二十世纪，环境保护成为突出的问题，保持大自然的多样性，已经成为二十世纪思想的一部分。保护语言的多样性可能同样是一种良好的环境意识。

推 荐 读 物

FISHMAN, J. A., 1991, Reversing Language Shift. Clevedon: Multilingual Maters.

GILES, H. AND COUPLAND, N., 1991, Language: Contexts and Consequences. Milton Keynes: Open University Press.

PAULSTON, C. B., 1994, Linguistic Minorities in Multilingual Settings. Philadelphia: John Benjamins.

复 习 题

(1) 根据下面的内容写出复习笔记：
(i) 语言活力要素（经济地位、社会地位、象征地位、人口因素和公共机构的支持因素）。
(ii) "使语言转换产生逆转的假设"。
(iii) 地位规划和语料规划的区别。
(iv) 附加式双语与削减式双语的区别。
(2) 什么是双语的经济优势？讨论一下少数民族语言在经济中

的地位。

(3) 列出 Fishman 的语言转变的八个阶段。就语言消亡和语言逆转而言，哪些阶段似乎更显重要？各阶段间有哪些联系？对 FIDS 都有哪些批评意见？

研 究 活 动

(1) 画一个示意图，说明 Fishman 的八个 RLS（使语言转换产生逆转）的阶段。这可以是一幅直接效应的招贴画，也可以是说明每个阶段重要因素的图表。

(2) 以你熟知的语言少数民族或社区为例，你认为他们适合 Fishman 的 RLS 中的哪个阶段？

第五章 双语的发展

引　言

　　本章重点讨论儿童和成人成为双语人的各种途径。通向双语的途径有很多种，包括：在很小的时候，在家中学习两种语言；在街上，在社区中，在幼儿园、小学或中学里习得第二语言；在成人阶段，通过成人教育学会第二语言或外语。本章将讨论一些成为双语言人的主要途径，并且考察这些途径中的一些重点问题。

　　正如本书前面几章所谈到的，在讨论双语问题时，必须考虑心理、语言学、社会和教育的因素。尽管心理学家和语言学家已对儿童两种语言的发展做过研究，但是，同时考察一下儿童习得语言的社会环境(social context)也是很有必要的。宏观社会环境会对双语的获得或丢失产生重要的影响，这些社会环境包括：移民社区，精英群体，反精英群体，多数民族语言群体，或少数民族语言群体。同时还有像街道、幼儿园、学校和社区这样的微观社会环境，也可以培养功能性双语。这些社会环境往往使双语处于变化中，而不是处于一个稳定的状态。

　　个人特点和社会环境的多样性，使我们很难对双语的发展做出简单的概括，而且这样做也是很危险的。因此，本章先从简单的类型学方法入手，来讨论童年双语的发展问题。

童年双语的类型

　　我们首先要区分的是同步性童年双语和顺序性童年双语(simultaneous and sequential childhood bilingualism)。同步性童年双语是指儿童在很小的时候，同时获得两种语言。例如，如果爸爸对孩子讲一种语言，而妈妈对孩子讲另外一种语言，那么这个孩子就会同时学会两种语言。顺序性儿童双语是指儿童先学会一种语言,然后在生活中又学会了另外一种语言。例如,儿童在家中学会了一种语言,然后在幼儿园或小学里,学会了第二语言。同步性童年双语和顺序性童年双语的界线大约在三岁(McLaughlin, 1984, 1985)。如果在三岁以前获得两种语言,Swain(1972)把这种情况称为"第一语言似的双语"。在三岁之前,两种语言很可能通过自然的、非正规的、非训练的方式获得。在三岁以后,通过正规训练的方式获得第二语言的可能性,会逐渐增大。

有些幼儿园和某种类型的双语教育,提倡不使用正规的教学方法去获得第二语言(Sharpe, 1994)。相反,为儿童和成人开设的第二语言课程,则是通过直接的教学方式培养双语能力。这就是非正规的语言习得(langauge acquisition)与正规的语言学习(language learning)的区别所在(Krashen, 1977, 1981, 1982, 1985)。但是,二者之间的界线是不明显的(例如,在第二语言的课程中,也存在着非正规的语言获得)。正像第一章指出的,在教育方面存在着一种使第二语言的习得变得更加自然、用不太正规的方式培养交际能力的倾向。因此,自然地成为双语人和通过学习而成为双语人之间的区别是一条模糊的界线。

双语的同步获得

同步性童年双语的获得存在着四个基础性的层面,它们可以演变成四个问题,这四方面可以演绎成四个问题:

(1) 父母能够讲哪种/些语言?在某些家庭里,父母或监护人,也许是双语人。也就是说,父母双方都能讲属于某个具体社会的语言。例如在美国,有些父母能够流利地讲英语和西班牙语;或者父母都是单语人,而他们的子女却从亲属、邻居和社区中获得了第二语言;在某些家里,父母的一方多少算得上是双语人,而另一方则是单语人。当我们提出父母能够讲哪种/些语言的问题时,其实我们想知道的是,这些语言是少数民族语言还是多数民族语言。这种环境是否与附加式或削减式双语有关?

(2) 在实际的生活中,父母对子女讲哪种/些语言?尽管父母具备对子女讲两种语言的能力,但他们常常要做出明确的决定或做到心中有数,就是在孩子出生后对他讲哪种语言。双语父母也许会选择使用两种语言。例如,母亲可能会对子女讲英语和西班牙语。另一种情况是,父母中的一方对子女讲一种语言,而另一方则讲另外一种语言。例如,母亲可能讲西班牙语,而父亲只讲英语。第三种情况是,双语父母只对子女讲少数民族语言,让子女在家庭以外的环境中学习多数民族语言。

(3) 家庭的其他成员对儿童讲哪种/些语言?在有些家庭中,父母用同一种语言与儿童交流,但儿童彼此间讲话时,则使用一种"外部的"语言。例如,在"第二代"移民中,父母讲的是继承语言,儿童彼此间则使用街道、学校和电视上讲的那种语言。与邻居家的儿童一起玩耍、在学校内和学校外与那些讲多数民族语言的人交朋友、传媒的影响,这些都可以造成儿童的双语现象。另外一种情况是,祖父母和其他亲属在与儿童交谈时,使用的是一种不同的语言,但不是那种家庭语言。例如,在美国的中国儿童,在家和在学校可能都讲英语,但通过对其他亲属的定期访问,他们也能听懂广东话。

(4) 儿童在社区中接触哪种(哪些)语言?即使是在三岁以前,儿童在邻里、当地社区和幼儿园的语言经历也可能是构成双语能力的重要因素(Cummins,1991b)。有时儿童可以在家庭以外的环境中,接触到家庭中的两种语言。或者是单语家庭的儿童也许能在家庭以外的环境中学会第二语言。例如,那些在家中父母对他们讲西班牙语的儿童,可能因为上一个英语的幼儿园而成为双语人。本章将继续关注那些更具代表性和在内容上更加充实的通向童年双语的途径。

同步性童年双语获得的个案研究

有些早期的双语研究理论涉及了儿童成为双语的某些具体个案研究。例如,Ronjat(1913)描述了一个在法语社区中母亲讲德语而父亲讲法语的个案。Ronjat(1913)的个案研究介绍了"一个人,一种语言"的原则。它表达了这样一种思想:培养儿童双语能力的最有效的方法是,父母分别对孩子讲一种不同的语言。

尽管在 Ronjat 开创性的研究之后,出现了一系列的有关儿童如何成为双语人的个案研究,但是其中最详细的案例当属 Leopold(1939—1949)的研究。Leopold 将女儿 Hildegard 作为研究的对象,其研究基础是:在家中,父亲只讲德语而母亲只讲英语。

作为一个语音学者,Leopold 训练并完整地记录下了 Hildegard 的语言发展过程。这些研究成果被写成四本书并出版发行,Hakuta(1986)将这些书称为"忠实于细节描写的杰作"(P. 48)。Leopold 分析了词汇、语音系统、单词组合和句子的发展过程。在 Hildegard 出生后的头两年,她还不能将语言区分开来。在这个时期,德语和英语的单词总是混在一起。直到三岁以后,她开始分别地使用两种语言。三岁时,她与父亲讲德语,与母亲讲英语,并能简单地对译两种语言。可是一些德语单词仍然被用于英语的句子中,反之也一样。然而,Leopold 指出这种现象不是由于语言间的相互干扰造成的,而是儿童在故意地简化语言的使用。在儿童的眼里,有效的交流自然包含某种语言的混合。

Leopold 的研究中有趣的一面是,童年两种语言的转换平衡。当 Hildegard 来到德国时,她的德语能力就变得很强,回到美国上学后,英语就成了她的主要语言。这似乎反映了许多双语人的实际情况——在个体层面(不只是在社会的层面)上语言在优势中的转换。例如,Hildegard 在十几岁时就不怎么愿意讲德语了,于是,德语变成了较弱的语言。Leopold 的二女儿,Karla,虽然能听懂德语,但却很少与父亲讲德语。在童年时,Karla 是一个被动的双语人。然而,在 Karla 19 岁去德国探亲时,她便从接收德语的状态转变为产出德语的状态——设法用相对流利的德语表达自己的思想。Fantini(1985)提供了童年转换双语的另一种情况,详细描述了儿童从零岁至 10 岁在英语、意大利语、西班牙语之间的转换。

个案研究中存在的问题(如 Leopold 的研究)是,这些个案可能是一些同类型的个案。被调查的儿童,往往是一些相对早慧的儿童,或者他们是进行这项研究的语言学家的子女。所以,这些个案研究所涉及的对象可能不具有代表性。

除了"一个人，一种语言"的培养双语的方法外，还有一些其他不同类型的个案研究（参见 Schinke–Llano, 1989, Romaine, 1995)。根据母亲和父亲所讲的那种语言、社区的语言、父母的策略，Romaine（1995）提出一个早期童年双语的六面类型。其中每一个方面都揭示了能够成功培养儿童双语能力的不同方法。我们已经提到了这些方法中的两种，即父母对孩子讲不同的语言；以及父母对孩子讲少数民族语言而孩子在社区中或大家庭中获得第二语言。我们还要提到另外两种方法：

第一，父母（以及社区）是双语人，且经常混用他们的语言。Romaine（1995）认为，这种情况"与其说它似乎是建立在一种文学表现的基础上，不如说是一种更常见的现象"（P.186）。例如，马耳他语与英语可能被父母几乎不分界线地混在一起。在儿童成长的过程中，也可以见到父母混用语言的迹象。有的时候，在语言社区中，这种现象既是稳定的和常见的，又是完全可以接受的。纽约的波多黎哥人混用西班牙语和英语的现象，足以说明这个问题。

第二，Saunders（1988）的同步双语的个案研究是有名的，他在澳大利亚用英语和德语教育他的儿子们。Saunders 的母语虽然不是德语，而且社区也不具备讲德语的条件，但他还是把儿子 Frank 和 Thomas 培养成了双语人。自出生的那一天起，母亲就用英语对儿子说话，父亲则用德语。当两个男孩互相用英语说话时，父母也讲英语。

Saunders（1988）观察到，在成为双语人的过程中，他的孩子经历了三个连续的发展阶段。尽管这种确定阶段（以及年龄段的确定）的概念有商榷的余地，但我们还是要介绍一下这个一般的发展模式。第一个阶段是从零岁起延续到孩子大约两岁时。在这段时间里，儿童还看不出两种语言有什么不同。例如，儿童会把两种语言的词汇当成一个总的语言系统的一部分。在第二个阶段，儿童有时还会搞乱两种语言。但他们的分辨能力会越来越强。例如，他们会将两种语言的词汇分开，知道对什么人讲什么语言，在什么场合讲什么语言。Sauhders（1988）同时指出，在第二阶段期间，儿童有时会对同一物件说出两个单词。

这也许是为了把意思表达得更清楚，或是引起父母的注意，以满足自己的需要。儿童能最大限度地区分两种语言系统，且不会将它们搞乱的年龄段（阶段3），在一定程度上讲，是因儿童而异的。儿童将两种语言区分开来的起始时间，受多种因素的影响。例如，在不同的场合接触两种语言，父母对两种语言的态度，父母对混用两种语言的态度，儿童的语言能力，个性，同龄人，以及接受不同的教育形式。

同步性童年双语习得的研究又提出了另外两个关键性的问题。第一，Swain（1972）发现，在发展的次序或过程中，两种语言的同步获得与一种语言的获得没有什么区别。儿童在学习两种语言时，就好像在学习一种语言。第二，似乎可以得出这样的结论：双语可以成为第一语言。也就是说，双语儿童的语言基础似乎是一个单一的语言系统。在双语人的语言认知系统中，两种语言或许会融合在一起。我们将在第九章中继续讨论这个问题。

儿童的语言丢失

在讨论双语的顺序性获得之前，简述一下双语儿童的语言丢失问题是很必要的。那些语言少数民族儿童（本地的，尤其是移民儿童）常常有丢失他们的少数民族语言的危险。由于在影视作品中、街道上、学校里和商店中，总是使用有较高社会地位的多数民族语言，所以儿童会很快意识到这种语言的威望、权力和受欢迎的程度。他们很快就明白他们的语言、行为方式、种族和文化与别人的不一样，于是逐渐地领悟到他们的语言和文化是不受欢迎的。这些儿童立即意识到什么会帮助他们融入主流社会。正像 Fillmore（1991a）在谈到美国的语言少数民族儿童所讲的，他们不久就"发现矗立在他们与轻松加入他们的世界之间的东西一就是语言。他们能从人们与他们接触的方式中分辨出最重要的语言只是英语……如果他们想要被接受，他们就必须学习英语，因为别人不打算学他们的语言"。(P. 324)

Hakuta 和D'Andrea（1992）以及 Wong Fillmore（1991 a）的研究表明，在美国的少数民族儿童获得英语时的年龄越低，少数民族语言被取代的机会就越大。学会讲英语的时间越晚，保留少数民族语言和成为双语人的机会就越大。Hakua 和 D'Andrea（1992）指出，过早地接触英语（例如在家中）也许不仅仅意味着从西班牙语向英语的转换，可能同时减少了实施那种使用和保持西班牙语的双语教育计划的机会。

美国的语言少数民族儿童在生活中过早地接受英语的时候，少数民族语言或许还没有足够的稳定基础和发展到足以抵御多数民族语言影响的程度。少数民族语言的丧失，会给儿童带来一些社会的、情感的、认识的和教育的后果。这些将在后面的章节中进行讨论。Wong Fillmore（1991 a：343）认为，"他们所丢失的不外乎是父母使其子女社会化的手段：当父母不能与子女交谈时，他们就不能轻易地对子女传达他们的价值观、信仰、对事物的理解和他们在生活中所积累的经验。"

因此，少数民族语言的丧失不单单是地区和语言社区的问题，而且还关系到每个儿童，特别是那些年龄还很小的儿童。问题不是出在多数民族语言上，而是出在引进少数民族语言的时间上。儿童需要在不可避免地迎接强大的多数民族语言之前，奠定少数民族语言的能力基础。

双语的顺序性习得

双语的顺序性习得是指儿童获得第一语言后又逐渐掌握第二语言的情况。McLaughlin（1984）建议，三岁这个年龄可以作为一条同步性和顺序性双语获得之间的主观上的分界线。双语习得的顺序性将我们带入了第二语言习得（second language acquisition）的领域。第二语言的习得包括了正规的和非正规的方法。非正规的方法是通过街道、幼儿园和社区生活中的语言接触获得的；正规的方法是通过学校、成人补习班和语言课程学习获得的。对三岁以上的学习者来讲，掌握第二语言不存在惟一的"最佳捷径"。各种各样的正式和非正式的教育方法都可以使人们掌握第二语言。

背景问题

个案研究中的证据表明，儿童可以通过同步双语的过程而成为有竞争能力的双语人。通过第二语言习得或学习而成为双语人的证据就没有这么乐观了。在美国和英国，尽管在学校开设了大量的第二语言和外语课程（还有对第二语言习得进行的广泛研究），但是只有一少部分儿童成为了实用的和流利的双语人。在美国，通过第二语言教学而成为双语人的儿童还不到二十分之一。造成这种失败的原因是：只强调读和写的能力，不强调实际的交流能力；不具备学习第二语言的天赋；缺乏学习的动机和兴趣，缺少实践的机会。另一种解释是，开设学习语言课程的时间太晚。这种观点认为，年龄越小学起来越容易。有关语言学习中的年龄问题我们将在后面讨论。

在某些欧洲国家（例如，荷兰、芬兰、瑞典、比利时）和东方国家（例如，以色列、新加坡），第二语言学习相对来讲是比较成功的。这种国际间的比较，强调了在第二语言学习的讨论中，应考虑到政治、文化和经济的因素。语言学习者不是一座小岛，围绕着有效的第二语言习得的心理海岸，是社会、文化和政治背景的海洋。任何一张顺序性双语的地图都应包括所有这些特征。

非正规的第二语言学习

双语经常是通过非正规的获得过程来实现的，例如，街道和荧屏，邻居和报纸。有的时候，儿童在没有计划或家长意愿的情况下会很快地学会另一种语言。街道上的小伙伴，电视上的卡通片和表演，就是语言影响的两个例子，它们会以非正规的形式使儿童成为双语人。这种很少被研究的、几乎是意外地在街道和荧屏中学会第二语言或第三语言的现象，也许与正规的教育具有同等重要的意义，这种方式有时会比课堂上的学习更有效。这种情况尤其发生在获得邻里的或一个国家的多数民族语言的时候。

正规的第二语言学习

如果在社区中不能获得第二语言（自然地习得第二语言），人们就把希望寄托在了学校身上。通过第二语言课和外语课，语言实验室和计算机辅助学习，日常的练习和实践，洗礼班，戏剧和舞蹈，或许就开始了从单语向双语的转变。我们将在下篇中具体讨论学校在正规的第二语言学习中所起的作用。

通往双语的途径不仅仅是儿童的早期教育和正规教育。有的时候，社区举办的自愿语言学习班，也可以为学龄儿童提供学习语言的机会。例如在英国和加拿大，社区都成立了夜校、星期六学校和星期日学校，让儿童学习父母和祖父母的继承语言。例如，那些第二代、第三代或是第四代移民儿童，会把英语当作第一语言来学习。假如父母决定对子女讲英语，即使他们的第一语言不是英语的话，那么就可以在语言学习班里学习他们的继承语言。另外一种情况是，社区的主要语言是英语，英语也是学校惟一使用的语言，这类语言学习班在避免儿童成为多数民族语言的单语人方面，可以起到重要的作用（《语言少数民族工程》，1985；Ghuman，1993，1994）。

语言学习班的存在，也许是出于宗教、文化、社会和少数民族整体种族活力的原因。因此，这些语言学习班常常属于一些宗教群体。如犹太教堂，清真寺，寺院和东正教堂。在其他社区，举办者是一些热情的父母和当地的社区组织，他们租用学校的教室和大礼堂，来教授他们的继承语言。Tansley 和 Graft（1984）发现，在英国的 500 个社区和编外学校中至少在教授 28 种语言。经常教授的亚洲语言有：乌尔都语，旁遮普语，孟加拉语，印地语和古吉拉特语。欧洲的一些语言，像希腊语、意大利语、西班牙语和葡萄牙语也得到了这些志愿组织的支持。

除了为儿童开办的这些自愿语言学习班外，另一个获得第二语言的常用方法是成人补习班（见 Baker 和 Prys Jones，1997）。这些补习班在不同的地区以不同的形式出现：

(1) 夜校。教授第二语言或外语。一星期开一次到两次课，时间是几个月至几年不等。这类学校的目的是，确保获得正式的语言资格（例如通过一门第二语言的考试），或是达到精通一门多数民族语言。为美国和英国移民所举办的"英语作为第二语言"的补习班就是一个例子。最近，已经开设了以获得交际能力为目的的继承语言课（例如，希伯来语、威尔士语）。

（2）Ulpan 语课程。Ulpan 语课程始于七十年代的以色列。与夜校相比，这种课程更为集中，一般每星期有三至五个早晨或晚上上课。学习周期从几个月至一年不等。该课程具有集中和饱和的特点，以色列语和威尔士语便是他们成功的证明。这种成功应部分地归功于 Ulpan 语和语言教学所营造的热烈与鼓励的环境。

（3）短期和长期住校课程。这是一个在周末、或一个星期、或三个月住在学校学习少数民族语言的课程（利用假期或得到某一个机构的资助），是集中性语言学习的另一种形式。例如，在北威尔士有一个靠海的人烟稀少的村庄，被改建成一个"世外桃源式"的语言培训中心。每日的活动是多种多样的，但主要任务是学习作为第二语言的威尔士语。

（4）远程教育。成人可以通过传媒学习第二语言。电台和电视中的系列讲座、磁带、录音、激光唱盘、录像、VCD 盘、杂志和自学书籍、电脑程序（计算机辅助语言学习）以及函授课程，都是第二语言习得广泛使用的方法。而对这些方法所产生的相对效果目前还缺乏评估性的研究。

在儿童的早期阶段，成为双语人是无意识的，就像学会走路和骑自行车一样的自然。而在学校里，儿童通常不能决定学习哪种语言。在学校中获得的第二语言往往是父母、老师和地方的教育政策强加给他们的。对流动工人、难民和移民来讲，参加成人语言学习班远非出于自愿。有的时候，成年人又对学习一门第二语言表现出很大的积极性，他们有着更大的选择余地。

年龄因素

学习一种第二语言的年龄与成功掌握这种语言的关系，是第二语言习得中一个极具争议的话题（Hoaley, 1986）。一些支持这种观点的人认为,学习第二语言的年龄越小,保持该语言能力的时间就越长。根据这个观点,年龄较小的儿童可以更轻松、更成功地学会一种语言。另外一些人则认为,年龄大一些的儿童和青少年会比年龄较小的儿童更有效和更快地学会一种语言。例如,一个 14 岁的学习西班牙语的青少年会比一个 5 岁的学习西班牙语的儿童有着更高的思维能力和处理事物的技巧。因此,在十几岁学习一种第二语言所需的时间,要少于较低年龄段所需要的时间。

Singleton（1989）就这个问题做了综合而全面的论述。他的这些谨慎的分析可以主要归纳为以下几点：

（1）年轻的第二语言学习者与年长的语言学习者,在效率和成功上总的来讲是没有什么差别的。年龄与语言学习的关系有很多干扰因素,因此做简单的表述是把问题简单化了,是站不住脚的。

（2）童年便开始学习第二语言的儿童将达到的能力水平要高于那些在童年后开始学习第二语言的人。这种观点与那种在童年以后也可以获得第二语言能力的观点并不相抵触。这种趋向可能与语言习得并保持或丢失的社会环境有关,也可能与个人的学习心理有关系。与成年人相比,年龄较小的儿童对语音系统和新的语法的接受能力更强。

（3）一般来讲,在语言学习的加工过程中,不存在与年龄有关的差别。年龄较小和年龄较大的第二语言学习者,往往表现出相同的发展顺序。

（4）在正规的课堂学习中,年龄较大的学生从一开始就比年龄较小的学生学得快。但是,接触时间的长短（例如,接受了几年的第二语言教育）是掌握第二语言的重要因素。那些从小学就学习第二语言直到毕业的儿童,他们的语言能力和语言熟练程度要强于那些在学校较晚才开始学习第二语言的儿童。从绝对角度而不是比较的角度来看,也不排除后者能够精通这种语言的可能,尤其是当他们积极性更高的时候。

（5）如果第二语言被用作教学语言,如果这种语言是取代家庭继承语言的多数民族语言,那么,过早地使用这种第二语言会带来教育和语言的负面影响。

(6) 支持学校开展早期第二语言教学的观点需要在第二语言研究以外的领域中去发现自己的理论根据和支撑点。在小学阶段开展的早期第二语言教学需要做到：一般性的智力开发；设立教授现代语言普通课程有利于双语双文化；有利于长期的第二语言学习，避免急功近利的语言学习方式。小学的第二语言教学要具备合格的师资力量，适合的教材与教学设施，教师与家长的积极态度，以及为这些儿童营造愉快的学习环境。

(7) 无论学校教不教第二语言，在童年的发展过程中，都不存在所谓的关键期（critical periods）。Singletan（1989）注意到，年龄与第二语言学习的问题实际上是："那些被语言习得研究所分割的与年龄有关的现象，很可能是多种因素相互作用的结果，不同的现象也许是不同的原因所造成的。"

成年人怎样才算是成功的双语人？对于这个问题，我们可以做出绝对的和相对的两种回答。"绝对的"答案可以简单地认为：成年人学习第二语言达到不同的流利程度。有些人半途而废，有些达到了基础水平，有些人则在功能上成为双语人。在以色列和威尔士、新西兰和加拿大、美国以及亚洲的许多地区，有很多成年人成功地掌握了两种语言的例子。

"相对的"答案是要将不同年龄的儿童和成年人进行比较。在这个意义上，问题就变成了"谁更有可能掌握一种第二语言，儿童还是成年人？"一个成年人成功的具体例子，说明了一种特殊的模式。这个例子关注的是语言的使用，而不是语言的习得。

在本世纪涌入以色列的移民学习希伯来语的主要目的，是要复兴该种族的、宗教的语言。以色列的人口普查报告中，可以看出那些老人或年青人是否在实际中使用希伯来语。例如，年轻的移民与那些老年的移民相比，是否在实际使用作为第二语言的希伯来语？我们可以从图表中找到答案（Bachi，1956；Braine，1987）。正如图表中的数字（根据Bachi，1956）所反映的，希伯来语日常使用的范围是随着移民年龄的变化而变化的。儿童的年龄越小，使用希伯来语的可能性就越大。在30至40岁年龄段，使用程度会明显下降。原因是什么呢？丧失了学习能力？不常接触希伯来语？缺乏积极性？还是社会压力的减少？从 40 岁往上，希伯来语实际使用的可能性会更少。

儿童的家长和教师经常碰到的一个问题是，一种语言与另一种语言混合的时间问题。我们可以用像 Spanglish（西班牙和英语的混合），Wenglish（威尔士语与英语的混合）这类词来描述语言的混合。我们将从社会语言学的角度来讨论这个问题。那些对纯语言学观点感兴趣的人，可以请教 Romaine (1995)。

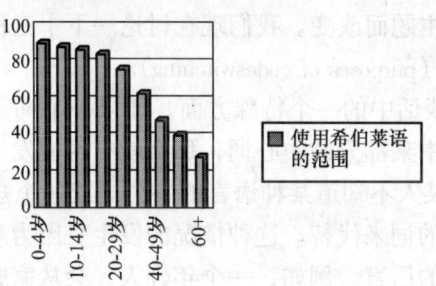

[图：使用希伯莱语的范围，0-4岁、10-14岁、20-29岁、40-49岁、60+]

代码转换

双语儿童在语言加工过程中的一个问题，就是这些儿童开始混合和转换他们的语言范围。代码混合往往用来描述单词层面上的变化（例如，一个句子中的几个词）。代码转换是指个人（几乎是故意的）交替使用两种或两种以上的语言。这种交替使用可以从一个词的混合，到句子中的转换，乃至更大的语言段落的转换不等(Hoffmann, 1991)。语言借词（borrowing）是指借用一些外语的词汇（例如，法语的 Le weekend）。

代码转换往往用以描述那些故意的、有目的的变换。这也许是一个句子或不同句子的个别短语的转换。"Leo un magazine"（I read a magazine）是代码混合；"Come to the table, Bwyd yn barod"（食品准备好了）是代码转换。但是这个区别很容易变得模糊不清。例如，"I want to fight her con los punos"，你说这是混合还是转换？

Eastman（1992）认为："区分代码转换、代码混合和借词的努力是注定要失败的"(P. 1)。比如说对城市多语状态的研究，其中各种语言背景的人相互间的往来是经常性的，"在日常的会话中，多种语言的素材可能被经常地和不在意地植入作为一种基质的语言中"（Eastman，1992：1）。代码转换的经常使用，被叫做语言的非标志性（unmarked）选择。相反，人们因社会、政治、经济目的而更为审慎地使用代码转换，则被称为语言的标志性选择（Myers Scotton，1983，1991）。

代码转换有着各种各样的目的和目标。代码转换将依谈话的主体、谈话的主题与谈话的环境而变化。所用的语言或许是谈判性而且会因谈话的主题而改变。我们现在讨论一下十三种相互联系的代码转换的目的（purposes of codeswitching）。

（1）强调谈话中的一个特殊方面。如果一个词需要强调，或者这个词是谈话中某部分的中心词，那么就有可能发生转换。

（2）假如某人不知道某种语言的一个词或一个短语，他可能会用另一种语言的词来代替。这种情况的发生是因为双语人在不同的场合使用不同的语言。例如，一个年轻人，会从家庭语言转换为学校使用的语言来谈论诸如数学或计算机的问题。例如，肯尼亚的一个大学生会在吉库尤人讲的班图语与英语之间使用代码转换，来与他的弟弟讨论几何问题。"Atiriri angle niati has ina degree eighty; nayo this one ina mirongo itatu"。同样，一个成年人在谈论工作时也会使用代码转换，因为与工作有关的技术术语只有用这种语言才能讲明白。

（3）两种语言的词或短语可能不是完全相符的，双语人可以转用一种语言以表达在另一种语言文化中找不到对等词的概念（to express a concept that has no equivalent in the culture of the other language）。例如，住在英国的法英双语人讲法语时，会使用诸如"pub"，"bingo hall"，"underground"这样一些词，因为在法语中没有和这些英语词完全一样的词。当这些来自一种语言的单词或短语确定后，并且讲另一种语言的人在谈话中经常使用这些词时，我们常常把它们称为"借词"或"外来词"。然而，在代码转换与外来词之间并不存在一条清晰的界线。

（4）代码转变可以用来支持一种请求。例如，教师可以重复一个要求来达到加重和强调的效果（例如，Taisez - vous les enfants! Be quiet, children!）。在多数民族/少数民族语言环境中，多数民族语言可能用来强调权力。Hoffman（1981）发现，泽西城（Jersey City）的波多黎哥母亲们，往往用英语对儿童们发出简短的命令，如"Stop it! Don't do that!"。然后又转回到西班牙语。在威尔士的研究发现，语言少数民族的护士用英语重复和强调对讲威尔士语的病人的要求，以显示她们做护士的权力。Roberts（1994：66）讲述了这样一个故事：一个住院病人因连续地按呼叫铃而立即成了不受护士欢迎的人。这位病人在这种情况下，按了两次铃。护士来到床前说："Ganoch chi'r glock DWY WAITH! Peidiwch byth a'i ganu e dwywaith——emergency ydy hynny. Dim on UNWAITH sydd angen. Only ring it ONCE!"（你按了两次铃！不要按两次铃——那是紧急呼叫铃。按一次就够了，只按一次！）

（5）重复还可以把事情说得更清楚。有的教师在课堂上用一种语言解释一个概念，然后用另一种语言再将其解释一遍，他们相信这样的重复可以加深对这个概念的全面理解。

（6）代码转换可用来传达友谊（communicate friendship）。例如，那种能使谈话的双方都完全理解的、从多数民族语言向家庭或少数民族语言的转换，可以传达友谊和共同的身份。同样，某人也许故意使用代码转换以表明需要被相同的群体所接受。某些略通某种语言的人或许会将这种新的语言中的一些词引进到一些句子中，以表明一种被认同和被接纳的愿望。在谈话中部分地使用对方的主要语言可以表示一种尊敬，一种想要属于或被接受的愿望。

（7）在叙述上一次的谈话时，某人会用使用过的语言或几种语言来介绍这次谈话。例如，有两个人正在用西班牙语进行交谈。当其中一人提到上次与一个英语单语人的谈话时，那次谈话便被真实地报道了出来——用英语——就像当时发生的那样。

（8）代码转换有时用作插入一个谈话的方法。一个试图有礼貌地介入谈话的人，可以使用一种不同的语言。这种语言也许是打断谈话的信号。这是听者对讲话者发出的信息，它所要表明的是，"我是否可以参与你们的谈话？"

（9）代码转换可能被用来缓和紧张气氛，并使谈话增加幽默感。如果委员会的讨论变得紧张起来时，第二语言的使用可能表明当时会议调子的变化。就像管弦乐队那样，在演奏时使用不同的乐器，表明一种情绪和节奏的变化。所以，语言的转换也可以表明，在谈话中需要变换一下气氛。

（10）代码转经常涉及到社会距离（social distance）。例如，当两人见面时，他们可以使用共同的多数民族语言（例如，讲肯尼亚的斯瓦希利语或英语）。在谈话继续进行时，他们角色、地位和种族身份便会暴露出来，这时改用一种地方语言也许意味着区域界线正在被打破。代码转换表示了较小的社会距离，它表达的是一种团结以及越来越融洽、和谐的关系。一项对世纪之初移入美国的意大利移民的研究（Di Pietro，1977）表明，这些移民在用英语讲笑话时，往往把那些画龙点睛的妙语用意大利语说出来。这不仅仅是因为用这种语言表达可以达到更好的效果，同时还强调了这个少数民族群体共有的价值观和经历。相反，少数民族语言或方言向多数民族语言的转换，可能表明讲话者希望提高自己的地位，或是在他们与听者之间拉开一段距离。Myers Scotton 和 Ury（1977）描述了一个肯尼亚店主与来买盐的姐姐之间的一次谈话。用他们自己的卢亚语寒暄过后，哥哥便当着其他顾客的面转而用斯瓦希利语道："Dada, sasa leo unahitaji nini?"（姐姐，今天你需要什么？）。在后来的对话中，哥哥使用斯瓦希利语，而姐姐讲 Luyia 方言。哥哥改用斯瓦希利语——肯尼亚的商业语言，这种代码转换对他的姐姐意味着今天她别想得到不花钱的东西。

（11）代码转换同样可以用来防止某人听懂谈话的内容。例如，在乘地铁时，两个一直用英语交谈的人，可能转用他们的少数民族语言谈论私事，这样就将其他的人排斥在谈话之外。双语父母可以用某种语言进行交谈，以防止单语子女听懂他们的悄悄话。在医院里，医生可以不背着病人用他们听不懂的语言与他的同事进行交谈。

（12）代码转换可以用来表明在谈话中一种态度的改变（a change of attitude）。例如，寒暄的时候可以使用家乡的、少数民族语言。但是，当一个人向另一个人借钱或请他帮忙时，那个放债人可能改用一种多数民族的语言。为了表明关系和态度的变化，就使用了代码转换。寒暄用家乡的语言；谈正事就用多数民族语言。正事谈完后，告别时可能又改回家乡语言。代码转换所要表明的是一种暂时关系的变化。

(13) 在某些双语情景里，当介入某个话题时（例如，钱的话题）经常会出现代码转换。美国西南部的西班牙语-英语双语人常常转用英语来谈钱的问题。例如，某人会这样说"La consulta era（参观的费用，西班牙语）ten dollars and 50 cents"（10美元50美分，英语）（参观的费用为10美元50美分）。这表明英语是一种商业语言，同时也是教育用语。

亲密的关系，显示出的地位，环境的气氛以及可以感觉到的听者语言能力，这些都会影响到代码转换的实质和过程。这样，代码转换不仅仅包含了语言学的特性（Hoffman 1991）。代码转换的十三种目的证明，在语言的转换中存在着重要的社会与权势的因素，在各种方言和各种语域的转换中，也存在同样的情况。

各种各样的因素会对儿童和成人语言转换的程度产生影响（Romaine, 1995）。可以感觉到的听者的地位，与那些人的亲密关系，环境气氛以及听者所显露的语言能力，这些变量都可能对代码转换产生有利或不利的影响。这类因素同样会发生在两岁的儿童身上。鉴于两岁儿童的语言混合往往被视为一种"干扰"现象，或是缺乏语言间的分辨能力，Lanza（1992）根据一项个案研究指出，两岁的儿童所表现出的代码转换的能力很可能是出于对上下文的敏感（例如，根据父母所强调的事物而定）。

双语人对两种语言系统的混用有时表现为父母使用两种语言对儿童讲话。许多调查人员认为，"一个人，一种语言"或"一种语言，一种场合"，是培养儿童双语能力的最理想的办法。这种办法可能有利于避免两种语言的混用。例如，如果父亲和母亲都用法语和德语对孩子讲话，儿童在区分这些语言时，会遇到暂时的困难。这种现象过去常被称做"干扰"。在听者看来，这个词所表现是一种消极的态度。相反，混用两种语言的儿童也许正以最具个人特点的有效方式表达着他们的思想和想法，并且这是一种听者所能理解的方法。这种"干扰"也可以用"转移"(transfer)来形容,它是双语人自然发展顺序中的一个阶段。也就是说,混用单词的现象常常因儿童年龄的增长而改变。随着时间的推移,语言分离的可能性会越来越大(Arnberg 和 Arnberg, 1992)。随着语言经历的增长,这种"干扰"会越来越少。因此,Fantini (1985)认为,儿童两种语言的分离和转移,是一种渐进的过程,而不是静止的"干扰"概念。但是,某些双语社区(如生于纽约的波多黎哥人),并没有表现出随着儿童年龄的增长而出现更大的分离的现象。在这里,人们一生都会混用他们的语言,不需要创造一个过渡阶段,他们只是一个相对稳定的语言社区(Zentella, 1988; Eastman, 1992)。

本章最后要讨论的与代码转换有关的话题是:为父母或其他人充当口语翻译的儿童。人们常常希望双语儿童(包括成年人)去做中间人,将一种语言译成另一种语言。这种口译员的角色同样说明了双语的发展会对儿童成长的其他方面产生影响,比如,个性及家庭关系。

儿童口译员

在语言少数民族的家庭中,儿童常常要充当父母的口译员。例如,在第一和第二代的移民家庭中,父母几乎不具备多数民族语言能力。因此,儿童便在不同的场合充当了口译员。若家中有了来访者,如推销员,布道者或地方官员,父母会把孩子叫来帮助翻译他们说的话。因此,儿童便成了双方的(如父母和来访者的)口译员。同样,在医院、看医生、牙医、眼镜店、学校及其他场合,凡是父母去的地方都要带上孩子做翻译。口译也用在一些较随便的场合,例如,在街上,父母看电视或听广播时,阅读地方报纸或操作计算机时。

儿童在口译时会感到压力:语言的、情感的、社会的、态度的压力。首先,儿童会发现要做出准确的翻译是很困难的,因为他们的语言能力仍然处在发展阶段。第二,儿童会听到一些本该是成年人才知道的事情(如医学问题,经济问题,争论和吵架)。第三,儿童在做口译时,人们总希望他们的举止像大人,而在其他的场合应该像个孩子。口译时与成年人融合在一起,而在其他场合成年人则对他们"视而不听"。第四,看到父母低下的社会地位,会使儿童鄙视自己的少数民族语言。在口译时,儿童会立刻意识到那种有权、有势又有钱的语言是多数民族语言。对少数民族语言的否定态度油然而生。第五,并非所有的双语人都是称职的口译员(Malakoff, 1992)。会两种或两种以上的语言是不够的。对语言的反思(玄妙语言意识,将在第八章中讨论),对信息的语言特性的领悟,对语言结构特征的反思(Malakoff 1992),这些都是必要的。然而,许多双语人在玄妙意识方面要强于单语人。

口译同样会带来许多积极的结果。首先,儿童作口译的重要角色会为他们带来父母的称赞、奖赏和家庭中的地位。Malakoff 在研究中发现(1992),口译能力在双语儿童中是普遍存在的,他们早在三、四年级时就已很在行了。这种能力既能使他们获得别人的尊敬,同时又增强了他们的自尊心。第二,这些儿童能很快地领悟大人的意思,并试着用某种权力和信任来行事。早熟在这类青少年群体中有着自己的回报。第三,Kaur 和 Mill (1993) 发现那些惯于充当口译员的儿童学会了掌握事情的主动权。如有的儿童在不将问话翻译给父母的情况下,自己就先做了回答。这就使儿童获得了某种权力。他们甚至履行起了语言检查的职能。

第四,当父母开始依赖儿童的口译时,家庭的关系会变得更加亲密与和谐。这种口译对那些不得不将大部分权力交给其子女的父母们来说是不可或缺的。然而这又使父母意识到自身语言的不足,常常感到沮丧和怨恨。这种现象在希望子女长期滞留在一个较低的位置上的语言少数民族文化中,表现得尤为明显。

第五,认知结果对儿童口译员来说是很重要的。儿童经常为父母作口译,会对词语、比喻、思想的翻译中所出现的问题和可能性有较早的认识。例如,这些儿童会领悟到,一种语言不会完全等同另一种语言,认识到准确翻译词和比喻的内在意思的艰难。这些会使儿童对语言产生更多的反思。这种现象叫做玄妙语言学意识。我们将在第八章中讨论这个问题。因此,口译不仅需要玄妙语言学意识,而且还促进了这种意识的发展。

第六,儿童作口译的另一个好处是个性的形成。例如,具有更多的同情心。这些儿童在两种不同的社会和文化之间,做着类似于谈判的工作,他们努力去理解双方的意图,在两个世界间架起沟通的桥梁。这种驾驭对话的能力,使他们变得更加成熟、精明和独立,具有了更强的自尊心。早早的被要求去做大人的事,会使他们形成某种积极的自我意识,有种像成年人一样的责任感。

结 束 语

　　本章讨论了通向双语的两种途径:同步的与顺序的。前者发生于三岁之前,这是连续地学习两种语言。后者,也就是顺序双语的获得,可以通过正规教育的手段或非正规的途径(例如,在街上,社区或幼儿园)来实现。无论正规的还是非正规的语言学习,都可以培养出双语人或多语人。

　　在家庭中、在街道上或在幼儿园里,快速的和有效的进程源于一种无意的、自然的方式。特别有效的途径是一种"一个家长,一种语言"的方法。在这里,父母双方各自对孩子讲一种不同的语言。就同步双语获得而言,"一个人,一种语言"的原则和"一种环境,一种语言"的思想,有助于促进语言界线的确定。语言的混用往往出现在开始的阶段,随着年龄和阅历的增长,语言的分离也日渐明显。但是,在某些群体中,混合现象往往处于正常的和相对稳定的状态。代码转换是双语人的普遍行为,有着各种有价值的目的和利益。口译同样常常寄予双语人一种希望——包括移民家庭中的儿童。

　　实现双语的另一个方法,是通过学校正规的第二语言学习,或是将第二语言用作在学校学习的语言载体。各种语言学习班和成人教程,为学习和开发第二语言或外语提供了机会。街道和荧屏同样是儿童学好双语的工具。介绍了同步双语和顺序双语后,我们将在下章中对第二语言习得的一些关键问题和最新的思想进行全面的观察。

推荐读物

BAKER, C., 1995, A Parents' and Teachers' Guide to Bilingualism. Clevedon: Multilingual Matters.

HAKUTA, K., 1986, Mirror of Language. The Debate on Bilingualism. New York: Basic Books.

ROMAINE, S., 1995, Bilingualism (2nd edn). Oxford: Basil Blackwell.

复习题

（1）根据下列内容写出简短的复习笔记：
（i）语言习得与语言学习的差别。
（ii）同步性儿童双语获得的方法。
（iii）儿童充当口译员的好处和问题。
（2）同步双语和顺序双语的主要区别是什么？
（3）你认为年龄因素对学会一种第二语言会产生怎样的影响？
（4）举例说明代码转换的十三种目的。还有没有你认为或观察到的其他目的？
（5）Baker（1995b）在书中介绍了117个"多数为父母提出的有关双语的问题"。检查其中的三至六个问题。你认为这些答案中的建议（a）符合你的经历吗？（b）还是似乎与你的经历有关？就书中的任何一个问题提出你自己的建议。

研 究 活 动

（1）做一个某人双语发展的个案研究。对象可以是你自己或你熟悉的人。通过采访，将这个人双语发展中的似乎对他来说是重要的因素，录制成磁带或录像带或是写成书面的个案资料。也可将其扩展为一个计划。该计划可以包括以下几个步骤：第一，在图书馆查询有关的双语个案研究的资料时，下面这些作者的书可作参考：Arnberg (1987), Fantini (1985), Harding & Riley (1987), de Jong (1986), Saunders (1988). Lyon (1996) 和 Dopke (1992)。第二，准备一个采访提纲。写下（以备忘记的）话题和你要在采访中问到的问题。第三，试着用录音机，或用笔记录被采访者的谈话内容。如果做了录音，转录其中的主要部分或是全部。第四，写出被采访者双语发展的个案研究。其中是否发现了双语发展的特别阶段或时期？或这个发展是个更为平稳的逐渐变化的过程？

（2）采访一个与其子女同时学习一种第二语言的母亲或父亲。了解一下他们各自的学习进程有没有什么不同？为什么在进程中有量和质的区别？他们有着什么样的态度和动机？如果在态度上有所不同，试着分析一下原因。

（3）通过观察或录音的手段，收集代码转换的样品。试着发现代码转换的不同目的实例。询问你作为样品中的人（在完成观察/录音后），他们是如何意识到代码转换的？他们对代码转换的解释是什么？在你的样品中，你主要发现了哪些代码转换的目的？在你所调查的对象中，有哪些资料可以帮助解释代码转换的问题？

第六章 第二语言习得

引 言

本章将对第二语言习得的研究和理论中的一些基本问题进行讨论。这是一个广泛的话题,也是"你如何成为双语人"这个问题的一个重要组成部分。本章将关注一些总结性的框架和理论,其中包括心理学和社会心理学理论,以及试图在相互作用和相互联系的模式中,从总体上描述语言学习特点的教学法的本质问题。这些理论从不同的角度提出了自己的看法,相对全面地叙述了目前所了解到的第二语言习得的情况。

主 要 问 题

有关第二语言习得的一些重要问题可以归纳为一个问题:"在什么样的条件下,谁在学习哪种语言,达到何种程度?"Spolsky(1989c:3)。回答这个问题是本章的主要内容。

"谁在学"的问题对个人的差异提出了质疑。哪些人学起来更容易、更快、记得更牢?在第二语言的学习中,能力、天赋、态度、动机和个性都起到了哪些作用?这些因素的作用有多大?在"成功的"第二语言习得的等式中,这些因素是如何联系的?"学"这个词强调的是过程,是不断的变化。这些因素应当看作是电影的组成部分,而不是胶片的组成部分。

"学习哪种语言,达到何种程度"注重的是在学什么:说的技能,写的技能,流利的日常交际能力,应付考试的语法?学习获得成功的标准是什么?学到了哪些方言?在获得语言的同时,是否也了解了它的文化?

"在什么样的条件下"强调的是状况和上下文,不同的学习环境,——有教师授课的正规课堂,具有灵活性的个人学习,成人教育学校(如Ulpan),街道上和社区中的获得,函授课程,双语教育的不同形式(如浸没型和淹没型——详见第十、十一两章)——对第二语言的获得有哪些影响?哪些教学策略是有效的?有关在学校学习第二语言的话题,我们将在第十四章中讨论。

人们或许非常欢迎一种简明的、适合于所有学习者的、能有效指导第二语言习得的理论。在展示第二语言的橱窗中,有许多可供选择的理论,许多不同的教学方法。但是,选取"最好的"理论或"最好的"教学方法与选取一个适合所有季节的服装,具有同等的危险性。语言习得的复杂性使穿相同的衣服成为一种不明智的选择。不同的学习者,不同的环境,不同的教师,不同的支持手段(如计算机辅助语言学习)使得那些理论和教学方法包含了一些"部分真理"。

这些"部分真理"对教师来讲将是一种资源,但不是惟一决定教学的资料;这些资料具有的只是某种暗示,不是直接的应用;提供的只是某些建议,不是药方;只是某种领悟到的东西而不是规定。在这种思想的指导下,我们开始以下的讨论。

区别与定义

Ellis(1985)区分了第二语言发展的三个部分。第一,在第二语言学习中存在着顺序性。这是指儿童和成年人在学习第二语言时所经历的一般阶段。Ellis(1985)认为,无论哪种语言,无论是自然获得的,还是在课堂上学到的,都存在着一个自然的、几乎是不变的顺序发展过程。从简单的词汇到基础的句法,简单句的结构和形态,再到主从复合句,是语言获得中普遍的顺序性。第二,语言学习的次序性不同于它的顺序性。"次序性"在这里指的是语言具体的、详细的特征。例如,获得一种语言的具体环境的词汇或特定的语法特征的次序,是因人、因课堂而异的。第三,存在着第二语言发展和达到精通水平的速度问题。既然第二语言发展的顺序性可以是恒定的,既然发展的程序会发生不大的变化,获得第二语言和最终达到精通水平的速度也可以是不尽相同的。

　　Ellis（1985）指出，情景因素（谈话的对象、内容、地点、时间）对第二语言的发展速度会产生相当的影响。然而，情景或环境因素"不影响发展顺序性，只对发展的程序产生不重要的和暂时的影响"（P. 278）。同样，态度、动机、学习计划与个性的不同，会影响获得第二语言的速度和最终的精通水平，但是不影响第二语言发展的顺序性和程序性。发展的顺序性同样不会受到学习者的第一语言的影响。第一语言，尤其是发展到成熟程度的第一语言（参见第九章中 Cummin 的互相依赖理论）很可能会对发展的程序、发展的速度以及最终的精通水平产生影响。

　　就以课堂和社区的形式而成为实用双语人而言，Cummins 的互相依赖理论指出，第一语言发展的程度会对第二语言的获得产生相当的影响。当第一语言发展到足以应付缺少上下文背景的课堂学习时，第二语言的获得会变得相对容易。当第一语言没有得到充分的发展，或试图用第二语言取代第一语言时，第二语言的发展可能会受到挫折。

ELLIS 的（1985）框架

　　Ellis（1985）关于第二语言获得的总结性框架，是对研究和理论的概述。Ellis（1985）提出了五种决定第二语言获得的相互联系的因素：情景因素，输入，学习者的差异，学习者的加工过程，语言的输出。从下面的示意图中可看出它们之间的相互关系（改编自 Ellis, 1985）：

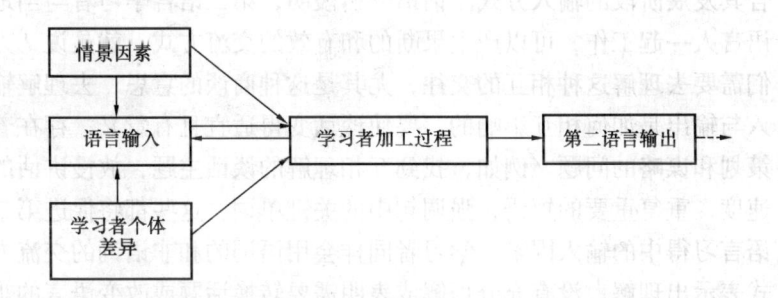

情景因素

在讨论第二语言习得的顺序性、程序性和速度问题时，提到了情景因素。本章之后在观察 Krashen、Byrne 及 Gardner 的理论时，将对情景因素进行更详细的讨论。情景因素指的是谁在与谁说话、互动的环境、它可以是教室里的一种正规的情景，或是一种自然的环境（如，一场篮球比赛）以及由此引发的交谈的话题。本书前几章曾经暗示，这种状况对话语生产有着重要的影响。

语言输入 (Linguistic Input)

语言输入所关心的是用第二语言进行听和读时，所接收的第二语言输入的类形。例如，教师或当地的语言人如何调整自己的语言以达到能使第二语言学习者充分理解的程度？与正规的课堂环境相比，自然环境的输入有哪些不同种类？行为主义语言学习理论认为，教师对语言输入的准确和严密的控制是十分重要的。语言的传授要循序渐进、重点突出，且应配有大量的巩固性练习。应当将每一块不同的砖认真地按顺序码放起来，以培养第二语言的技能与习惯。而乔姆斯基（Chomsky）的认知主义语言习得观却把输入仅仅视为学习者语言习得的内在驱动力。教师的输入，不是在创造语言的车轮，而是使这个车轮转动起来。

目前流行的是介乎于行为主义与 Chomsky 的观点之间的研究和理论。学习一种语言不是简单地将砖放在应该放的地方，也不是去按下启动机器的电钮。实际的和有效的第二语言学习，不是单纯地建立在刺激—反应的环节上，第二语言学习也不是简单地将儿童或成年人置于第二语言的环境中，重要的是为第二语言学习者提供适合其发展阶段的输入方式。话语分析表明，第二语言学习者与当地语言人一起工作，可以产生果断的和有效的交流方式。就是说，人们需要去理解这种相互的交往，尤其是这种商谈的意思，去理解输入与输出是如何相互影响的。要使谈话变得适宜且有意义，存在着策划和谋略的问题。例如，找到互相理解的谈话主题，放慢讲话的速度，重复重要的短语，强调句中的关键单词，这些都将促进第二语言习得中的输入因素。学习者同样会用语词的和非语词的交流方式表示出理解、没有充分理解或表明需要转换话题或改变语言的难度。

　　课堂上的语言输入依第二语言学习的实际类型而变化。虽然过度推广是危险的，但是外语和第二语言课堂或许有时更关注语言的形式（例如语法）而不是语言的意义。相比之下，真实的双语课堂，若将第二语言作为课程教学媒介的话，则更关注语言的意义而不是形式。尽管两种情况都旨在确保第二语言输入的充分理解，但是输入与主动学习之间是有差别的，学习者所接收的第二语言的输入是"外在的"，而主动学习指的是内在的第二语言的吸收。输入往往不会带来主动的学习，而主动的学习才能成功地获得第二语言。

　　在课堂语言最佳输入的构成要素问题上，Fillmore（1982）对美国幼儿园课堂中的第二语言习得进行了比较。她发现不同的有效输入取决于不同课堂的语言成分。在第二语言学习者占大多数的课堂上，教师便会采取更直接的教学形式，而不采取更开放的、非正规的教学形式。相反，如果在这个班里既有第二语言学习者又有当地的语言人，开放式的教学形式而不是教师控制的形式有可能形成最佳的学习环境。这些可以解释为：

　　（1）在第二语言学习者占多数的班里，由教师自己控制的输入是最有效的输入。在这种班里，如果采用开放的教学形式，学生间往往会用他们的第一语言进行交谈，从而失去第二语言的实践机会。

　　（2）在第二语言学习者和当地语言人混合的课堂上，更为开放的教学形式是最佳的学习环境，其中学习者既可以接收到教师的输入，又可以接收到当地语言人的输入。在这种混合的课堂上，教师往往控制着这种输入，而且往往将这种输入控制在当地语言人的水平上，所以他们所提供的必然是第二语言学习者所不能充分理解的输入。

　　Wong Fillmore（1982）由此表明同龄人组成的不同班级与教学风格之间的相互作用在第二语言输入中的重要性。

　　学习者的个体差异

　　Ellis（1985）的结构框架中的一个重要部分就是学习者的个体

差异。人们普遍认为，儿童所达到的第二语言的熟练程度不仅仅是一个经历各种语言环境，以及适应一整套课堂教学方法的问题，它还牵扯到个人的差异。例如，人们学习第二语言时的年龄，他们学习语言的天赋，认知风格，动机，态度，先前获得的知识，学习风格，学习计划以及诸如"渴望"、"焦虑"这样的个性变量都被认为影响着第二语言的习得。

在包含个体差异的变量（例如，渴望程度）与一般素质之间做出区别是十分重要的。人类共同的能力是最基本的、为人类共有的特征。例证之一就是 Chomsky（1965）语言发展的能力是"与生俱来"的思想。任何人都可以利用这一特征，它是语言学习的必备条件。但是，这种共性特征应当被视为一种"事先的假设"，它并不能解释在第二语言学习中每个人的不同情况。

发生在每个语言学习者身上的变化，引出了两个不同的问题（Ellis，1985）。首先，个人在年龄和学习风格上的差异，比如说，是否会导致儿童和成年人在第二语言习得方面走不同的道路？第二，个人的差异是否会影响第二语言习得的速度和最终所达到的水平？研究个体差异的人，往往在第二语言习得上强调个体差异的重要性。（Wong Fillmore，1979）发现学习者之间的重大差异往往是这种研究的主要内容。另一方面，那些侧重情景、输入和加工过程的第二语言习得理论和研究往往不强调个体差异的作用。

尽管可以引出一些通过研究认为与有效的第二语言习得或多或少的联系因素，但是这些因素影响第二语言习得的速度、途径和程度还不十分清楚。例如，有证据表明外向性与抑制力的下降会对第二语言习得产生影响。在这两个问题上，这项研究不但表现出方法上的软弱，而且也没有从整体上考察这些因素对其他个体差异因素、情景因素和语言输入的可变因素所产生的影响。

具体列出一些似乎与第二语言习得有关的因素是可以做到的，如渴望、自尊和自我意识、课堂上的竞争等。渴望可能是有益的，也可能是有害的，认知风格上的独到之处和社会技能都被第二语言习得的研究部分地或全部地联系起来。另一方面，这些佐料在整个烹饪过程中单独一种所起作用的大小以及它们之间相互作用所产生的结果，目前还不清楚。

学习者的加工过程

Ellis（1985）结构框架的另一个组成部分是学习者的加工过程。在外部输入和第二语言输出上考虑第二语言习得的问题显然是不充分的。第二语言学习者对输入的接收是一个筛选、加工和组织的过程。这种加工过程是不容易观察到的。确切地说，必须根据语言学习的认知策略来推断出这种过程，弄清学习者的加工策略对教师决定何以组成能充分理解的输入和无障碍的情景是非常重要的。Tarone（1980）提出了一个含有三个部分的类型学观点。第一，有这样一些学习策略，其中学习者有意识地或下意识地加工第二语言输入（例如，记忆）；第二，有这样一些产出策略，它们构成了有效地使用第二语言知识的尝试；第三，当语言能力力不从心时，学习者有交际策略和使用第二语言与人交流的方法。

窥视思想的黑匣子是 Chomsky 的另一个办法。Chomsky 往往不去推定那些一般意义上的认知策略装置，而是坚持认为存在着一些专门为语言设置的心理机制。Chomsky 将这种心理机制描述为语言习得装置，它包含了一张人们获得一种语言的天生的蓝图。Chomsky 因此提出在语言输入与语言产出之间存在一个语言加工过程，它包括启动学习者天生具有的、普遍的语法原则。

第二语言的输出

Ellis（1985）框架的另一个方面是第二语言的输出。任何学习者在任何时候的语言能力，在最大程度上都应被视为：（1）是进化的，而不是固定的。作为测量目前语言输出水平的语言能力测试最好反映的不只是最新的天花板，而且还有那些需要添加和开发的装置和地板。（2）根据学习者所处的环境而变化的能力。学习者可能在餐馆或商店的情景下显得相当流利，而在交易或宗教场合其能力则可能大打折扣。

Swain（1985，1986）就语言输出的理念做出了重要贡献。Swain认为，参与有意义的口语交流的机会（在课堂上或在社区中）

是第二语言习得不可缺少的组成部分。在表达思想的同时，人们弄懂了语言的结构和形式。

人们也许懂一种第二语言（被动的、善于接受的技能），但是由于缺乏有目的的实践，不能流利地讲出这种语言。人们以阅读的方式培养读的能力，以写作的方式培养写的能力。那么，说话的能力，听懂别人说话的能力，就要通过有目的的和实际的谈话来培养。当有了讲第二语言的机会时，我们才能学会讲第二语言。这种机会在语言课堂上也许太少了。

课堂的危险在于学生或许能学会理解第二语言（能充分理解的输入），但却不会使用（充分理解的输出）。传统的课堂教学注重的是正确的写作，不注重语言的口头表达能力。当学生在课堂以外（如在街上）有机会练习口语时，他们的语言技能（例如，语法、句法以及意思的表达）或许会有相当的改观（Housen & Baetens Baerdsmore, 1987; Baetens Beardsmore & Swain, 1985）。

社会心理学理论

兰博特（Lambert）（1974）的模式

Lambert（1974）模式的价值在于它结合了个人和社会的要素，并将其展现在下面的图表中。在下文中要重点讨论的就是该模式重要的社会要素。

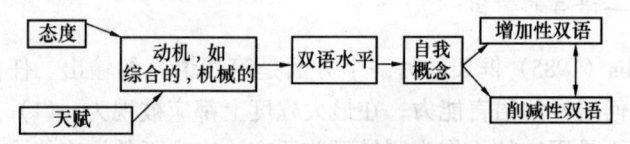

态度 ─┐
　　　├→ 动机，如综合的，机械的 → 双语水平 → 自我概念 ─┬→ 增加性双语
天赋 ─┘　　　　　　　　　　　　　　　　　　　　　　　　└→ 削减性双语

Lambert 的模式以语言态度和语言天赋开头。正如下面要讨论的一样，天赋和态度在成为双语人的过程中，被认为是两个重要的、相对独立的影响因素。例如，学习一种第二语言的天赋也许是第二语言学习中的一个重要因素（Skehan, 1986）。同样，对一种语言的态度，其重要性或许不仅表现在学习这种语言上，而且表现在保持或保存这种语言或使该语言免遭磨损上。Lambert（1974）模式

的另一个方面是动机——乐于从事语言学习或语言活动的积极性。该模式的第三个方面是某个人的双语水平，紧随其后的是自我概念。

在 Lambert（1974）看来，成为双语人的过程或是双语人的事实会对自尊和自我概念产生影响。掌握一种第二语言和能与另一个语言群体的人交往，也许会改变一个人的自尊以及自我的概念。一个学会了西班牙语的英语人，也许会去开发新的参考群体，并参与那些会对自我概念产生影响的新的文化活动。这表明双语需要去适应不同的文化类型，那些处于双语或多语状态、具有双重或多重文化背景的人或许有着不同于他人的抱负、世界观、价值观和信仰。

Lamber（1974）的模式的最后是一个选择性的结果：增加性双语或是削减性双语。我们可以从个人和社会两个方面去解释这个结果。如果没有取代或减少第一语言的压力而获得第二语言及其文化，或许会形成双语的增加状态。这种增加性的双语很可能与积极的自我概念有关。如果在不得不取代或降低第一语言的情况下获得第二语言及其文化（例如，移民），或许就形成了双语的削减状态。削减性双语可能与不太积极的自我概念和文化身份的丧失有关，其中也存在着疏远和同化的可能性。

增加性双语和削减性双语是解释该项研究的重要概念。Lambert（1974）对增加性双语和削减性双语的界定，已被用于两个不同的方向。首先，增加性双语通常是指对成为双语人积极认识的结果（参见第八章）。削减性双语则指的是对双语的情感和认识上的消极效果（例如，在两种语言能力都处于"不发达的"阶段时）。Landry，Allard 和 Theberge（1991）认为对双语的增加性和削减性的第一次解释过于狭隘，第二次解释似乎更为恰当。对双语增加性的更为宽泛的使用，在社会层面上涉及了少数民族语言、文化、种族语言身份的发展与丧失。在增加性双语中，语言少数民族成员精通（或正在精通）两种语言，对第一和第二语言有着积极的态度，语言社区中存在着种族语言的活力（Landry, Allard & Theberge, 1991）。

Lambert（1974）的模式包括了一些有助于形成对个人和社会双

语进行解释的基本要素。它显示了个人和社会文化两种因素在拥有和通往双语的过程中的重要性。像大多数模式一样，Lambert的模式是静态的，而不是动态的。它往往认为在这些因素间存在着一种平缓的、功能性的联系。它或许没能表达双语在个人和社会层面上动态的、不断变化的、经常冲突的和带有政治色彩的一面。

Gardner 的社会教育模式

Gardner 和他的同事们推荐了一个经充分研究和测试的模式。在全面介绍这个模式之前，将先讨论它的一些关键内容。我们先从对待语言的态度和语言天赋入手。这两个概念部分地解释了"为什么有些人能较快地学会一种语言而有些人则不能"这个"常识"性的问题。

能力与天赋

课堂上的第二语言学习经常与儿童的一般能力（智力）和一种通常被称做语言天赋的具体语言能力有关。虽然这种一般的学习能力或"智力"的理论遭到了批评（参见 Baker, 1988），但是像 Olle 和 Perkins（1978）这样的作者一直认为，一般的智力因素与一般的语言能力因素有关。简言之，一个有着更高"智力"的人很可能会更轻松地学会一种第二语言。具体地讲，一般的学习能力实际上是与正规的课堂环境的第二语言习得相联系的。一般能力或许与正规语言学习的测试分数（例如，语法、翻译、动词的语法分析）有着积极的联系。

然而，像 Cummins（1984 b）已经讨论过的那样，基本的日常语言技能（参见第九章）与一般的学习能力也许联系并不那么紧密。也就是说"街头谈话"所需要的那种技能可能不像在学习环境中所需要使用的语言那样更依赖于一般的学术能力（参见第九章）。Genesee（1976）发现，智商与第二语言（法语）的阅读、语法和词汇有关，但相对来讲与口语能力关系不大。自然的第二语言习得与正规课堂的语言习得相比或许与智商因素的联系更少些。同样，就象 Ellis（1985）所注意到的，一般的学术能力或许会影响到课堂第二语言习得的成功和速度。而"没有证据表明智力会影响语言习得

的途径"。(P. 111)

人们以类似的方式把语言天赋的测试与第二语言学习联系起来。这种联系在很大程度上基于语言天赋测试与语言水平测试内容上的相似，天赋测试涉及到的是课堂的第二语言学习，而不是在自然的、交际性的环境中的第二语言水平。例如，Krashen（1981）认为天赋与正规的语言学习有关，与那种自然和自发产生的下意识的内在的语言习得无关。天赋测试所衡量的是儿童分辨一种语言的发音、将发音与书写符号结合和死记硬背一种做作的语言词汇能力。这样的内容往往与正规的、传统的语言教学方法有关，而与现代的注重交际的语言教学方法少有关系。

天赋这一概念往往是对未能获得第二语言的一种流行的说法。一个觉得学习一种具体的第二语言有困难的成年人，一般会抱怨缺少语言学习的天赋。这往往预示着一种观念，认为在人的本质中有某种东西是不能培育的。然而，天赋的概念近来受到了抨击。因为我们不清楚天赋与一般学术能力有怎样的不同。如果天赋与一般能力有区别，它的组成部分也是鲜为人知的。如果我们不能确定它的定义与结构，我们就很难准确地了解现代语言天赋测试所检验的是什么。

尽管天赋会影响到第二语言在正规课堂环境中获得的速度，但是它似乎不会影响第二语言获得的顺序性和程序性。同样没有证据能表明天赋会影响人们所采取的第二语言获得的途径。

态度与动机

另一个对未能学会一门第二语言（或未能在学习上取得成功）的流行说法是态度和动机（Baker, 1992）。什么是学习第二语言动机？是出于经济的、文化的、社会的、就业或一体化的动机？还是出于自尊和自我实现的动机？学习第二语言（少数民族语言或主流语言）的理由往往可分为两大类：

第一类：希望与另一个语言群体交往或加入这个语言群体。
学习者有时希望成为另一个语言群体的成员。这些学习者希望能够参加这种少数民族或多数民族语言的文化活动，寻找他们的根源与他们形成一种友好的关系。这种动机被称做融合性动机。

第二类：为了实用的目的而学习语言。

第二种理由的本质是实用性。有些学习者或许为寻找工作和挣钱，或许为事业，为通过考试，为其工作的需要，或是为了帮助他们在双语学校学习的孩子而学习第二语言。这样的动机被称做为实用性动机。

Gardner 和他的同事们在这方面做了大量的研究（参见 Garder, 1985）。Gardner 认为，融合的和实用的态度并不依赖于"智力"和天赋。融合性动机在附加性双语环境里会表现得尤为突出。关于这个问题在第九章中将予以充分的考虑。

这个领域大多数的研究将融合性动机而非实用性动机与达到第二语言的精通水平的更大可能性连在一起。Gardner 和 Lambert 二人（1972）最初认为，就语言学习而言，融合性动机比实用性动机更具效力。其理由是融合性动机所关心的，也许是那种长期的个人关系；而实用性动机或许纯粹是一种自我定位的、短期的行为。当实现了就业或经济利益有所增加时，实用性动机就会减弱。出于人际关系的这种相对的忍耐力，融合性动机被认为是一种比实用性动机相对更具持久性的动机。

随后的研究表明：可能在某些时候，实用性动机在语言学习上要强于融合性动机。Lukmani（1972）发现孟买女子学校的学生学习英文的理由属于实用性的，而不是融合性的；在 Yatim（1988）的研究中，马来西亚实习教师的语言动机似乎是一个实用性动机与融合性动机的结合。人们的动机或许是一个实用性和融合性动机的巧妙结合的混合体，二者间没有清晰的界线可言。

Gardner（1985）和 Baker（1988, 1992）对有关语言态度和动机的研究进行了总结。研究不仅将这种动机与学习语言的愿望联系在一起，而且还将这种动机与个人在时间上的语言保持和语言丧失的预测联系在一起。该研究的另一个重要方面是考察了课堂范围内的实用性和融合性动机。Gliksman（1976, 1981）进行了一项研究。他根据 14－16 岁的人融合性动机的表现程度对这些人进行了分类。

Glidman（1976）同样系统地观察了学生在以下几个方面所进行的次数：
（1）主动地举手提问；
（2）因缺乏主动性而被教师提问；
（3）回答问题时的正确与否；
（4）提出问题；
（5）接收教师肯定的或否定的反馈或没有收到教师的反馈。

Glikasman（1976，1981）发现，与那些融合性动机程度较低的学生相比，有着较高融合性动机的学生会更经常地主动提出问题，正确地回答问题，并且接收到教师更为肯定的反馈。这两组学生在课堂上提问的次数是一样的。有融合动机的学生被认为有更高的学习积极性。Gliksman发现这些差异不是暂时的或偶发的，在整个学期中，这些差异都不会改变。

第二语言在一个具体的环境中所起的各种作用为这种解释提供了基础。像就业与事业发展这样的因素要比融合性动机来得强。社会环境将是决定哪种动机更为有效的因素之一，但这并不影响在特定的环境中两种因素起着同样强有力的作用。动机是第二语言习得中的一个重要因素，这一点是十分清楚的，它影响着第二语言的速度和最终水平，但动机不可能影响获得第二语言的顺序。

总之，Gardner以及他的同事们始于七十年代的研究表明，对第二语言的态度和学习第二语言的动机为语言学习的方法增加了至关重要的要素。拥有能力和天赋而缺少动机和赞成的态度往往达不到既拥有天赋又拥有动机所能达到的成就。

为了将自己与他人对第二语言学习的研究理论以完整的形式表现出来，Gardner（1979，1983，1985）提供了一个四阶段模式。

Gardmer（1979，1983，1985）的模式分为四个阶段。第一个阶段是语言学习的社会和文化背景。在这个意义上讲，Gardner是将起点定在了Lambert的终点上。儿童受他们所在社区的信仰、价值观和文化的影响。比如，许多生活在英格兰的人都认为他们所要学会的只是那种"世界性的"英语，双语是没有必要的。在欧洲的其他社区中，双语和双文反映了这个社区的价值观。在Gardner的模

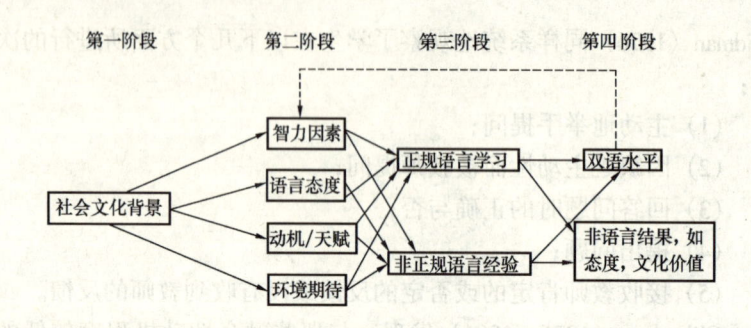

```
第一阶段      第二阶段      第三阶段      第四阶段

                    智力因素 ──────→ 正规语言学习 ──→ 双语水平
                    语言态度 ↗              ↓
      社会文化背景 ──→                              非语言结果,如
                    动机/天赋               非正规语言经验    态度,文化价值
                    环境期待 ↘
```

式中,社会文化背景不仅仅是范围较广的社区,它还包含了家庭、邻里和朋友的影响。这种影响在 Hamers 和 Blance（1982，1983）与 Siguan 和 Macket（1987）的模式中得到了进一步的探讨。

Gardner（1979，1983，1985）模式的第二个阶段是个体差异。它包括四个主要的可变因素：智力、语言天赋、动机和情景期待。态度和性格可以归入这个阶段。因此 Gardner 认为,个人智力的高低,语言学习的天赋或才能,实用性和融合性的动机,以及在语言学习中的那种期待都会对语言学习的结果产生影响。

Gardner（1979，1983，1985）模式的第三个阶段涉及了语言习得的上下文或环境。他将语言学习的环境分为正规的和非正规的两种。正规的学习环境是指明确地使用既定的教学方法和各种教学资料及设施,对儿童进行第二语言教学的课堂环境。语言实验室、各种句型的练习、计算机辅助教学、视听手段、翻译和语法练习,都是语言学习正规和直接的手段。非正规的语言学习环境或经历是伴随的、偶然的、未经策划的一种情形。例如,某人不是因扩大词汇量而去看一场西班牙语的电影,他主要是去享受好的电影为他带来的乐趣。他可能通过这场电影增加了西班牙语词汇,但是这不是一种有意的结果。还有,用第二语言与一个亲戚交谈,可能不是在有意识地练习这种第二语言,而是要建立一种良好的关系。某人确实在实践着他的第二语言技能,但这只是一种偶然的交谈而产生的结果,并不是这次谈话的主要原因。另外,还存在着正规环境与非正规环境混在一起的情况。在课堂上,教师有时会亲密地与学生闲聊或发出简单的指令,其主要目的不是为了语言的学习,而是为了获得一种效果。

Gardner（1979，1983，1985）模式的第四个也是最后一个阶段出现了两种结果。一种结果是双语的能力水平，另一种结果是非语言性结果，比如态度、自我概念、文化价值和信仰的改变。将态度因素置于第二和第四阶段中显示了该模式的循环性和非静止性。态度不仅是语言学习情景中的因素，还是语言学习的产品或结果。也就是说，第二语言的学习和成为双语人的行为会改变态度。正如上图中虚线箭头从双语能力水平走向第二阶段表明的那样，第二语言的能力反过来影响智力、动机和情景期待的水平。

Gardner模式的价值不仅表现在对现有语言学习的社会心理学研究的总结概括上，同时它还是一个被直接的和正式的试验所证明了的，与收集的资料相吻合的完整模式。它不同于大多数有关双语的理论，这些理论只是试图总结前人的研究成果，而没有随机进行直接的和严格的试验。

Gardner模式的局限性在于没有涉及到经常影响双语水平的途径的社会政治因素。就像我们将在第十九章中讨论的那样，要想对语言习得、语言变化和（个人和社会意义上的）双语教育有充分的了解，就必须考虑到政治的因素。一个地区的同化少数民族、一体化或文化多元性的倾向，会对双语人置身其中的语言政策、语言配备和语言实践构成影响。

该模式还有其他的局限性。模式虽然有概括和清楚的优点，但它往往显得是在描述问题而不是在剖析问题。模式意味着一个包含行动与反应，要素与事件的、直接的、具有良好功能的、秩序井然的系统。它没有反映个体人内在的矛盾，竞争中的各种压力与动机的复杂性，许多个人不同的成功秘诀和失败的原因，许多个人的例外，上下文的复杂性和随之而来的效果，以及长期存在的情况。

第二语言的习得与学习理论

双语和第二语言习得的话题有点像兄妹的话题。虽然他们有着各自的朋友，有着母亲和父亲的特征，但他们却出自一个家庭。成为双语人的问题常常涉及到第二语言习得的问题，而不论是正规的获得（例如，在课堂上）还是非正规的获得（自然的获得，比如在街道上或在运动场中，通过电视或电台）。同时对双语的研究使第二语言的获得有了更广泛的话题（例如，《双语水平发展的计划》参见 Harley 等人 1987，1990 年的著述）。

有关第二语言习得的理论是多种多样的。就大的方面而言，McLaughlin（1987）考察了五种有关第二语言的重要理论，而 Ellis（1985）则讨论了七种第二语言的理论。这些理论主要描述了有效的第二语言学习的个人和环境的条件。

第二语言学习的文化移入模式

John Schumann（1978）提出了一个有关第二语言习得的文化移入模式，其基本要素是：第二语言学习者适应新的文化。该模式以"语言是文化的一个侧面，在第二语言习得过程中，学习者所属的语言与第二语言社区之间的关系显得尤为重要"这样一个观念为发端，该模式的基本前提是："学习者对目的语群体文化移入的程度决定其第二语言的获得程度"（Schumann，1978：34）。

Schumann（1978）描述了在有效的语言学习中起着重要作用的各种因素，从群体的角度而不是从个人方面来讲，这些有利的社会因素包括：

（1）目的语群体与第二语言学习者群体都自认为在社会上是相对平等的。平等的距离越大（例如，支配、附属），语言学习的机会越小。

（2）目的语群体与第二语言学习者群体都希望同化学习者的社会群体。

（3）双方都期望第二语言群体享用由目的语群体操纵的社会设施。

（4）第二语言学习者群体的规模不大，缺乏凝聚力，因而可被目的语群体所吸收。

（5）第二语言学习者群体的文化适合于并相似于目的语群体的文化，因而有助于同化。

（6）两个群体持有的相互间的积极态度和期望的程度。

(7) 第二语言学习者群体期望长期而非短期地与目的语群体相处的程度（例如，移民）。

Schumann (1978) 认为，这些社会因素决定了第二语言个人或群体接受目的语群体的可能性。Schumann (1978) 同样列出了一些第二语言学习的重要心理因素。这些因素包括：使用第二语言时可能存在的语言混同（语言冲击）；学习者的文化与目的语文化间的差异（文化冲击）所产生的压力、忧虑或无所适从的感觉；语言学习动机的大小，以及青少年学习者在语言学习中可能会有的抑制力或自我意识的程度。Schumann (1978) 的这些因素提供了可能决定语言学习者与目的语接触的量的范围。接触的数量是由社会的、外部的和个人的因素共同决定的。如果社会的和/或心理的距离过大，学习者也许就不会在第二语言学习中取得很大的进步。如果社会的和心理的因素是积极的，学习者可能会相对轻松地获得第二语言。如果在个人和社会层面上存在着很大的心理和社会距离，可能会出现洋泾浜语的局面（形成一种简单的语言形式）。Schumann (1978) 认为，洋泾浜语是早期第二语言习得的特征。同样，当社会和心理的距离形成气候的时候，洋泾浜语就会具有社会性。当这种局面持续一段时间后，这种语言可能会衰退，甚至死亡。

Schumann (1978) 认为，语言有三大功能：交流功能，融合功能和表达功能，即语言有助于信息的传递，语言有助于加入并属于一个特定的社会群体，语言可以展示人的情感、思想和个性。Schumann (1978) 坚持认为，第二语言学习者最初是用第二语言来传递信息的，当第二语言能力发展到一定程度时，便试图利用该语言去加入某个社会群体。只有一部分学习者，最终或许使用第二语言表达情感和思想。

Schumann (1978) 的文化移入模式加之 Andersen (1983) 本土化模式，是一条理解语言在其社会环境中的政治和权力的途径。它对有天赋、有能力的儿童未能学会或使用第二语言的原因进行了有价值的解释。它没有详述如此的语言习得是如何通过内在的学习过程而发生的。这种模式并没有包括那种第二语言学习的信息加工的方法。这种第二语言学习理论没有涉及到下面这些问题：特定的语言环境与学习者之间的相互作用；态度与动机的变化与变量的本质；语言态度究竟是语言学习的原因还是语言学习的结果，或者态度既是原因又是结果（Gardner，1985）？群体之间的权力关系与距离的更迭；个人和群体间关于关键性的、有影响的因素而进行谈判的作用；以及检验该理论的难度。该模式或许同样更适合于自然状态下的第二语言学习，而不适合课堂上正规的语言学习。

适应理论

适应理论是由 Giles 与其同事共同提出的（例如，Giles 和 Byrne，1982）。像 Shumann（1978）一样，Giles 和 Byrne 的理论试图对群体的或群体间的第二语言习得做出解释。Giles 和 Byrne（1982）认为，重要的因素是存在于内部群体（语言学习者的社会群体）与外部群体（目的语群体）之间的可能感知的社会差异。内部群体与外部群体的关系既被视为流动的，又被视为不断地商议的关系。Schumann 的文化移入模式往往将社会距离和心理距离看成是静止的，或在时间上相对变化较慢的。而 Giles 和 Byrne（1982）则认为，内部群体与外部群体之间的关系是动态的和不断变化的。附属群体中的某个人很有可能会习得支配群体的语言，我们可以通过对这个人的观察来了解 Giles 和 Byrne（1982）的模式。

作为学习者他很可能具备以下特征（节自 Giles 和 Coupland，1991）：

（1）相对来讲不太重视自己的种族身份。也就是说，这类学习者认为自己不完全属于一个脱离支配语言群体的、他们自己的少数民族语言群体的一员。或者说，他们认为他们的第一语言对自己是否属于自己的种族群体并不重要。

（2）认为自己的种族群体的社会地位并不低于支配群体。一个理想的语言学习者会将自己的种族群体与支配群体做"静态的"比较，或并不关心社会地位的差异。

（3）认为自己的种族群体没有像支配群体那样的活力。Giles 和 Byrne（1982）谈到了对种族语言活力的认识问题。它们包括（参见第四章）：①种族群体的经济、历史、社会、政治以及语言的地位；

②某个种族群体的规模、分布和通婚的状况，以及向内和向外移民的数量；③对种族群体制度上的支持（例如，传媒、教育、宗教、企业、公用机构、文化事业及政府的支持）。

（4）认为自己的种族群体的界线是有"弹性的和开放的"，不是"僵硬的和封闭的"。

（5）在自己的群体中，具有充分的社会地位（例如，在就业、性别、权力与宗教方面）。

因此，Giles 和 Byrne（1982）认为，一个不大可能获得第二语言的人也许有如下的特点：非常重视自己的种族身份，与外部群体进行"不安全的"比较；认为自己的语言社区有着很强的生命力和良好的制度支持，有一定的规模和稳定性并具有较高的社会地位；感到自己的语言群体与第二语言群体间存在着严格的界线，并且在自己的母语群体中没有充分的地位。除此之外，Giles 和 Coupland（1991）还考虑了其他的因素。

与文化移入模式一样，适应理论没有对儿童获得第二语言的内部机制做出解释。它实际上是一个社会—心理学模式，而不是第二语言习得的认知—加工模式。Tollefson（1991）同样对适应理论缺乏历史依据的分析提出了批评，认为这种理论没有对语言转移中的支配性和强迫性做出解释。

Glyn Williams（1992）对 Giles 和 Byrne 有关语言发展的假说持批评态度，认为 Giles 和 Byrne 可能错误地采用了对权势、斗争和冲突的有限讨论而得出的结果进行假定，认为语言发展是渐进的、逐步积累的、具有统一性的特征，并与程序和结合力相关。Williams（1992：224）认为，"种族语言生命力的埋论更像是一种类型学的结构，而不是一种精确的概念。这种理论患有'统一体中的各个部分都是相关的'缺乏症，从而导致了无法理解主观因素与客观因素的关系。"对于群体间的关系问题，Willams（1992：224）同样做出了批评，认为这种论点只是"在个人方面表明了依据最佳原则行事的合理习惯，把追求社会地位及其相关的正面身份作为行为的动力。"这种论点往往淡化冲突和权势，从而未能表达语言少数民族群体及其成员所感到的不满、歧视和困惑。

该理论的强点是考虑到了语言学习中的种族身份问题，对许多儿童和成人来讲，身份问题是第二语言习得中重要的决定因素。

克拉申的监控模式

Stephen Krashen（1977，1981，1982，1985）的监控模式可能是运用最广的第二语言习得理论。虽然本章没有涉及其他重要理论，（比如，Hatch（1978）的语言理论，Ellis（1984）的可变能力模式，Chomsky（1965）的普遍性假说，Wong Fillmore（1991 b）的社会—语言认知理论，以及神经功能理论（比如，Lamendella，1979）。在第二语言习得问题上，正是 Krashen 的理论对教育研究和教育讨论产生了极大的影响，Krashen 的监控模式包括了需要在第二语言习得中加以考虑的五种中心假说以及一些其他的可变因素。下面介绍这五种假说。

习得—学习假说 The Acquesition Learning Hypothesis

自然状态下习得第二语言与在正规状况下获得第二语言间的差别是重要的。因此 Krashen 将习得与学习做了区分。

第二语言发生的"地点"不能说明习得与学习的本质特征。如果某人在街上请教如何正确地使用语法、避免错误、解决难题，这时正规的学习就发生了。Krason 认为关键的问题是基于规则的语言判断与基于感觉的语言判断的差别。有意识地思考语言规则据说是发生在第二语言学习里；而语言习得是对正确和恰当地使用语言的下意识的感觉。

习得与学习的差别是教育理论的中心思想。这是演绎法与归纳法、课堂学习与自然学习、正规与非正规学习间的差别。在语言教学中提倡交际法，强调课堂内纯正语言的非正规习得。用教育学的话来讲，这同样被认为是正规的训练方法与师傅带徒弟之间的差别。正规的语言训练试图提供学习的经验以便有效地学习一种语言；学徒式的教学方法因某种特殊的目的而自然地学会某种技巧。

自然顺序假说（The Natural Order Hypothesis）

这种假说认为无论是儿童还是成人，其语法结构都是以可预见的顺序习得的，并且与所学语言无关。当学习者参与自然交流时，这种标准的顺序就产生了。这种假说已遭到了批评（如 McLaughlin, 1987）。对于词素和具体语法结构发展的研究并不能支持这种强有力的假说。人与人之间的差异和缺乏证据支持表明，自然顺序假说作为一种"无力"的论点还是可以站住脚的。

监控假说（The Monitor Hypothesis）

这个监控是一个编辑装置，它可能是在语言呈现开始之前启动的。话语可因这个有一定知识的监控器的作用而得到修正。这种编辑过程可能发生于自然语言输出之前，也可以通过一个改错装置而发生在输出之后。Krashen 认为，如果有足够的时间，如果有要正确地交流的压力并且不仅仅是为了表达意思，如果知晓恰当的语言规则，监控器就会发生作用。例如知道正确地使用时态，何时使用第三人称或第一人称以及有关复数的规则，这个假说因不能被证明和缺少支持性研究的证据而受到批评。

输入假说（Input Hypothesis）

为了解释语言习得是如何发生的，Krasher 提出：如果学习者接触到稍微超越他们现有水平的语法现象，他们就"获得了"这种语法现象。Krashen 强调指出，"获得"是可以理解的语言输入的结果，不是语言产出的结果。使输入成为可以理解的输入是因为上下文提供的帮助。假如学习语言的学生接收到可理解的输入，按 Krashen 的说法，学生便自然地习得了语言的结构。Krashen 认为第二语言交流的能力是"显露出来的"，不是直接由教学放置上去的，第二语言的发生被说成是由第二语言输入的理解过程所引起的。

情感过滤假说（The Affective Filter Hypothesis）

情感过滤器这一提法是由 Dulay 和 Burt（1972）提出的，其主要思想是：有一个过滤器，它决定着一个人在正规的或非正规的语言环境中学习的多少。该过滤器是由诸如对待语言的态度、动机、自信和忧虑这样的情感因素组成的。因此，具有喜欢的态度和自信的学习者或许带有一个"低倍过滤器"，因而能有效地进行第二语言学习；持有不喜欢的态度并且/或者担惊受怕的学习者带有一个"高倍过滤器"，第二语言学习也许就会受阻或停滞不前。Krashen 所提出的情感过滤器还影响到第二语言学习的发展速度和双语人的成功水平。

在讨论 Krashen 的监控模式与课堂式语言学习和教学的关系之前，有必要关注一下有关对该模式的各种批评。暂且不论发生在课堂上的非正式的语言习得和非正式谈论中的学习语言的可能性，我们看到的批评是习得—学习假说不能以实验的方式得到验证。正因为习得多为下意识的，而学习相对地多为有意识的，所以对这个假说进行实际的和全面的试验是困难的，甚至是不可能的。问题也许是习得与学习是不能分开的，或许习得的知识能变成学到的知识。一旦学到的知识被用于实践，或许可以达到与习得的知识相同的自动化水平，因为在自然的"无意识的"谈话中同样可以见到学到的知识的身影。正如 Larsen - Freeman（1983）评论的那样，Krashen 并没有解释习得与学习的内在的认识过程。因此，该监控模式是一种有关语言习得的"黑匣子"理论。这种理论没有详细说明在认识过程中发生了什么，因而也未能对第二语言的习得做出解释。

另一类批评涉及到监控的假说。在现实的交流过程中，在规则应用（如对监控装置的使用）和能下意识地感觉到正确与错误之间，是否存在着差别？是否存在着一种潜在的分辨本能（Morrison 和 Low，1983），可以使人意识到是否该对他们的语言交流进行校正？Krashen 的理论同样没有去解释语言学习者个体间的差异。McLaughlin（1978，1987），Morrison 和 Low（1983）以及 Ellis（1985）对这种理论提出了进一步的批评。

Krashen 的理论在课堂教学中的应用

Krashen（1982）、Krashen 和 Terrell（1983）将监控模式应用于课堂的语言教学与语言学习中，具体的应用是这样的：首先，Krashen 和 Terrell（1983）认为，语言教学的目的必须是提供可以理解的语言输入，以使儿童或成人较为容易地学习一种语言。一个称职的教师应该总能将所传递的信息控制在可以被讲第二语言的人理解的程度上。就像父亲和母亲的讲话（儿语般的）一样，父母在帮助孩子学会第一语言的时候，他们所使用的是一种简化的、好懂的语言（以及非语言交际），因此一个好的教师应该掌握好既能传递信息又能让人理解的火候，使第二语言的学习能顺利地进行。第二，教学工作必须为学生做能够适应今后真实的交际环境准备。课堂教学应当为学生提供谈话的信心，使其在走出校门后，既可以用语言处理事情，又能继续他们的语言学习。

会话能力同时意味着学习在最初没有听懂母语人的意思时，让他们进行解释的策略、学习转换话题和与母语人进行无障碍的、能理解的交际方法。

第三，Krashen 和 Terrell（1983）认为，教师必须确保学生不会形成担忧和预防批评的心理。这就涉及到了情感过滤的假说。语言学习者的信心在语言习得的过程中必须得到鼓励。如果学生处于放松、有信心和无忧状态，课堂的语言输入将会变得更有效，从而收到更好的效果。假如教师坚持在学生感到不自然时让学生做口语练习，或教师经常纠正学生的错误，并且做一些否定性的评论，学生在学习中就可能产生拘谨的感觉。

第四，正规的语法教学的价值是很有限的，因为它对学习是有帮助的，而对习得却没有帮助。学生应当学习一些简单的语法，他们不会自觉地或不自觉地去使用复杂的规则。因此，似乎不会从正规的教授第二语言的规则中得到更多的东西。

第五，在有习得的苗头时，不要去纠正错误。如果目的是正规的学习，所出现的错误是可以纠正的。当学习简单的规则时，对错误进行纠正是有好处的，但是也许会带来担忧和拘谨的负面效果。

Krashen 和 Terrell（1983）认为，语言教学需要一个"自然的方法"。这个"自然的方法"与传统的语法教学和语言实验教学的方法有很大的区别。它的主要原则是：优秀的语言课堂应瞄准说话的技能；语言的理解应当领先于语言的制造（听先于说）；自然出现说的能力，然后才是写，而学生应当是在自愿的情况下学习，决不能使用强迫的方法；有效的语言学习将重点放在语言的习得上而不是正规的学习上；那么，情感过滤器也应始终保持低倍过滤状态（即赞成的态度、明确的动机和较少的忧虑状态在语言学习中占有重要的地位）。

结 束 语

本章对一些第二语言习得的重要理论做了讨论。贯穿全章的问题是"什么人在什么条件下学习什么语言达到什么程度?"这就需要研究个体的差异（比如，在能力与态度上的差异）、正在学习的技能和胜任的能力（比如，语法的准确性，会话的流利程度与阅读和写作的能力）、上下文与情景因素、语言输入与学习者的加工过程（比如，代码转换）。

在通往双语的旅途中同时存在着大路和小道。个人的心理素质、语言旅行的环境与条件、语言习得的政治和文化气候、同行的伴侣和制定旅行线路的人，都是影响这次旅行的因素。双语的成功不单是个语言的问题，它还是个社会的和心理的问题。在本章中，我们试着描绘了不同路线的主要特征，同时表明没有两条完全一样的旅行路线。

在这里我们展示了种种有关第二语言习得的理论。每一种理论都为第二语言习得和学习提供了一些富有成效的思路。个人和社会两方面是必须融合在一起的；语言学、社会学和心理学的因素实际上是不可分开的。一般性的理论被 Krashen 与教学实践直接联系的理论放在一起加以讨论。尽管 Krashen 的理论受到了批评，它还是为教师提供了一套指导思想，并为第二语言的研究和理论打下了基础。但不能确定的是，这些进化论是源于心理学还是源于语言学理论，是否能够充分理解复杂的课堂教学和有足够的能力提供一套实际的教学方法。虽然这些理论具有一定的思想性和洞察力，但是它们不总是能为课堂教学提供可以解释复杂的加工过程或理解秘诀的答案。就像一流的烹饪不大可能有"一流的"或"完美的"食谱一样，教学中也不大可能有"一流的"或"完美的"教学方法。

推 荐 读 物

Ellis, R., 1985, Understanding Second Language Acquisition. Oxford: Oxford University Press.

Gardner, R. C., 1985, Social Psychology and Second Language Learning. London: Edward Arnold.

McLaughlin, B., 1987, Theiries of Second Language Learning. London: Edqard Arnold.

Spolsky, B., 1989, Conditions for Second Language Learning. Oxford: Oxford University Press.

复习与研究题

(1) 根据下面的提示写出简短的复习笔记：
(i) 语言习得的顺序性、程序性和速度之间的差别。
(ii) 语言天赋与语言态度的本质。
(2) 列出研究和理论所确定的影响第二语言习得的因素。
(3) 根据本章的内容，描述"好的"和"差的"第二语言学习者的理想化类型。
(4) 根据本章所提供的各种理论，就你所了解的学校和班级写出相关的要素。
(5) 从本章中选取一种理论，通过进一步的阅读，写出你认为该理论之所以重要和有价值的原因。

研究实践：

(1) 找出一个教师，或是父母的一方，或是朋友，他们在学校或是成年以后学会了一种第二语言。请他们谈谈学校、课室以及学习的因素在他们的第二语言习得中所起的重要作用。他们是如何看待自己现在的第二语言能力的，他们对这种语言抱有什么样的态度以及如何使用这种语言。

(2) 利用 Gardner 或 Lambart 的模式，来说明这个模式与你非常熟悉的一个人有着怎样的关系，并说明该模式的要素与你所选择的个人的语言生活有着怎样的联系。

第七章 双语与智力

导　言

父母们有时会听到来自教师、医生、语言治疗专家、学校的心理学家和其他专业人士的好心劝告：千万不要把你的孩子培养成双语人，否则是会出问题的。那些因学习双语而可能导致的问题是：增加大脑的负担，造成思维的混乱，妨碍主要语言的获得，甚至还会导致精神分裂。因此，父母和教师常常被告诫应该对每个儿童只使用一种语言。如果儿童在课堂上坚持讲两种语言，他们就会被要求肥皂水漱口(Isaacs，1976)，并且会因为讲威尔士语（用威尔士语就"不"）而遭到藤条的抽打，人们将这种办法当成了解决问题的良药。

剑桥大学一位教授的一段话描述了这种不全面的观点：

"如果儿童有可能同时使用两种语言而又达到相同的水平，事情将会变得更糟。儿童的智力和心灵可能不会因此而成倍地增长，反而可能会成倍地减少。思想和性格的统一在这样的情况下也许很难表现出自信。"(Laurie，1890：15)。

对持有两种语言会对个人的思维能力产生影响的忧虑，往往表现在两个不同的方面。首先，某些人相信学到的第二语言知识越多，使用第二语言的频率越高，人的第一语言的技能就会越少。好比是在天平上称东西，在天秤的一边增加多少，另一边就相应地减少多少。有关这个问题，第八章、第九章还有论述。第二，有时有这种担心，认为讲双语的能力也许是以牺牲思想的能力为代价的。人们有时会直觉地认为，在思想的住所中居住两种语言会意味着其他方面知识的空间更少。比较而言，单语人则被想像为头脑中只居住着一种语言，因而为其他的信息留下了更多的空间。

那么，拥有双语是否就影响了人的思维能力？单语是否就具有更为有效的思想空间？双语人是否因存在一个双语系统而在智力上落后于单语人呢？本章及以后章节将考察这些典型的、带有否定意味的以及有关双语与思想的证据，并对其做出评论。我们先来讨论智力与双语的关系。因为"智力"一直就是心理学的一个主要概念，并且常常与双语有关。"智力"同时也是大众在谈及双语问题时所使用的一个字眼。

双语与智力的关系

不利影响时期（The period of detrimental effects）

从19世纪初期到大约20世纪60年代，学术界始终存在着一个主导性的观点：双语对思维有不利的影响。例如，Lauric 教授的一般语录（1890）就表明了双语人的智力或许不会因其是双语人而成倍地增长。或者说，双语人的智力和心灵的发展也许反而会成倍地下降。Laurie（1890）的这种观点恰巧迎合了20世纪流行于英国和美国的观点。即双语对思维只有坏处没有好处。

早期有关双语和认知的研究往往证明了这种否定性观点的正确性，因为研究发现单语人在心理测试中强于双语人（Darcy, 1953; Nanez, Padilla 和 Maez, 1992）。六十年代以前的研究只是通过"智力"这个概念来对问题进行观察。典型的研究就是对双语人和单语人进行"智力"测验。当对双语人和单语人的智商分数，尤其是词语分数进行比对时，结果通常是双语人落后于单语人。D. J. Saer（1923）所做的调查便是早期研究的一个例子。他曾找了1400个双语人和单语人，年龄从7岁至14岁不等，作为他的研究对象。结果发现这些来自威尔士周边地区的双语人和讲英语的单语人的智商相差有十分。

Saer（1923）的结论是：双语人在智力上是混乱的，在思维方面与单语人相比不占优势。Saer, Smith 和 Hughes（1924）的进一步研究也表明单语大学生的表现强于双语大学生："由智力测验所显示的思想能力上的差别属于一种不变的天性，因为这种天性自始至

终存在于他们的大学生活中。"(P. 53)

虽然有可能存在双语人在这样的测试中表现不如单语人的情况（有关这些情况我们将在第八、九两章中加以讨论），但是这种强调不利效果的早期研究也有一系列的弱点。这些弱点往往会使这种早期的个人的研究以及相关研究漏洞百出。这些局限性表现在以下几个方面：

定义

"智力"的概念与智力测验的使用是个有争议的话题，并且已经引发了激烈的讨论。讨论的焦点之一就是如何去定义和衡量智力这个概念。首要的问题是：什么是智力和什么人是聪明的人？是砸开银行金库的盗贼？是大名鼎鼎的足球教练？是穷人出身的人成为百万富翁？唐璜（Don Juan）？还是善于操纵董事会的主席？是不是存在着社会的智力、音乐的智力、军事的智力、销售的智力、开车的智力和政治的智力？所有这些智力，或其中的任何一种是否能通过一次简单的书面测验就可以衡量出来？而且这种测验只是要求对其中每一个问题做出单一的、可接受的、和能找出正确解决办法的回答。什么是有才智的行为，什么不是，要回答这个问题就必须对被认为是更具价值的此类行为和此类人做出主观上的价值判断。

这里有三种与"智力"定义有关的争论。

第一种争论与遗传和环境因素会对智力的发展产生相对的影响有关。遗传论者坚持认为，智力是相对固有的东西，不大可能因双语人而受到影响。环境论有关智力起源的观点或许会引起双语支持者的兴趣。环境论的观点坚持认为智力不是固定的和静止的，是可以因经历（如，家庭、教育、文化及副文化）而改变的。因此，双语这种"额外的"经历也许有助于智力的本性及其发展。

智力是只包括一个单一因素还是可以被分成各种各样的因素或组成部分？是否有一个包括一切的一般性智力因素（被标定为"g"），还是 Guilford（1982）的 150 个智力因素模式更为有效呢？一个多因素的智力观点也许更有可能揭示单语人与双语人的差异。

智力测验往往与中产阶级、白人、西方的智力观有关。智商测验这种文化上的局限性和相对性表明跨文化的推广是危险的和有限的。而双语与非西方的智力观之间的关系也许是富有成效的和能够说明问题的。

总结：在智力与双语的关系中，首要的问题是智商测验只是测验了"智力"在日常生活中很小的一个片断，因此，无论你在智商测验与双语问题上发现了什么形式，它所表明的都只是"铅笔和试卷"的智力，所进行的研究工作并没有搞清双重语言身份与更大标题的"智力"的组成部分之间的关系。打个比喻，单凭得分的多少我们并不能完整地描述一场足球或篮球比赛。所以现在还没有对双语和智力进行全面的研究，已经统计的只是一小部分的数据。

测试的语言

第二个问题是智商测试为双语人所准备的语言。对双语人智商的测试最好是使用双语人所较熟悉的语言，或是用两种语言。在早期的研究中，许多智商测试只用英语进行。这样往往会对双语人产生不利的结果，由于考试使用的是双语人较弱的那种语言，因此他们很难在智商测试中有上佳的表现。

分析

早期的研究工作在对单语和双语群体进行比较时，总是使用简单的平均成绩分析法。以统计数据为主的测试，在操作时常常未能注意平均成绩的差异的真实性，或是没有注意到存在的偶然因素。例如，W. R. Jones（1966）在重新分析 Saer（1923）的研究时发现，单语群体与双语群体之间不存在统计上的重大差异。

分类

正像第一章中所谈到的，单语和双语言群体的分类是件难度很大的工作。把人们放置在一个单语群体或是双语群体中，是一种过于简单化的做法。我们应该去了解：分类时用到了哪些语言能力？是否考虑到语言的四种基本能力？每种语言的流利程度如何？是根据双语人的语言运用（功能双语）还是根据双语人的语言能力进行的分类？就像第一章所揭示的，谁是或谁不是双语人，是一个复杂的问题。而那些有关双语与认知的早期研究则认为分类的问题不是难以处理的问题，因此他们以一种漫不经心和含混不清的方式对双语人的问题做了处理。

归纳

第五个问题涉及调查取样和对全体双语人的研究结果进行归纳的问题。任何研究的调查结果都应当限定为"所抽取的样品能准确地反映全貌"。尤其是那种没有进行随机抽样的、只使用了方便的样品的研究，从理论上讲，并不具有高于这些样品的概括性。很多双语与认知的研究都是以方便的样品为基础的。因此，对11岁儿童的研究结果不可能是对其他年龄组的总结。在美国的调查结果不能代表世界其他地区的双语人的情况。大多数早期有关双语与认知的研究所进行的小范围、不充分的调查取样使情况的归纳具有危险性。

语言环境

我们还需要考虑到这种研究样品所处的语言环境，这就涉及到削减性和附加性环境的观念。否定的、不利的有关认知的调查结果使人更多地联想到那些处于削减性环境中的少数民族语言群体。在削减性环境中，存在着儿童的第一语言被威望较高的第二语言所代替的危险。而在附加性环境中，双语人有着较高的威望，则很可能会出现不同的结果。

旗鼓相当的群体

最后这个问题尤其重要。两个群体必须在所有其他方面是相同的，才能对双语和单语儿童群体在智商或其他认知能力上进行比较。两个群体惟一的不同应当是双语和单语的不同。如果不是这样处理问题的话，研究的结果或许会来自其他因素或是那些使两个群体所不同的因素（不是单语或双语的因素）。以多半处于较高的社会经济地位的单语群体和很可能处于较低社会经济地位的双语群体为例，其结果（如，表明单语人领先双语人）可能是因社会阶层的不同而不是双语的原因。绝大多数双语与"智力"的研究理论都未能使两个群体在能够说明结果的其他因素上做到旗鼓相当。使这些群体在可变因素方面相匹配是十分必要的。这些可变因素包括：社会文化等级、性别、年龄、所在学校的类型、城市/农村、以及削减性/附加性环境。

总结

有关双语会对智力产生不良影响的研究大约从20世纪20年代开始一直持续到60年代。在最终认为双语人的智力低于单语人的同时，这些早期的研究理论在方法上还是暴露出许多严重的缺陷。早期双语与智商的研究逐一暴露出的各种局限性和方法上的缺陷，导致人们不能接受这个不利影响的结论。虽然在某些方面双语人很可能有认知上的不利条件，但是早期研究不能用来支持这个断言。实际上，正像后面要谈到的，不同的结论会更好地反映当今的研究现状。

中性效果时期（The period of neutral effects）

一系列研究表明：双语人与单语人在智商上没有差别。例如，美国的 Pintner 和 Arsenian（1937）发现语词（及非语词）智商与依地语—英语双语人/单语人是零位关系（没有关系）。尽管带有"无差异"的研究数量不大，但中立效果时期是重要的时期，因为它对早期不利效果研究的缺陷给予了特别的注意。威尔士的 W. R. Jones（1959）的研究便是一个例子。在对于2500名10岁和11岁的儿童所进行的研究中，Jones（1959）最初发现双语人的智商不如单语人。重新分析表明，这个结论是错误的。在斟酌了双语人与单语人不同的社会经济等级后，Jones（1959）的结论是，只要考虑到父母的职业，单语人的非语词智商与双语人没有重大差别。他还认为早期的研究之所以把双语人在非语词方面说成是智商低下的，主要原因就是社会经济的等级。因此，他的结论是：双语不一定是阻碍智力发展的原因。

虽然中立效果时期依次连接不利效果时期和有利效果时期，但同时存在一个教授和宣传这种中立效果理论的时期（例如，在威尔士）。这种"中立的"结论具有重要的历史意义。因为这种理论鼓舞了希望支持在家庭和学校里使用双语的父母们。作为一个过渡时期，它既有助于对双语造成大脑混乱的时髦信仰的质疑，又宣布了有利效果时期的到来。

有利效果时期（The period of additive effects）

加拿大人 Peal 和 Lambert 的研究（1962）是双语与认知关系的历史性转折。正是这项研究宣布了对双语与认知进行功能性研究的现代方法。它开拓了三个新的领域，每一个领域都为将来的研究奠定了基础。

首先，该研究克服了许多不利效果时期研究方法上的弊病。其次，该研究的证据表明，双语不会导致不利或甚至中立的结果。反而存在着双语在认知上的优势会超过单语人的可能。Peal 和 Lambert（1962）的研究成果已被广泛应用于支持各种教育环境的各种双语政策。该项研究的政治意义在于暗示双语不会造成民族性的智力低下（Reynolds，1991）。第三，Peal 和 Lambert（1962）所进行的研究，在智商测验的同时，开阔了研究工作在认知领域中的眼界。在双语与认知功能研究的议程表中，除了智商一项以外，还毫不犹豫地包括了其他方面的心理活动。

Peal 和 Lambert（1962）从加拿大蒙特利尔的一所法语学校抽取了 364 名 10 岁儿童，开始了他们的研究。然后因两个原因又把 364 名儿童减至 110 名。首先是为了组成一个平衡双语群体（见第一章）和一个单语群体。其次是保证双语群体和单语群体在社会经济等级上旗鼓相当。

在考察智商的 18 项可变因素中，双语人在其中 15 项测试中的表现明显高于其他人。在其他三项中，平衡双语人与单语人没有区别。Peal 和 Lambert（1962）的结论是：双语具有更大的心理灵活性，更强的抽象思维能力，在言语方面更具独立性，在概念形成上表现出众；一个更加充实的双语及双文化环境有利于智力的发展；最后，双语人在两种语言间的积极转换有利于词语智商的发展。

以上的结论比那些与智商有关的具体结果更具有历史性的重要意义。正是这种对结果的分析而非那种详细的结果，激励了以后的研究与探讨。

尽管 Peal 和 Lambert（1962）的理论在双语和认知功能的研究中占有举足轻重的地位，但是这种理论在方法上主要有四个缺点。在毫不犹豫地接受这种理论之前，有必要简单地讨论一下它的缺点。首先，研究的结果是根据从蒙特利尔抽取出来的 110 名 10 岁儿童得出来的，这些样品不具有加拿大和世界其他地区双语人全体的普遍性，特别是这种结果只涉及了原始的 364 名儿童中的 110 名。在 Peal 和 Lambert（1962）的内容广泛的测试中，另外 254 名儿童的表现不得而知。

第二，双语群体中的儿童是"平衡"的双语人（见第一章）。既然"双语人"一词包括的是平衡的双语人，那就存在许多"不平衡的"双语儿童群体。我们不能假定该研究的这种结果适用于那些"不平衡的"双语人。平衡双语人能以他们在动机、语言天赋、认知能力和语言态度上的特点形成一个特别的群体吗？平衡双语人不仅仅是因为会说两种语言，而且还因为其他因素（如父母的价值观念与期望）而有较高智商的特殊的儿童群体吗？

与 Peal 和 Lambert（1962）的研究有关的第三个问题，是鸡和蛋的问题——谁在先谁在后？谁是原因，谁是结果？是双语提高了智商，还是较高的智商增大了成为双语人的机会？当研究表明智商与双语有着积极的联系时，我们怎么能够肯定原因与结果的顺序呢？也许是双语提高了智商，也许是那些高智商的人更有可能成为双语人。它们的关系也许是这样，其中一个既是另一个的原因又是它的结果。Diaz（1985）的研究认为，如果在关系中有一个特定的方向，很可能会是双语对"智力"产生积极的影响，而不是"智力"影响双语。

第四个问题是社会经济地位。当 Peal 和 Lambert（1962）排除了一些儿童并试着使他们的双语与单语群体的社会经济地位平等的同时，也遗留了一些问题。Cummins（1976，1984a）与 MacNab（1979）曾经指出，等同群体间社会经济地位的做法不能控制儿童家庭环境的所有差异。社会经济地位只是衡量儿童家庭及环境背景的粗略而缺斤短两的简单尺度。单语儿童确实是这种情况，有双重文化背景的双语儿童的情况更是如此。他们或许有着更为复杂的亲情和与社会文化因素有关的家庭背景，双语儿童父母的职业更不可能全面概括儿童间的差异。

请看在下面的例子中，既使社会经济地位是相同的，社会文化因素有怎样的不同。现在以两个住在纽约、年龄与性别都一样的拉美儿童为例。他们的父亲做着相同的工作，都是出租车司机。其中一个家庭经常参加用西班牙语进行的教堂礼拜仪式，他们还是一个西班牙组织的成员，使用西班牙语从事一些文化活动。这位开出租车的父亲和他的妻子把他们的孩子送到讲西班牙语和英语的双语学校去读书，那么，这个儿童就是双语人。在另一个家庭里，那个儿童只讲英语。他的父母对送他去双语学校读书不感兴趣。这个家庭既不去教堂，也不参加什么讲西班牙语或重视西班牙的组织。他们并不欣赏也不谈论他们的祖籍。尽管这两个家庭的社会经济地位是相同的，但他们在社会文化上却有着巨大的差异。在这个例子中，第一个儿童是双语人，第二个是单语人，双语儿童有较高的智商，这个儿童的双语也许不是有较高智商的惟一解释，其他可供选择的解释也许是这两个儿童不同的社会与文化环境。因此，Pwal 和 Lambert（1962）的研究只控制了社会经济的等级，而没有控制社会文化等级。

现在已经圆满地完成了对 Peal 和 Lambert（1962）重要的、具有轴心意义的研究的考察。由于有了他们的研究，处理双语与认知功能的主要方法已从智商的测验发展成对智力和认知等多因素的观察。在 Peal 和 Lambert（1962）之后也有一些检查智商与双语的研究，但是大多数最新的研究是在一系列思想风格、谋略及能力方面观察双语的。

虽然在 Peal 和 Lambert（1962）之后出现的一些研究成果以缺乏综合性、缺乏理论性的基本原理及缺少发展认知心理的资料而出名，但他们仍在很大程度上证实了 Peal 和 Lambert（1962）的调查结果的积极意义。我们将在下一章中对这些研究成果进行评论。但在这之前，有必要先讨论一下一个与智商有关的概念。正因为公众对"智力"和双语的关系存有疑问，所以才会经常提出有关双语人大脑的问题。例如，双语人与单语人大脑的信息储存是不一样的吗？现在便简单地讨论一下这个话题。

双语与大脑

人们经常会有这样的疑问：双语人大脑的功能是否不同于单语人？这个问题现在演变为双语人的大脑是否在语言的组织与加工上有别于多语人的问题（例如，Gomeztortosa 等人的观点，1995）。对神经语言学和双语有各种各样的研究。Obler（1983）认为在语言加工方面，对由细胞组成的大脑的结构和神经心理学上的表现的了解至今仍停留在初级阶段。由于一些研究双语人失语现象、偏重一个侧面的现象以及精神分裂的理论还不十分成熟，因此 Obler（1983）发现要做出清晰而准确的结论是有困难的。Fromm（1970）对一个人因催眠而退化至七岁阶段所做的个案研究便是一个例证。在催眠状态下，这个人可以讲流利的日语。当他从催眠中醒来回复到本身的成年状态后，他又不会讲日语了。但是，其他的研究还没有重复过这个调查结果。这至今意味着断言双语与大脑的关系时，需要格外的小心。

在对双语和大脑进行研究时有一个最重要的课题，即大脑的侧定位。对大多数惯于使用右手的成年人来讲，其大脑的左半部主要负责语言的加工。自然出现的问题是：在这个偏重于大脑左半球的问题中，双语人是否与单语人有所区别？Vaid 和 Hall（1991）根据现在的研究归纳出有关这个问题的五个命题：

（1）平衡双语人与单语人相比，他们会因第一和第二语言加工而更多地使用大脑的右半球。

（2）在语言加工上，第二语言习得会比第一语言习得更需要大脑的右半球。

（3）随着第二语言能力的增长，右半球的参与将会减少，而左半球的参与将会增加。这是一种假设，它表明大脑的右半球涉及语言更直接、更实用和更具情感的方面；而左半球涉及语言更具分析性的方面（如，句法）。就是说，可以假定语言加工的核心方面存在于大脑的左半球中。

（4）以自然的方式（如，在街道的环境中）习得第二语言的人在语言加工上会比正规地（如，在课堂上）习得第二语言的人更多地使用大脑的右半球。在学习第二语言的语法规则、拼写规则和不规则动词时，大脑的左半球更多地参与此类活动。以一种自然的方式学会一种语言并将这种语言用于直接的交流，需要更多地依赖右半球的参与。

（5）与早期双语人相比，晚期双语人使用右半球的可能性更大。这个命题说明早期双语人存在左半球"语义型"策略优势，而晚期双语人则采用右半球"听觉型"策略（Vaid 和 Hall，1991：90）。

Vaid 和 Hall（1991）运用被称为变位分析的定量步骤对该领域早期的研究做了回顾，并发现大脑左半球牢固地控制了单语人与双语人的语言加工过程。然而，单语人与双语人的区别只是例外而不是法则。双语人在神经加工过程中好像与单语人没有什么差别；两个群体在语言上对某一方面的偏重相对来讲是相同的：

"变位分析所发现的许多负面的东西必须得到认真的对待，因为这些发现总的来讲反映出缺少对当今文献公布的这五个命题的支持。"（Vaid 和 Hall，1991：104）

大脑与双语人的关系虽然是一个重要的领域，但现在的知识水平还不能安全地对此做出简单的概括。

一个相关的领域涉及了双语人两种语言的心理表现以及由这种表现而产生的加工过程。首要的问题是双语人两种语言功能的独立程度和互相依赖程度，早期的研究试图表明早期双语人（复合双语人）与晚期双语人（并列双语人）相比，在两种语言的相互结合和相互联系上表现出更大的可能性。在六十年代，Kolers（1963）利用记忆储存的概念重新解释了这个问题。分离存储假说认为，双语人有两个独立的语言存储和提取系统，这两个分离系统拥有惟一的交际通道，而这个通道就是两个分离系统间的翻译过程。共用存储假说认为，两种语言被保存在一个单一的记忆存储器中，这个存储器有两个不同的语言输入通道和两个不同的语言输出通道。若想分别去证明独立性与相互依赖性，就得抛弃这两种假设。更确切地说，应该去建立一个既包括独立性又包括相互依赖性的综合模式（Paivio, 1986, 1991; Heredia 和 McLaughlin, 1992; Keatley, 1992; Hummel, 1993)。

　　因此，最近的理论与研究将这个话题与一般认知过程理论结合在一起，并着重说明双语人心理表现的分离与联系的两个方面（如，Matsumi, 1994）。例如，Paivio 和 Desrochers（1980）关于双语人的双重代码系统模式就包括如下的内容：

（1）两个分离的语词语言系统，分别对双语人的两种语言负责；
（2）一个非语词的想像系统，不依赖于两种语言系统；
（3）非语词的想像系统作为两种语言的共有概念系统而运转；
（4）这三个分离的系统间牢固的、直接的相互联系通道；
（5）两种语言间的相互联系构成一个联合系统和一个翻译系统；它们共同的形象同样起着协调的作用。下面的图表展现了这个

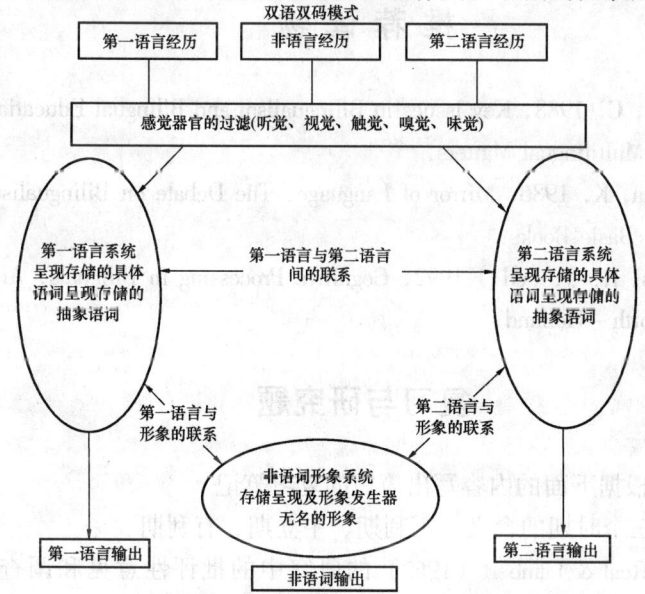

双语双码模式

```
┌────────┐  ┌────────┐  ┌────────┐
│第一语言经历│  │非语言经历│  │第二语言经历│
└────────┘  └────────┘  └────────┘
        ↓        ↓        ↓
   ┌──────────────────────────┐
   │感觉器官的过滤（听觉、视觉、触觉、嗅觉、味觉）│
   └──────────────────────────┘
        ↓                    ↓
  ╭──────────╮          ╭──────────╮
  │第一语言系统 │ 第一语言与第二语言 │第二语言系统 │
  │呈现存储的具体│ ←──间的联系──→ │呈现存储的具体│
  │语词呈现存储的│                │语词呈现存储的│
  │抽象语词    │                │抽象语词    │
  ╰──────────╯          ╰──────────╯
       ↓                         ↓
   第一语言与                  第二语言与
   形象的联系                  形象的联系
        ↘      ╭──────────╮     ↙
         ╲    │非语词形象系统│    ╱
          →  │存储呈现及形象发生器│ ←
             │  无名的形象   │
             ╰──────────╯
       ↓              ↓              ↓
  ┌────────┐   ┌────────┐   ┌────────┐
  │第一语言输出│   │非语词输出 │   │第二语言输出│
  └────────┘   └────────┘   └────────┘
```

模式的内容（节自 Paivio & Dasrochirs，1980，1991）。

结 束 语

本章首先回顾了人们的一种强大的、传统的和普遍的预料：双语与智力的联系会产生负面效应。这种构想常常认为双语导致低下的智力水平。20 年代至 60 年代的研究支持了这种观念。最新的研究往往将简单的否定关系视为一种误解。智商测验中对智力带有偏见的看法和早期研究在设计上的严重错误，以及其他方面的局限使人们对这种否定的关系产生了怀疑。

然而，我们所需要的是对双语人的语言能力水平的详细说明（见第一章），并保证将相同的事物进行比较。1960 年以来，有迹象表明，在双语与认知功能之间不是不可能存在一种更为积极的关系，尤其是在平衡双语人中。在下一章中，我们将考察有关双语在认知上的有利条件与不利条件的最新研究。

推 荐 读 物

Baker, C. 1988, Key Issues in Bilingualism and Bilingual Education. Clevedon: Multilingual Matters.

Hakuta, K. 1986, Mirror of Language. The Debate on Bilingualism. New York: Basic Books.

Harris, R. J. (ed.) 1992, Cognitive Processing in Biliguals. Amsterdam: North-Holland.

复习与研究题

(1) 根据下面的内容写出简短的复习笔记
(i) 三个时期的含义：不利期、中立期、有利期。
(ii) Real & Lambert（1962）的研究中的批评性意见和调查结果。

(iii) 分离储存与共有储存的不同之处。

(2) 在不利效果时期，其研究有哪些局限性？

(3) 为什么智商是个有争议的概念？这种争论与双语有着怎样的联系？

研 究 实 践

(1) 选择一个学校，采访一两个教师，看看是否过去和/或现在仍然组织智商测试？这些教师是否认为双语儿童的智商低于单语儿童？他们是否认为在智商测验中使用多数民族语言对双语儿童不公平？

(2) 找出两个智商测验的实例。检查一下测验的内容，并找出你认为对双语儿童不公的项目。检查测试中语言和文化两方面的内容，哪一种智商测试似乎对双语人更为合适或相反？不考虑文化因素的测试和非语词性测试是否更公平？

第八章 双语与思维

导　言

　　近来的研究往往不用智商测试的办法对单语人和双语人群体进行比较。相反，现代的研究方法注重的是双语人的认知产品和认知过程的更为广泛的内容。双语人的思维方式是否不同于单语人？他们是否存在着不同的信息加工过程？掌握两种语言后是否会造成语言思维的差别？本章将就这些问题展开讨论。

双语与发散性和创造性思维

　　智商测验存在的一个问题是限定儿童对每一个问题只能找出一个正确的答案。这种现象经常被叫做集中性思维。儿童必须集中思考惟一可接受的答案。另外一种思维形式叫做发散性思维。儿童被看作是分散体，有更具创造性、想像力、灵活性、开放性和自由性的思维能力。发散性思维不去发现一个正确的答案，而是更愿意提供各种答案，所有这些答案都可能是有效的。

　　可以提出这样的问题来研究发散性思维："一块砖有多少你能想像到的用途？""一听罐头有多少你能想像到的有趣的、不同寻常的用途？""你能想像到汽车轮胎有多少种不同的用途？"对于这些问题，学生必须进行发散性的思考，并尽可能找出更多的答案。例如，就"砖的用途"问题，发散性的思考者往往会做出一些颇为明显的回答：比如像用来盖房子，搭建一个烤肉架，砌墙等。发散型的思考者往往不但能做出多种回答，而且还能做出某些非常新颖的回答：比如，堵上一个兔子洞，支起一张摇晃的桌子，也可以用作蹭脚石，打碎窗子，或是搭建一个鸟浴池等等。

按照英国人的习惯，在这个领域使用的词是发散性思维（Hudson，1966，1968）。按照北美人的习惯，通常更多谈论的是"创造性思维"。按照北美人的习惯，Torrance（1974a，1974b）通过分析，将"一种事物多种用途"的测试（如，纸箱的不寻常的用途，罐头盒不寻常的用途）答案归为四种类型。如果在文化上恰当地使用各种事物，这种测试也许适合于任何一种语言。

某人创造性思维的"流利"分数是他所给出的各种可接受的答案的数量。"灵活性"分数是可以将各种答案置于其中的不同种类（列于测验手册中的）的答案数量。"创意"的衡量是参考测验手册所给出的每种答案的创意（统计学上是很少发生的答案）分数0，1，或2。"详尽阐述"是指某人除了物体的基本用途外，所给出的额外细节的多少。相同的记分系统是使用包括非语词问题的分数和创造力测验。有时又叫做"比喻测验"。给某人一张画有40个圆圈或40个方格的纸，请他利用这些单个的圆圈或方格画出一些图画，然后在下面加注说明性文字。

关于创造性思维与双语的基本假设是，两种或多种语言拥有增加思维的流利性、灵活性、新颖性和详尽阐述的能力。一个简单的事物或概念，对双语人来讲，会有两个或更多的词。例如，在威尔士语中，"ysgol"这个词的意思不仅指学校而且指梯子。因此威尔士语的"ysgol"和英语的"学校"也许为这个双语人多提供了一个层面——学校的概念像梯子一样。同样，不同语言中拥有两个或更多的词的"民间舞"和"方形舞"，会带来比只有一种语言的单一词汇更为广泛的联想。

一个事物或概念有两个或多个词，是否会使人具有更为自由和丰富的思维方式？研究工作利用各种发散性思维的标准对双语人和单语人进行了比较（参见 Baker，1988）和 Ricciardelli（1992）。这项研究既是国际性的又是多文化的：作为被调查对象的那些双语人分别来自爱尔兰、马来西亚、东欧、加拿大、新加坡、黑西哥和美国，他们所使用的语言是英语加汉语、马来印尼语、泰米尔语、波兰语、德语、希腊语、西班牙语、法语、乌克兰语、约鲁巴语（西非）、威尔士语、意大利语或是坎纳达语。正像 Lauren（1991）注意到的，这种研究多数发生在附加性双语环境中。这项研究的结果在很大程度上表明，在发散性思维的测验中，双语人的表现要强于单语人。有一个例子能够说明这个问题。

Cummins（1975、1977）发现，平衡双语人语词分散的流利程度和灵活性要强于"旗鼓相当的"非平衡双语人，而在新颖方面则表现平平。"旗鼓相当的"单语人群体在语词流利和灵活性上所得的分数与平衡双语群体的差不多，但却高于非平衡双语群体。在新颖方面，单语人的分数与非平衡双语人的分数相同，但低于平衡双语人群体。由于被调查者的数量不大，这些调查的结果很可能没有完全达到统计学意义上的习惯标准。条件相同的平衡双语人和非平衡双语人群体之间存在的差别表明，双语人出众的发散性思维能力不是简单地联系在一起的。Cummins（1977）认为：

"可能存在一个双语儿童必须达到的语言能力水平的门槛，用以避免认知能力上的缺陷并使双语人的潜在因素对他的认知能力的发展产生有利的影响。"（P. 10）

一个"门槛"就这样解释了平衡双语人与非平衡双语人之间的区别。儿童的第二语言能力一旦发展到某种水平，就有可能对他的认知能力产生积极的影响。但是，如果第二语言的能力低于某种门槛水平，就不会为认知能力的发展带来任何好处，只有当儿童的第二语言能力几乎达到第一语言能力的水平时，认知能力才能得到有利的发展。这就是我们将要在第九章中讨论的门槛理论的概念。

这些证据的重要性在于它们表明平衡双语人的发散性思维能力要强于非平衡双语人和单语人。Ricciardell（1992）在检查24项研究结果时发现，其中20位双语人的表现好于单语人。那些没有证明双语优势的调查结果来自对能力较低的双语人的调查，这种结果与门槛理论趋于一致。然而，在做出最后的结论时，一定要特别谨慎，因为关于这个话题的一些研究，在方法上有一定的局限性和缺点。为了保证判断的公证，我们要牢记这些问题。

有五大问题需要指出：（1）一些研究没有充分注意到双语群体与单语群体之间的差别（如，年龄的差别、社会经济地位的差别）。（2）由于一些研究的受试人数太少，所以那些概括性的结论具有很大的局限性，或者说没有什么实际的意义。(3) 一些研究没有准确地定义或描述他们用来作为研究样品的双语水平或程度。正像 Cummins (1977) 指出的，这种能力的程度是一种重要的中间变量。(4) 所有的研究都没有发现双语和发散性思维之间的积极关系。例如，Cummins 和 Gulutsan (1974) 只在发散性思维的五项标准中的一项上发现了一些差别。而 Lauren (1991) 发现，三年级、六年级和九年级的学生在语言的创造力上存在一些差距。年龄较大的双语人只在四项测试标准中的一项上领先于其他人（复合名词的使用）。(5) "创造性"一词有着不同的定义。正像 Lauren (1991) 指出的那样，有心理学的解释（如，认知的灵活性、流利性、新颖性和详尽阐述的能力；一词多义的最大限度），有语言学的解释（如，利用不同的上下文和复杂句造出有新的意思的能力）；有儿童智力开发专家的解释（如，完全改变父母和教师的语言输入）；以及提倡创造性写作的人的解释：双语人的优势是否表现在心理学的创造性标准上，而没有表现在纯语言学的创造性标准上？(6) 人本身很可能是变化和发展的，那么双语人所表现出的认知上的优势从本质上讲会是长久不变的吗？如果这种积极的认知优势与双语有关，那么重要的是这些优势是否是暂时的，或是积累的，还是永久的？这些研究的对象往往是 4-17 岁的儿童。二十几岁或是中年及老年双语人的情况又如何呢？双语人是否在年龄较小时，智力发展较快，而单语人会在年龄较大时迎头赶上？Balkan (1970) 和 Ban-Zeev (1977 a) 认为，这些认知上的优势在年龄较小的儿童中表现得更为突出，而不是在年龄较大的儿童中。Arnberg (1981) 不同意这种观点，并且认为认知的发展是添加和累积性的，儿童越接近平衡双语人的水平，获得的认知上的优势也就越大。其认识风格（如，发散性思维）也会产生相对稳定和长期的影响。

双语与玄妙语言学意识：早期研究

双语与发散性思维的研究未能果断地表明双语人有着超越条件

相同的单语人的优势。拥有两种语言可能在语言与思维的关系上提供一些便利。对于许多双语儿童来说，他们两种语言的词汇总量很可能大于单语儿童（Swain，1972）。那么，更大的词汇量是否能使双语人更自由、更开放、更灵活、更具有创新能力呢？尤其在词义的使用方面？由于拥有两种语言，双语人是否会因此而较少受到词语的束缚而在思维上表现出更多的灵活性？例如，Doyle 等人（1978）发现，与单语人相比，双语人在讲故事和表达故事中的概念上，往往具备较强的能力。

Leopold（1939-1949）对他的女儿，Hildegard 的德语—英语发展的个案研究，注意到了词与意思之间的松散联系——一种明显是由于双语而产生的效果。重复特别喜爱的故事时，不用模式化的词语；在背诵儿歌和打油诗时，自由地替换单词。这时，语音和语义被分开了。事物或概念的名称与事物或概念本身被分开了。

举例说明这个问题：可以想像幼儿园的单语儿童和双语儿童在学唱同一首儿歌时的情景：

Jack and Jill went up the hill 杰克、吉尔去上山
To fetch a pail of water. 上山去打一桶水。
Jack fell down and broke his crown 杰克摔破了他的牙
And Jill came tumbling after. 吉尔随后也摔倒。

相对来讲，单语儿童很可能几乎一字不错地重复这首歌。因为他们的注意力集中在语言和韵律上，双语儿童的注意力更可能集中在儿歌的内容上（意思上）而盲目地进行重复。例如，双语儿童会用另一种方式来背诵这首儿歌，其中词语的置换表明双语儿童在儿歌意思上做了加工：

Jack and Jill climbed a hill
To fetch a bucket of water.
Jack fell down and banged his head
And Jill came falling after.

（在双语儿童所唱的这首歌中，一些词被改动了——译者注）

Hildegard 的案例只是一个单一的案例，儿歌也只是说明一个儿童的情况。那么，这项研究所揭示的是双语人样品中的什么呢？

Ianco – Worrall（1972）对语音与语义分离的思想进行了试验，对象是 30 名讲 Afrikaans 语（一种南非公用语，源自十七世纪的荷兰语，译者注）和英语、四岁至九岁的双语儿童。双语组与对照的单语组在智商、年龄、性别、年级和社会等级上是相同的。在第一次试验中提出了一个特别的问题："我现在讲三个字：CAP、CAN 和 HAT，它们谁更像 CAP？是 CAN 还是 HAT？"认为 CAN 更像 CAP 的儿童显然是根据单词的发音来做出决定的。就是说，CAP 和 CAN 这两个单词在三个字母中有两个字母是它们共有的，而选择 HAT 的儿童则显然依据的是单词的内容（意思）。

就是说，HAT 与 CAP 指的是同一的事物。Ianco – Worrall（1972）指出，双语人与单语人在 7 岁时的选择是没有区别的。两组儿童都选择了 HAT，是因为他们的答案受到了词义的左右。但是，她发现在 4—6 岁年龄段中，双语儿童往往对词义反应灵敏，而单语儿童对语音反应灵敏，Ianco – Worrall（1972）由此得出的结论是："根据我们的测试标准，双语人要比同龄的单语人早 2 – 3 年达到语义开发阶段。"（P. 1398）

在进一步的实验中，Ianco – Worrall（1972）提出了下面的问题："假如你给事物起名字的话，你能把'牛'叫成狗而把狗叫成'牛'吗？"双语儿童多数会感到名称是可以互换的。相比之下，单语儿童则更会认为事物的名称如牛和狗之类，是不可互换的。描述这种现象的另外一种说法是，单语人往往被词语所束缚，而双语人却总是相信语言更具任意性。对双语人来讲，名称与事物是分开的。这似乎是拥有两种语言的结果，使双语儿童意识到在事物与它们的标志之间，存在一种自由的、非固定的关系。

在这个领域中还有一些其他的研究理论，比如 Ben – Zeev（1977a, 1977b）的研究认为，双语人分析和检查其语言的能力是出于避免两种语言间的"干预"现象的需要。就是说，分离两种语言的过程和避免代码混淆，通过分析而增加了对语言的了解，使双语人具备了超过单语人的优势。Ben – Zeev（1977a）进行过一次称之为"符号替换"的测验，要求儿童用一个词去替换句子中的另一个词。例如，他们（儿童）在句子中要用"通心粉"这个词去替换

"我"。因此，这个句子要说成"通心粉很热"，而不是"我很热"。回答问题的儿童要想对问题做出正确的回答，就必须轻视词的含义。不去形成正确的句子，还要防止因词的替换带来的干扰。Ben–Zeev（1977a）发现，在这类测试中，双语人不但在对词的含义的理解上，同时也在组词造句上超越了单语人。

通过对以色列和美国的 5–8 岁讲希伯莱语和英语的双语人的调查，Ben–Zeev（1977a）认为，双语人的优势在于他们用两套不同的造句规则去经历两种语言系统的体验。因此，双语人的语言能力显示出更大的灵活性与分析性。

双语与玄妙语言学意识：当前的研究趋势

有关双语与认知功能的大多数研究，都将认知形式（例如，发散性和创造性的思维形式）作为研究的重点。研究的焦点往往集中在人和产品上。这样的研究往往将注意力放在双语人作为人的概念，是否优于或劣于单语人，它试图确定一些思维层面。其中双语人的表现要好于单语人。当前的趋势是，不去研究思维的"产品"而是研究思维的"过程"，信息加工过程的内部运转，心理学意义上的记忆与语言加工的方法（例如，Kardash 等等，1988；Ransdell 和 Fischler，1987，1989；Bialystok，1991；Harris, R.，1992；Keatley，1992；Padilla 和 Sung，1992；Hummel，1993）。并非所有的研究结果都"对双语人有利"（e. g. Ellis, N, 1992；和 Geary 等人有关数字的加工过程研究）。然而，对记忆、语言记忆、反应次数和加工次数的研究，往往借助双语人来描述和解释认知性加工和语言性加工的过程。与单语人进行比较的目的，是帮助从心理学的角度理解认知的过程，而并没有把注意力放在双语人身上。

逐步建立在先前对双语和认知功能研究基础上的过程研究，对双语儿童玄妙语言意识给予了特别的关注（Galambos 和 Hakuta，1988；Bialystok 和 Ryan，1985；Bialystok，1987a，1987b；Ricciardelli. 1993；Campbell 和 Sais，1995）。尽管玄妙语言意识的话题具有广泛性与歧义性（Tunmer, Pratt 和 Herriman, 1984），但仍可将其松散地定义为那种对语言的本质与功能的思考与反映的能力：

"作为一种初步衡量的结果，玄妙语言意识似乎可以定义为思考与熟练操纵口语结构特点的能力，把语言本身视为思想的对象，而不是简单地运用语言系统去理解与制造句子。具备玄妙语言意识是理解这样一种情况的开始：那种始于音响信号而止于讲话者原来意思的语流，可以通过想像被检查出来，并被拆散开来"（Tunmer & Herriman1984：12）。

Donaldson（1978）将这种玄妙语言意识看作是年龄较小的儿童阅读能力发展中的关键性因素。它间接表明双语人也许比单语人稍早地做好了阅读学习的准备。"早期的"研究在增加的玄妙语言意识方面反映出一种偏袒双语人的关系（e.g. Ianco‐Worrall, 1972; Ben‐Zeev, 1977a, 1977b; 回顾该理论，请参见 Tunmer & Myhill, 1984）。似乎双语儿童通过组织其两种语言系统而养成了对语言进行更多的分析的习惯。

在直接对双语与玄妙语言意识进行研究时，Bialystok（1987a, 1987b）发现双语儿童"语言过程的认知控制"方式强于单语儿童。Bialystok（1987）进行了三项调查研究，每项研究涉及了120名5—9岁的儿童。在实验中，要求儿童判断或改正句子，以显示他们最大的句法能力，而不考虑意思是否正确。测验的句子可以是在意思上和语法上都正确的句子（例如，Why is the dog barking so loudly? 为什么狗叫得这么凶?）；也可以是意思正确但语法不对的句子（例中，Why the dog is barking so loudly?）；或是意思异常但语法正确的句子（例如，Why is the cat barking so loudly? 为什么猫吠得这么凶?）；或是既异常又不合语法（例如，Why the cat is barking so loudly?）。以上这些句子测验的是儿童语言知识的分析水平，所给出的句子是让儿童判断其语法的正确与否，句子的内容是否可笑或异常并不重要。Bialystok（1987a）发现双语儿童在所有三项调查中，对语法判断的准确性一贯强于所参试的各种年龄的单语儿童。

Bialystok（1987b）同时检查了双语人和单语人在词语加工过程和词语概念发展上的差别。通过这三项调查，她发现双语儿童在对词语意义某些方面的理解上，远远超过了单语儿童。测验儿童"词是什么"的意识的一个程序是，让儿童决定一个句子中词的数量。数出一个句子中有多少个词，对年龄较小的儿童来说可能是非常困难的。儿童长到6-7岁并开始学习阅读时，他们似乎才具备这种加工能力。

能够数出一个句子中有多少个词，依赖于两件事：第一是知道词的界限；第二是知道词义与句义之间的关系。儿童在7岁左右时，认识到词可以从所在的句子中分离出来，每一个词都有自己的意思。Bialystok（1987）发现，双语儿童在数出句子中有多少词的方面，要强于单语儿童。因为，(1)他们更清楚决定词的身份的标准，(2)并且他们更能照顾到认为是相关的语言单位。"在将每个词从一个有意义的句子中分离出来时，双语儿童的表现显然是最好的，在高度分散注意力的条件下，他们注意的只是词的形式或内容，并且为不同的对象重新确定熟悉的名称"（Bialystok，1987b：138）。

因此，可以得出如下结论：语言十分流利的双语人具有更高的玄妙语言能力。这与两个因素有关（Bealystok，1988；Ricciardelli，1993）：语言知识分析能力的增强；对语言内部加工过程更大的把握。这两个因素依次使早期阅读能力的获得变得更为容易，从而能依次达到学术成就的更高水准。

Galambos和Hakuta（1988）的研究就双语人与单语人在认知过程上存在着差别的理由做了进一步的说明。Galambos和Hakuta（1988）进行了两项调查，其研究对象是美国低收入家庭讲西班牙语和英语的双语儿童，运用一系列的测验检查这些儿童识别西班牙语句子中的各种错误的能力。这些错误可以表现在名词或代词的性上、词序上、单复数形式上及动词的时态上。例如，在以语法为主的测验项目中，儿童必须改正下面的句子："La perro es grande"。正确的句子应当是"El perro es grande"。在以内容为主的测验项目上，"La perro es grande"应改成"El perro es pequeno"。在试验中，先向儿童读出这些句子，让他们去判断这些句子是否说对了，然后再把错误的句子改正过来。

在测试项目的加工过程中，双语的效果因双语的水平和测试项目的难度而改变。儿童越是双语化，即两种语言相对地得到了很好的发展，在测试中的表现就越好：

"那种信息加工的方法成功地解释了我们的调查结果，双语总的来说提高了认识和改正错误的玄妙语言能力……。双语的经历需要经常地照顾到正在学习的两种语言的形式。可以断定那种照顾形式的经历，会使儿童能轻易地完成要求他们在测试中将注意力集中到形式上的工作。"（Galambos 和 Hakuta，1988：153）

Galambos 和 Hakuta（1988）最后认为，当儿童的两种语言能力发展到最高水平时，玄妙语言意识也就得到了最大的发展。双语儿童两种语言的充分发展，特别是少数民族语言的发展，激发了玄妙语言学意识。Galambos 和 Hakuta（1988），Cummins（1976）一致认为，两种语言能力必须首先达到一定的水平才能使双语对玄妙语言意识产生积极的影响。这就是通常所说的门槛理论，我们将在第九章中加以讨论。

双语人在玄妙语言意识上有一定优势的证据看来是相当有力的。然而还没有弄清的问题是，双语的这些效果到底有多大的影响。例如，这些效果只在儿童身上暂时存在吗？这些效果在任何意义上讲都是永久性的吗？它们是否使儿童在最初阶段时有优势而随着认知能力的增长不久又消失了呢？双语人早期的这些优越性是累积和添加的吗？除了"平衡双语人"外，还有哪些群体能获得这些有利条件？

双语与交际敏感性

Bae-Zeev（1977b）对双语和单语儿童在皮亚杰式测验中的表现进行了比较研究。她发现双语儿童对实验状况中所给出的暗示和线索有着更强的反应能力。就是说，双语人似乎在实验状况中有着更大的敏感性，与单语人相比他们改正错误的速度更快。虽然在本章中没有讨论对皮亚杰式测试的研究及其双语理论（参见 Baker，1988），但是 Ben-Zeev（1977b）的研究为我们提供了第一个线索：双语人在"交际敏感性"方面也许有认知上的优势。

那么，什么是"交际敏感性"呢？双语人需要意识到在什么情况下讲什么语言。他们需要不断地探明在回答问题或开始一次谈话时，使用哪种语言最为适合（例如，打电话，购物，与上司谈话等）。双语人不仅确实经常要避免两种语言的"干扰"，他们还要察觉到某些线索和别人的提示，以转换他们的语言。有资料显示，这就使得双语人对语言的社会属性和语言的交际能力具有更大的敏感性。

Genesee, Tucker 和 Lambert (1975) 就交际的敏感性进行了一次有趣的实验，对接受双语教育的儿童和接受单语教育的儿童在一次游戏中的表现进行了比较。在这个看似简单但却是别出心裁的研究中，5-8岁的学生要向两个受话者讲解在棋盘上玩掷色子的游戏规则。其中一个受话者被蒙上眼睛，另一个却没有。这两个受话者是同班同学，在听过讲解后不得再问任何问题。然后，这两位同学开始试着玩这个游戏，旁边有一个学生为他们讲解。结果发现接受双语教育计划的儿童（完全浸没型——参见第十章）对受话者的需求更为敏感。与接受单语教育计划的一组学生相比，接受双语教育的这组学生为那个蒙上眼睛的学生所提供的信息要多于为那个能看见东西的学生。因此，研究人员认为，接受双语教育的儿童"比接受单语控制性教育的儿童更具备在他人遇到交流困难时扮演其角色的能力，更能感觉到他人的需求，并因此而做出恰如其分的反应"(P. 1013)。

结论：以上资料表明，双语儿童在需要精心交流的社会情景中，或许比单语儿童更具敏感性。双语儿童可能更会注意受话者的需要。

我们需要更多的理论研究来准确地定义双语人具有的那种交际敏感性的特点和范围。在这个领域中进行研究是十分必要的，因为它将认知问题与人际关系联系起来，从而将问题的重点由双语人的思维能力转至双语人的社会技能。

域独立和域依存与双语

人们对因人而异的认知风格的另一面——域独立（field independency）和域依存（field dependency）——进行了充分的研究（Witkin 等人，1971）。Witktin 等人（1971）测试中的一个例子帮助说明了这方面的问题。在插图测试中，儿童要在右图中画出左面的图形。儿童能从图中识别出这个长方体吗？

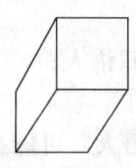

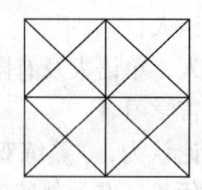

域独立儿童在右图中往往把这个长方体与其他线条分开来看，而域依存儿童则往往不能在右图中描出这个长方体，在复杂的形状中不能认出简单的形状。简言之，有些人往往看到的是整体，有些人看到的是部分。Witkin 等人（1962）发现，当儿童发展至成熟阶段时，他们会具有更大的域独立性，尽管域依存—域独立关系可看作是一种感知能力，Witkin 和他的同事们则认为它是一种意识到视觉背景的一般性能力，且与解决难题的能力和轻松的认知重组有特殊的关系。域独立的人往往会比域依存的人取得更高的学术成就。

瑞士的 Balkan 在早些时候进行了一项研究（1970），检查双语人与单语人相比是否具有特别的认知风格。Balkam 首先为 11－17 岁讲法语和英语的平衡双语人找到在智商上与之相等的单语人，然后比较他们在"插图测试"中的适应能力。其结果是：双语人表现出更大的域独立性，那些在 4 岁以前就开始学第二语言的人的域独立性要大于那些较晚的学习者（在 4－8 岁间开始学习第二语言）。加拿大的情况是，12－13 岁的接受双语教育计划的学生在"插图测试"中的表现要强于那些接受控制教育的学生（Bruck, Lambert 和 Tucher 引证 Cummins 的资料, 1978）。虽然进行比较的群体与 Balkan（1970）的有所不同，但是加拿大人提出的证据进一步证明了双语与更大的域独立的联系。但是，Genesee 和 Hamayan（1980）发现，域独立性越大，第二语言就学得越好。这是在强调因果关系，是域独立性更容易能引发双语呢？还是双语引发了域独立性？或是其中一个既是另一个的原因又是它的结果？

除了瑞士人和加拿大人的研究外，一个更能说明问题的证据是来自美国的讲英语和西班牙语的双语人（Duncan 和 De Avila, 1979）。在"插图测试"中，儿童在域独立性上所得分数的高低依次为：

(1) 熟练的双语人；
(2) 部分双语人，单语人及有限双语人；
(3) 较晚的语言学习者。

这些作者的结论认为，"熟练双语人"可能在认知的清晰程度和分析功能上占有优势。有关熟练的双语人在认知上具有超过单语人和不太熟练的双语人的优势话题，我们将在第九章中继续讨论。

"插图测试"主要考虑的是空间能力。而玄妙语言意识的测试将重点放在语言范畴上。表面看来，二者之间几乎毫无共同之处，然而双语人在两个测试中的表现都强于单语人，那么，是否两种测试之间存在着能解释双语人认知优势的共同特点呢？Bialystok（1992）认为确实存在一个共性，那就是"选择注意力"。这种选择注意力能跨越空间与语言范畴而转移。双语儿童可以重建一种状况（感知的或语言的），关注问题的主要因素，然后选择决定性的解决办法。他们可以摆脱感性的诱惑，进而克服那些不相关的提示。他们"两种语言的早期经历使他们具备了更敏感的手段，借以控制对语言输入的注意。他们习惯于倾听以两种不同的方式提及的事物，它能更早地提醒他们在去注意参考形式的任意性"（Bialystok, 1992: 510）。双语人因对象而选择使用哪一种语言并注意避免不恰当的语言形式。他们或许还要去注意每种语言的社会风俗（例如，礼貌和尊敬长者的不同形式，阿拉伯语和西班牙语表达问候的不同形式等）。这种选择性的注意或许可以跨越空间、认知和语言而转移。在 Bialystok（1992）看来，正是这种"选择性注意"，解释了双语人在发散性思维、创造性思维、玄妙语言意识、交际敏感性、皮亚杰式测试及插图测试中的优势。

调查结果的说明

　　Cummins（1976）曾经指出，有三种不同的方式或许可以解释双语与认知优势之间的关系。第一种解释是，由于双语人讲两种语言和至少受到两种文化的影响，因此，他们可能有着比单语人更为广泛的经历。两种语言所提供的更广泛的意义，两种语言所引起的一连串的更多经历，及植根于两种语言中额外的文化价值观和思维模式，所有这些，对双语人来讲都是可以增加的东西，Cummins（1976）相信这是一种可以肯定也可以拒绝的假设。目前这是一种真实的假设。

　　双语人认识优势的第二种解释涉及到"转换"机制。由于双语儿童在两种语言间进行转换，所以他们的思维也许更具灵活性。Neufeld（1974）对这种假设提出了质疑。Neufeld 提出单语人同样要从一个语域转换到另一个语域。即在不同的情景和上下文中，单语人和双语人都要懂得在什么时候和怎样在不同语言形式间进行转换。第二个观点也许仅仅解释了问题的一个方面——一个更广更大的整体中的一个很小的方面。

　　第三种解释叫作"客观化"的过程（Imedadze，1960；Cummins 和 Gulutsan，1974）。双语人会有意无意地对他们的两种语言进行比较和对照。由于是双语人，他们会比较意义上和不同语法形式上的细微差别，常备不懈地警觉着他们的两种语言。这或许是一个内在的过程。检查两种语言，解决语言间的干扰，使双语人具备了玄妙语言的技能。著名俄国心理学家 Vygotsky 认为，双语能使儿童"把自己的语言看作是众多语言中的一个特殊系统，在更为普遍的范畴中仔细观察它的现象，因而意识到他们的语言操作"（P. 110）。Vygotsky 的意见似乎是最为普遍接受的惟一解释，因为现在人们相信双语人有超过单语人的认知优势。近来有关双语的玄妙语言优势的研究（Giaz 和 Klingler，1991），支持了第三种解释。

　　尽管在说明双语的认知优势时客观化也许是最重要的因素，但是，这很可能不是一个充分的解释。客观化与智力功能的完整理论也毫无关系。Reynolds（1991）进行了一次创造性的尝试，将这个双语和认知毫不相关的研究与一个全面的解释恰当地联系起来。Reynolds（1991）的工作是从 Sternberg（1985，1988）分为三部分的智力模式开始的，这个有关智力的模式包括了三种子理论：背景理论、经验理论和成分理论。

"背景"理论将智力的行为看作是对置身其中的环境的适应。星期六去出席社交集会、结识从未见过的人、次日去教堂、参加家庭聚会、然后是上学和休闲活动。所有这些从周一至周五的活动都要求人们不断地去适应变化着的交际背景，有时还要对背景进行选择，甚至改变环境以适合自己的需要。Reynolds（1991）认为，双语人具有更强的适应变化着的环境的能力，因为他们具有分开的语言环境的经历和（有时）更为广泛的社会和文化环境。支持这些理论的证据来自对双语人不断增加的交际敏感力的研究。

"经验"理论认为，智力的行为是可变的因素，它取决于人们对某种情景经历的程度。智力的行动是通过对新环境有效的适应来实现的。当行为较早地而不是较晚地变为一种自动的和习以为常的行动时，才会产生有效的结果。"自动化"使认知的资源更为合理地分配到对新情况和新挑战进行加工的过程中。根据 Reynolds（1991）的理论，双语人较早的两种语言和在两种语言间的转换，使他们能更轻松地自动处理语言工作，将认知资源用于不太熟悉的语言需求。

"因素"理论涉及智力行为的某些内在过程。首先，这些过程包括了一些实施、控制和监控信息处理过程的"不定因素"。由于双语人必须对两种语言系统实施控制和监控，所以"不定因素"就更可能是一种进化的、有效的系统。

第二，存在各种"表现成分"，它们执行"变化成分"设计的各种计划。双语人可能因这些表现成分而具有某种优势：

"掌握两种语言导致了语词选择的更大使用，并且增加了把语言作为认知规则工具的使用。两种相互锁定的语言代码表现系统为完成语词任务提供了双份的资源……同样，在学习两种语言时，也更多地使用了学习策略。"（Reynolds，1991：167）

第三，Sternberg（1985，1988）的"因素"理论还包括"知识获得"因素。这些因素将新的信息译成代码，然后再把旧的、记忆中的信息与刚接收的新信息进行比较，使智力功能成为可能。Reynolds（1991）认为，双语人的双重语言系统可以使信息的接收变得更为容易和流畅。双语人的任何一个语言系统都可以吸收新的信息。有时候，双语人或许有双重的机会去获得新的信息，因为他们有两套现成的词汇和语词的记忆系统。

调查结果的局限

双语与认知功能领域的研究常常存在一些方法论上的问题。在做出结论之前，一定要切记该领域研究的局限性。首先，研究工作应当把单语人除了语言外的其他所有变量都与双语人进行比较。这才能用双语而不是任何其他因素来恰当地解释两个群体间的差异。虽然有些研究确实为了避免其他解释的存在而做了努力，比如将条件相似的学生进行比较，或运用统计学方法的共变性进行分析，但是这些研究还是漏掉了一些能够提供其他解释的因素。这些因素包括儿童的动机、父母的态度、教育经历、家庭及社区的文化。它们也许构成了许多调查结果的其他解释，而不是，或也可以是双语的其他解释。

第二种批评意见关系到这类研究中所使用的双语人的本质。发现认知优势的研究者们的研究对象主要是"平衡双语人"。那么，平衡双语人是否能代表所有的双语人呢？MacNab（1979）认为，双语人是一个特殊的、具有个人特点的社会群体，他们学会了一种第二语言，因此有两种文化背景，所以双语人在某些主要方面不同于单语人。例如，那些希望子女具有两种文化和两种语言的父母，会重视发散性思维的技能，鼓励儿童进行创造性思维，培养他们的玄妙语言技能。双语儿童的父母也许是那种想要加速发展其子女的语言技能的人，这类父母与单语儿童父母不同，他们也许想先开发其子女的语言能力。尽管这种情况并没有减少双语人具有某些认知优势的可能，但是却提醒我们在决定什么是最主要的因素时，要格外小心。或许主要的不仅仅是语言因素，其他非语言因素或许同样具有影响力。

第三，是鸡与蛋的问题。我们必须再次注意"原因与结果的关系"。究竟谁在先谁在后？在该领域的研究中，多数人认为先有双语并且双语是认知上的有利条件的原因。认知力不会作为原因环节而提高语言学习的质量，语言学习与认知力的发展或许同时在起作用，其中一个既促进又引起另一个的发生。简单的因果形式是不存在的，语言与认知的关系更可能是一个不断的相互作用的过程。然而，由于使用了精细的统计学方法，Diaz（1985）认为，双语更有可能是增加认知力的原因而不是结果。根据目前的研究成果，这似乎是一个公认的结论。

第四，要搞清"哪种类型的儿童具有认知上的有利条件"？这是一个涉及到能力全面的儿童是否具有双语的那种认知优势问题。低于一般认知力水平的儿童是否同样具有双语的优势？在研究中确实存在着一种以中产阶级的儿童，尤其以认知能力较高的儿童作研究对象的趋势。然而，Rueda（1983）通过语言测试的定向分析（参见本章先前内容）发现，能力较低的双语儿童（智商分数在51–69之间的）往往认知上不具有超过"条件相当的"单语人的优势。需要对 Rueda（1983）的理论进行仔细的研究，因为它暗示了不但一般能力和能力较高的儿童可以具有认知上的优势，能力较低的儿童也许同样具有这种优势。

第五，在对这些研究理论进行评述时，我们需要考虑到研究人员的期望及他们的思想意识。Rosenthal（1966）的理论表明，"实验人员的期望"能够影响到人和动物的研究结果与效果。正如 Hakuta（1986）建议的那样：

"对双语与智力的关系和负面效应突然转为正面效应的原因的详细叙述，必须要检查研究人员的研究动机以及在研究方法上更传统的考虑问题的因素。"（P. 43）

这些作者的假设和喜好是否已经悄然潜入他们的研究中，并且影响到其研究的结果和对结果的说明？在心理测试和样本的选择上，是否已经存在着一种在双语认知功能中找寻一些积极结果的固有的偏见?

最后,我们要问那些因双语而在思维上获得的明确的好处是暂时性的还是永久性的?大多数研究都倾向于使用学龄儿童作为研究对象。对双语人和单语人认知功能的研究几乎没有涉及到 17 岁以后的人。双语是否在童年的早期促进认知的发展而单语人会在较晚的时候迎头赶上呢?认知优势是否只表现在年龄较小的儿童身上而不是年龄大的儿童身上?或这种优势是一种添加的、累积的和长期的优势?某些优势很可能是暂时的优势(例如,语言的敏感性、区分语言和语义的能力),年龄和经历会最终使双语人和单语人具有相同的认知能力。但是,就认知风格(比如,发散性和创造性思维)和交际的敏感性而言,其效果也许是更为稳定和长期的。

结 束 语

对认知功能与双语的研究回顾表明,两种极端的结论都是站不住脚的。认为双语无疑带来了认知上的优势的结论,没能考虑到各种其他的批评意见和这个领域研究的局限性。这种结论同时没有认识到这样一些调查结果的存在(如,有关记忆的),即双语人有时在某些方面比不上单语人(例如,Ransdell 和 Fischler,1987)。然而,对所有的研究持否定态度的结论,没有认同绝大多数研究人员的意见,即在双语和认知功能之间往往存在着一些积极的联系。尽管没有足够的证据以满足怀疑论者的要求,但是这些证据确实证明双语人在某些方面有超过单语人的优势。

建 议 读 物

BAKER, C. 1988, Key Issues in Bilingualism and Bilngual Education. Clevedon: Miltliangual Matters.

BIALYSTOK, E. (ed.) 1991, Language Precessing in Bilingual Children. Cambridge: Cambridge University Press.

HARRIS, R. J. (ed.) 1992, Cognitive Processing in Bilinguals.

Amsterdam: North – Holland.

PADILLA, R. V. and BENAVIDES, A. H. (eds.) 1992, Critical perspectives on Bilingual Edcuation Research. Tempe, AZ: Bilingual Press.

复习及研究题

(1) 根据下面的内容，写出简短的复习笔记

(i) 双语与发散性和创造性思维的关系；双语与玄妙语言的关系；双语与域依存和域独立的关系。

(ii) 双语与思维之间存在一种积极性联系的研究结果的局限性。

(2) 玄妙语言意识是什么意思？去图书馆找一些有关玄妙语言意识的参考书，记下有关玄妙语言的定义及各种测验的内容。

(6) 双语人具有认知优势，这种结论的局限性是什么？你认为这种结论在何种程度上是合理的？

研 究 活 动

(1) 找一个你认为是双语人的学生或教师，请他们谈谈双语与思维的关系，他们是否认为这种关系给他们带来了一些优势或是一些不利条件，将他们的例子收集起来，并加以说明。

(2) 使用本章的一个测验或一个实验，选择一个学生（或一组学生）进行测验，例如，请他们说出一块砖或一个纸箱有几种用途。对那些双语能力较强和较弱的学生的答案进行比较，找出这些答案在质和量上的差别。

第九章 双语的认知理论与课程设置

导 言

前面两章考察了双语与智商的关系（第七章）和双语与认知的关系（第八章）。这些章节立足于研究的结果并最终解释了双语与认知过程和认知结果之间可能存在的积极的联系。本章将延伸这些理论的讨论，首先讨论一个有关语言和认知功能的"幼稚的"理论；然后我们再对一个有关双语和认知的理论的形成做一番考察。最后讨论这个逐步形成的理论是如何具有直接的课程含义的。

天 平 理 论

前面的章节曾注意到有关双语与认知功能的研究、有关双语与教育成就的研究，常常认为双语人在能力上和成就上低于单语人。这就牵扯到一个幼稚的双语埋论，该理论将两种语言描绘为共同放在一个天平上的两个东西。画面是一个天平，第二语言的增加以第一语言的减少为代价。另外一个幼稚的图画理论与早期的研究有密切的关系，这就是存在于头脑中的"两个语言气球"理论。这张图画将单语人描绘成一个充满气体的气球，而双语人则被说成是具有两个气体不足或只充一半气的气球。当第二语言的气球被充进更多的气体时（例如，美国的英语），第一语言的气球在体积上就会变小。当一个语言气球增加时，另一个就会减少。

似乎许多人在直觉上都认为这种双语与认知的天平和气球图画理论是可以接受的。许多父母和教师、许多政治家和大多数的民众似乎潜在地、下意识地认为这张气球图画是双语功能的最好说明。

Cummins（1980a）将它称为"双语的潜在能力的分离模式"。这个模式有两种各行其事的语言系统，其间互不往来，而且对语言的"容纳"也是有限的。

看似合理的事，在心理学上并不一定行得通。尽管天平与气球理论言之成理，但是它们都与证据不符。像第八章所总结的，如果儿童是平衡双语人，有证据表明作为双语人在认知上具有的是优势而不是劣势。同样，第十一章将会表明，与淹没型教育和单语教育相比，某种双语教育（如，早期完全浸没型教育，传统语言教育、双语教育）的结果似乎会体现在表现能力方面上的优势（如，两种语言的表现能力方面和一般课程的表现能力方面）。

研究同样表明，认为大脑只有一个有限的语言技能空间的假设是错误的，这样的空间更适宜于单语状态。有证据表明（参见第五、第八章），大脑的有用空间不仅足以容纳两种语言，而且可以容纳更多的语言。天平理论，即一种语言的增加以另一种语言的减少为代价的理论，与现有的证明资料不相符。本章后面提供的一些画面，较好地囊括了一些研究结果。

天平或气球理论还有另一个错误的见解，因为这种理论认为第一语言和第二语言在大脑中被保存在两个分开的"气球"中。有关的证据却相反，它表明语言的属性在认知系统中不是分开的，而是在没有阻碍的条件下相互作用和转移的。例如，在使用西班牙语上课时，不单是向大脑中的西班牙语部分提供信息。又如，在用英语讲授其他课时，他们也不单是向大脑中的英语部分提供信息。相反，使用一种语言教授的课程，可以轻松地转移到另一种语言中去。用西班牙语教儿童乘法，或用英语教儿童使用字典可以使儿童轻松地将乘法或字典的使用转移到另一种语言中，你不必重新用英语教儿童乘法。数学上的概念可以轻松地被立即用在英语或西班牙语中，只要这两种语言有足够的发展。两种语言间的这种转换产生了另外一种理论："共同的潜在能力"理论。

冰山的比喻

Cummins（1980 a，1981）的双语"共同的潜在能力模式"可以被形象地比喻为两座海平面上分离的冰山。即在谈话时，两种语言看来是有区别的，但在海平面以下，两座冰山是连在一起的，因此两种语言是相互作用的。两种语言系统通过同一个加工系统运行。

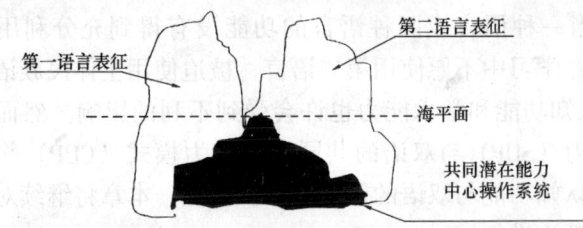

```
        第一语言表征        第二语言表征
                                    海平面
                        共同潜在能力
                        中心操作系统
```

"分开的潜在能力"（SUP）与"双语的共同潜在能力模式"（CUP）因此而被区分开来。前者（SUP）涉及本章前面提到的"两个气球"的想法，后者（CUP）则与冰山的概念有关。双语的"共同潜在能力"模式可以归纳为六个方面：

（1）无论人们使用哪种语言，那个伴随着听、说、读、写的思想却是出自于同一个中心引擎。当人们拥有两种或两种以上语言时，头脑中只存在一个统一的思想源头。

（2）之所以有双语和多语现象，是因为人们能够轻松地存储至少两种语言。人们同样能相对轻松地运用至少两种语言。

（3）信息加工能力与教育成就可以通过两种语言也可以通过一种语言而得到发展。认知功能与学校成绩可以通过单语的渠道而得到支持，它们同样可以成功地通过发展的双语渠道而得到支持。这两种渠道支持同一个中心处理器。

（4）儿童在课堂上使用的那种语言需要得到充分的发展以满足课堂的认知要求。

（5）第一语言和第二语言的听、说、读、写有助于整个认知系统的发展。但是，如果迫使儿童使用不太成熟的第二语言（例如，在"淹没型"教学中），认知系统则不会充分地发挥作用。如果儿童在课堂上被迫使用水平很差的第二语言,面对复杂课程的学习内容,他们可能在质量和数量上很难达到理想的水平,而在口语和书面表达方面的表现也许更糟。瑞典学校中的一些芬兰儿童就曾遇到过这种情况,那些孩子被要求使用瑞典语(Skutnabb - Kangas 和 Toukomaa,1976)。这些儿童在用芬兰语和瑞典语教授的课程中的表现往往是很差的,因为他们这两种语言的发展不足以应付所规定的课程内容。

(6) 当一种语言或两种语言的功能没有得到充分利用时(例如,由于在学习中不愿使用第二语言,被迫使用主体民族语言取代母语),认知功能和学术能力也许会受到不利的影响。然而,分开的潜在能力(SUP)与双语的共同潜在能力模式(CUP)并没有完全总结出认知功能与双语的研究结果。因此,本章将继续对其他更为复杂的理论进行探讨。

门 槛 理 论

几项研究表明,儿童越是接近平衡双语水平,获得认知优势的可能性就越大(e. g. Cummis 和 Mulcahy,1978;Duncan 和 de Avila,1979;Kessler 和 Quinn,1982;Dawe,1982,1983;Clarkson,1992)。因此问题就变成了"在何种条件下,双语具有认知上的积极的、中性的或消极的效果?"某人要在两种语言的阶梯上走多远才能从双语中获得认知优势?

有一种理论部分地总结了认知与双语水平的关系,这种理论被称为"门槛理论"。Toukomaa 和 Skutnagbb - Kangas(1977),Cummins(1976)首先对该理论做出了推断。他们认为两个门槛的思想是对认知与双语研究的最好解释。每一个门槛都是会对儿童产生影响的一种语言能力水平。儿童要达到的第一个门槛的水平是避免双语的负面影响,第二个门槛水平是需要经历双语可能带来的积极作用。因此,这样的一种理论对哪些儿童可能获得双语在认知上的好处做了限定。这种理论同时表明儿童会从双语实践中获得有害的结果。

门槛理论可以被比喻成一所三层楼的房子(见下图)。

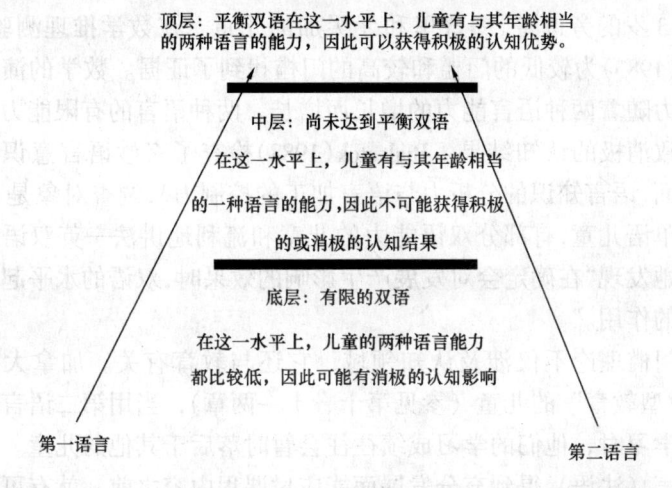

第九章 双语的认知理论与课程设置

```
                顶层：平衡双语 在这一水平上，儿童有与其年龄相当
                的两种语言的能力，因此可以获得积极的认知优势。

                    中层：尚未达到平衡双语
                  在这一水平上，儿童有与其年龄相当
                  的一种语言的能力，因此不可能获得积极
                  的或消极的认知结果

                      底层：有限的双语
                  在这一水平上，儿童的两种语言能力
                  都比较低，因此可能有消极的认知影响

   第一语言                                              第二语言
```

在房子的一面搭上两种语言的梯子，说明儿童会沿梯而上，而不是停留在地面上。在房子的"底层"是那些当前两种语言的能力尚未得到足够发展或相对能力不足的儿童，特别是与同龄儿童相比的时候。如果两种语言的能力处于较低的水平，其效果可能是消极的和有害的。例如，一个不能用任何一种语言来应付课堂学习的儿童，在对信息进行加工时会遇到很大的困难。处于二层的儿童，其语言能力达到了"中等水平"，但只是其中一种语言而不是两种语言的能力与其年龄相符。例如，虽然能在课堂上使用两种语言中的一种，但却没有能力使用他们的第二语言的儿童则处于第二层。在这个水平上的儿童，属于有部分能力的双语人，他们的认知水平与单语儿童相比几乎没有什么区别，因此他们不可能反映出积极或消极的认知结果。在房子的最高处，也就是在"三层"的儿童大概就是"平衡的"双语人。具有这种水平的儿童，至少两种语言能力的发展都与其年龄相符。例如，他们可以用任何一种语言去应付课程的需要。在这个阶段上，双语的积极认知优势才能显露出来。如果某个儿童两种语言能力都与其年龄相符，他或许就具有超过单语儿童的认知优势。

Bialystok(1988)，Clarkson 和 Galbraith(1992)，Clarkson(1992)和 Dawe(1983)的研究成果支持了门槛理论。Dawe(1983)的研究检查了

11–13岁的旁遮普、墨普里和牙买加的儿童。在数学推理测验中，Dawe(1983)为较低的门槛和较高的门槛找到了证据。数学的演绎推理能力随着两种语言能力的增长而增长。两种语言的有限能力可能会导致消极的认知结果。Bialystok(1988)检查了玄妙语言意识的两个方面(语言知识的分析力与语言加工的控制力)，调查对象是6–7岁的单语儿童，有部分双语能力的儿童和流利地讲法—英双语的儿童。她发现"在确定会对发展产生影响的效果时，双语的水平起着决定性的作用。"

门槛理论不仅涉及认知领域，它还与教育有关。加拿大接受"浸没型教育"的儿童（参见第十、十一两章），当用第二语言进行课程学习时，他们的学习成绩往往会暂时落后于其他的儿童。在第二语言（法语）得到充分发展而能应付课程内容之前，就有可能存在这种暂时的落后现象。当法语能力发展到能够应付课堂的概念性工作时，"浸没型教育"就不可能对学习成绩产生有害的影响。实际上，这种浸没型教育的经历似乎可以使儿童到达房子的第三层，获得积极的认知优势。

"门槛理论"同样有助于总结通过第二语言接受教育的少数民族语言儿童(如，美国的移民儿童)有时未能充分发展第二语言能力(如，英语)，未能受益于弱式双语教育的原因。例如，这些儿童低下的英语水平限制了他们应付课程学习的能力。因此，与淹没型和过渡型双语教育相比，那种允许儿童使用他们更发达的传统语言的"继承语言计划"，可以使儿童有更出色的表现。

在准确定义儿童必须依次达到的语言水平方面，"门槛理论"存在着问题：儿童首先要避免双语的负面影响，然后才是获得双语的积极优势。问题是我们并不清楚达到了什么样的语言"高度"，天花板才能变成地板。实际上，如果过渡是渐变的或平稳的，那么危险就在于人为地搭建"关键的阶段"或水平。

理论的发展

根据"门槛理论"，产生了一系列更为精确的双语理论。"门槛理论"的第一步进化讨论了双语人两种语言间的关系。为此,Cummins (1978) 提出了"互相依存"的发展假说。

Cummins 的假说认为,儿童的第二语言能力部分地依赖于已经达到的第一语言能力。第一语言越发达,发展第二语言能力也就越容易,如果第一语言处于较低的发展阶段,双语的实现就会更为困难。

与此同时,在 70 年代出现了一种区分表面流利与受益于教育过程所必须的更需潜移默化的语言技能理论。简单的会话技能(例如,能够与店主进行简单的会话),可能掩盖了儿童的课堂认知与学术所需要的语言能力的相对不足。Cummisn (1984a, 1984b) 将这种区别表达为"人际交流的基本技能 (basic interpersonal communicative skils BICS)"与"认知/学术语言能力"(cognitive/academic language proficiency CALP) 间的区别。据说 BICS 的发生得到了语言传递的上下文和其他条件的支持。例如,面对面的"固定上下文"的情景提供了非语词条件的支持,以确保相互间的理解;向眼神和手势、及时的反馈、暗示和线索又支持了语词语言。另一方面,CALP 据说是发生在"上下文减少"的学术场合。

当需要更高层次的课堂思维技能时(如,分析、综合评价),语言与意思丰富的、有支持效果的上下文是"脱离的"。这样的"脱离"状态常被称作"上下文的减少"。下面的例子说明了 BICS 与 CALP 在课堂方面的区别。儿童要回答这样的数学问题:"你有 20 块钱。你比我多 6 块线。我有多少钱?"具有较高 CALP 水平的儿童会正确地将这个问题理解成 20 – 6 等于 14。而处于 BICS 水平的儿童也许会将"多"字理解为"增加"(add – up),而得出错误的答案 26。BICS 的儿童可能把"多"想成了用在一般会话中的"多"。但是,在数学课上需要用数学上的提问词去理解这个"多"字。

冰山这个比喻形象地描述了 BICS 与 CALP 的区别(见 Cummins, 1984b),在水面之上是诸如理解与说话的语言技能,在水面之下是分析和综合的技能。在水面之上是语音,词汇与语法的技能,在水面之下是意义和创造性组合的更深层的、微妙语言技能。

下面的图表说明了这种问题。

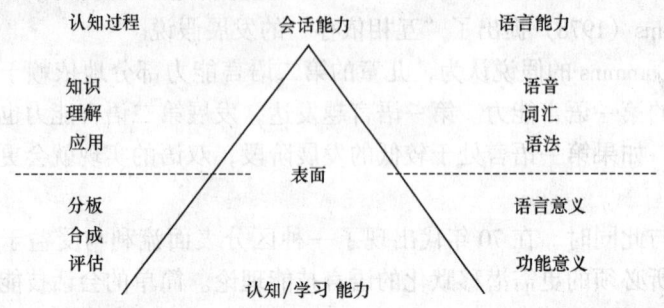

```
认知过程            会话能力              语言能力
       知识           /\                  语音
       理解          /  \                 词汇
       应用         /    \                语法
  ----------------/  表面 \----------------
       分板       /        \             语言意义
       合成      /          \
       评估     /            \           功能意义
              /              \
                  认知/学习 能力
```

在结束对 BICS/CAIP 区别的讨论之前，有必要谈一谈它的局限性。

（1）BICS/CALP 之间的区别虽然有直觉上的吸引力并且看来确实适用于第二语言讲得似乎很流利的儿童，但是使用那种语言来应付课程却是束手无策。它所描述的仅仅是两个阶段的思想，而考虑到诸多的语言能力层面也许是更为准确的概念。成人和儿童语言能力在各方面的提高是用滑动尺度而不是大幅增长的概念来表示的。这种提高像逐步增大电视机的音量一样，是一种渐进的语言能力发展过程。Harley 等人（1987，1990）的研究表明，双语人的语言能力是潜移默化的、运动的、相互作用和复杂的。语言能力不是事物简单的两个方面，不能轻易地将其割裂开来，因为语言能力不是处于静止状态的。

（2）这种区别虽然使对先前的研究（例如，Wong Fillmore, 1979, Snow 和 Hoefnagel–Hohle，1988；Cummins, 1984b）的理解和解释成为可能，但是 BICS 与 CALP 间的区别缺乏直接的实验性证据的支持。Martin–Jones 和 Romaine（1986）对测试这种区别的可能性表示了怀疑。BICS 与 CALP 间的区别并没有表明这两个概念是如何被准确定义和测试的。因此在研究中这种区别便很难操作。例如，CALP 中提到的一些能力涉及了文学的具体文化类型。这也许很难进行有效的和全面的评估。

（3）像 BICS 与 CALP 这类术语往往是不准确的，有着太多的意思，而导致了过分的层面划分、简单化和滥用。这些带有假设色彩的术语会被无意地认为是真实的存在，会将现实过分地简单化。这些术语也许会将学生分成三六九等。

（4）语言发展与认知发展间的关系不是一种明确的或简单的关系。它不是这样一个简单的事情：两者中一个的发展是另一个的直接结果，认知与语言习得之间的关系受各种其他因素的影响（如，动机、学校、家庭、社区）。语言能力关系到个人的整体环境，而不单是认知技能。

BICS 与 CALP 之间的关系有助于说明许多少数民族语言儿童教育制度的相对失败。例如，美国的过渡型双语教育计划旨在使学生获得足够的英语能力以便同学之间、同学与教师之间能够在主流教育中进行交流，并能将这种语言能力用于课程的学习。由于达到了表面流利的程度，他们或许可以转入主流教育。决定这种转入的原因是这些儿童似乎已经具备了应付主流教育的足够的语言能力（BICS）。Cummins（1984a）所讲的 BICS 与 CALP 间的区别对为什么儿童在主流教育中往往失败做出了解释。他们的认知和学术语言能力没有达到应付课程所需要的发展程度。Cummins（1984a）认为，儿童双语教育中最重要的东西是"共同潜在能力"得到充分的发展，即儿童的语言—认知能力需要获得足够充分的发展以应付课堂的课程加工过程。这种潜在的能力可以是第一或第二语言的发展，也可以是两种语言的同时发展。

该理论的进一步发展提出了两个方面的问题（Cummins, 1981b, 1983b, 1984b），下面的图表说明了这个理论：

非认知要求交际

	第一区	第二区	
固定上下文的交际			上下文减少性交际
	第三区	第四区	

认知要求实际

这两个方面的问题都与交际能力有关。"第一个方面"是指一个学生能够得到的上下文支持的总量，当有很大程度的交际支持时，尤其是通过身势语言的支持，"固定的上下文交流"便可以实现（Argyle，1975）。例如，人们可以通过指点物体、利用眼神、点头、手势及语调发出或收到大量的线索和暗示，来帮助理解信息的内容。

两个语言不同的儿童似乎可以通过手势、非语词性支持和身体动作而达到很好的交流效果便是固定的上下文交流的例证。两个操不同语言儿童毫无障碍地在一起玩耍是屡见不鲜的事。而"上下文减少性交流"场合所发出的信息很少带有提示。句中的单词在传达意思时几乎是单独存在的。上下文减少的交流的例子常常发生在课堂上，这里信息的意思被限定在词语中，教师或课本使用的词汇细微而精确地表达了各种意思。

"第二方面"指的是交流所需要的认知要求的水平。"要求认知能力的交流"可以发生在课堂上，在这里需要快速地处理大量难度较大的信息。而"没有认知能力要求的交流"只需要人们掌握能够进行简单交流的足够的语言技能。比如在街上、商店或体育馆的谈话，其信息的加工过程相对来讲是简单和容易的。

表面流利能力或是基本人际交流技能将适应第一项（见图），即 BICS（基本人际交流技能）的上下文是固定的。语言的使用不要求认知能力。在认知上和学术上更为高级的语言（CALP）适用于第四项（上下文的减少与要求认知能力）。Cummins（1981b）的理论认为，在第一项中的第二语言能力（表面流利能力）的发展相对独立于第一语言表面流利能力。而上下文减少的、要求认知能力的语言交流能力的发展则是相互依赖的，两种语言的一种或两种语言以相互作用的方式都会促进其发展。因此，该理论认为当儿童具备了足够的第一或第二语言能力在上下文减少的、要求认知能力的课堂状况中进行学习时，双语教育才会获得成功。Cummins（1981b）认为，儿童要达到上下文固定的第二语言流利水平经常需要一至两年的时间，达到获得上下文减少状况下的语言流利水平，则至少要花五至七年的时间，下面的图表便说明了这种情况。Hakuta 和 D'Andrea（1992）对美国藉的墨西哥人进行了研究并发现"要用八年的时间英语才能达到当地人的水平。"这刚好与Cummins（1984）所估计的要全面获得第二语言的能力，需要五至七年的数字相一致，这一数据来自对加拿大各个民族第一语言人的调查"（P. 96）。

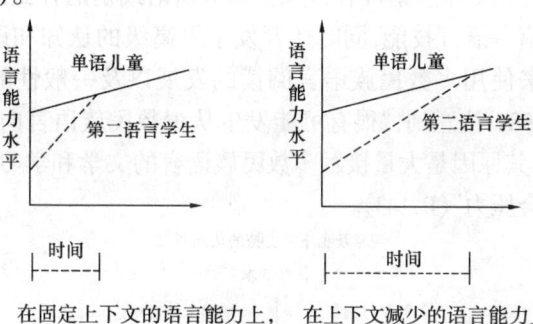

在固定上下文的语言能力上，第二语言学生大约要用两年时间达到和单语人相同的语言能力。

在上下文减少的语言能力上，第二语言学生大约要用5—7年时间才能达到和单语人相同的语言能力。

在第二语言中具备谈话能力的儿童会给人一种假象，似乎他们已经做好接受使用第二语言进行教学的教育准备。Cummins（1981b）的理论表明，课堂语言处于上下文固定的操作水平的儿童也许不能理解课程的内容，不能从事更高级的课堂认知加工，诸如综合、讨论、分析、评价和解释。

这个两面的模式有助于解释各种研究结果：

（1）在美国，当少数民族儿童似乎具备了英语的会话能力时，他们便可以从过渡型双语教育计划转入英语为惟一语言的学校学习。然而这些儿童在主流教学中的表现往往不尽人意。该理论认为其原因是这些儿童英语（或家庭语言）的能力还不足以应付需要更多的认知能力和更强的学术能力的环境。

（2）加拿大接受浸没型双语教育的学生往往在短期内落后于他们的单语同学。一旦他们获得了足够应付要求认知能力和上下文减少的环境的第二语言能力，通常他们就会赶上其他同学。

（3）对那些被允许在小学中部分或大部分使用他们的少数民族语言的美国、加拿大和欧洲的儿童所进行的实验表明,这些儿童在学习成绩或多数民族语言能力上并未遇到阻碍。由于使用自己的少数民族语言,他们相对成功地开发了要求认知能力和上下文减少的课堂环境中的能力(Secada,1991)。当第一语言能得到充分发展时,这种能力便开始转向多数民族语言。儿童用其第一语言学习阅读,如用威尔士语、盖尔语、爱尔兰语、西班牙语、弗里斯语或别的什么语言,不仅仅是发展了第一语言技能,同时还开发了更高级的认知和语言技能,这有助于将来使用多数民族语言阅读的发展以及一般性的智力开发。Cummins(1984)注意到,"很有可能发生从少数民族语言向多数民族语言的转变,其原因是大量接触多数民族语言的文学和学习这种语言的强大的社会压力"(P.143)。

课堂及上下文支持的认知要求

认知要求

上下文固定	上下文减少
解释与调整	情感上的反映;
寻找解决问题的方法	计论书写语言的方法、
绘声绘色地将故事	风格和习惯;
角色扮演	把书本上的新知识和
运用简单的测量技巧	已有的知识联系起来;
	读书并计论书中内容;
给出绘画指令	听新闻。
根据讲的或读的故事写书	描写听到或在电视上看到的故事
谈论今天的天气	听录音中的一段故事或一首诗
与人打招呼	背诵儿歌

无认知要求

课程相关性

儿童在课堂上所表现出的以前学到的知识,是教学工作的重要出发点。教师可以根据儿童的知识、理解和经历的蓄积建立一个有意义的上下文(Robson,1995)。例如,有的时候儿童会从教师讲的故事中学到比听语言录音学到更多的东西。当教师借助手势、图片、面部表情及其他动作技能绘声绘色地讲故事时,这个故事就比听录音具有更强的上下文固定性。让儿童谈论所熟悉的事情,需要较少的认知能力;让儿童谈论与文化或学术有关而自己又不熟悉的情况,需要较多的认知能力,这意味着任何为双语儿童所准备的课程都必须考虑到下面的几个问题:

(1) 课程任务对儿童的要求;课程本身固有的认知要求(像单个儿童所感觉到的);课程所要求的"进入技能"。下面的图表讲解了这个问题:

(2) 为儿童提供的课程形式(上下文固定或上下文减少的程度);哪种形式的教学对儿童是有意义的;直观教具、示范、模式、计算机、口头和笔头指示的运用;教师的协助和程度。

(3) 儿童的语言能力。

(4) 儿童以前的文化与教育经历和知识,个人的学习风格与学习策略;希望与态度,信心与主动性;儿童对课程类型的熟悉程度。

(5) 大家认可的能够成功地进行学习的证据;达到完全掌握或近乎具有充足能力的要素;"形成性"与"总结性"评定的恰当形式(见第十三章),这种形式可以是手势的、行动的(例如,搭建一个模式),图画的、口头和笔头的(Robson, 1995)。

下面列举一个运用两个方面制定恰当的"教学策略"的事例。(参见 Frederickson 和 Cline, 1990)

一位教师希望一组学生学会如何测量高度并理解高度的概念。下面所引出的是一些教授高度的教学策略。之后是一张将这四项策略置于两方面之中的图表。

一对一的教学,使用不同的物体测量高度(1)

在教室面前,教师使用不同的物体做示范(2)

教师不使用任何物体而作出口头说明(3)

读出工作卡上没有任何图片的说明(4)

下面的图表表明,教授高度的例子可以通过能力的两个方面加以说明。一对一的单独教学对应的是上下文固定的,不要求认知能力部分的某一区域。工作卡的使用也许更接近于上下文减少、要求

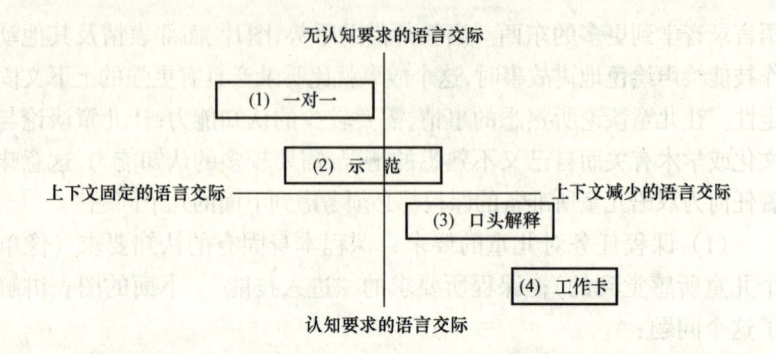

```
                    无认知要求的语言交际
                    ┌─────────────┐
                    │ (1) 一对一   │
                    └─────────────┘
                    ┌─────────────┐
                    │ (2) 示  范  │
                    └─────────────┘
上下文固定的语言交际 ─────────┼───────── 上下文减少的语言交际
                    ┌─────────────┐
                    │ (3) 口头解释 │
                    └─────────────┘
                         ┌─────────────┐
                         │ (4) 工作卡   │
                         └─────────────┘
                    认知要求的语言交际
```

认知能力的区域、示范和口头说明大概位于图表中从"左上方"到"右下方",介乎于单独教学与工作卡之间。图表中这些教学方法的准确定位会因教师、题目、学生和课程的不同而有所变化。这个例子表明,能力的两个方面在检查针对双语儿童的教学方法时,不失为一种有价值的手段。这两个方面在对课堂评定的正确方法进行分析时同样是有帮助的,它有助于将注意力集中在与任务有关的课程评定上,这种评定较之正规的参考性测试对双语儿童来讲更为公平和准确。想要核对在测量高度时儿童的进步情况,教师可以做出选择,例如:

- "观察"儿童在测量一个新物体的高度时的表现(1)
- 要求儿童在测量新物体的同时作出"现场解说"(2)
- 要求儿童写出测量过程的报告(3)
- 抽象地讨论高度的概念(4)

在设计这四种评定方法时(见下图),每种方法在图中的位置将随任务和测试步骤的不同而变化。依据学生、教师、题目和测试的情况,在图中的四个区域都可以被"填满"。将上面的两张图表进行比较也是有价值的。所采取的教学与学习的方法可以对评定的形式产生很大的影响,即,假如上下文固定、不要求认知能力的学习策略被用于某个儿童,那么评定也许会在几条相同的线上进行(例如,对儿童行为观察)。同样,上下文减少的、要求认知能力的学习策略意味着"相应的"评定方法(如,讨论)。

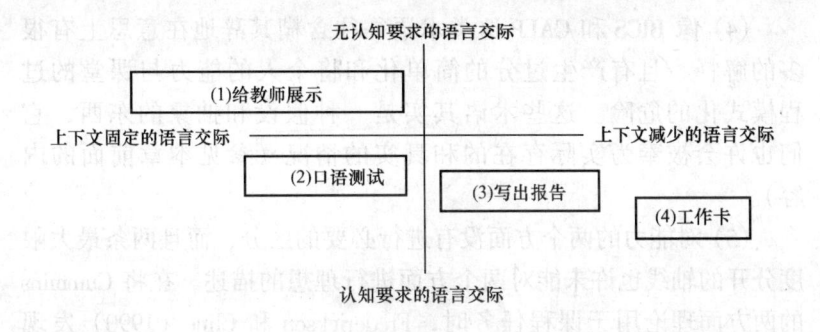

```
                      无认知要求的语言交际
                            │
         ┌─────────────┐    │
         │(1)给教师展示│    │
         └─────────────┘    │
上下文固定的语言交际 ─────────┼───────────── 上下文减少的语言交际
                            │
         ┌─────────────┐    │  ┌─────────────┐    ┌─────────────┐
         │(2)口语测试  │    │  │(3)写出报告  │    │(4)工作卡    │
         └─────────────┘    │  └─────────────┘    └─────────────┘
                            │
                      认知要求的语言交际
```

批 评 意 见

对于 Cummins（1981b）语言与认知间关系的理论，存在着一些批评意见。这些主要来自于 Edelsky 等人（1983）、Martin – Jones 和 Romaine（1986）、Rivera（1984），Frederickson 和 Cline（1990），Robson（1995）的批评，可以大致归纳为以下几点：

（1）Cummins（1981b）的早期理论人为地孤立了双语人的认知或课堂经历的某些因素。双语的获得或双语教育与学习成绩的关系中有许多其他因素，不单纯是该理论所提出的因素。这种早期的理论讨论的主要是个人和心理学的问题。双语与双语教育需要考虑到其他的可变因素：文化、社会、政治、社区、教师的期望以及家庭因素等，所有这些可变因素都有助于双语作为个人现象和社会现象的解释。

（2）Cummins（1981b）的理论往往将占主导地位的、中产阶级的成就标志作为教育成功的标准。因此对语言技能、读写能力和正规的教育成就给予了特别的关注。这种理论从一开始就没有考虑到教育所带来的其他结果，比如自尊的增加、社会地位的提高、情感的丰富、发散性与创造性的思维、对学习的长期态度、就业及品德上的休养。

（3）事后对各种研究结果的解释产生了该理论。理论框架的构建需要直接的实验性调查和确认，从而涉及不同的文化、国家、时期和教育传统。

(4) 像 BICS 和 CALP 这类术语往往含糊其辞地在意思上有很多的解释，且有产生过分的简单化和将个人的能力与课堂的过程模式化的危险。这些术语其实是一种假设和抽象的东西，它们也许会被奉为实际存在的和真实的情况（参见本章前面的内容）。

(5) 对能力的两个方面没有进行必要的区分，而且两条最大限度分开的轴线也许未能对两个方面进行理想的描述。在将 Cummins 的两方面理论用于课程任务时，Frederickson 和 Cline（1990）发现"要想将'认知'与'上下文'区分开来是很难的"。在某些情况下，沿上下文方面的移动实际上是依据对角线转变的模式来描述的（图表中是从左上方至右下方的移动），因为在实践中发现，在使任务或指示具备较强的上下文固定性的同时，某种程度上对认知的要求也就越少。同样，认知要求中的变化会使目前的任务带有更大的上下文的固定性。

(6) 当双语儿童在学习中似乎碰到困难时，教师可决定将任务简化至更小的或单独的步骤，这种策略是课程的行为目标法或任务分析法的一部分。它有时会为课程任务带来无意义的上下文，上下文减少的课程任务会使学习变得更加困难，而不是希望中的更加简单。

(7) 想要在课程教学中做到上下文的固定性，必须在情感上去理解儿童的文化背景，而这种背景本身又是不断地发展和变化的。如果教师习惯地认为儿童的种族经历会导致对未来较低的期望，虽然是一种事与愿违的模式化的看法，但它依然是危险的。

(8) 该理论未能给儿童学习上的认知策略留出余地，也没有照顾到他们的学习风格。

结 束 语

两张图画所描绘的是有关个人两种语言的一些幼稚的理论。第一张图画将两种语言描绘成一只天平秤。第二张图画则将大脑中两种语言的活动描绘成两只毫不相干的气球。这些有误导性的概念又可以被另一些图画所取代，如两座冰山和三层房子。根据两种语言都是发展的观点，个体认知功能可以被视为一个整体，概念和知识可以轻松地在语言间进行转移。现存的上下文支持与某任务中的认知要求的程度会对理解力和思考力产生影响。课堂上有效的认知操作依赖于与之相应的课程任务和语言能力。如果个人想要最大限度地提高课程的学习效率，重要的是具备对需要课堂的上下文支持与认知要求的敏感性。

推 荐 读 物

CUMMINS, J. 1984, Bilingualism and Special Education: Issues in Assessment and Pedagogy. Clevedon: Multilingual Matters.

CUMMINS, J. and SWAIN, M. 1986, Bilingualism in Education. New York: Longman.

RIVERA, C (ed.) 1984, Language Proficiency and Academic Ashievement. Clevedon: Mulitlingual Matters.

复习研究题

（1）就下列问题简要写出复习笔记：
（i）平衡理论、冰山理论和门槛理论的中心思想。
（ii）BICS 和 CALP 之间的区别，这些术语的价值和运用以及对这些区别的批评意见。
（iii）上下文固定的语言交际、上下文减少的语言交际、认知需要的语言交际和无认知需要的语言交际的意思。

（2）本章所提供的课程相关理论是什么？请像本章结尾所给的图表那样举出例子。

（3）用你自己的话给本章使用的属于下定义并讨论它们与你自己经历的相关性。

研 究 活 动

（1）和双语儿童一起观察一个课堂，对教师和不同学生或学生之间的谈话做10分钟的录音。利用143—144页的框架描述并讨论语言的使用。

下篇　双语教育原则与教学实践

本书一至九章在解词说义、心理学和社会学方面论述了双语教育赖以存在的基础。余下的章节将主要讨论双语教育和双语课堂的问题。在上篇中，我们已经考察了一些有关语言的个体性和社会性的基本问题，现在将进一步讨论双语教育的一些问题，并将它们放入更大的社会构架中进行考察。因为双语教育的讨论不能脱离其本身社会、经济、文化和政治背景。

在下篇中，我们将围绕以下几个问题展开双语教育的讨论：

（1）什么样的双语教育形式是更为有效的？

（2）不同类型的双语教育的目的是什么？会产生怎样的结果？

（3）在双语教育中，读写能力和两种语言的读写能力有着怎样的重要性？

（4）语言少数民族儿童需要什么样的读写能力？

（5）双语课堂的主要特点和培养方法是什么？

（6）双语教育中两种语言应当怎样分配？

（7）聋哑儿童的双语教育应当采取什么方式？

（8）我们应当用什么方法来对待双语儿童的特殊需要？

（9）在课堂环境中，如何才能最有效地学会第二语言？

（10）为什么存在关于语言少数民族和双语教育的不同观点？

（11）为什么有些人愿意语言少数民族的同化，而有些人则喜欢语言的多样化？

（12）在文化多元化日益昌盛、种族主义日益衰败的社会中，学校是否能起到一定的作用？

这些问题将在下篇中得到讨论。在第十章，将广泛讨论双语人置身其中的不同类型的双语教育，某些类型的双语教育有助于儿童的双语发展，有些则不然。在讨论中，还将审查各国的一些有关实例。第十章描述了双语教育的类型，而第十一章则分析了不同类型的双语教育的效果，讨论研究的证据，面对不同的观点。如果将这两章作为一个单元来读的话，定会收到更好的效果。

第十二章至第十七章主要讨论双语教育的不同情形，从双语的教育制度一直谈到与课堂有关的一些问题。虽然第十、十一两章对双语教育的一些问题进行了广泛的讨论，但是第十二章至十七章将集中精力考察一些主要的、实际的课堂教学问题。第十二章讨论的是少数民族语言作为主要的教学用语的课堂案例，讨论语言课程及双语课堂上两种语言需要被分开和分配使用的形式。第十三章讨论双语人的评定问题，尤其是语言少数民族双语人的评定；讨论双语特殊教育的话题并分析已经表现出来的语言少数民族儿童学习成绩不理想的原因。第十四章考察如何通过上第二语言课，通过教授第二语言及外语教学来实现双语，同时关注多数民族语言的儿童学习第二语言（少数民族或多数民族语言）的情况。本章还涉及了少数民族语言儿童正规地学习多数民族语言的情况。第十五、十六两章将主要讨论在多元文化社会里的双语儿童的读写能力和两种语言的读写能力的重要问题，并讨论应当向双语人和多种文化课堂灌输什么样的读写能力的问题。

在第十七章中，将讨论存在已久的加拿大浸没型双语教育。这种方法注重教学的策略，它说明成功的教育介入可以促进双语的发展。有关这个领域的研究一直是很严谨的，这种教育类型已经成为具有国际影响的双语教育形式。

第十八章尝试提出两种概括性的思维方法以总结第十至十六章的内容。通过双语教育模式和语言少数民族介入构架的讨论，形成这些章节的总体概念。

第十九、二十章是本书最后的两章，在内容上有着紧密的联系，是对本书的重要总结。双语教育的哲学、政策、方法及实践的问题时常受到政治因素的影响。政治因素贯穿本书的大部分章节，尤其是第三、四、十、十一、十三、十五、十八章，双语教育至关重要的社会政治因素是本书最主要的讨论内容。不同章节的各条主线都汇集在这最主要的两章中，并且假定只要有恰当的双语教育的具体实例便不难充分理解这些政治因素。第十九、二十两章将一些观点与思想放在一起加以讨论，对先前的章节做出广泛的回顾与透视，同化与多元化的关键性讨论贯穿于最后两章，揭示双语的社会学、心理学、教育学问题是如何与更广泛的人个偏见、大众舆论和无处不在的政治观点等问题联系在一起的。

第十章 双语教育绪论

历 史 介 绍

对于双语教育，人们有着许多错觉，其中之一就是以为双语教育是20世纪才出现的现象。在美国双语教育似乎诞生于20世纪60年代。在爱尔兰，人们有时将双语教育说成是1921年的自由爱尔兰国家的产物，威尔士双语教育的历史通常始于1939年，那时成立了第一所威尔士教学用语小学。加拿大双语教育运动的兴起通常以1965年蒙特利尔的圣兰勃特（St Lambert）实验幼儿班的成立为标志。尽管在20世纪发生了这么多事，双语教育的最初形式早在本世纪（20世纪）之前就已存在了。

错误地将双语教育看成是一种当代现象的危险性表现在两个方面。第一，没有认识到以某种形式存在的双语教育至少有5000年的历史（Mackey, 1978），双语与多语现象是"人类社会很早就具有的特征，而社会变迁的某些形式，文化和种族中心主义的发展造成了单语的局限性（E. c. Lewis, 1977: 22）。Lewis（1977.1981）曾描述了双语与双语教育从古代开始，通过文艺复兴时期，再至当代的历史。

第二，存在一种将现行的双语和双语教育与其历史根源相割裂的危险。例如，要想懂得美国、英国和瑞典的双语教育，就必须了解他们的移民历史以及一些政治运动的情况，比如，公民权、教育机会均等与种族融合政策（取消种族隔离主义，种族同化主义）。若想完全懂得爱尔兰和威尔士的双语教育，就要对民族主义的兴起与语言权力运动的情况有所了解，例如，尽管本章将双事教育作为一个单独的概念，但它是更广泛的社会、经济、文化和政治架构的一个组成部分。正如Paulston（1992b: 80）所写道的："除非努力以某些方式对导致某种形式的双语教育的社会历史、文化及经济政治因素做出解释，否则便不会懂得那种教育的结果。"有关双语教育的政治背景，我们将在第十九和第二十两章中加以讨论。我们先来讨论一下美国的双语教育，其中重点强调的是双语教育政策不断发展的本质。

美国双语教育简史

美国双语教育的发展经历了四个相互联系的时期：放任期、限制期、机会期和否定期。这些阶段间没有十分清楚的界线，并且在每一个阶段，不同的州在政策和实践上都是不一样的。在这些大致划分的历史时期中也存在着一些例外。然而，总体上讲，政治家、管理者、教育家观点业已存在的那些变化表明，思想体系、见仁见智及实践中那些依稀可辨的转移已经发生（Andersson 和 Boyer, 1971; Casanova, 1992; Casanova 和 Arias, 1993; Crawford, 1991; Fitzgerald, 1993; Kloss, 1977; Lyons, 1990; Malakoff 和 Hakuta, 1990; Perlmann, 1990; Schlossman, 1983）。

许可时期

很久以前，欧洲移民来到了美国，这片国土有着各种各样的"本地"语（indigenous languages）。当意大利、德国、荷兰、法国、波兰、捷克、爱尔兰、威尔士及其他国家的移民群体到达时，美国就已经有了大约二百种彼此间不能通话的语言。在十八世纪和十九世纪，直到"一战"时期，美国人都欣然接受了这种语言的多样化，并且也鼓励不同语言的存在。那时，语言的多样化被认为是一种正常的现象，并且得到了使用不同语言的宗教团体、报纸、私立和公立学校的支持。

在将德语—英语作为教学语言的学校中可以找到 18、19 世纪美国放任时期的双语教学实例。德国人在俄亥俄州，宾夕法尼亚、密苏里州、明尼苏达、北达科他州、南达科他州和威斯康星州都建立了德—英双语学校或德语学校，并得到了当时人们的认可。在民族学校中，也使用挪威语和荷兰语进行教学。在 19 世纪后半叶，公学与私学之间为争夺生源而展开的竞争，也部分地刺激了这种"对移民语言的开放态度"。这个时期的其他因素如与人为善或对此漠不关心的校长、农村学校的偏远位置，以及某地区种族单一状况等同样使对母语和双语教育的放任态度成为可能。19 世纪后半叶，在多数的大城市中，其教育模式是英语为单一语言的教育。然而，在像辛辛那提、巴尔的摩、丹佛、和旧金山这样的城市提出了二重语言的教育模式。例如在辛辛那提的某些学校，半天用德语教学，半天用英语教学。

在 20 世纪初，意大利和犹太移民主要就读于主流学校。但是，也存在一些"双语教育"学校，并且它们都得到了许可。例如，芝加哥的一些波兰移民曾就读于天主教学校，其中一小部分的教学内容是用母语讲授的。只要教育政策遵守地方或当地城市的法律法规，使用哪种语言进行教学都不会构成问题。

限制性时期

在 20 世纪头 20 年中，在美国对双语和双语教育的态度发生了变化。许多因素与这种变化有关，由此产生了对双语教育的限制。

- 世纪之交，移民人数巨增，在一些公学，移民学生爆满。这引起了对外国人的恐慌，并提出了对移民进行融合、协调和同化的要求。这些移民在英语语言及读写能力上的匮乏被视为社会、政治和经济问题的根本原因。号召美国化的运动开始了，英语语言能力的竞争与对美国的忠诚联系在一起。1960 年颁布的"民族法案"(Nationality Act) 要求移民讲英语而成为地道的美国人。要求儿童的英语读写能力而非他们的劳动能力，融入统一的美国社会而非种族的分散状态，加之中央政府控制的加强等等，这些都使人们相信在强制教育下存在着一种共同语言。在世纪之交，加利弗尼亚和新墨西哥州实施了"只使用英语"的教学法规。

1919 年，美国教育部美国化司（the Americanization Department of the United States Bureau of Eduction）通过了一项决议，建议"各州均要规定所有学校使用英语，不分公学与私学，所有小学的教学语言都应是英语"(引自 Garcia, 1992)。到了 1923 年，美国有四分之三的州曾下令，所有小学不论公立还是私立的，一律要将英语作为惟一的教学语言。

• 美国双语教育由放任转向约束的一个重要的影响，是美国卷入 1917 年的第一次世界大战。反德情绪笼罩着整个美国，接着而来的便是英语单语化和熔炉政策要通过单语教育来实现的压力。德语被说成对统一的美国化构成了威胁，语言的多元现象不见了，取而代之的是不容异说。学校成了同化各种语言和文化并使之一体化的工具。整个社会的美国化意味着从学校中消除英语外的一切语言和文化。学习外语的热情因此而下降。

• 强制公立学校参加的法律公布。这些法令的颁布使私立学校再用两种语言教学变得困难重重。支持教堂附属学校的公共基金被取消。

这个时期并不像 Garcia（1992c）所说的那样是一个完全性的限制时期。她提到了发生在 1923 年和 1942 年间的一个"容忍的括号"。美国高等法院 1923 年宣布，根据第十四次修正案，内布拉斯加州的一条禁止教授小学外语的法令是违反美国宪法的。这个被称为 Meyer v. Nabraska 的案件与一名教师因教一个 10 岁儿童德语而被判有罪有关。内布拉斯加的法律原来认为，因教授这种母语而产生的思想和情感与国家的最高利益是格格不入的。高等法院在撤消内布拉斯加该项法令的同时认为，会说一种外语的能力"不会有损于正常儿童的健康、思想道德或理解力。"

虽然有了这个"容忍的括号"，但是高等法院的调查结果并没有为双语和双语教育带来支持性的效果。从三方面可以说明这一点：(1) 法律规定所有学校必须使用英语进行教学活动；(2) 有评论说州立法机构培养一个同类民族的愿望是"容易理解的"，并且(3) 高等法院的调查结果是对非英语语言态度的转变的象征。因此，这些语言不再是什么"种族语言"而是"外语"。这些语言不再被视为美国的种族语言少数民族所讲的语言，而被视为"外国人"讲的语言（例如，是非美国人或是非民族化的公民所讲的语言）。

这种限制性的状况至少持续到 20 世纪 60 年代，并因美国政治中的一个重要问题，一直持续到今天。有关这个问题，我们将在第十九章做进一步讨论。

机会时期

1957 年，俄国人将他们的人造地球卫星送入了太空。对美国的政治家和公众来讲，这是一个反省自问的时期。人们开始争论美国教育的质量，美国的科学创造以及美国在一个日益国际化的世界中的竞争力。人们开始怀疑至今为止仍将英语视为种族融合语言一事作为主要问题来考虑的做法，对外语教学的必要性有了新的认识。1958 年通过的国防与教育法案，促进了小学、中学和大学的外语学习，反过来使对待美国的种族群体的语言而不是英语的"容忍态度"有了稍微"宽松"的改变。

在 60 年代的美国，其他各种因素也为双语教育的恢复带来了一些机会，尽管这些机会是以一种迥然不同的、半隔离的方式带来的。我们必须透过民权运动，在美国定居的非洲人的权力问题，以及确立机会均等和不分种族、肤色或信仰全民受教育的机会均等的必要性，才能看清在美国重新建立双语学校的"机会"运动的本质。1964 年通过的民权法案，禁止以肤色、种族或民族血统为理由的种族歧视。这是一项重要的立法，代表了对种族群体较少否定态度转变的开始，和使种族更趋一体化及对其采取宽容态度的可能性。然而，一般认为美国双语教育的重新启动始于 1963 年佛罗里达州的一所学校。

1963 年，古巴的一些流亡者在佛里罗达州的 Dade 县建立了一所二重语言学校（珊瑚路小学）。这些受过教育的、中产阶级身份的古巴人认为他们的流亡生活是短期的，所以就成立了这所双语（西班牙语—英语）学校。这种要保持他们的母语——西班牙语的需要，得到了具有很高专业水准、乐于在此类学校教书的教师的帮助，这些古巴人身陷一个共产主义国家的牺牲品的困境，他们期望暂时逗留在美国，对美国政策和民主政治的无疑信赖使这些古巴人得到了同情。Dake 县的双语教育得到了政治和物质上的支持，在专门讨论双语学校的章节中我们会看到更多的有关这次运动的资料。

尽管美国双语学校的重新建立得益于珊瑚路小学的存在和成功,但是要搞清美国的双语教育,还需要对立法和诉讼的问题有所了解。

1967年,德克萨斯州一位名叫Ralph Yarborough的参议员提出了一项双语教育法案,以此作为1965年小学和中学教育法案的修正案。此项立法旨在帮助那些以西班牙语为母语的人们,这些人被看成是这种教育制度的失败。"小学与中学教育第七法案"(Title VII of the Elementary and Secondary Education)于1968年实施,这项双语教育法案指出,双语教育计划应被视为联邦教育政策的一部分。这项法案有权批准将联邦基金用于除英语之外的其他语言人,它同时暗中损害了至今仍在许多州还具法律效力的只使用英语的立案。然而,于1968年实施的双语教育法案将基金分配给了那些转而用英语进行在校学习的少数民族语言人。该法案的潜在目的是从少数民族语言(如,西班牙语)向英语过渡,而不是在支持这种母语。

一起诉讼案成了美国双语教育的里程碑。这是一起中国学生诉讼旧金山教育行政区的庭审案件。该案件的案由是在一种他们所不懂的语言进行教学的情况下,非英语学生是否得到教育平等的机会。这种对提供双语教育的忽视被指控为是对第十四次修正案和民权第六法案中的法律条文的亵渎。这个被叫作"Lau versus Nichos"的诉讼案遭到了联邦地区法院和上诉讼法院的驳回,然而最高法院却于1974年受理此案。法庭最后宣布针对语言少数民族儿童的英语淹没计划是违法行为,结果是扩大了"Lau补救方案"在全国的影响。"Lau补救方案"承认那些英语能力不足的学生需要帮助。这一方案的内容是:开设英语为第二语言的课程,英语家教及双语教育的某种形式,并且扩展了学校暂时使用少数民族语言的范围。这些方法未能在继承语言、充实或保持计划方面取得结果,因为他们强调的依然是英语学习者要过渡性地使用他们的家乡语言。Lau的案例是一种象征,它说明了在美国为争取语言权力的斗争一刻也没有停止，尤其是运用法律的手段（Casanova, 1991; Hakuta, 1986; Lyons, 1990）。

在这段机会时期内，没有对那种需要用来使语言少数民族儿童获得平等的教育机会的双语教育形式做出清楚的解释，然而却坚持了语言少数民族的平等机会的权力，尽管没有讲明获得这种权力的方法。在这段时间里，"发展性保持双语教育与种族社区母语学校"的发展是适度的。有关这些学校的问题，我们将在讲述继承语言双语教育和二重语言学校的章节时加以讨论。

否定时期

尽管在过去的 20 年中美国的双语教育并没有销声匿迹，但是自 80 年代以来却出现了两种情况：一种是反对强式双语教育（见本章后一部分）；另一种是一些像"英语第一"和"美国英语"这样的寻求建立英语单语化与文化同化的压力集团的抬头。有关这些政治举动将在第十九章加以讨论。

要想了解这个否定的或是拒绝的时期，就有必要对与美国双语教育有关的立法上的变化进行一番考察。我们再来关注一下 1968 年的双语教育法案。该法案提出了一项针对在教育上处于社会底层的语言少数民族的"贫困计划"。该计划除了英语以外，没有要求学校使用儿童的家庭语言进行教学。但它确实允许一些机会主义者将"家庭语言"带入了学校而不排挤它们。这项双语教育法案1974 年的修正案要求那些接受资助的学校部分地使用学生的家庭语言及文化进行教学，以使学生通过这种教育制度有效地提高他们的学习成绩。学习成绩的提高可以通过家庭语言或英语来实现。然而这种做法引发了学生的母语在学校中应当使用到何种程度的激烈争议。有人认为首要的是开发学生母语的说话能力和读写能力，然后主要培养其英语能力。有些人则认为要想最大限度地实现教育机会的平等，应该尽可能早地教授英语，使语言少数民族儿童融入到主流文化中来。

1978 年，美国国会重新批准了"过渡型双语教育计划"，将本地语的使用程度限定在"只有在儿童为获得英语能力而需要时才能使用"。Title VII 资金不能用于"语言保持型双语教育计划"。1984年和1988年的修正案规定，日益增加的可使用的资金流向是那些不以学生的第一语言为教学媒介的教学计划。

里根政府当时特别反对双语教育。1981年3月的《纽约时报》引用里根总统的话说："接受一个公然地、无可否认地致力于保存本地语言，因而不能获得足够的英语知识以进入就业市场的双语教育计划，是绝对错误的，是与美国的思想背道而驰的。"里根认为，保存当地的语言意味着忽略英语的获得。双语教育计划被视为恰好忽视了学生的英语能力。里根不喜欢双语教育，他感兴趣的是淹没型和过渡型双语教育计划。

1985年新任教育部长 Willian Benniff 曾指出，没有证据表明语言少数民族的儿童（双语教育法案曾试图帮助过他们）从该法案中得到实惠。约25%的资金被用于英语单语化及其他教学计划中。这表明了在政治上对使用少数民族语言的教育和"强式"双语教育的进一步否定。

Lau 补救方案被里根政府收回了，因而也就不再具备法律的效力，联邦政府让"当地政治家"自行制定政策。美国双语教育在权力上的进一步变化列于下表。立法与诉讼常常导致双语教育的"无力"形式（如，过渡型双语教育）。同样，眼前的立法往往也没有给双语教育增加权力。在里根和布什的美国总统任期内，所强调的是淹没型和过渡型的双语教育。在这段时间里，通过少数民族语言接受早期教育的权力没有得到发展。

小结

通过上文我们可以看到，美国的双语教育经历了四个互相关联的阶段，即，许可、限制、机会和否定的阶段。在历史大潮的各个阶段，各种例外和变化比比皆是。

两个结论：第一，普遍存在着这样一种看法，教育政策总是静止的、保守的、既使有变化也是缓慢的。而美国的双语教育史则是对此种观点的一种反驳，证明这种理论是不能成立的。这种历史所表现出的是不停的变化，是思想意识和动力的不断运动。这里有行动与反应、运动与反运动、陈辞与应答。一个结论便是变化总会发生于双语教育的政策和规定中。没有什么东西是静止不变的。尽管将来会出现双语教育遭到批评、禁止和拒绝的时期，但是一定也会有相反的情况出现。可能到来的是更积极、更可接受的时期。双语教育的前景中没有确定性，有的只是不确定和变化。而正是这种不确定和变化不时为双语教育的发展提供机会。

第二，决不能得出这样的结论：这四种相互关联的时期（许可、限制、机会、否定）总是以这种顺序发生。威尔士双语教育的历史演变是另外一种顺序。威尔士过去200年的双语教育见证了五种时期大致的发展过程：许可时期、否定时期、禁止时期、机会时期和发展时期。这是一个从开始在课堂上禁止使用威尔士语，到现在普遍接受并在威尔士实行双语教育的历史过程。我们不可能或不应从美国或威尔士的经历中演绎出变化的普遍模式。这种不可预测性向从事双语教育的人提出了挑战。

本世纪对美国双语教育产生影响的主要事件引于下表：

年代	美国，立法/诉讼影响双语教育	影　响
1906	通过民族法	第一次立法要求移民讲英语，美国化
1923	Meyer 对 Nebrask 的最高法院	宪法批准要求提供用英语进行教学法规，外语的流利程度同时合法
1950	民族法修正案	为达到美国化而要求英语读写能力
1954	Brown 对 Board 的教育	种族隔离教育不合法
1958	国家防御与教育法	促进外语学习
1965	中小学教育法（ESEA）	为满足"被剥夺了受教育权利的儿童"的需要而发放资金
1968	中小学教育法修正案：双语教育，权利7	为不会讲英语且生活贫困的儿童建立双语教育计划提供资金
1974	Lau v. Nichols	确定为英语不熟练的语言少数民族提供平等的教育机会的语言教育计划
1974	再次确认中小学教育法中双语教育法"权利"7的权威性	学校用母语对英语不熟练的学生进行教育成为可能，双语教育被定义为"过渡型"（TBE）。

续表

年代	美国，立法/诉讼影响双语教育	影 响
1976	科罗拉多州丹弗第一学区	建立与取消隔离教育共存的双语教育
1977	成立国家双语教育信息中心	为双语教育提供全国信息中心
1978	再次确认中小学教育法中双语教育法"权利"7的权威性	再次确认对双语教育（过渡型）资助的权威性，"合格的人"的标准被取消，引入"有限的英语水平"这一术语。
1983	开展美国英语运动	关于英语在法律、社会及教育中的主导地位的争论突出。

各种类型的双语教育

引言

至此，本章所使用的双语教育这一术语的意思似乎是单义的和不证自明的。事实恰恰相反，双语教育是"一种复杂现象的简单标识"（Cazden 和 Snow，1990a）。首先有必要区分两种教育现象：一种是使用并促进两种语言发展的教育；一种是对语言少数民族儿童的教育。这两种课堂类型的区别在于：一种是使用正式的教学手段去培养双语能力的课堂；一种是学生是双语学生，但是所学的课程未能培养他们的双语能力的课堂。双语教育这一伞状词所指的就是这两种使其本身变得歧义和含糊的情况。而要使双语教育一词变得清晰准确，就得将双语教育细分为几个主要的类型。

Mackey（1970）在较早的时候对双语教育进行了细致的分类。这项包含九十种不同类型的双语教育的报告讨论了如下的问题：家庭语言、课程语言、有学校存在的社区语言，以及语言的国际和宗教地位。将双语教育进行分类的不同方法所检查的是这种教育的目标。双语教育的目标通常划分为过渡型双语教育和保持型双语教育（Fishman，1976；Hornberger，1991）。

过渡型双语教育的目的是，将儿童从家庭的、少数民族的语言转向占统治地位的、多数民族语言，其潜在的目的是在社会上和文化上融入语言多数民族。保持型双语教育则试图培养儿童的少数民族语言能力，增加儿童的文化身份感，肯定少数民族群体在国家中的权力。Otheguy 和 Otto (1980) 将"静止保持"与"发展保持"的不同目标做了区分。静止的目的是将儿童的语言技能保持在入学时的水平。发展保持寻求全面开发儿童的家庭语言能力和双语的读写能力或称为读写能力。这有时被称为语言少数民族儿童的"充实型双语教育"（Enrichment Bilingual Eduction）（"充实型双语"这一术语同样用于那些在学校中增加第二语言的语言多数民族的儿童）。静止保持试图防止家庭语言的丧失，但并不想增强这种第一语言能力。发展保持则抱有"家庭语言能力与读写能力要等同于英语能力的目的"（Otheguy 和 Otto, 1980: 351）。充实型双语教育的目的，是要超过"静止保持"，扩大个人和群众使用少数民族语言的范围，以形成文化的多元性和种族群体的社会自治。

Ferguson, Houghton 和 Wells (1977) 将这些差别加以扩展，提出了十个双语教育不同目的的例子：

(1) 把个人或群体同化于主流社会；使人们能够完全加入到主流社会中来，并适应这种社会；

(2) 使一个多语言的社会统一起来；使一个多种族、多部落或多民族的语言多样化国家统一起来；

(3) 使人们能与外界交流；

(4) 提高各种实惠的、有助于就业和地位提高的语言技能；

(5) 保留种族与宗教身份；

(6) 化解和调停不同语言、不同政治信仰的社区间的矛盾；

(7) 扩大一种殖民地语言的使用范围，使全体居民适应殖民地社会状态；

(8) 巩固精英集团并保护其在社会中的位置；

(9) 使日常生活中处在不平等地位的语言获得法律上的平等地位；

(10) 加深对语言与文化的了解。

上述分析表明，双语教育不止关心课堂上的两种语言的平衡使用，在双语教育背后存在着与之相关、各种各样、相互矛盾的教育理念。在有关实行双语教育的争论中，总是涉及到社会文化、政治和经济的某些问题。这些问题将在第十九章中讨论。

下表中提供了本章所选用的十种双语教育的类型。

Mackey（1970）的 90 种双语教育类型表明，上面十种不同的教育计划包括了"大量的子类型"。这些分类本身存在一些固有的局限性，其中之一便是并非所有的具体事例都能轻松地在这些分类中找到自己的位置。例如，瑞士的精英"完成学校"（"finishing Schools"）和威尔士的以威尔士语为第一语言的学生与以"浸没型"英语为第二语言的学生同室学习的学校实质上简化了分类，尽管还需要对它们进行讨论和解释。因此，这些分类虽然有益于概念的澄清，但是也有一些局限性：（1）这些模式所提出的是一些静止的系统，而双语学校和课堂是不断发展的，是逐步形成的（比如曾经提到的美国双语教育的简史）；（2）在一个模式中存在着许多意义广泛的不同类型；（3）这些模式只谈到了教育的"输入"与"输出"系统，但很少讨论其加工过程（参见第十八章）；（4）这些模式未能对双语教育的成功与失败，或那些相对效果进行解释。

弱式双语教育

教育类型	典型的学生类型	课堂语言	社会及教育目标	语言输出目标
淹没型（有结构的浸没）	语言少数民族	主体民族语言	同化	单语
淹没型（带补习班）	语言少数民族	主体民族语言加第二语言课的预备班	同化	单语
种族隔离主义教育	语言少数民族	少数民族语言（强制的，没有选择）	种族隔离	单语
过渡型	语言少数民族	从少数民族转向主体民族	同化	相对单语
保持型兼上外语课	语言少数民族	主流语言兼上第二语言或外语课	有限的充实	有限的双语
分离主义教育	语言少数民族	少数民族语言	分离/自治	有限的双语

双语和双文的弱式双语教育

教育类型	典型的学生类型	课堂语言	社会及教育目标	语言输出目标
浸没型	语言少数民族	双语,但从一开始就强调第二语言	多元主义和充实	双语、双文
保持型、继承语言	语言少数民族	双语,但强调第一语言	保持、多元及充实	双语、双文
双径/二重语言	语言少数民族和多数民族的混合	少数民族语言和主流民族语言	保持、多元及充实	双语、双文
用主流民族进行的双语教育	语言少数民族	两种主流民族语言	保持、多元及充实	双语、双文

我们将对计划的十项大致类型逐一进行简单的讨论。

淹没型教育

水的隐喻出现在淹没型的教育思想中,这种类似的比喻就是一座游泳池。淹没型教育的思想不是在主流教育的第二语言中快速地泡一下,而是将学生推入游泳池的最深处,企盼他们不依赖任何漂浮物或专门的训练课而尽可能快地学会游泳。泳池中的语言将是那种多数民族的语言(如,美国的英语)而不是儿童的家庭语言(如,西班牙语)。语言少数民族的学生将整日与能流利地使用多数民族语言的学生一起接受多数民族语言的教育。无论教师还是学生在课堂上都应该使用多数民族的语言,不使用家庭语言。学生在这个泳池中或是下沉、或是挣扎、或是学会游泳。

淹没型教育是一种标识,用来描述置身主流教育中的语言少数民族儿童的教育。在美国,这样一种淹没的经历同样可以在"有结构的浸没"教育中找到它的身影,"有结构的浸没"教育只涉及语言少数民族儿童,不涉及语言多数民族儿童。正如本章以后将会提到那样,"有结构的浸没"教育中的语言经历是淹没型的,而不是浸没型的。因此,"有结构的浸没"教育是针对受多数民族语言引导的少数民族语言人的。学生的第一语言并没有得到发展,只是被多数民族语言所取代。与淹没型教育不同的是,"有结构的浸没"

教育的教师将使用多数民族语言的简化形式,并从一开始便接受儿童用他们的家庭语言所完成的作业(Hornberge, 1991)。在美国同样有一些"保持型英语"计划(Sheltered English),它们是 ESL 计划(英语为第二语言)的另一种选择。然而,由于这些计划因其内容和课程教材的特殊而可以被单独"抽取"出来,所以我们将在下一个章节中对其加以讨论。

这里有一些针对淹没型教育形式(Submersion form),也包括其各种变异的类型的批评意见。依照语言花园的理论(参见第三章),一只绽放的花朵是要被取代的。在最初的语言花朵开始显形时,要在花园中撒入新的种子。一种稚嫩而健康的花朵可被这个花园中的多数民族语言花朵简单地取代。因而淹没型教育的根本目的就是同化语言少数民族,尤其是在那些有移民现象的地方(如,美国、英国)。同样,在土生土长的语言少数民族被视为共同利益的阻力的地方,淹没型教育就成了一体化的工具。学校成了一个熔炉,并促进共同的社会、政治、经济理想的形成。Theodore Roosevelt 1917 年强调指出:

"我们必须只拥有一面帜。我们必须只拥有一种语言。那就是独立宣言的语言,是华盛顿告别演讲的语言,是林肯葛底斯堡和第二次就职演讲所使用的那种语言。我们不能容忍任何反对和取代缔造了带有欧洲各国语言和文化色彩的共和国的先辈们所传给我们的语言和文化的企图。这个国家之所以伟大就在于对她所欢迎的外国侨民的快速同化。任何企图阻碍这种同化过程的力量都将被视为一种反对国家最高利益的力量"(引自 Wager, 1980: 32)。

语言多样化在美国常常遭到如此反对,有人曾认为,一致性会促进一个健康而单一的国家的形成;有人曾认为,一种共同的语言会带来共同的态度、目标与价值观;一种共同的语言和文化会使社会更具凝聚力;一个讲着上帝赐给的英语的美国要比鸡一嘴鸭一嘴所带来的不祥之兆好得多。

课堂上参差不齐的语言水平给教师的教学和课堂管理带来了麻烦。有的学生能讲流利的多数民族语言,而有的学生却几乎听不懂讲课的内容,这或许使教师背上了沉重的包袱。在如此正规的"上下文减少的"课堂中，我们没有理由假设学生会很快而轻松地掌握那种应付课程学习所必需的多数民族语言。由于语言上的麻烦，语言少数民族儿童心理上很可能会发生社会和情感的变化，这往往会影响到日后上中学时的辍学率。人们因此可能会轻视这些儿童和他们的家长以及他们的少数民族语言和文化。Mckay（1988：341）引录了一名在实行淹没型教育的学校读书的学生的谈话：

"上学就是一场恶梦。我害怕去上学，害怕面对同学和老师。课堂上的每一次活动都是我能力不足的又一次暴露。每一次活动都是同学嘲笑和讥讽我的又一次机会，老师则用无助而失望的目光注视着我。我的内心充满了自卑感。什么事都做不好，我真是烦透了。我真想摆脱这种狼狈的局面。"

Skutnabb – Kangas(1981)指出了使用一种不熟悉的语言进行学习（比如在淹没型教育中）所带来的压力。听一种生疏的语言，需要注意力的高度集中，容易使人产生厌倦，因为既要琢磨这种语言的形式，又要在几乎不可能的时间里去理解课程的内容。儿童要在同一时间里消化不同的课程内容并学习一种语言，会使儿童感到压力，缺乏自信，不愿学习，产生不满和疏远的情绪。

开设"预备班"的淹没型教学

有的淹没型双语教育，开设教授多数民族语言的"预备班"，有的则不开设。语言少数民族的儿童可以从主流学校中抽掉出来，参加多数民族语言的"补偿"课的学习（如美国和英国的英语作为第二语言（ESL）的预备计划）。这些"预备班"的设立，是使语言少数民族儿童继续接受主流教育的一种形式。但是，"预备班"的儿童在所学课程内容上可能要落后于不在预备班的儿童。他们同样可能因缺课而蒙受耻辱。预备班的儿童会被其他同学视为"需要补救的人"、"无能的人"或"英语能力匮乏的人"。有些实行淹没型教育的学校不设立提高学生学校语言能力的预备班。预备班在行政管理上并不复杂，也不需要什么资金。很多管理者和预算经理都认为淹没型教育在行政和资金管理上不会遇到困难。

与上面的问题相关的另一个问题是"遮蔽式英语教学或遮蔽式

内容教学"（Sheltered English or Sheltered Content Teaching）。少数民族语言学生使用词汇简化了的教材进行学习，但教学的内容和方法是既定的（比如合作式学习——cooperative learning），而且只能使用英语。在"遮蔽式英语教学或遮蔽内容教学"中，教学内容和教学资料都做过改进和调整，以适应学生的英语水平（Faltis, 1993b）。"遮蔽式英语教学或遮蔽式内容教学与 ESL（英语作为第二语言的学习）有所不同，ESL 是将英语作为一门语言来教的，它所强调的是学习这种语言。"

"遮蔽式内容教学"（Sheltered Confent Teaching）会造成与英语为母语的语言人暂时隔离的状况。这种隔离状况会产生如下结果：（1）学生有了更多的参与机会（由于没有了与英语为母语的人的竞争和比较，他们也许少了许多拘谨）；（2）对于同类学生群体的语言、文化和教育上的需求，教师会更为敏感；（3）相同环境下的学生集体身份（Faltis, 1993b）。但是，这种语言隔离状况取消了第一语言的示范作用，会产生一种社会隔离状态，使人感觉受到了侮辱并会助长某些陋习；给这些被隔离的学生打上了语言和教育低下、条件较差和需要补救的标签；可能产生对待上的不平等（如，教学内容和师资培训）。

隔离主义教育

"只使用少数民族语言"的教育的一种形式是隔离主义语言教育（Skutnabb‑Kangas, 1981）。借助少数民族语言的单语教育可能适用于种族隔离政策（如，只用班图人自己的语言对他们实施教育）。统治精英规定只能使用少数民族语言进行教育，以保持附庸和隔离状况。这种语言少数民族"不去认真学习那种有影响力的语言来支配社会，尤其是掌握一种与其他附庸群体一样的共同语言，一种共有的交流和分析的媒介"（Skutnabb‑Kangas, 1981: 128）。隔离主义教育将单语政策强加于那些相对缺乏实力的群体。

过渡型双语教育

过渡型双语教育在美国是最为普遍的双语教育类型，并且得到

"第七次资金法案"（Title VII funds）的支持。过渡型双语教育的目的是主张语言上的同化过程（assimilationist）。与淹没型教育不同的是，它允许语言少数民族民族学生暂时使用其家庭语言，并且经常用这些学生的家庭语言进行教学，直到他们掌握了足够的、能应付主流教育的多数民族语言为止。因此，过渡型教育就像儿童被认为能够运用语言的四种技能在主流教育的泳池中游泳之前，先在另一个泳池中进行简单的和暂时的游泳练习一样，其目的是提高多数民族语言在学习中的使用，同时按比例降低家庭语言在课堂上的使用。

这种教育的理论基于一个已知的优先问题：儿童需要在社会中正常地使用多数民族的语言。这种观点认为，假如不尽快地具备多数民族语言的能力，这些儿童会落后于那些讲多数民族语言的同学。因此，有关机会平等和最大限度地提高学生语言能力的论据会被用来证明过渡型计划的正确性。我们过一会儿再来讨论这些论据的可靠程度。

"过渡型双语教育"（TBE）可分为两大类型："早退型"和"晚退型"（early exit and late exit）（Ramirex 和 Merino，1990）。"早退型"的过渡型是指母语作为一种辅助手段最多使用两年。"晚退型"的过渡型是指在六年级之前允许在40%的课堂教学中使用母语。

虽然过渡型双语教育的目的是多数民族语言的单语化，但是教师或者他们的助手应当是双语人。例如，那种暂时的家庭语言游泳需要一位西班牙教师，与只讲英语的教师相比，她在教讲西班牙语的儿童英语时会更为敏感，成功的可能性也更大。那个讲西班牙语的教师可以从一种语言转换至另一种语言，并且对儿童的语言更具同情之心。政府和学校管理层认为，这些教师会成为有价值的同盟者或特洛伊木马。

双语教师可能会成为从一种语言过渡到另一种语言最后连文化也被多数民族同化的不明智的支持者。这些教师可以促进自己文化群体中的家庭语言向学校语言的过渡，不会将一个英语教师强加于西班牙语少数民族；转变工作由双语教师来完成。同样，在美国有庞大过渡型教育计划的学校中，有时在人员配备上存在一种"隐而不露的信息"。那些有权力又有威信的人，如校长和助理校长之类，通常都是讲英语的单语人（Garcia, 1993），几乎没有什么权力和地位的人则是那些厨子、午餐员、清洁工和门卫。这些人都讲少数民族语言，比如西班牙语。在所有正规场合使用英语，那些做服务工作的人员也许说西班牙语；应当去学的那种语言是有影响力和有威信的语言；应当忘却的语言是那种受奴役、蒙羞耻的语言。这种信息是不言而喻的。

然而，这些讲西班牙语的教师又会意识到自己种族社区的一些需要和希望。这些社区希望他们的儿童在受教育时能较早地讲英语，但是与领导层不同的是，他们还想保存西班牙语（Garcia, 1991a）。那些讲西班牙语的教师会继续在过渡型双语教育的条件下教英语，但同时会努力保住儿童的西班牙语，成为该社区的同盟者而不只是政治家和官僚的同盟者。

主流教育（与外语教学）

在美国、澳大利亚、加拿大和欧洲的大部分地区，大多数语言多数民族的学龄儿童都在通过他们的家庭语言接受教育。例如，父母为英语单语人的儿童所就读的学校，教学语言为英语（虽然这些学校也开设外语课程）。在加拿大，这些情况称为核心计划（Core program）。在威尔士和其他地方，有时又称为"点滴喂养"式语言计划。"点滴喂养"（drip-feed）一词看重的是主流教育中语言原素的种类。每日半小时的第二语言（外语）课构成了单独的"其他"语言食谱。"点滴"式地教授法语、德语、日语、俄语、西班牙语，使这些语言成为课程中的一门课。这与注重课程内容轻视语言学习的以第二语言为媒介的教学方法（有时称为固定式教学）有所不同。

有些国家（如，美国、英国）碰到的麻烦是，只有少数的第二语言花朵绽放。稚嫩的第二语言新枝很快就枯萎凋僻了：儿童在五至十二年中每天上半小时的外语课，结果是很少有学生能流利地使用这种第二语言。LeBlanc（1992）提出了一个关键性问题："我们都知道我们国家（加拿大）在第二语言培训中的投入，我们正在谈论的是数以千万计的美元。所有的学生都在参加第二语言的课程，他们一旦完成学业的话，就应该通过正常使用这种第二语言发挥作用，但是，实际的情况是怎样的呢？"（P. 35）

加拿大人发现，在接受了 12 年的"点滴喂养"式的法语教学后，许多英语背景的学生不能与讲法语的加拿大人用法语进行充分的交流。英国的情况也基本相同，经过五年法语或德语、西班牙语的第二语言教育（年龄为 11–16 岁），只有很少一部分人在第二语言能力上有所长进。对于绝大多数人来说，第二语言很快便萎缩和消失了。"主流教育"几乎没有造就健全的双语儿童。有限的外语流利形式往往是多数民族语言群众的典型结果。

这不是第二语言和外语教学的惟一结果。斯堪的纳维亚的英语学习却是另一番景象，有许多学生最后都能讲流利的英语。当动机强烈时，当经济环境激励学习一门贸易语言时，外语教学就会有更大的成就。

分离主义教育

一个更为狭隘的语言少数民族教育观可能是选择培育少数民族语言的单语化。其目的是在自我决定的前提下，实现少数民族语言的单语化和单一文化。Schermerhorn（1970）将其称为"脱离主义"运动，就是某个语言少数民族打算从语言多数民族中脱离出来，追求一个独立的状况，作为努力保护一种少数民族语言免受多数民族语言的占领的一种形式，或是出于政治、宗教或文化的原因，分离主义的少数民族语言教学或许会得到支持。为了自身的存活和自我保护的语言社区可能会组织这种类型的教育。

一所学校不可能正式宣布其办学目的是语言上的分离主义。确切说，这些学校的"分离主义"思想存在于宗教学校孤立主义的潜在功能和语言极端主义分子的政治花言巧语中。虽然数量不多，但是这种类别却使我们看到语言少数民族教育具有从多元主义的目标走向分离主义的能力。

浸没型双语教育

淹没型、预备班和过渡型的方法常常冠以双语教育的头衔，其原因是这些计划都涉及双语儿童。这算是对双语教育一词的"无力"使用，因为双语不是在学校培养出来的。这种教育无论从目标和内容上还是从结构上都没有把双语作为明确的结果。而另一种教育形式，浸没型教育则将双语作为既定的目标。因而浸没型教育是对双语教育一词的"有力"运用。

"浸没型双语教育"源自加拿大的教育实验。1965 年，在蒙特利尔的圣·兰伯特（St Lambert）开始了这种浸没运动（Lambert 和 Tucker，1972；Rebuffot，1993）。一些讲英语的中产阶级家长对现状表示不满，他们说服地方的教育官员建立了一所 26 名儿童的实验幼儿班。目的是让学生（1）具备法语的说、读、写的能力；（2）通过含有英语的课程的学习，达到正常的学业水平；（3）理解讲法语的加拿大人和讲英语的加拿人的传统和文化。总之，是让学生既可以成为有两种语言和两种文化的人，又能在学业上不受损失。

浸没型双语教育的几种形式

浸没型教育是一个"雨伞"式的术语。在浸没型经历的概念之下，有如下各种加拿大人的教育计划：

• 儿童开始这种经历的年龄：可以是在幼儿园或学龄前的年龄段（"早期"浸没）；9 岁至 10 岁（延缓的或"中期"浸没）或在中学阶段（"晚期"浸没）。

• 浸没型教育的时间分配："完全"浸没型在开始阶段是 100% 的第二语言浸没(如，每周)，二至三年后会减至每周 80%，持续三到四年，在小学的最后阶段大约是每周 50% 的法语浸没。而"部分"浸没则是学龄前和小学阶段提供近乎 50% 的第二语言浸没型教育。

"早期完全浸没"是最受欢迎的入学水平计划，其次是晚期浸没，再次是中期浸没（加拿大教育协会，1992）。下面的直方图表明了几种可能性及相关的变化。

早期完全浸没型双语教育

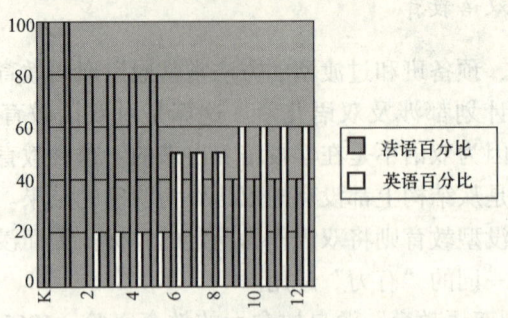

0—100 为百分比，K 为幼儿园，0－12 为学校的年级

早期部分浸没型双语教育

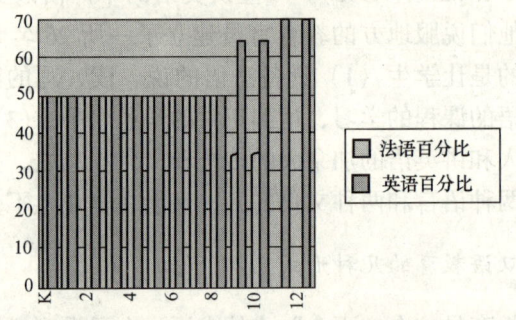

纵向为百分比，K 为幼儿园，横向为学校的年级

延缓的浸没型双语教育

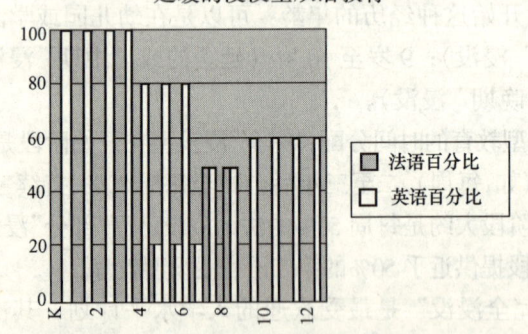

纵向为百分比，K 为幼儿园，横向为学校的年级，4 年级以前把法语作为第二语言学习

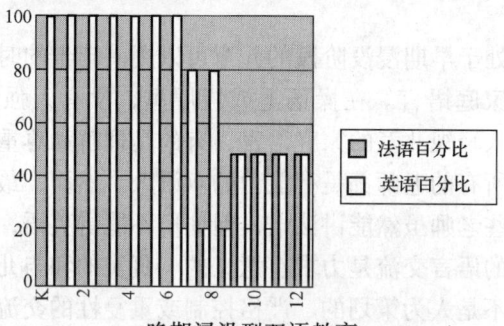

晚期浸没型双语教育
K—12 为年级，K 为幼儿园，7 年级
以前把法语作为第二语言学习

圣·兰伯特（St Lambert）的实验表明达到了某些目的。浸没的经历并没有妨碍态度和学习成绩。Tucker & D'Anglejan（1972：19）对结果做了这样的总结：

"参加实验的学生在英语的读、写、说、理解和使用上看，与以传统方式接受英语教育的学生并没有什么两样，而且并未因此而影响他们法语的读、写、说和理解的能力。而这对那些按照法语为第二语言的传统计划学习的学生来讲，是绝对做不到。"

1965 年以来，浸没型双语教育在加拿大得到了迅速的发展（Rebuffot，1993）。目前大约有 30 万讲英语的加拿大儿童在约两千所法语浸没型教育学校学习。这占了加拿大学生总数的 6%。这种教育的迅猛发展有什么主要特征呢？

第一，加拿大浸没型教育的目的是造就两种有威信的、多数民族语言的双语（法语和英语）。这涉及了一种附加的双语环境，这种环境不同于那种有语言少数民族背景而使用多数民族语言的儿童的被错误地称为"浸没型"或"结构浸没型教育"（例如，美国的讲西班牙语的儿童）。在削减性和同化主义的环境中，最好不要使用"浸没"一词，而"淹没型教育"在这里是更为适当的词。

第二，加拿大的浸没型双语教育不是强迫的而是自愿的。父母愿意将子女送入这类学校。父母的态度和教师的承诺可能有助于学生动机的形成。浸没教育的发展依赖的是信仰，而不是依靠对法规的服从。

第三，处于早期浸没阶段的儿童可以用一年半的时间在课堂上使用他们的家庭语言。在操场上或饭厅里，没有人强迫他们讲法语，也没有人轻视儿童的家庭语言，有的是理解和尊重。

第四，所有的老师都是有能力的双语人。然而，最初在儿童们的眼中，这些老师虽然能讲法语，但他们不能讲英语，只能听懂英语。课堂上的语言交流是力求有意义的、真实的和与儿童的需要相关的交流，不是人为策划的、严格控制或重复性的交流。这种语言交流所注意的是课程的内容，而不一再强调交流时语言使用的正确性。在早期浸没型教育中，第二语言法语的学习是一个偶然的和无意识的过程，与第一语言的获得方式相同。首先强调对法语的理解力，然后才是说的能力，最后才开始正式的教学（参见第十七章）。

第五，学生在浸没型教育的初期都缺少第二语言经历，他们差不多都是单语人。在刚到学校时，他们相对具备了同一种语言的技能。这不仅简化了教师的工作，而且意味着这些学习者的自尊心和学习动机不会因某些学生较强的语言水平而遭到危胁。

第六，接受浸没型教育的学生所学的课程与接受主流教育的"核心"学生是完全一样的。

由于有了一千多项研究，加拿大浸没型双语教育作为一种教育实验已经取得了非同寻常的成功与发展，对欧洲和其他地区的双语教育产生了影响。例如，在适合地区和民族需要的前提下，加泰隆人与巴斯克人（Artihal, 1991, 193, 1995; Bel, 1993），芬兰人（Lauren, 1994; Manzer, 1993），日本人（Oka, 1994），澳大利亚人（Berthold, 1992, 1995; Caldwell 和 Berthold, 1995），苏格兰的盖尔语人（Macneil, 1994），瑞士人（Stotz 和 Ardres, 1990）和威尔士人与爱尔兰人（Baker, 1988, 1993）都同样成功地开展了这种实验。研究表明，在加泰隆参加浸没型计划的西班牙语儿童不但成为流利的加泰隆语人，而且他们的西班牙语也未受到影响。从整体的课程学习情况来看，这些加泰隆浸没型儿童的表现不仅与那些（没有参加浸没型教育的）讲西班牙语的同龄人处于同样好的水平，甚至有时还超过了他们。同样，巴斯克乡村的 EIFE 研究结果显示，他们的

B模式浸没型计划（50%巴斯克语和50%西班牙语）在双语能力方面也已取得了令人满意的结果（Sierra和Olaxiregi 1989）。

发展性保持与继承语言的双语教育

在浸没型教育的概念中，有另外一种双语教育的形式应该是对这一术语的"有力"使用。这种形式是指语言少数民族儿童在学校中将他们的本地、种族、家庭或继承语言作为教学语言来使用，目的是成为全面的双语人。这样的例子包括在教育中全部或通常是部分使用少数民族语言。例如，在美国使用纳瓦霍语和西班牙语，在西班牙使用加泰隆语，在加拿大使用乌克兰语，在苏格兰使用盖尔语，在瑞典使用芬兰语和在威尔士使用威尔士语。因而在多数民族语言能力发展的同时，儿童的民族语也得到了保护和发展。在新西兰，毛利语在学校中日益提升并且有迹象表明这为学业成绩带来了积极的结果。在澳大利亚的继承语言教育中，土著语的地位同样正在得到提高。在爱尔兰，爱尔兰语背景的儿童经常接受的是以爱尔兰语为教学语言的教育。尽管整个语言花园中会包括英语和爱尔兰语，也有可能包括欧洲的其他语言，但是如果不在学校中对这种爱尔兰的土生土长的语言花朵加以保护的话，在随处可见的英语势力和随之而来的欧洲其他多数民族语言的发展面前，爱尔兰语就会萎缩而死亡。

美国有这样一些学校可以被叫做"种族社区母语学校"（Fishman，1989），数量超过5000所，分布于美国的各个州。这些学校使用如下不同语言社区的语言：阿拉伯语、非洲语言、亚洲语言、法语、德语、希腊语、海地语、希伯来语、俄语、波兰语、日语、拉丁美洲语、亚美尼亚语、荷兰语、比利时语、爱尔兰语、罗马尼亚语、塞尔维亚语和土耳其语。由于得到了那些已经失去或正在失去自己"当地"语的社区的支持，这些学校主要教授当地语并将其作为教学语言来使用。其他学校也得到了外国政府和宗教团体的支持。"我们必须意识到这些学校正在为成千上万的美国人提供和形成他们的完整身份而努力"（Fishmam，1989：454）。

由于这些学校是一些需要付学费的私立学校，生源一般来自中产阶级或较为富裕的工薪阶层，学生在这里成功地获得了两种文化和两种语言（Garcia, 1988）。比如，仅在纽约就有130所希伯来语的全日制学校，"成功地培养了学生英语和希伯来语的能力，并且在许多情况下教授伊丁语"（Garcia, 1988: 22）。

美国"公学"的例子被称为"保持型双语教育"或"发展保持型双语教育"。这些学校的数量不多，以纳瓦霍语教育为主要形式（Holm和Holm, 1990）。在加拿大，该术语用来描述这样的教育形式，即"继承语言教育"。但是在加拿大，"继承语言"课与"继承语言双语教育"是有区别的：（1）"继承语言计划"规定每周大约两个半小时的语言教学，目前教授60多种语言，约有十万学生参加学习。上课时间一般为晚饭时候、放学以后、或在周末。（2）像Manitoba, British Columbia, Saskatchewan 和 Alberta 这样的省份，实行"继承语言双语教育计划"（参见 Bengon 和 Toohey 1991 年有关 British Columbia 计划的论述）。继承语言是教学语言，每天约有一半的课程使用这种语言（例如，使用乌克兰语、意大利语、德语、希伯来语、依地语、汉语、阿拉伯语和波兰语；参见 Cummins 1992 年的有关论述）。

实质上，继承语言教育或保持型语言教育是指，儿童通过自己的少数民族语言和多数民族语言进行学习的"语言少数民族"教育。在多数情况下，课程中所出现的是多数民族语言，其中包括第二语言课和用多数民族语言教授的不同课程。

"继承语言"一词同样可以被称为"本土语言"、"种族语言"、"少数民族语言"、"祖传语言"、"土著语"，或在法语中称为"Langues d'origine"。"继承"一词的危险在于所指的是过去，而不是将来，是传统而不是现代。正是部分地考虑到这个原因，英国人所用的词往往是"社区语言"或"视英语为附国语言的语言"。继承语言可以是土生土长的语言，也可以不是。在美国，纳瓦霍语和西班牙语都可以被认为是继承语言，这取决于是什么构成了自己的继承语言的个人感觉。

美国的发展保持计划在结构和内容上是不同的（加拿大和其他国家的继承语言计划也是一样）。这些计划可能具有以下特点：

(1) 大多数但不一定所有的儿童都来自语言少数民族家庭。同时,这种少数民族语言也许是某地方社区的多数民族语言。在美国的某些地区,讲西班牙语的人在他们的小区或社区中占多数。在 Gwynedd 和北威尔士少数民族语言(威尔士语)常常是该社区多数人所讲的语言,继承语言计划是这里的主要教育形式。在大多数继承语言教育计划的学校中,都有一些多数民族语言的学生在校学习(如,威尔士的英语单语儿童接受威尔士语的教育)。

(2) 父母们经常有选择地将子女送入主流学校或继承语言学校学习。例如,加拿大的乌克兰语、希伯来语和英霍克语的继承语言计划允许父母为其子女自由地选择学校。

(3) 在课程安排上,大约有一半或更多的时间使用语言少数民族学生的家庭语言进行教学。Alberta 与 Manitoba 两地的乌克兰语教学计划将一半的时间分配给了乌克兰语,另一半则给了英语。例如,在数学和理科课上使用英语;在音乐、艺术和社会研究课上则使用乌克兰语。往往有这样一种趋势,就是使用多数民族语言教授有关技术和科学的课程。

(4) 如果课堂上大部分时间都在使用少数民族语言(如,在威尔士是 80%至几乎 100%的使用),其理由通常是学生能顺利地将思想、概念、技能和知识转入多数民族语言。用西班牙语教会乘法后,就不必用英语再重新讲解这个数学概念。当这两种语言能力发展到足以应付学习中的概念、内容和课程资料时,课堂教学便能相对轻松地在两种语言间进行转换。

(5) 为继承语言教育找到的另一个理由是少数民族语言容易丢失,多数民族语言容易得到。儿童往往被多数民族语言所包围。电视和火车上的广告、商店和村牌、录像和访问,经常因强调多数民族语言而以一种不经意的方式提出或包括了双语能力。因此,学校注重少数民族语言教学以达到实现双语的目的。

(6) 继承语言学校大多为小学,但也有例外。例如,在威尔士,学生可在继承语言学校读完中学,而且在大专院校中,继承语言也可做科学研究的载体。

双径/二重语言的双语教育（two way/dual language bilingual educaiton）

"两条渠道或二重语言的双语教育"是指在同一课堂上语言少数民族与多数民族学生的数量大致相等。有时在美国这种教育计划可能包括50%学习英语的学生（如，讲海地语的克雷奥尔（creole）人）；另外一半是语言少数民族学生，他们有相对流利的英语能力。

在美国的小学中，课堂上使用两种语言是一种常见的现象。例如，可能约有一半的学生来自讲西班牙语的家庭；另一半则来自英语单语家庭。他们在同一课堂上共同学习、相安无事。由于在教学和学习中使用两种语言，其目的一定是要造就相对平衡的双语。全面的双语能力的目的就是要达到两种语言的读写能力，其方式或是同时学会两种语言，或是在开始时强调当地语言的读写能力（参见第十五、十六两章）。

有许多术语可以用以描述这类学校：双径学校（Tow Way Schools）、双径浸没（Two Way Immersion）、双径双语教育、发展双语教育（Developmental Bilingual Education）、二重语言教育（Dual Language Education）、双语浸没教育、双重浸没教育和互锁式教育（Interlocking Education）。

Christian（1994）和 Lindholm（1987）曾注意到这类教育计划自1983年的以来的发展情况。其中最老的一所学校是由一群在美国的古巴人于1963年在佛罗里达的 Dade 县创办的。Lindholm（1987）认为"双径教育计划"（Two Way Piagzams）有如下四个特点：

（1）50%的教学使用非英语语言（即少数民族语言）。
（2）每一节课只使用一种语言。
（3）讲英语的学生与不讲英语的学生在人数上最好相等。
（4）英语学生与非英语学生可以顺利地在一起学习所有课程。

双径双语课堂由语言多数民族和语言少数民族学生共同组成。例如，可能有一半的学生来自讲西班牙语的家庭，而另一半来自英语家庭背景。在课堂上尽量保证50%～50%的语言平衡使用。一旦其中一种语言成了主导语言（如由于班上操一种语言的学生人数太多了），双语或双文的目标就有危险。但这类学校的实质通常有别于上述情况，往往是由于少数民族语言的学生过多而出现语言使用不平衡的现象。

学生中两种语言不平衡的状况可能导致使用一种语言而排斥另一种语言的局面（例如，讲西班牙语的儿童会因学习上的协调性转而去讲英语），或者一个语言群体可能会成为局外人（例如，某些西班牙语的学生会被排斥在讲英语的学生之外）。这样有可能出现的就不是一体化而是分离了。在创建一所两种语言的学校或班级时，一定要认真地选择学生以确保语言的平衡。

当真的出现了不平衡的局面时，适度增加语言少数民族学生的数量也许是最可取的办法。如果语言多数民族学生的数量居多，语言少数民族学生往往会转而使用那种地位较高的多数民族语言。在大多数（并非全部）使用语言的场合，多数民族语言在校外被使用得最多（例如，在媒体和就业中）。因此，校外向多数民族语言的倾斜可以通过校内向少数民族语言的适度倾斜而得到弥补（在招生和课程安排两个方面上）。但是，如果语言少数民族学生就读人数过高，该校在社会上的影响力有时会降低（不光是多数民族语言学生的家长会这样看，就连少数民族语言学生的家长也这样看）。

美国的双径双语中心学校有着大范围的招生区。例如，一所中心学校将重点放在环境艺术和理科上，全区的家长也许就会急于为其子女在该校谋求一个名额。确保每个班级的语言平衡，这时便成了招生的主要特点。

有时会出现双径双语学校很难吸引语言多数民族学生的情况。一些家长可能更看好单语的上流学校，这或许对双径双语学校的招生工作是一种挑战。因为家长们认为将子女送进实行二重语言的双语教育学校学习是一种自愿的选择而不是强迫的。因而良好的声誉、明显的效果和课程的成功对这类双径双语学校的生存来说尤为重要。美国的实践表明，语言少数民族家长可能是这种计划的支持者，而对多数民族语言的父母则需要做更多的说服工作。社区的支持和学校的参与是这类教育计划长期有效存在的重要因素。

双径双语学校的发展不是靠学校来完成的，它往往在开始时便建立二重语言的幼儿班。幼儿园的孩子每年升入更高的年级时,都要成立新的双语班。除了双径双语的小学外,在美国和其他许多国家(如,威尔士、西班牙、印度)还有名称不尽相同的中学双语教育。双径双语学校自身可以是一个整体的概念。在"主流"学校中或许同样有双语班的存在。比如,每一个年级都会有一个双语班。

Dotson 和 Meyer(1992)列出了双径双语计划的七大目标:(1)学生第一语言的能力应当是高水准的;(2)学生应具备高水准的第二语言能力(如英语能力);(3)两种语言的学习能力应当达到或超过所在年级的水平(如,六年级毕业时);(4)学生应当具有跨文化的积极态度和行为;(5)学生应表现出个人和社会能力的高水准;(6)学校应当为语言多数民族的学生制定出优秀的学习计划;(7)社区及社会应当从这些双语双文人、能够正确地对待不同文化背景的人、且能够满足国家在语言能力和与其他民族和平共处的需要的公民身上得到实惠。

因此,双径双语学校的目标不仅仅是造就双语和双文的学生。为了获得各种地位和兴旺发达,这类学校应当向人们证明其教学的成功。在标准化考试上,与该地区其他学校相比在所取得的成就上,在专业课上(如,音乐、体育、理科),双径双语学校必须表现出相对的成功,要达到这些目标,只重视双语的能力是不够的。

我们可以用如下的言辞来表示双径双语学校的使命:"为不同语言背景的儿童提供受教育的平等机会"、"建立在儿童现在语言能力上的以儿童为中心的教育"、"为每个儿童树立积极的自我形象"、"献身于所有儿童的一体化的社区"、"通过这种教育,儿童的能力得到了全面的发展而不是一种补偿"、"鼓励双语能力而不是有限的英语能力。"

双径双语学校有许多特殊的目标(与主流学校相比),其中之一就是培养双语的、双文的、多文化的儿童。要求语言少数民族的儿童不仅具备自己母语的读写能力,而且还要具备多数民族语言的读写能力;语言多数民族儿童既要学好自己的语言又要具备第二语言的读写能力。为了达到这些目标,双径双语学校进行了各种实践:

(1) 在学校使用的两种语言（如，西班牙语和英语、汉语和英语、Haitian Creole 和英语）具有相同的地位，两种语言都被用作教学语言，比如，可以用两种语言来教授数学、理科和社会学课程。但是一定要小心避免重复，不要用两种语言去教同样的内容。对于分离的战略、课堂上对两种语言的分配和结合的问题，将在第十二章中讨论。

(2) 学校的环境将是双语的。课堂、走廊中的墙报、布告栏、课程内容、文化活动、吃饭时间、课外活动，都因相对平衡地使用两种语言而营造了学校的双语环境。学校的正式讲演应该使用两种语言。写给父母的信件也要用两种语言。虽然很难对运动场上的谈话和学生之间在课堂的直接对话加以控制，但是学校显然是在营造双语的环境。

(3) 某些双径双语学校是将两种语言作为语言来教的（有时称为"语言艺术"教学）。在这些学校中直接教授拼写、语法、隐喻和交流技巧。其他双径双语学校则将两种语言作为教学用语，认为这样足以确保双语的发展。在这类学校中，要求学生通过正规的课程学习和非正规地与第一语言活样板的学生进行交流而获得语言能力。在这两种情况下，课程的安排很可能直接照顾到两种语言的读写能力。实现双语的读写能力也就达到了双语化的目的。两种语言读写能力的获得既可以是同步的，也可以通过在最初阶段强调第一语言读写能力的方式来获得。

(4) 双语学校的教师往往是双语人，他们在不同的场合对学生使用两种语言。如果这样做有困难的话（如，由于教师的来源和对教师的选择），教师可以与人搭挡，以密切合作的方式开展团队工作，那些主动提出或被请来协助教师工作的人包括准专职人员、秘书、保管员、家长，这些人也可能是双语人。语言少数民族儿童的父母可以在课堂上成为教师宝贵的"援军"。例如，当大量的西班牙文化从许多地区被带进课堂时，父母和祖父母就可以描述和提供最真实的故事、舞蹈、烹饪法、民俗和节目。这就突出了在课堂上创造一种附加性的双语和多文化环境，分享语言少数民族的文化遗产的重要性。

（5）双径双语计划的长度应当拉得更长而不是缩短。实行这种计划用两个或三个学年的时间是不够的，更为可靠的做法是，尽可能地深入到各个年级，至少要四年的时间。经历双径双语计划的时间，对确保语言技能，尤其是两种语言的读写能力的更全面更深入的发展是很重要的。在美国，实行双径双语计划年头较多的学校，讲课时往往会越来越多地使用多数民族语言——英语。某些学校，在开始阶段大约有90%的时间用少数民族语言讲课。在小学的高年级中，这种比例会降至50%左右。在这些学校的教育中，多数民族语言的学生经历的是第二语言（西班牙语）的浸没型教育，而少数民族语言的学生在最初阶段所接受的大部分教育都是用他们的家庭语言完成的。

双径双语学校的中心思想是语言分离或隔开。每一节课只使用一种语言。语言使用的界线根据时间、课程内容和教学的需要而定。在此只对这些问题逐一进行简单的介绍，在第十二章中将进行深入讨论。

首先，要决定什么时间使用那种语言讲课。通常采取的办法是，每隔一日使用一种语言。在教室门口可做一个标汇，表明当天所要使用的语言。例如，当天用西班牙语，第二天用英语，确定严格的顺序。或者不同的课使用不同的语言，变化要有规律，确保每一课程都能用上两种语言。例如，在星期一、星期二、星期五可以用西班牙语上数学课，星期二和星期四则用英语上数学课，下一个星期再把语言倒过来，星期二和星期四上数学课时使用西班牙语。这里也存在其他的可能性。时间的分割可以是每隔半天、每隔一周、每隔半个学期。问题的关键在于时间上的分配要达到培养出具有双语和双文能力的学生。

在使用每一种语言教学的时间分配上，学校与学校之间是有差别的。通常的情况是，在低年级和高年级中，试图将时间定为两种语言各用50%。有的学校，尤其在入学的头两三年中，会给少数民族语言更多的时间（60%、75%、80%或90%都不新鲜）。在中学教育里，有时采用的办法是各占50%，或是向多数民族语言倾斜（如，70%的时间用英语、30%西班牙语）。

无论在时间上怎样分配，双径双语学校的教育都会在两种语言间保持界线。在一节课内转换语言的使用是没有益处的。如果教师混用语言，学生会等待其强项语言的传递出现，而在其他时间里不听讲。如果有清晰的界线，例如，西班牙语学生会在西班牙语日帮助英语学生，而英语学生会在英语日帮助西班牙语学生。互相依赖会刺激合作与友谊，激励学习并取得成绩。隔离状况和种族仇视的可能性会大为减少。

但是，有时也会发生两种语言在课堂上转换或混用的现象（例如，在私下谈话中、教师做进一步解释时，以及优势语言的内部使用）。儿童，尤其是年龄较小的儿童，在使用语言时通常不会对其进行有意识的控制，转换语言可以像微笑和讲话带口音那样自然。

第二，双语教师确保自己不转换语言。儿童听见教师在讲一种语言（在一节课内或一整天）并且被要求用同样的语言回答问题。当双语教师出现短缺时，像许多"强式"双语教育形式一样，教师的组合可以确保语言的分开使用。只使用西班牙语的教师会与只讲英语的教师在同一班级里密切合作、开展工作。这种合作要求教师一定要将双语和多文化视为重要的教育目标。

第三，语言界线可以在课程中建立。这可以通过确定"语言日"来完成。或者，在某些学校，课程的不同部分使用不同的语言。如社会学科目和环境科目可用西班牙语，理科和数学用英语。这种政策确立起一些分离的场合，其中每一种语言都将得到应用，并且保持两种语言的分开状态。但是，有一种危险是，多数民族语言被安在了现代技术和科学上，而少数民族语言则被用于传统和文化上。这会影响语言在儿童和家长心中乃至社会中的地位。因此需要考虑两种语言与就业前景、经济优势和影响力的关系。

这类双径双语学校不同于过渡型双语教育和淹没型/主流型/英语作为第二语言教学的路子。美国的过渡型双语教育的根本目的是在至少两年内使学生进入只使用英语的教学中。而双径双语学校的目标则是使儿童获得日益增加的双语能力（如，美国的西班牙语和英语）。双径双语学校在学生的语言背景方面有别于加拿大的浸没型双语教育，浸没型学校通常只招收语言多数民族的儿童，使用第二语言学习课程的大部分或部分内容（如，在加拿大的一些学校，讲英语的儿童将法语作为学习的媒介）。而双径双语学校招收的学生至少有两种语言背景（如，来自美国家庭讲英语的学生和讲西班牙语的学生），并力求达到人数上的平衡。双径双语学校因其力争多数民族语言儿童和少数民族语言儿童的更加平衡的状态同时更强调双语的、多文化的结果而有别于"发展保持型"（继承语言）的学校。发展保持型教育更关心的是种族语言和种族文化的保护，在许多学校中，语言少数民族儿童占据多数。可以在社区中存在的学校类型取决于教育人口的社会语言学特点（如，一种或几种语言少数民族群体的规模，最近的或由来已久的移民状况，多数民族语言人的数量）。

美国的双径双语学校似乎可以追溯到 1963 年，当时一群居住在美国的古巴人在佛罗里达的 Dade 县开办了这样的学校（参见 Lindholm 1987；Garcia 和 Otheguy，1985，1988）。1963 年的 9 月，一所名为"珊瑚路小学"的学校开始了双语计划，招收讲西班牙语和讲英语的学生。60 年代的 Dade 县建立了 14 所双语学校。这里涉及这样一个事实：许多古巴人期望重返古巴，因为他们坚信卡斯特罗政权不会长久。当地的居民对这些即将离去的古巴人所搞的西班牙语保护运动给予了支持，讲英语的中产阶级家庭把子女送入这所学校读书。这反映了继俄国在太空竞赛中首次战胜美国后（1958，俄国人发射第一颗人造地球卫星），这些家长寄予外语教学的一种希望。

正像 Donna Christian 在图表中的数字所显示的那样，从那个时代起，特别是 1989 年后，美国双径双语学校在数量上有了稳定的增长。约有三分之一的此类学校建在了加利弗尼亚。另外的三分之一在纽约州。美国其他 16 个州中有约 170 所双径双语学校(如，亚利桑那，马萨诸塞、得克萨斯、弗吉尼亚)。美国的双径双语计划在教学中使用的语言多半为西班牙语和英语(90%的学校如此)，但是也表现出如下的语言组合；广东话/英语；葡萄牙语/英语；海地人讲的克雷奥尔语/英语；朝鲜语/英语；俄语/英语；日语/英语；法语/英语等。有 85%的学校开设从幼儿园到六年级的课程。

二重语言学校的增加

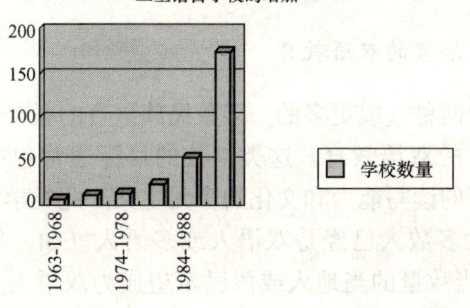

二重语言学校的增加

```
200
150
100
50
0
      1963-1968  1974-1978  1984-1988
```
☐ 学校数量

最后一档为 1989—1993 年

从对双语学校的实际表现所做的评价来看，这些学校基本上是成功的。正像 Christian（1994）所指出的那样："双径双语计划的研究结果逐步表明他们对非英语人所实施的教育是成功的，他们有可能通过保存少数民族学生的本地语言技能和开发讲英语的学生的第二语言技能来扩大我们国家的语言资源，而且他们希望通过促进各种文化间的理解和欣赏来改善多数民族与少数民族间的群体关系。"

这里有一个双径双语学校例子。James F. Oyster 双语小学位于首都华盛顿，1971 年开始实行双径计划。当地社区（一些家长和当地的政客）主动提出建立一所跨越语言、文化、种族和社会阶层的学校，家长在管理学校方面表现得十分积极，学生在这里可以一直读到六年级。这是一所种族混合的学校，西班牙人占 58%，白人占 26%，黑人与亚洲人分别占 12% 和 4%（Freeman，1995）。其中五分之二的学生来自低收入家庭（如，享受免费午餐）。

James F. Oyster 双语小学的教学计划有些特别，每个班配备了两名教师，一个教师跟学生只讲西班牙语，另一个则只讲英语。学生接受西班牙和英语的教育时间大致相等。课程充分照顾到多种文化特色，不同种族的儿童的贡献得到了鼓励和尊重。学校精神中充满了平等的观念（Freeman，1995）。这在该校的校训中得到了体现："Oyster 双语学校的宗旨是：掌握各种知识技能，获得流利的语言交际能力，理解因种族和民族背景的不同而带来的各种差异，树立正确的自我概念和本民族文化遗产的自豪感，使每一位同学都成为具有两种文化、两种语言读写能力的双语人。"

多数民族语言的双语教育

在学校中两种（或更多的）多数民族语言的联合使用，构成了多数民族语言的双语教育。这类学校的目标通常包括：双语或多语、两种语言的读写能力和文化的多元主义。此类学校存在的社会环境一般为大多数人已经是双语人或多语人（如，新加坡、卢森堡），或有相当数量的当地人或侨民希望成为双语人（如，在日本通过英语和日语进行学习）。多数民族语言的双语教育在亚洲的例子有：阿拉伯语—英语、马来印尼语—英语、汉语—英语、日语—英语。在非洲和印度也有这样的学校，其中一种"多数民族"区域语言与一种国际语言在学校中作为教学语言共同存在。那种区域语言和一种国际语言的双语（如，法语，英语）既是正规教育的目标又是结果。总体来讲，这类学校将包含多数民族语言的学生，有的班级讲几种不同的语言，有的班级讲一种语言。

在亚洲，一个国家或一个地区（如，文莱，台湾）或许有一种主要的本地语言，又想将一种像英语这样的国际语言作为第二语言引入学校。这种国际语言将与本地语一起被用作教学语言。其目的是通过一个丰富的双语教育计划培养出有两种语言读写能力的、全面的双语人。例如，文莱的 Dwiba–hasa（两种语言）学校系统通过马来印尼语和英语进行教学（Jones, Martin 和 Ozog, 1993）。在尼日利亚，尤其在中学阶段，双语教育是通过英语加上一种尼日利亚的民族语言来实现的：豪萨语、伊博语或是约鲁巴语；在新加坡，英语加汉语，马来语加泰米尔语（该国的四种官方语言），构成了双语教育。在德国，德语和法语、英语，西班牙语和荷兰语为主，形成了欧洲多元文化和双语教育的"德国模式"（Masch, 1994），多数民族语言的双语教育这个标题包括了上面各种不同的社会状况（如，一个已经是双语的国家；一个想要成为双语或多语的国家）。

我们现在来讨论多数民族语言双语教育的两个特殊的例子，首先来谈国际学校运动，继而讨论欧洲学校运动。

国际学校

国际学校以各种各样的形式遍及世界各地。在世界 80 多个国家中，有 850 多所这样的学校，多数集中在大城市中。主要是因为富有，家长们将钱投向私立的、精选的、独立的学校。在这些学校念书的儿童们，其家长一般都在外交机构、国际组织、跨国公司中任职，且有地区和职业的流动性。有些学生则来自本地，父母希望他们接受国际式的教育。这种学校一般只使用英语一种语言。将英语作为主要教学语言的国际学校不能归在多数民族语言双语教育的名下。只有在教学中同时使用民族语言和国际语言，这类学校才算得上是双语学校。有时第二语言被列为专门的语言课程，学习时间长达十二年。在其他学校则用第二语言教授课程的部分内容。有的学校要求学生会第三甚至第四种语言。总之，国际学校所使用的语言都是有国际威望的多数民族语言，少数民族语言在这里很少见到。

国际学校开设的小学和中学课程往往反映出美国、英国以及本地的课程传统。教师都来自各个国家，通常以英国和美国的训练有素的教育人员居多。有时他们指导学生准备国际学校的中学毕业考试、美国考试或英国考试，大部分时间里他们都在指导自己的学生为进入欧洲和北美的大学作准备。Baker 和 Prys Jones (1997) 和 Ochs (1993) 提供了国际学校走向的一些具体例子，并对此做出了详细的说明。这些例子分别是：

设立在东京的 Nishimachi 国际学校。该校有来自 30 个国家左右的 400 多名学生，年龄从 5 岁至 15 岁不等。有差不多 50 名教师分别来自 12 个国家。该校是培养英—日双语和多元文化研究的专门机构。20% 的学生是日本人；35% 是美国人；20% 的学生其父母一方是日本人——另一方则来自其他国家；余下的 25% 的学生来自其他国家。另一个例子是设立在柏林的 John F. Kennedy 学校，1300 名左右的学生来自 20 多个国家，年龄从 5 岁至 19 岁不等，德国和美国的学生居多。有一半的教师来自美国，另一半来自德国。以德语和英语作为教学语言，是一所双语、双民族、双文化的学校，学费减免。Bayan 双语学校在科威特，注册学生约 900 人，3 岁至 17

岁，来自14个国家。教师来自15个国家。这是一所强调阿拉伯文化、传统、遗产和身份的双语学校，为世界各地的大专院校输送毕业生。教学语言为阿拉伯语和英语。(ECIS, 1994)

欧洲学校运动

欧洲学校的走向是多数民族语言的双语教学在欧洲的另一个例子。这类学校主要是为欧盟培养相当于精英的工作者。这些学校使用多种语言，可容纳来自欧盟各国的大约15000名儿童。由官方于1958年始创于卢森堡，学校遍及比利时、意大利、德国、荷兰、英格兰，使用多达11种反映学生母语的不同语言（该数字会随其他国家加入欧盟而有所增加）。在小学里，年龄较小的儿童使用母语进行学习，但同时也接受第二语言教育（英语、法语或德语）。年龄较大的儿童一部分课程使用母语另一部分课程则使"车辆"(Vehicular)语言或"工作"语言。"车辆"语言通常是为儿童从英语、法语或德语中选择的一种"多数民族的"第二语言。这种语言由当地语言人来教，学校中也有一些以这种语言为母语的学生，他们可以做这种语言的样板。"车辆"语言从中学的第三年起用来教授历史、地理和经济课程，对象是混合的语言群体。另外，学生还要完成至少360小时的第三语言课程。

这类学校的教学结果往往造就了一批有实际的双语，而且通常是多语能力的学生，并具备文化多元主义、欧洲多种文化和欧洲人的素养。使用"车辆"语言的"欧洲课时"以正规的方式将来自不同国家的学生和谐地统一起来。"欧洲课时"是小学三年级后重要的课程组成部分。每班20-25名学生，每星期三节课，不同语言背景的学生以合用的方式在一起学习。有着现实的、可获得的目标的小班计划（如，制作木偶）为上下文固定的和要求认知能力的"欧洲课时"提供中心内容，相互尊重对方的母语得到有意而明确的鼓励，游戏和体育活动同样为不同语言背景的学生提供合作的机会。将不同语言的学生混在一起是为避免模式化和偏见，进而确立一种超越国界的欧洲身份（Baeten Beardsmore, 1993）。

欧洲学校运动与加拿大浸没教育之间的一个主要区别是，先将第二语言作为一门课来教，然后再将其作为教学语言。这种第二语言作为一门课程继续教下去，以达到语法正确无误的高水平（Baetens Beardsmore, 1993）。

Housen 和 Baetens Beardsmore 根据对一所欧洲学校进行的研究认为："这种强力的语言处置不会对成绩产生不良影响，从欧洲中学毕业考试的成绩来看，90% 的学生都取得了优良的成绩。"然而，双语、两种语言的读写能力和多元文化，不仅仅是因为学校教育的效率，父母或许同样是双语人或多语人，并且这些儿童更有可能来自注重文化的、中产阶级的官员家庭，对双语抱有积极的看法。多种语言的游戏场、多种语言的卫星电视节目和日益发展的欧洲化观念造就了这些享有特权的欧洲学生，他们"受过双语教育，能轻车熟路地驾驭两种语言，有自己的民族文化和跨越国界的欧洲身份"（Tosi, 1991: 33）。已经公布的欧洲学校运动的目标是（信息源自欧洲学校校长理事会代表办公中心）：

• 使学生树立对民族文化的信心——这是今后成为欧洲公民的基础。

• 提供良好的教育，以学科的广泛作为基础，从幼儿园水平至大学入学水平；

• 既培养高水平的母语又培养高水平的两种以上外语的读写能力；

• 在整个教育阶段培养数学和理科的技能；

• 鼓励用欧洲的和全球的观点而不是狭隘的民族观来研究历史和地理；

• 培养音乐和塑造艺术的创造力，并能理解和欣赏欧洲共同艺术遗产的优秀部分；

• 培养体能，并使学生逐步理解通过参加体育和娱乐活动保持健康身体的必要性；

• 在中学毕业前的几年内，为学生提供课程、事业或大学等选择的专业指导；

• 在整个学校教育过程及环境里，注意培养全体学生宽容的品格，合作的精神，交流的能力和关心他人的品质；

• 分别从各国的教育部门招募高素养的、经验丰富的教职员，以提供高品质的教学。

在欧洲,有一些其他的学校(在欧洲学校运动以外的学校),在课程中使用至少两种有威信的语言。例如,在卢森堡,那些出生后讲卢森堡语的儿童,通过受教育能讲三种语言(卢森堡语、法语、德语),儿童五岁开始上学,使用卢森堡语(低地德语的一种)进行学习。德语在开始时是作为一门课来学的,后来便成了主要的教学语言。在六年级的末期,儿童可以用德语有效地学习课程中的大部分内容。在二年级时开设法语课,并且逐渐增加法语的使用,中学时被用作教学语言。大多数学生在毕业时都具备了使用三种语言的知识。通过早年对母语的强调,小学阶段对德语的强调和中学阶段对法语的强调,这些儿童便成了能够使用三种语言的人,并且具备两种语言的读写能力(法语和德语的读写能力)。

结 束 语

我们已经讨论了十种双语教育形式,一个自然的问题是:是否有一种更好的形式?对于美国的讲西班牙语的儿童来讲,淹没型、过渡型、保持型或双径教育,哪一种更适合他们呢?一个英语单语儿童,如果他不去主流学校读书,而接受浸没型教育,是否会对他产生不利的影响?这些问题将在下章中通过"有效性"研究加以讨论。

推 荐 读 物

BAETENS BEARDSMORE, H. (ed.) 1993, European Models of Bilingual Educaiton. Clevedon: Multilingual Matters.

CAZDEN, C. B. and SNOW, C. E. 1990, English Plus: Issues in Bilingual Educaiton. (The Annals of the AmericanAcademy of Political and Social Science 508, March 1990). London: Sage.

CRAWFORD, J. 1991, Bilingual Educaiton: History, Politics, Theory and Practice (2nd edn). Los Angeles: Bilingual Education Services.

CUMMINS, J. and DANESI, M. 1990, Heirtage Languages. The Development and Denial of Canada's Linguistic Resources. Toronto: Our Schools/Ourselves Educaiton Foundation & Garamond Press.

DANESI, M., McLEOD, K. and MORRIS, S. 1993, Heritage Langauges and Education: The Canadian Experience. Oakville, Ontario: Mosaic Press.

GARCIA, O. and BAKER, C. (eds) 1995, Policy and Practice in bilingual Education: A Reader Extending the Foundations. Clevedon: Multilingual Matters. (Sections 1&2).

复习及研究题

（1）就下列问题写简短的复习笔记：

（Ⅰ）列出美国或其他你所选择的国家双语教育历史上的重要发展阶段。

（Ⅱ）弱式双语教育与强式双语教育的区别是什么？

（Ⅲ）十种双语教育类型的重要特征是什么？

（Ⅳ）说出浸没型与过渡型双语教育的区别，并考虑浸没型、过渡型各种变体间的区别。

（Ⅴ）说出双径教育、继承语言/发展保持教育、加拿大浸没型及主流语言中的双语教育的区别。

（2）研究你们国家或地区的双语教育历史。发生了那些主要变化？你认为变化的原因有哪些。

（3）弱式双语教育与强式双语教育的区别是什么？

（4）在哪种双语教育形式中弱式与强式的区别变的模糊不清？

（5）详细描写一种你最熟悉的双语教育类型。这种双语教育的主要特征是什么，特别是本章中没有重点提到的特征？

研 究 活 动

（1）写一篇你自己经历过或你最熟悉的双语教育类型的解释。

描述你在这种教育中的语言经历。将它提交给小组讨论，以找出同学间经历的相同和不同之处。

(2) 访问一所或几所学校，通过访谈和观察来决定该校的教育属于本章所列双语教育的哪一种或几种类型。

(3) 访问一所或几所学校，了解该校双语教育史或语言方面的历史。该校的语言目标是什么？近 10 – 20 年内该校的目标有何变化？该校教师如何看待被忽视或被使用的儿童的第一或第二语言？

(4) 通过文件、访谈、访问学校或对教育行政官员的访谈，简要描述一个具体社区的语言历史和双语教育的历史。同时注意该社区有什么语言象征。如在招贴画、报纸、传媒、社交活动中是否有不只一种语言在使用？

(5) 设想你是一个家长或一名教师，现在要求你就把弱式双语教育变为强式双语教育的问题做一次公共演说。准备好后在教师前面做 5 分钟的演说，来说服教育行政官员。

第十一章 双语教育的效度

导 言

在讨论了双语教育的十种类型后，本章将对双语教育的主要类型的研究进行讨论。这些主要类型对哪类儿童有怎样的效果？其成功和局限的记录有哪些？哪些原因使双语教育更为有效？这些问题便是本章要讨论的内容。

调查研究的结果

从20年代初威尔士的研究（Saer，1922）和Malherbe（1964）对南非双语教育的评价至今，人们对双语工程和实验，计划和经历做出了大量的评述。这种研究是国际性的，例如，爱尔兰（如，Harris，1984）和英格兰（如，Fitzpatrick，1987）；美国（Danoff等人，1977，1978）和加拿大（如，Swain和Lapkin，1982）；秘鲁（如，Hornberger，1988，1990a）；香港（Boyle，1990）；威尔士（如，EurwenPrice，1985；Baker，1995）和西班牙（如，Sierra和Olaziregi，EIFE2，1989；Artigal，1995；Bel，1993）。世界银行的一份报告（1982）提供了为数不多的比较性国际研究中的一例，涉及菲律宾、爱尔兰、加拿大、墨西哥、尼日利亚、瑞典和美国的双语教育。

如果选择和强调某个具体研究的结果，那就不难为大多数双语教育的不同形式找到支持的理由。一些实例可以说明这个问题。Macnamara（1966）对爱尔兰针对讲英语家庭的儿童实施浸没型教育提出了批评。他发现这些浸没型儿童在机械算术上"要落后主流学校的儿童11个月"。他认为"爱尔兰教算术的方法有可能阻碍英语儿童的进步。"相比之下，对浸没型教育的支持则来自加拿大的研究结果（如，Swain 和 Lapkin，1982）。Danoff 等人（1977，1978）通过几乎 9000 名美国儿童的表现，发现淹没型双语教育要强于过渡型双语教育。McConnell（1980）则觉得美国的过渡型双语教育要好于淹没型教育，而 Matthews（1979），同样在美国，发现这些弱式双语教育间没有什么区别。

加拿大的 Keyser 和 Brown（1981）和英格兰的 Fitzpatrick（1987）认为，继承语言教育在加拿大和英格兰是成功的。相反，威尔士的早期研究（如，Smith，1923）则对威尔士双语人的继承语言教育的结果提出了质疑。

研究是否能找到赞成一种或几种双语教育类型的一致意见，这个问题留在后面讨论。现在有一件重要的事情，就是弄清某些使研究结果各不相同的原因。

儿童样品

一项研究的各种结果会受到研究对象的制约，如果存在着某种可能的抽样调查形式（如，选定对限定的人群进行随意抽样调查），所得到的这些调查结果或许能反映出这种特定群体的共性。这种形式的抽样调查很少在双语教育的研究中见到，许多的研究只使用了少量的样品，且不具代表性。将儿童随意组成能准确反映绝大多数在校学生的真实情况的实验组和控制组，这不但有背道德观念，而且实际上也是行不通的。

当考虑到双语教育的效度研究时，使用了大量的各种各样儿童样品，其研究结果的不同也就不足为奇了。儿童样品可以包括城市和农村的学校，各种各样的社会阶层背景，不同的年龄和不等的动机程度，国际性的研究包括一个双语人群的混合体：本地的语言少数民族群体，移民和接受少数民族语言教育的多数民族语言儿童群体。把这些研究成果从一组推广到另一组是无效的，因为这些儿童所在的家庭、学校、社区和国家也许处于削减性或附加性的环境中。

与物质世界不同的是，简单的行为法则不可能支配广大的人群。种类繁多的个体特点和环境特点使那些一刀切的、简单化的研究结果在本质上难以捉摸。这些结果同样会证明某些事情过去和现在的情况，但不能证明将来总是这样，它们不能保证在时间的流逝中保持自身的稳定性。

互动因素

除儿童样品外，还有一些因素会对双语教育产生不同的影响。家长的兴趣、家长对其子女教育的参与程度及家长与教师的协作，是一种干扰因素。另一种因素很可能是教师的热情和对教育计划的执行。双语教育中不仅有新颖的实验，或许还有热情和兴趣。材料支持的程度（如，书籍，课程计划，计算机，科技设施）同样会产生不同的结果。

在具体的双语教育计划中（如，过渡型、浸没型或继承语言），很可能存在着结果上的变化（如，各学科的成绩），这些变化与不同计划类型之间在结果上的变化一样多。正如 Berliner (1988：289) 在谈到干预计划时所说的："早期儿童教育的各种竞争理论和计划都得到了专门的资金支持，在对这些全程计划的研究中取得了一些重要的发现，其中之一就是在同一个计划内各方面的变化（无论是行为的、认知的、需要家长参与的、以技术为主的，或别的什么教育计划）等同于不同计划之间在各方面的变化"。

这里有个关键的问题。在众多能使教育获得成功或失败的因素中，语言政策和语言实践只是其中的一个因素。成功的秘诀不可能产生于一种因素（如，课堂的语言）。种类繁多的因素自身的运动相互作用将决定双语教育的成功与否。正如本章末尾要讨论的，考虑双语教育成功或失败的各种条件是重要的。我们需要明确地指出不同秘诀的所有因素，全面理解双语教育形式的成功或失败。双语教育，无论何种类型或形式，都不能担保教育的有效性。

成功的标准

一个重要的问题是："什么样的测试或证明的手段可以用来决定哪种形式的双语教育是成功的？"一种或两种语言的能力应当是

惟一的结果吗？应当对语言的哪些方面做出评价？是否应当把理科和社会学科包括在内？成功的标准是否应顾及全部课程的表现？应当使用什么样的课程版本（如，数学课是强调计算机还是强调概念；是为了了解宗教还是为了道德的培养）？将以下这些非认知的结果包括在内有多么重要意义？如：自尊、道德修养、学历、社会和情感的调整、融入社会的程度和就业情况。什么是双语教育的长期影响（如，儿童成为家长后会用少数民族语言教育其子女）？这些问题表明在什么是教育的有价值的结果这个问题上，存在着各种意见和争论。正像本章将要说明的那样，对双语教育的有效性所进行的研究，在选择结果的衡量标准上发生了变化。

一个特别的难题是，成功的标准总是限制在可以测量的事物中。所使用的只是数量上的结果（如，测试的分数）；很少收集质量上的证据。能够单凭掌声的分贝读数来判断一出戏的好坏吗？戏剧评论家的点评是否为演出平添一种生动的、真知灼见的解释？每个评论家都会坚持自己的观点，这也许会为教育考试的统计骨架添加血肉与生命。

研究者

就像 Fishman（1977）和 Edwards（1981）指出的那样，对双语教育的研究很少有中立的。研究者的假说常常掩饰着他们的期望。任何价值都没有的、完全中立或客观的教育研究是不可能存在的。提出的问题、选择的研究方法、分析的决定和报道的方式揭示了思想意识的倾向。许多研究者都会是双语教育、种族多样化、少数民族语言权力和文化多元化主义的支持者。这并非是说所有的研究理论都是站不住脚的，而是我们不能假设这些研究结果没有受到研究者本人以及他们的信仰、观点及好恶的影响。

双语教育的某些研究在本质上是规定性的，调查和讨论中混杂着兴趣、理想主义和思想意识。"双语教育不单是将理论和研究应用于现实生活的中立、公正的行为，它还是一种社会政策和思想意识的操练"（Edwards，1981：27）。

研究成果的评论与综述

当积累了大量双语教育的不同研究结果后，就有了各种评论与综述。评论家会尽可能地收集个人的研究结果以找到一种系统的形式和研究结果的条理性。是否在这些研究结果中存有某种共同的东西？是否可能对双语教育的不同形式的有效性做出某些归纳？实际上，所有的评价都不会是一致的。因此，评论家的工作就是要找出这些变化的原因。例如，不同的年龄群体、不同的社会阶层背景和各种不同的测量方法，或许都可以对不同的结果做出解释。

关于双语教育有效性的早期评论发表于 70 年代。Zappert 和 Cruz（1977），Troike（1978），Dutay 和 Burt（1978，1979）等人分别得出结论，认为美国的双语教育有效地提高了语言少数民族儿童的双语能力，并且受到了英语单语计划的青睐。即语言少数民族的学生既获得了多数民族的语言能力，又获得了少数民族的语言能力。从七十年代后期开始，增加了许多个人的研究，而且最近又出现了一些新的评论文章（Collier，1989；Collier，1992；Lam，1992）。在这部分中，我们将在三个方面对最近的评论进行考察：（1）对加拿大浸没型教育的评论；（2）对继承语言教育所作的评论；（3）美国的一些重要的、有影响力的、有争议的观点。每一个方面都有较多的文献，因而可以对其进行更深入的探究。比较而言，某些双语教育的形式由于评价较少，因此在这里不做讨论（如，主流双语教育，双径双语教育）。

加拿大浸没型双语教育

对加拿大浸没型教育所做的各种评价往往描绘了一幅相对统一的画面。Swain 和 Lapkin（1982），加利弗尼亚的教育发展计划（1984），及 Genesee（1983，1984，1987）的综述，着重讨论了加拿大浸没型双语教育的四个主要结果。

第二语言（法语）学习

容易预料的是，接受浸没型教育的学生将会超过每天只上 30 分钟"点滴喂养式"法语课、接受主流（核心）教育计划的学生。"早期完全浸没型"计划中的大多数学生 11 岁左右时，在语言接受能力上（听与读）接近法国人的法语能力。但是语言产出能力（说与写）还没有完全达到这种水平（Lapkin, Swain 和 Shapson, 1990）。

这些评论确认，教育可以策划一种双语形式。浸没型的学生大都成功地获得了两种语言的能力，但是，就像第一章中所指出的，双语能力与双语的实际使用是两回事。浸没型双语教育的局限性之一就是，对许多学生来讲，法语可能成为一种在学校才有的现象。在学校的围墙外面，浸没型教育的学生往往不会比"点滴喂养"的学生更多地使用法语（Genesee, 1978），虽然这些学生有较强的法语能力，但在社区中他们往往不使用法语进行交流。潜力不一定导致产出；技能保证不了街道上的语言使用。缺乏自发的或人为的法语机会、稀少的法语文化场合、以积极而有目的地使用这种第二语言，或许是对这一问题的部分解释。其他的原因留在后面讨论。Stern (1984) 坚持认为浸没型计划在语言方面是强大的，而在开阔学生的文化视野、培养他们对法国人的文化和价值观的感受能力上却是软弱的。

第一语言（英语）学习

如果浸没型教育提供了一条通往第二语言近乎母语般流利的途径，那么是否要以牺牲第一语言的成就为代价呢？双语所带来的英语成绩是否比不上"主流"学生？是否像天平一样，一头升高另一头就会降低？

在"早期完全浸没型"教育的头四年中，学生往往不会有像接受主流教育的英语单语学生那样的进步。例如，在阅读、拼写和语音方面不会有很大的发展。由于在上学初的一两年乃至三年的时间里不使用英语进行教学，因此这样的结果也就是预料之中的事了。

然而，这种最初的情况是不会长久的，经历大约 6 年的在校学习后，"早期完全浸没型"学生的英语能力已经赶上了那些单语学生。在小学毕业时，这种早期完全浸没的经历，一般来讲并没有影响到第一语言的说话和写作能力的发展。这些儿童的家长的期望与达标测试所显示的结果是相同的。

研究人员在确定浸没型和主流教育儿童间在英语成绩上的差别时，的确常常偏向于浸没型的学生（Swain 和 Lapkin, 1982, 1991a）。这种调查的结果联系到第九章的内容，其中我们讨论了因双语而产生认知优势的可能性。假如双语可以增强语言意识，可以使思想更具灵活性，有更强的语言自察力，那么这些认知优势就可以帮助解释早期浸没型学生在英语上取得的可喜进步。

在三年或四年的时间里，"早期部分浸没型"的学生在英语能力上往往同样会落后于他人。他们的英语表现能力与早期完全浸没型的学生没有什么差别，这种表现让人感到惊讶，因为在早期部分浸没型教育中英语教学占了相当的比重。小学毕业时，早期部分浸没型的学生在英语成绩上会赶上主流教育的同学。与早期完全浸没型的学生不同的是，在英语成绩方面部分浸没型的学生往往不会超过那些与之进行比较的主流教育的学生。同样，"晚期浸没型"不会对英语能力产生有害的影响（Genesee, 1983）。

这个事实表明，浸没型的学生学习法语不会以牺牲其英语的能力为代价。确实，这些学生不但获得了一种第二语言，同样有事实表明，浸没型教育可以为英语能力带来额外的好处。尤其对早期完全浸没型教育而言，这不是一种天平式的运动，而似乎更像是在做菜，在把原料混合在一起进行烘烤时，它们以生成新物质的方式相互作用，其产品不只是其原料的总和。

其他的课程领域

如果浸没型教育能使学生成为法语和英语双语人，那么这样做是否会影响到其他课程的成绩呢？与主流教育的学生相比，浸没型的学生在诸如数学、理科、历史、地理这类课程中是如何进步的呢？对研究工作所做的评论指出，"早期完全浸没型"的学生总体来讲，在这些课程中取得了与主流教育的学生一样好的成绩。就是说，这些课程的成绩没有受到早期完全浸没型双语教育的有害影响。

对"早期部分浸没型教育"的评价并不那么乐观。当早期部分浸没型的学生通过法语学习数学和理科的课程时，他们至少在开始阶段，往往落后于主流教育的同学。其原因可能是法语能力没有发展到足以用第二语言进行数学和理科思维的程度。

"晚期浸没型教育"的结果也是一样。重要的因素似乎是，第二语言能力（法语）是否发展到了足以应付相当复杂的课程内容的水平。Johnson 和 Swain（1994）认为，在第二语言能力中有一个峡谷，如果学生要从把语言作为一门课来学习过渡到使用这种第二语言进行学习，就需要在这个峡谷上搭建一座桥梁。课程的内容越难，对学习水平的要求也就越高，并且越晚转入使用第二语言进行学习的阶段，提供"桥梁过渡"计划也就越显重要。这种"桥梁过渡"计划消除了第二语言能力与理解课程所必需的语言能力间的差异。"桥梁过渡"计划或许需要语言教师与主课教师（如，数学教师）的合作。

这些结果总体上表明以浸没经历为基础的双语教育不一定对成绩产生负面影响，尤其是在早期完全浸没型计划中。的确，大多数学生在获得第二语言的同时并没有影响到他们的课程成绩。然而，关键的问题似乎是他们的语言技能是否达到了足够的水平去用第二语言进行课程学习（参见第九章）。

态度与社会调整

除了在全部课程上的表现外，有关浸没教育的各种评价还考察了浸没型教育是否会对学生的动机、态度和学习技能产生积极或消极影响的问题。在"早期完全浸没型"的学生中找到了这方面最积极的结果。这些学生的家长往往对其子女的学习及他们的个人和社会行为表示满意，早期浸没型的学生，例如，与晚期浸没型的学生相比，也总是对他们自己、对他们的教育和对讲法语的加拿大人抱有更积极的态度。但是这里的危险是，将这些积极的态度归功于学校的教育。原因也许是家长的价值观和信仰，家庭文化与环境。关于这一点，我们将在下一章中做进一步的讨论。

问题与局限

许多作者最近将目光集中在浸没型教育可能存在的局限性上，这些局限性在早期的评论文章中没有得到体现（如，Hammerly，1988；Allen 等人的答复，1989）。首先，Selinkir, Swain 和 Dumas (1975) 指出，浸没型的学生在使用法语时总是不能做到语法上的正确。浸没型的学生同样往往缺少当地语言人所具有的那种得体地使用语言的社会和文化上的感觉。例如，除了使用现在时外，很少使用其他的动词时态，并且常常错误地使用"tu"和"wous"，这种现象似乎与课堂上有限的语言功能有关。语言某种形式很少自然而有规律地、经常地出现在课堂教学中（如，由于学习的"眼前"利益及成人一学生的各种关系）。有一个解决办法就是弄清词汇和语法的问题所在，在这些薄弱环节上提供更多的语言接收，尤其是语言产出的机会，将所使用的语言形式的焦点与有意义的主科教学相结合，并系统而经常地将语言发展的信息反馈给学生。日益增加的群体人数和协作式的学习，同样被认为是培养学生的语言产出能力，进而达到法裔加拿大人讲法语的水平的重要因素（Swain，1993）。

第二，在对浸没型教育的毕业生进行观察时，往往会发现当他们离开学校后相对来讲很少有人大量地使用法语（Harley, 1994；Wesche, 1993）。这种情况部分地反映了社会问题，另一个原因是自己对讲法语的能力缺乏自信，再有就是更喜欢讲英语。同样，浸没型的学生往往不像主流（核心）教育的学生那样与讲法语的人有更多的交往。法语的能力没有被经常地转化为校外的使用，不过也有例外的时候，比如，当就业和个人经济问题成为焦点的时候。

第三，人们很难确定那些能创造有效的浸没型经历的关键性的互动因素。例如，存在着许多像教学技巧这样的干扰因素，它们也许会改变结果的形式。Genesee (1983) 认为，那些个性化的、以活动为基础的教学手段也许要比那些传统的全班教学法更具实效性。

Genesee（1983）同样认为，语言学习的强度，比如每天学习多少小时，可能比语言学习的长度（如，第二语言学习的年数）更重要。这种观点使我们想到了一种调查结果：年龄较大的学生往往比较小的学生能更快地学会一种第二语言。作为系统工程的浸没型教育是否导致了一些较为成功的结果呢，或者引起一些因素，如，"学生动机、教师的备课、家庭文化、家长的态度、民族语言的活力，学习各种课程时间的长短"（Carey，1991：53）。

第四，浸没型计划可能对主流教育产生影响。例如这些影响可以包括：任课教师和领导的重新分配，主流班级在语言和能力方面的变化，年龄混合班的不断出现造成班级在规模上的差异。

第五，Heller（994）曾认为，浸没型学校为更多的社会和经济的流动、为政治权势提供了具备语言和文化本钱的讲英语的人。从这个角度来看，浸没型教育因而是关于另有图谋和期望得到利益的教育。这种教育大概想从加拿大的社会中获得某种好处：教育的、文化的、语言的、社会的、权势的、财富的以及统治的好处。因此，浸没型教育可能引发与讲法语的少数民族的冲突（如，在安大略），而不会给加拿大社会带来双语所企盼的和谐统一的局面和"桥梁建筑"。我们将在第十九章中进一步讨论这个问题。

第六，如果将加拿大的经验进行总结进而推广至世界各地，将是很危险的。加拿大的浸没型教育涉及的是两种主要的、具有很高地位的国际语言：法语和英语。在其他实行双语教育的国家里，情况就不同了。通常是一种多数民族语言和一种少数民族语言（或一些语言）并存的情况。这里涉及附加性和削减性的双语环境。人们认为加拿大是一种附加性的双语环境，而五大洲许多国家则是削减性的双语环境。

如果认为有必要对浸没型教育进行总结而推广到其他国家，必须牢记以下几个条件：

（1）在加拿大实行的浸没型教育是自愿选择的，而不是强迫性的。教师、家长及儿童自己的信念左右着学校的精神以及学生的动机和学习成绩。信念，而不是强迫性的认同，是最有效实施浸没型教育的必要条件。

(2) 加拿大的儿童在最初接受浸没型教育时，其语言能力在同一水平上。这个条件相当的儿童群体可以提高语言课堂的学习效率。如果第二语言水平参差不齐，教师就很难在平等供应和平等机会的条件下提供有效率的、结构合理的课程。

(3) 加拿大的浸没型教育确保尊重学生的家庭语言和文化。这一点与附加式的双语环境有关。家长一直被视为这个浸没型运动的一部分，他们与行政官员、教师和专家一直保持着对话。

(4) 加拿大浸没型教育中的教师对自己的工作总是尽忠职守。威尔士的研究材料表明，教师对双语教育献身的重要性在于它直接影响到学生在校的学习成绩（Roberts，1985）。

(5) 看待加拿大的浸没型教育，重要的是不要将目光仅仅停留在教育范畴内。在浸没型教育的背后，是政治、社会和文化的思想意识，浸没型教育不仅仅是浸没在第二语言（法语）中，这类双语教育有自身的目标和设想、信仰和价值观，这些有时不同于主流教育，有时又是主流教育的补充。重要的是不要只把浸没型教育视为促进双语的手段，它还是朝着一种特殊社会运动的行为（参见第十九章）。通过提高英语人的双语能力，加拿大的浸没型教育支持了法语社区，为魁北克以外的法语人提供了更多的机会，并且有助于双语在公共部门的发展（在私营部门的发展尚待确定）。然而，一些讲法语的人将浸没型教育视为英语进一步同化的"特洛伊木马"。"讲法语的人怀疑双语英语人的增加是否会直接导致剥夺他们占据双语职业的历史优势"（Lapkin，Swain 和 Shapson，1990：649）。这种担心与在浸没型计划中常常过分渲染来自更高社会文化背景的儿童有关。因此，浸没型教育也许会导致精英群体的产生，使具备双语能力的英语儿童在今后的就业市场上占据有利的地位（Heller，1994）。

继承语言教育/发展性保持教育

对继承语言教育的主要评论是由 Cummins（1983a，1993），Cummins 和 Danesi（1990）做出的。这些文章不但关注单个的国际教育介入，而且注意到可以在评价继承语言教育的结果中发现的某种形式，进而试图在国际上进行推广。

这些评价的结果，尤其是对加拿大的评价，表明继承语言计划在四种不同的形式中可以是有效的。

第一，学生保持自己的"家庭语言"，特别是与那些接受主流教育或过渡型教育的语言少数民族儿童进行比较时更是如此。主流教育中的学生往往丢失了并且有时避免使用他们的继承语言。

第二，这些学生在课程领域往往有和主流学生一样好的表现，如在数学、理科、历史、地理方面。也就是说，这些儿童学习成绩并没有因使用家庭语言接受教育而蒙受损失。确实有评估表明这些学生的表现要好于主流教育的对照组学生。现在来解释这个问题：有两个"条件相同"的学生，来自语言少数民族背景。一个接受主流教育，一个接受继承语言教育。可能的情况是，接受继承语言教育的学生将会取得更好的成绩，而其他因素都是一样的。"认知上的"解释是，继承语言教育在教育的初始阶段，其学生的语言认知能力达到了入学水平（这种更强的能力在认知上的原因已在第九章中讨论过了）。相比之下，对这些语言少数民族学生实行的主流教育则带有否定的认知含义，它似乎拒绝接受儿童的认知能力水平，它需要重新培养学生的语言能力使其足以应付课程的学习。如果这种分析成立的话，就好比一个人掌握了（用鱼杆）钓大马哈鱼的基本技能，而被要求放弃这种技能去学习大规模的海洋捕捞。指导者忽略了已经获得的使用渔杆的技能。学生被要求在陆地上进行捕鱼练习，而不是去巩固现有的使用渔杆的技能。

第三，研究发现，如果儿童在继承语言教育中学习，他们会有积极的态度。教学中使用家庭语言，很可能提高儿童的自尊心和自我意识。儿童在使用家庭语言的同时，会感到学校接受了他的家乡语言、他的家庭和社区文化、他的父母和他的亲人。相比之下，主流教育中的少数民族儿童面对的则是丢失自尊和地位的危险，他们的家庭语言及文化似乎被贬低了，学校系统和教师似乎或隐或显地在拒绝儿童的家庭语言和价值观。这可能会影响到儿童的动机和对学校工作的兴趣，进而影响到他们的学习成绩。一个能力得到承认和鼓励的学生会感觉受到了鼓励和引导；一个能力被忽视的学生会有一种受到阻碍和被拒绝的感觉。

继承语言评价的第四个结果也许是最出乎预料的。它确实有悖于"常理"。在测试儿童的英语能力时（或儿童的任何一种第二语言），所比较的对象总是主流教育的儿童。为了说明这个问题，我们还要借用以前的一个例子。两个儿童的"智力"、社会经济阶层、年龄和条件完全一样，他们具有同一继承语言背景。一个被放入继承语言教育中，一个放入主流教育中。人们也许会期望那个放入主流英语教育的儿童的英语测试成绩好于继承语言教育计划中的儿童。人们的预测也许是这样的：越多地接触主流教育的英语，会取得更好的英语测试成绩。继承语言教育的评价表明，有些事情是不一样的。继承语言教育中的那个儿童很可能取得至少和主流教育中的儿童一样好的成绩。其原因似乎是自尊心得到了提高，使用家庭语言的这种教育进一步增强了语言和思维的能力。这些能力似乎可以轻松地转化到第二语言（多数民族语言）的领域中。

尽管对继承教育所做的评价是肯定的，但是加拿大人口还是因此被分成了两部分。有些人认为，给继承语言群体赋予某种权力会造成重大的社会问题，是对现行权力和政治格局的一种挑战（Taylor, Crago 和 McAlpine, 1993）。加拿大政府的政策一直支持文化多元主义，尤其是那两个"独立的单元"——法语和英语的文化。而是否将文化多元主义扩大至"继承"语言一直是有争议的（Cummins, 1992）。种族文化社区（如，乌克兰语、德语、希伯来语，伊地语、汉语、阿拉伯语、波兰语社区）往往支持继承语言教育。讲英语和讲法语的加拿人人都对这些社区表现出了宽容和善意的态度。对继承语言教育不冷不热的支持，即使在公共资金用来支持继承语言教育时，也不会逾越这个范围，社会各方面的意见以及政府所表现出的担心是：拔乱主流学校的现状（如，入学率的下降）、员工的问题、继承语言教师与主流教师的很少往来、学校社区的隔离状况、将移民纳入教育系统的财政负担、核心课程教学时间的丢失、社会的紧张状态、对一体化的影响以及加拿大社会的稳定（Cummins 和 Danesi, 1990；Cummisn, 1992；Edwards 和 Redfern,

1992)。

随着1980年以来加拿大移民人数的居高不下，这种担心越来越大。加拿大的低出生率和快速步入老年社会，使其人口的增长取决于移民政策。因而加拿大的语言多样化得到了发展。例如，在多伦多和温哥华，一半以上的在校生来自非英语背景（Cummins, 1992）。而对更多的移民人口和因此而产生的更大的语言和文化的多元化，政府应采取什么样的对策呢？加拿大的公众对培育语言多样化和文化多元化主义报有一种怎样的看法呢？

Cummins（1992；285）对有关加拿大人身份本质的争论进行了描述，这种争论涉及多元文化主义和公众意见中的个人利益：

尽管占主导地位的英语人和法语人群体一般来讲极力支持学习另一种官方语言，但是他们很少看到提升继承语言对于自己、对于作为一个整体的加拿大社会或对于来自种族文化背景的那些儿童的好处。对这些儿童所实行的教育应将其重点放在英语的获得上，使他们成为加拿大的人，而不是在他们和他们的同龄人之间设置语言和文化屏障。总之，鉴于继承语言教学的支持者强调双语和多语能力为个人和整个社会带来好处，反对者则认为继承语言导致社会分裂、开支过大、教育倒退，因为少数民族儿童所需要的是使用学校的语言去获得各科的知识。

如果焦点从公共政治观点转到教师、家长及学生的教育观点上，那么加拿大的继承语言计划总体上是令人满意的。尽管这些计划会出现管理上的问题（如，教师的短缺，岗前和从业教师培训的可行性，缺乏课程教材），但还是可以将其优点概括为如下几个方面（加拿大教育协会，1991）：

- 积极的自我意识，为自己的文化背景而骄傲；
- 儿童会更好地融入学校和社会；
- 对别人和其他文化抱有更宽容的态度；
- 认知、社会和情感上的更大发展；
- 轻松地学习新的语言；
- 增大就业的可能性；
- 培养家庭与学校的牢固关系；

- 满足社区的需要和愿望。

Cummins（1983a，1993）和 CumminsheDanesi（1990）在继承语言教育评述中的最后结论是，这种教育不会对学生的课业成绩产生不良影响，实际的研究结果表明，与接受主流教育相比，语言少数民族的学生在继承语言教育中往往能获得更多的东西，他们保持并丰富了自己的家庭语言和文化，他们的学业成绩并没有受到影响。这里值得一提的是，他们的第二语言能力（多数民族语言的能力）也没有受到影响，同时还增强了认知能力（Cummins，1993；Danesi，1991）。

美国的争论

Baker 和 de Kanter 对双语教育的评论（1983）

80 年代初，美国联邦政府决定对过渡型双语教育进行一次权威性调查，操作者是 Keith Baker 和 Adriana de Kanter（1983）。尽管六七十年代美国的双语教育发展缓慢，但是 70 年代后期、80 和 90 年代公众对双语教育的支持并不利于这种发展。在美国，公众意见之一认为，双语教育没有促进一体化。确切地讲，这种观点认为双语教育使拥有几种语言的社会导致社会和经济上的分裂，认为少数民族语言群体在利用双语教育为自己谋取政治和经济利益，甚至要分裂国家。因而 Baker 和 deRanter（1983）的调查必须看到其政治环境（参见第十九章）。

Baker 和 de Kanter（1983）提出了两个集中了他们观点的问题。这两个问题是：

(1) 过渡型双语教育是否会导致英语的更好成绩？
(2) 过渡型双语教育是否会导致非英语科目的更好成绩？

这种评述是用"过渡"的眼光来看待双语教育的。它从一开始就没有用中立和综合的态度看待各种双语教育形式。这两个问题中同时还要注意到双语教育所期待的结果的局限性。只有英语和非语言科目被认为是学校教育希望得到的结果，而没有考虑像自尊、就业、少数民族语言的保护、各种不同文化的价值观这样一些其他的结果，也没有考虑道德修养、社会适应能力与个性发展等方面的问题。

　　Baker 和 de Kanter（1981，1983）在开始调查时，从北美和世界其他双语地区中确定了 300 件研究案例，又从这 300 件案例中剔除了 261 件，在他们的双语教育评述中所考虑的 39 件案例必须符合六条标准。这六条标准是：

　　（1）研究中必须衡量过英语和非语言科目的成绩。

　　（2）双语教育与其他因素间的比较，比如与主流学生间的比较必须保证群体间在开始阶段具有可比性。即必须考虑到两个比较群体的最初差异。否则，解释结果的也许是这些最初的差异（如，不同社会经济背景的群体组合），而不是儿童置身其中的教育形式。

　　（3）Baker 和 de Kanter（1983）所要求的研究结果在统计上必须真实有效。例如，必须进行过恰当的、用统计数字表明的测验。

　　（4）有些研究结果没有被采纳，因为在某个特定科目上，这些研究将双语教育中样品的进步程度与全国的平均程度进行了比较。这样的比较是无效的，因为比较应在双语人与英语单语人间进行，而不是不同教育形式的两个不同的双语群体间的比较。

　　（5）反映出一组学生一年来的进步程度的研究结果是充分的。而"得分"需要不同教育形式间的比较，即所需要的是相对得分（一种形式的双语教育计划与另一种的比较），不是绝对得分（在特定时间内所取得的进步）。

　　（6）仅用等级分数的研究结果不预采用。当使用美国等级分数时，会出现学生间、学校间、各州间的可比性与一致性的问题。

　　Baker 和 de Kanter（1983）的评述结论是，没有一项将具体的教育形式应当因美国政府的利益而以法律的形式固定下来。或者说没有一项特定的教育形式应当被美国政府采用：

　　"儿童教育应当使用儿童所理解的语言，这是一个尽人皆知的道理。但是这并不意味着非得用儿童的家庭语言开展教育。如果教学得法，儿童可以成功地接受使用第二语言的教育。成功使用第二语言进行教学的关键似乎在于确保第二语言和主科的教学要同时进行。以免主科教学领先于语言课的教学。鉴于美国的情况，语言少

数民族儿童最终定会融入讲英语的社会,在全部科目上认真实行第二语言教学也许就是双语教育的最佳办法。"(P. 51)

因此,该评述最终表现出了对有影响力的政府意愿的支持,实行只使用英语的教育和过渡型双语教育,倾向于英语的实际使用而不是双语。看上去有点像社会和政治意愿的种族同化和一体化构成了这些结论的基础。

Baker 和 de Kanter 的评述遭到了大量的批评(如 Willig, 1982,美国心理学协会 1982)。主要有:对结果的范围狭小的衡量标准进行了讨论,尽管这种失误常常出现在原始的研究中,而不是评述中。在集中讨论过渡型双语教育时,暗地里倾向于同化与一体化,而轻视像保护儿童的家庭语言与文化这类目标;从 300 例研究结果中选出 39 例时使用的标准过于狭窄且缺乏灵活性。

尽管这些选出来的研究结果相对来讲或许更加成熟,但是人们还是看出了在评论中使用的研究结果在技术上的缺陷(如,只使用了小范围的样品)。它也没有选用一些知名的、人们经常引用的研究结果,如,Rock Point Navajo 的研究。因此,这种评述只是对从技术优良的研究中选出的样品进行了专门的研究。它没有注意到那些跨越了最广泛领域的研究模式。有关这个问题,在本章中还要讨论。

对 Baker 和 de Kanter (1983) 的研究的另一条批评意见为下部分的连接起到了承上启下的作用。我们一直认为单一的研究结果几乎不会提供明确的答案。因此,综述策略试图将各种研究结果连为一体。Bakar 和 de Kanter (1983) 所搞的是一种叙述性的结合。实际上这是一个直觉的过程,每个评论家都有着与众不同的处理方法。通过将 Baker 和 de Kanter (1983) 的评论与 Zappert 和 Cruz (1977)、Troike (1978) 以及 Dulay 和 Burt (1978, 1979) 的早期评论进行比较,便会发现对同样的研究结果所做的评论会得到不同的结论。即不同的评论家使用相同的研究报告支持相反的结论。

另一个更为严谨的策略是使用变化分析法(meta-anatysis)。这是一种方法论上的技术,它把经验主义研究结果在数量上结合起来。该技术以数学的方法考察研究结果中效果或差异的量的变化

(Glass, McGaw 和 Smith, 1981; Hunter, Schmidt 和 Jackson, 1982)。例如，过渡型和浸没型双语教育间会有几种不同的结果？没有必要从变化分析中排除那些评论家认为在方法论上不充分的、值得怀疑的研究结果。评价的质量正是在变化分析法中考察过的东西，并且可以用统计数字表达出来。变化分析法也许会表明调查结果的一致性，而叙述性评论家则往往注重调查结果的变化性与非一致性 (McGaw, 1988)。

Willig（1985）的变化分析

Willig（1986）的评述文章在评论双语教育时采用了统计学的变化分析法。她从 Baker 和 de Kanter（1981, 1983）的评论中选取了 23 项研究结果，这 23 项研究结果全部涉及到美国双语教育的评价，有意排除了对加拿大浸没型教育的评价。Willig（1985）利用变化分析法得出的结论是：在各种结果中，支持少数民族语言的双语教育都是优良的。双语教育在各科成绩测试中往往表现出更高的能力。她发现双语教育的学生在用第二语言（英语）进行的测试中，在阅读、语言技能、数学以及其他方面表现出从小到中等程度的优势。在使用非英语进行的测试中，也会在这些课程领域及写作、听力、社会学和自我意识方面发现同样的优势。

Willig（1985）的分析同时还描述了现存的各种双语教育计划，这些计划会使简单的推广变得困难和危险。例如，这些计划置身其中的社会和文化氛围就是一个重要的变量。另一种变量是这些计划中的学生的特点和语言的种类。例如，某些双语教育计划在开始时学生处于同等的语言水平。在其他的课堂上，有各种语言和各种第二语言的能力，致使课堂教学更为困难。

对 Willig（1985）的变化分析提出的批评是它仅仅包括了 23 项研究的结果。对双语教育效度研究的国际性评述理应包括更多的研究结果，提供更多的总结性结论。Keith Baker（1987）在回信中对 Willig（1985）的文章提出了进一步的批评，其中讨论了变化分析法与政府的双语教育政策的关系。虽然对美国的双语教育评价研究的各种评论存在着不同意见，但是共同的观点是，我们需要技术上更为成熟且与政策有关的研究，为美国和其他国家的语言少数民族儿童制定更为合理的教育政策、教育措施和教育实践。下面将做出具体说明：

最新的研究

现在谈谈美国的一些主要的研究，举例说明双语教育中对为数不多的焦点问题的评价，以及研究结果的某些新的走向。把历时八年、国会批准、耗资450万美元的美国双语教育的纵向研究与有结构的英语"浸没"教育，双语教育的早退型和晚退型计划进行比较（Ramirez，Yuen 和 Ramey，1991；Ramirez，1992）（"浸没"一词用在这里并非指加拿大人使用该词的本来意义，——用英语的"淹没"更为准确）。没有对二重语言或其他的"强式"双语教育做评价。重点只放在"弱式"双语教育上。这些进行比较的计划"都有同样的教学目的，获得英语的技能以使语言少数民族儿童能在只使用英语的主流教育中取得成功"（Ramirez，Yuen 和 Ramey，1991：1）。

2300多名来自554所开设幼儿班至小学六年级的学校，讲西班牙语的学生接受了调查。这些学校分布在纽约、新泽西、佛罗里达、德克萨斯和加利弗尼亚。Ramiroz 和 Merino（1990）考察了双语教育课堂的过程。在一年级和二年级中，课堂上使用的语言有很大的不同：

- "结构浸没"（淹没型）教育几乎包含100%的英语。
- 早退型的过渡型双语教育所使用的语言，大约三分之二为英语，三分之一为西班牙语。
- 晚退型的过渡型双语教育在一年级到二年级的语言使用为四分之三的西班牙语到几乎超过50%的西班牙语。

通过归纳可以看出，三种双语教育形式有三种不同的结果。到三年级结束时，这三种教育形式在数学、语言和英语阅读能力方面没有特别的不同。到了六级年，晚退型的过渡型双语教育学生在数学、英语和英语阅读等方面的表现要好于其他教育形式中的学生。在晚退型的过渡型计划中，家长的参与似乎是最多的。虽然西班牙语的成绩在该研究中得到了测定，但这些成绩并没有反映在最后的统计分析中。

　　Ramirez，Yuen 和 Ramey（1991）得出了这样一个结论：可以为讲西班牙语的学生"安排大量的初级语言教学，这不会妨碍他们对英语和阅读能力的获得"（P.39）。如果使用他们的家庭语言对语言少数民族学生进行教学，"并不影响或延误他们对英语能力的获得，而且还可以帮助他们在英语语言技巧、英语阅读和数学方面，赶上他们的英语同龄人。相比之下，为学习英语的学生安排几乎是排它性的英语教学，不会加速他们对英语语言技巧、阅读能力或数学能力的获得，即他们似乎不会'赶上'其他同学。从数字上看，到六年级时，接受只使用英语进行教学的学生实际上会进一步落后于用英语的同学。数字同样证明学会一种第二语言至少要花六年的时间。"（Ramirez，1992：1）

　　这就是支持"强式"双语教育的证据，也是对使用母语作为教学语言的支持。这些结果同样显示在早退型与英语浸没型（淹没型）的学生之间几乎没有表现出太大的区别。反对双语教育的人利用这种结果为对语言少数民族学生实行主流（淹没型）教育在行政上便于管理、经济开支较少和过渡型双语教育是首要的需求而据理力争（例如，Baker，1992）。Cziko（1992：12），对这些结论的多义性做了绝妙的总结，认为这种研究："既提供了支持双语教育的证据，又提供了反对双语教育的证据。确切地说，反对的是双语教育的正常形式，支持的是双语教育应该是什么。"

　　随后出现了一些评论性的文章，对 Ramirez，Yuen 和 Ramcey（1991）的研究提出了批评（如，Cazden，1992；Meyer 和 Fienberg，1992；Thomas，1992）。它们尤其强调了以下内容：

　　•没有讨论"强式"双语教育计划的好处（例如，双径双语教育，继承语言教育）。这使有关双语教育的论述失去了尽可能全面的基础（Cummins，1992b）。这种研究也没有涉及英语作为第二语言的补习班的问题，在美国的主流学校中，这种补习班甚为普遍（Rossell，1992）。

　　•用于衡量"成功"的各种变量在范围上是狭小的。例如，语言少数民族学生的家长或许认为应把态度、自尊、文化和民族遗产等变量作为衡量成功的结果要素（Dolson 和 Meyer，1992）。

• 那些存在于各种双语教育计划间的大量的差异，给比较和结论工作带来了最大的困难（暂且不计双语教育计划不同形式的比较，Meyer 和 Fienberg，1992）。同样，学校内部组织上的复杂性，学校风气和各自为政的课堂教学实践使我们几乎不可能将学校分门别类地划入严密的双语教育计划中（Willig 和 Ramirez，1993）。

• 国家科学院对这些（和其他）研究结果进行了检讨并得出结论认为，这项研究没有正面回答关键的政策问题（Meyer 和 Fienberg，1992；美国教育部，1992）。只有进一步搞清美国双语教育的目标与方向，研究工作才能找到恰当的重点。目前，美国的双语教育还没有明确的和限定的目标。

• 支持"早退型的过渡型双语计划"的长期利益超过其他类型的教育计划的数据资料不足（Baker. k.，1992）。

专家对双语教育实效性的总体看法

双语教育研究的一个不足之处是，相对缺乏对公众意见的调查。我们缺少一定数量的、现有的、家长和公众支持各国不同的双语教育形式的材料。在这些国家中，双语教育不仅是教育问题，而且还是政治问题。很少有人询问过正在接受或接受过双语教育的儿童和他们的家长对这种教育形式的满意程度。在美国，关于语言少数民族的民主愿望只有少量的信息。美国公众对双语教育有什么看法？表达出的观点和意见有哪几种？顾客和消费者眼中的双语教育的不同形式是如何满足他们的要求与愿望的？这种争论只是在政治家与自由的学术界间进行的吗？有没有这样的讲西班牙语的人，他们愿意通过双语教育实现同化？是否有这样一些美国学者，他们有着充分的理由反对双语教育？如果我们在处理双语教育的各种论战时，没有公平地或全面地反映公众、政治家和政策制定者的种种观点，那将是危险的。很少有人就双语的目标和性质征求过现在的或将来的顾客和一般公众的意见。

Huddy 和 Sears（1990）是个例外，他们于 1983 年在全国范围内对1170名美国受访者进行了"电话"采访。他们发现尽管多数人往往倾向于支持双语教育，但是也有相当数量的少数人（四分之一左右的被访者，视具体问题而定），其中包括一些有见识的被访者，对双语教育持反对态度，尤其是在一体化的问题上。

尽管公众意见的调查是罕见的，但是专家的意见却很有可能以私下或公开的方式获得。在对双语教育研究进行了各种叙述性的评论后，紧接着Willig（1985）变化分析法的便是美国专家的综合意见。美国教育与劳动委员会请总会计师事务所（1987）进行一项调查，以此观察那些双语教育的研究证据是否支持美国政府目前搞同化主义的、过渡型双语教育的意愿。总会计师事务所（1987）因此决定走访一些双语教育方面的专家。从美国的权威机构中选择了十名专家，其中多数是教育学教授。该事务所将专家们集中起来，要求每人要以书面形式回答一套问题。专家们要对研究结果与政府就这种研究所做的政治报告进行比较，目的是核实官方报告的真实性。

在学习英语的问题上，十位专家中有八位赞成在学校中使用母语或继承语言。他们相信母语的进步有助于儿童的英语学习，因为这种进步强化了读写能力，这种能力可以轻松地转到使用第二语言上。在其他科目的学习方面，有六位专家支持在教学中使用继承语言。但是，专家指出要想取得学习上的进步，学会英语是很重要的（General Accounting Office，1987）。

专家们的意见不统一是在预料之中的。十人小组的研究背景和研究角度是不一样的。有八位是语言少数民族儿童语言学习和教育方面的专家，两位是社会科学收集与综合方面的专家。十位专家共收到十份需要考察的、书面评论文章并附有一份详细的调查表。专家们开始分头工作，并不要求他们聚在一起进行综合性的讨论以得出一致的意见。当这些专家将书面报告呈交后，他们还有机会对总会计师事务所送交国会的包括他们自己观点的报告进行澄清与更正。同时，另外一名评价专家对这些专家的书面报告及草稿进行复查，以确定这些专家的观点是否得到了准确的表达。

关键的问题是，另外一个或一些十人专家组成的小组是否会得出不同的结论。专家们往往是各持己见的。这常常反映了该领域研究的发展特性及复杂性，反映了导致一所具体的学校或一项具体的计划是否成功所带有的政治本性。一个难以解决的问题是，不同类型的双语教育的互动因素所产生的效果。例如，学生、家长和社区的特点，每一项都足以对计划、学校或学生的成败产生影响。家长对双语教育的兴趣和参与程度被认为是某种重要的自变量。同样，继承语言在该社区和该国中的地位或许也会对一项双语教育计划的成功产生影响。如果这种分析站得住脚，就会有大量的原料进入教育的食普。单纯地把焦点放在教育中的语言部分（如，双语教育或单语教育），只是考察了食谱中原料的一小部分，各种原料间产生的复杂反应意味着很难对何种原料能起成功或失败作用做出简单的表述。

有一个问题十位专家中有七位看法是一致的，即不存在有关不同类型的双语教育形成的长期效果的证据。这七位专家坚决反对把双语教育或积极或消极地与长期结果联系起来的想法。这表明对双语教育效果的研究还处于进化过程的低级阶段。在专家们的调查中，有四位专家一致认为语言学习的有关文献不容许在这个阶段去推广。

在讨论了有关双语教育研究的各种概论后，有一个基本的问题需要特别注意。在教育和双语教育的目标上，很可能存在着观点上的分歧。这种分歧表现为教育在学术和非学术两个方面的结果上。有些观点强调英语的技能；有些强调各门功课的达标；有些则会强调第二语言乃至第三语言的重要性。另外一些人更可能注重教育的非学术性结果，比如道德和社会能力、就业、辍学率、旷课、自尊等。在社会方面，也存在着各种目标。对某人来讲多元化、双文化、多语现象，是最理想的结果。还有一些人会认为少数民族语言的同化、将少数民族纳入主流社会的一体化是重要的结果。这表明了不同利益集团对教育和对意愿中的未来社会模型持有的价值观和信念的多样性，因而对双语教育与主流教育相比是否是一种更成功的教育形式，很难形成一种权威性的表述。

Trueba（1989：104）对不同的利益集团因自身的目的而利用有

效性的研究结果进行了总结。"双语教育乃至其他针对少数民族学生的教育计划,不幸地成为了对立集团之间政治斗争的一部分。教育者与学生家长被迫站到若干政治阵营中,在不完全了解这些教育计划的属性与特点的情况下,致力于支持或反对这些计划。如果对带有政治色彩的问题不再进行争论,而就可行的教育原则和教学实践的本质达成一致的意见,或许事情就好办得多了。"

提高双语教育的效度

Carter 和 Chatfield（1986）, Lucas, Henze 和 Donate（1990）, Baker（1990）和 Cziko（1992）的文章表明,可以从另一个角度提出双语教育的有效性问题。双语教育的研究可以在四个不同的层面上对有效性问题进行观察。第一,在儿童个体的层面上存在着有效性问题。在同一个班里,儿童在回答问题和回答问题的表现上存在着差异。第二,在"课堂"层面上存在着有效性。在同一所学校和同一类型的双语教育中,课堂之间存在着很大的差异。对与课堂层面的各种有效性有关的因素进行分析,是非常重要的。第三,人们经常在学校的层面上对有效性进行分析。在相同的双语教育计划的类型中,且学生的特点基本相同的条件下,是什么因素使有的学校会比其他学校产生更有效的结果？第四,在学校的层面以外,还存在着因使用不同类型的计划（如过渡性计划与遗产语言计划相比较）或位于不同的地理区域而形成的学校类型。

在每一个或所有的层面上,或是在四个层面的相互关系上,都可以对双语教育的有效性进行观察。例如,在个体层面上,我们要知道双语教育如何成为不同社会阶层、不同"智力"或能力水平的儿童最有效的教育形式。学习费力和语言上有具体困难的儿童在双语教育中的情况是怎样的（Cummins, 1984a）？在课堂层面上,我们要知道何种教学方法和课堂特色会营造最适宜、最有效的双语环境。在学校的层面上,教职工的特点,各种群体的规模,学校的语言成分都要纳入考虑的范围,以弄清在何时、何地双语教育可以成为更成功的或不成功的教育形式。

除了具体的课堂和学校的特点外，双语教育的有效性也可以考虑到这种教育置身其中的社会、政治与文化环境。例如，在削减性或附加性的环境中，二者间的差异会影响到双语教育的结果。教师能够引起家长参与的积极态度，学校与社区的良好关系，或许是有效的双语教育非常重要的因素。这些不同的方面体现在双语教育的"输入—上下文—加工—输出"的模型中（参见第十八章）。

同样重要的是，在双语教育的有效性研究中，去考察这种教育所产生的结果。这些结果可以包括考试成绩、基本技能（例如，口语，读写能力，数字能力）、课程领域的最广泛范围（如，理科和工艺、人文学科、语言、艺术、体育、试验、理论课、各种技能以及学识）。非认知性结果在对有效性进行评价时，也起着重要的作用。这些非认知性结果可以包括：上学的状况、态度、自我意识、自尊、社会和感情调整、就业、道德观念的形成等。

在如此全面地讨论了双语教育后，一个值得注意的问题是，有效的双语教育并不是一种在学校中使用儿童的家庭语言（如，在继承语言教育中）或儿童的第二语言（如，浸没型双语教育中）的简单或机械的结果。各种因素如家庭、父母、社区、教师、学校和社会的影响，都会直接地和通过相互作用的方式使双语教育成为一种更有效的或相反的教育形式。我们需要对不同学校和文化背景的不同因素和过程的相对重要性进行调查，以形成一种全面的、涉及广泛的理论，即双语教育在何时、何地、以何种方式、因何种原因可以成为一种有效的教育形式。

这种研究双语教育的方法不仅考虑到这种教育的基础结构，同时还使用了英国和北美对使学校产生预期结果的因素进行研究的重要结果（Hallinger 和 Marphey，1986；Mortimer 等人，1988；Purky 和 Smith，1983；Reynolds，1985；Smith 和 Tomlinson，1989）。例如，Mortimer 等人（1988）发现有十二种重要的因素可以使学校产生预期的结果。这些因素可以是：校长有目的的领导、副校长的参与、教师的参加程度、教师间的一致性、课堂教学的计划性、提供启发学生思考能力的教学、以工作为中心的气氛、每学期有限的重点、师生之间最大的交流、优良纪录的保持、学生家长充分的参与，以及积极的课堂环境。

当焦点从学校转到与语言少数民族学生有直接关系的教师的有效性时，某些因素似乎就显得很重要了（Tikunoff, 1983; E. Garcia, 1988, 1991）。这些因素包括：

（1）对学生抱有较高期望的教师，对使学生成才的教育工作尽忠职守和充当学生支持者的教师。

（2）表现出有能力与语言少数民族学生一道成功的自信心的教师。

（3）善于清楚地表达学习方向、正确地掌握课程节奏、使学生参与讨论、监督学生的进步并及时提供反馈的教师。

（4）为了教学效果而使用学生的母语；间隔性地交替使用两种语言，确保清晰和理解而不做任何翻译的教师。

（5）将学生的家庭文化与价值观融入课堂活动中，营造信任感，培养自尊心，提倡文化上的多样性和文化多元主义的教师。使家长参与其子女的学习和课堂活动的教师。

（6）提倡课程具有一致性、平衡性、广泛性、相关性、渐进性和持续性的教师。

（7）教师在组织教学时，要利用协作式的教学方法。学生间开展的课堂活动，应做到要求明确、重点突出、具有意义。

（8）教师不刻意要求学生从母语的读写能力发展至第二语言的读写能力（例如从西班牙语发展至英语）。

对双语教育实效性进行研究的一个例子，是 Lucas, Henze 和 Donato（1990）在加利弗尼亚和亚利桑纳六所小学进行的个案研究。这项研究可能揭示了促进语言少数民族学生成功的八个方面：

（1）赋予语言少数民族学生的语言和文化价值和地位。尽管英语的读写能力是主要目标，但母语能力在课上课下也应受到鼓励，并以此表明母语能力不是一种障碍，而是一种优势。

（2）对语言少数民族学生的高期望是普遍的现象。除激发学生兴趣和承认他们的成就等策略外，也可以对语言少数民族学生进行个别的帮助。为学生提供辅导，与学生家长合作，在领导岗位上雇佣少数民族教师，充当角色模特，这些都是提高在学校取得成功的期望的手段。

（3）校领导要为语言少数民族学生教育安排较大的优先权。其中包括对语言少数民族学生课程思路的充分认识，并将这种认识传达给教师。强有力的领导，愿意雇佣双语教师，以及对这些学生抱有很高的期望，同样是学校领导工作的一部分。

（4）制定教师进修计划，提高教师为语言少数民族学生工作的效率。例如，教师参加进修学习，培养他们对学生的语言和文化背景的感受力，增加第二语言获得的知识，增加有关讲解语言少数民族学生课程的知识。

（5）为语言少数民族学生提供各种课程。其中包括将英语作为第二语言和第一语言的课程。设置小规模的班级（例如 20-25 人），以达到最大限度的合作目的。

（6）实施辅导计划。辅导员要能讲学生的家庭语言，提供中学毕业后的机会咨询，监测语言少数民族学生的成功情况。

（7）鼓励语言少数民族儿童家长参与子女的教育。包括家长会面、与教师和辅导员的接触、电话联系、邻居间的交往等。

（8）教师忠诚于语言少数民族学生的教育事业。这种忠诚可以通过一些课外的活动来实现。例如参加各种社区活动，注意提高教学水平，关注所有改善语言少数民族学生状况的政治进程。

结 束 语

本章对一些研究项目的发展做了考察。这些研究所调查的问题是：双语教育与主流教育相比，是否是一种更有效的教育形式或相反。本章还考察了那些观察各种双语教育形式的相对有效性的研究。在讨论了不同的双语教育形式的性质和历史背景后，我们又尝试着描述了那些有关双语教育的有效性问题的演变过程。那些最初的研究只对教育计划和学校做了个别的考察。产生了涉及许多方面的结果和结论。在第一阶段之后的是对大量的研究工作进行评论的第二阶段，而且这个阶段一直持续到今天。对加拿大浸没型教育的评论，对世界各地的继承语言教育的评论，对美国政府所搞的官方调查以及通过变化分析法（meta – analysis）所进行的研究的评论，所有这些评论最后都得出了不同的结论。

假如存在一种暂时的面面俱到的研究模式，这种模式似乎也是有利于那种儿童的第一语言为多数民族语言的早期完全浸没式教育。暂时得出的结论是：保持性教育或继承语言教育有利于语言少数民族儿童。公众对这些问题的看法，在涉及双语教育的有效性时，意见往往会出现分歧。由此我们可以看到在讨论各种双语教育时，存在着政治的因素。

然而，在本章的各种结论中或许存在这样一种结论，即简单化的问题会引出简单化的答案。我们不能指望从双语教育较之主流教育是否是一种更有效的教育形式的问题中，获得一个简单的答案。问题本身一定要进一步升华。要注意到不同的双语教育形式的成功所依赖的各种条件。这就意味着要远离简单化的研究和简单化的结论，而走向包括各种条件和各种背景的更加广泛的调查研究。不能对双语教育的公正性做出简单的裁定。因为证据具有广泛性和复杂性，证人的叙述和论据也是多种多样的。不存在简单的对与错、好与坏。那种可以确保取得成功的简单而正统的方法是根本不存在的。

人们一直认为，双语教育的有效性要考虑儿童、教师、社区、学校的自身情况以及教育计划的类型。不能将某个具体因素与其他因素割裂开来。我们必须同时考虑到所有原料，因为这些原料组成了更成功的食谱。儿童有着各种各样的特点，需要我们去做进一步的调查。我们不能将儿童与其赖以学习的课堂环境分开。在课堂范畴中，有各种各样的因素能给教育带来更好或相反的效果。在课堂之外，是学校本身所具有的各种属性。这些属性反过来会与儿童和他们的课堂发生相互作用，并最终影响到语言少数民族儿童教育的成功或失败。在学校之外，是社区的重要影响。学校置身其中的社会、文化环境、政治环境都会对少数民族儿童教育产生全方位的影响。

现在的关键问题是：对那些已经是双语人、或正在成为双语人、或希望成为双语人的儿童来说，最适合他们的条件是什么？要回答这个问题,或许要涉及一系列复杂的条件。这不是一张黑白相间的速写,而是一张需要运用各种复杂的颜色去绘制的油画。

推 荐 读 物

AIRAS, M. and CASANOVA, U. (eds) 1993, Bilingual Education: Politics, Practice, Research. Chicago: National Society for the Study of Eduaiton/ University of Chicago Press.

BAETENS BEARDSMORE, H. (ed) 1993, Eruopean Models of Bilingual Education. Clevedon: Multilingual Matters.

CAZDEN, C. B. and SNOW, C. E. 1990, English Plus: Issues in Bilingual Edcuation. (TheAnnalsoftheamerican Academy of Political and Social Science 508, March1990). London: Sage.

CUMMINS, J. and DANESI, M. 1990, Heritage Languages. The Development and Denial of Canada's Linguistics Resources. Toronto: Our Schools/ Ourselves Education Foundation & Garamond Press.

HELLER, M. 1994, Crosswords: Language, Education and Ethnicity in French. Ontario & NewYork: Moutonde Gruyter.

GARCIA, O. and BAKER, C. (eds)1995, Policy and Practice in Bilingual Education: Areader Extending the Foundations. Clevedon: Multilingual Matters. (Sections1&2).

SWAIN, M. and LAPKIN, S. 1982, Evaluating Bilingual Education: A Canadian Case Study. Clevedon: Multilingual Matters.

复 习 题

(1) 根据下面的提示,写出简短的复习笔记:
(i) 为什么每项研究会得出不同的结果?
(ii) 下面的各项研究取得了哪些主要成果?
(a) 加拿大浸没型教育的研究; (b) 继承语言教育/发展性保持教育; (d) Baker 与 de Kanter 的评论; (d) Ramirez, Yuen &

Ramey（1991）的研究。

（2）在对双语教育的有效性进行研究时，加拿大和美国的情况有何不同？这两个国家在研究的结果上是一致的吗？他们之间为何存在着不同点？

（3）列出那些似乎会使双语教育更具有效性或相反的因素。使用等级分类的方法（aratingscale）（如从最重要的到最不重要的），按照重要性程度依次列出这些因素。

（4）不同的双语教育方法是如何反应不同群体的价值观的？

研 究 活 动

（1）阅读 Lucas 等人（1990）发表在《哈佛教育周刊》（Harvard Eduction Review）上的文章，写出一篇不超过 600 字的短文。列出你所认为的与任何一种教育形式有关的有效性因素，并分别列出你认为主要与双语教育的语言部分有关的因素。你认为是否还有一些其他的与有效性有关的重要因素在这篇文章中没有提到？以小组的形式进行讨论，在使用正规教育培养双语儿童时，有哪些事情需要首先去办？

（2）根据你所学到的内容，列出那些"有效性的因素"。至少要对一个课堂进行观察。然后对照你列出的清单，对这些课堂的有效性加以讨论。根据你的课堂观察，哪些因素似乎更重要？哪些因素较次之？

（3）使用同一个"有效性的因素"清单，对你所在地区的一种教育计划（如过渡型教育）进行研究。从该项计划的目标和性质上看，哪些特点更为有效？哪些特点次之？

（4）在报纸上收集一些有关你所在地区学校使用语言情况的报道。试着从这些报道中发现不同的态度。将这些不同的表述放在一起，争取对这种变化做出解释。

（5）深入到一组儿童中，或一个正规的班级中，记录下儿童和教师在课堂上使用每种语言的时间。花两至三学时，争取搞清每种语言使用的时间。在做记录时，要确定因何种目的而使用何种语言。例如，哪种语言被用于课堂教学？在下面的情况中，都使用哪种语言：课堂管理，强调纪律，提出问题，儿童间谈及与课程有关的内容和谈及与课程无关的内容时，打招呼，接受奖赏，支持某种观点时。

（6）找一个合作者或一组人，制作一个两分钟的电视采访节目。组织一些公众可能更关心的、公众认为很重要的问题，并为这些问题配上有说服力的答案。

（7）组织学生进行一次辩论。辩论的各方为两人。分别支持双语教育的"无力"形式（弱式）和"有力"形式（强式）。各自举出两种双语教育的论据，并将重点集中在与你所在地区密切相关的问题上。同时允许其他同学向四位参加辩论的同学提出问题。

第十二章 双语教育环境中的语言发展与语言分配

导　言

本章首先要探讨的是学校在双语人第一语言发展上的目标和宗旨。学校在保持和发展家庭语言的听说能力、读写能力及文化意识方面，经常扮演着重要的角色。当使用两种语言时，划定多数民族语言与少数民族语言间的界限或许是必要的。因此本章将对学校分开两种语言的策略进行考察，并讨论课程中两种语言的结合问题。

本章的最后，是一个特殊的双语人群体。他们形成了自己的语言少数群体：聋人群体。这是一个被忽略的语言少数民族，但我们要证明的是，有听力的双语人的许多属性在他们身上依然存在。这里我们将介绍有关失聪双语人的各种观点，以及关于失聪学生的最佳双语教育形式的不同意见。

学校中的语言发展

对双语儿童来讲，学校通常是培养家庭语言、母语、继承语言的重要场所。儿童进入幼儿园或小学后，不论他们的母语能力是否达到了与其年龄相配的水平，第一语言的发展应当作为一个正式的问题提出来。在教育的全过程中，第一语言的发展对多数民族和少数民族语言儿童有着同等的重要性。但是，少数民族的特殊情况，为少数民族语言的细心培育提出了更多的理由。

"本国语在教育中的应用"是联合国教科文组织（1953）公布的一份具有重要历史影响的报告。其中的两段文字，在可实行的地方，为家庭语言在学校中的使用提供了重要的原则：

"毋庸置疑，儿童的母语是其最理想的教学语言。在心理学意义上，母语是因表达和理解的目的自行运转于儿童大脑中的一套有意义的信号系统。在社会学意义上，母语是儿童所属的社区成员中身份识别的一种手段。在教育学意义上，儿童使用母语比使用其所不熟悉的语言会更快地掌握所学的知识。然而，如前所述，甚至在可能的情况下，也并不总是能够在教学中使用母语，因为有某些因素会妨碍或影响母语的使用。"（P.11）

"重要的是尽一切努力提供使用母语的教育……。就教育而言，我们建议将母语的使用尽可能延伸到教育过程的最后阶段。学生尤其应以母语为载体，开始其受教育的过程。因为母语是他们理解得最彻底的语言。因为以母语来开始他们的学校生活，会最大限度地缩小家庭与学校间的距离。"（PP.47－48）

少数民族语言在国内和国际上的相对地位，多数大众媒体的英语本质，学校之外的多数民族"公分母"的主导地位，这些情况使得我们必须要对学校中少数民族语言的持续发展与进步给予特别的关注。语言少数民族儿童与单语儿童相比，在上学之初，有时会讲另外一种母语。例如，伦敦的讲希腊语和孟加拉语的五岁儿童，所讲的语言往往在形式上有别于来自希腊和孟加拉的儿童所讲的语言。他们讲英语的方式也有别于讲英语的伦敦人。在美国，许多拉丁儿童所讲的西班牙语，与单语的拉丁儿童不一样，所讲的英语也有别于英语单语的儿童。

为了在青年人中保护和展现少数民族语言，一种双语教育的（支持继承语言的）"有力"形式需要包括一项带有明确语言目标的"第一语言"计划。这项计划可以包括为这种语言提供服务的课程（例如，培养西班牙语听、说、读、写能力的课程）。同时，或许还需要一项有价值的、贯穿所有课程的语言发展策略（Corson, 1990a）。如果学生使用家庭语言进行学习（如，社会科学课程，自然科学课程），语言在这些课程中的发展，便可以得到公开的和有力的支持。儿童家庭语言发展的前提，是在所有的课程领域对该语言进行有目的的培养、鼓励和促进。

一种得到充分发展的家庭语言（少数民族语言）所带来的好处，会在第二或第一语言的学习中体现出来。正如 Swain 和 Lapkin （1991a）在研究中所发现的，那些具备了继承语言读写能力的学生，在法语笔头和口头表达上的进步，要远远大于那些未具备这种能力的学生。第一语言尤其是继承语言的读写能力，通过知识的转移，语言能力（如，读写能力的策略，交流的能力）和学习程序的转移，使第二语言的学习（以及利用第二语言进行的学习）变得相对容易了。

至于第三语言的学习，有一种观点认为，双语人学习一种新语言时的表现要相对好于单语人。并且，一些现存的研究结论（尽管不是旗帜鲜明的）也支持了这种坚定的看法（Bild 和 Swai，1989；Cenoz 和 Valencia，1994；Genesee 和 Lambert，1983；Hurd，1993，Magiste，1984；Ringbom，1983；Saif 和 Sheldon，1969；Swain，Lapkin，Rowen 和 Hart，1990；Thomas，1988）。Cenoz 和 Valencia （1994）在巴斯克地区对 320 名 17－19 岁的学生进行了一次调查。结果发现双语学生（西班牙语和巴斯克语）的英语成绩要优于讲西班牙语的单语学生。同时，他们也考虑了其他因素（智力、动机、年龄和接触英语的时间）。双语本身，以及对双语的使用，似乎在学习第三语言时表现出了优势。产生这种结果的原因是双语人更强的玄妙语言学意识和双语人可能有的更强的交际敏感性。另外一种解释或许是音系学（语音系统）与务实（交流）能力的语言间的转移（Verhoeven，1994.）。Cummins（1986b）的互相依存假说预见了这一点，表明了语言间的这种转移。

说与听

语言少数民族儿童第一语言的发展，应该从何处入手呢？威尔士国家教育课程（National Curriculum in Weles），为威尔士语为第一语言的语言少数民族儿童制定了一套教学目标（Department of Education and Science and the Welsh Office，1990）。这些目标，或可称为语言目标，在更大范围的课程总目标中的位置是不确定的，并且也不像行为目标那样明确和详细。现在扼要介绍一下这些要达到的目标。

说与听在技能、知识及理解上的达标
一级（约4-5岁）：
• 以说者和听者的身份参加小组活动。这种活动可以是自编的节目（例如，扮演课堂商店的店主或顾客）。
• 认真地听一些故事和诗歌，并做出反应（例如，复述一个故事，表演一首诗歌，或画一幅图画来介绍它们）。
• 对教师的简单指示做出正确的反应（例如，按照连续的指令，或从盘中选择两只花，然后将它们画下来）。

二级（约6-7岁）：
• 以说者和听者的身份参加一个小组，完成指定的任务（例如，在小组中创作一个故事）。
• 在教师或另一个同学面前，描述一个真实的或想像中的事情（例如，向听者讲述一件发生在家中的事情）。
• 对教师复杂的指示做出正确的反应，然后再发出简单的指令（例如，可以做三个连续的动作，比如指出三个教室中最适合生长花的地方；征求其他人的意见；最后达成一致的看法）。

三级（约8-9岁）：
• 完整地叙述真实的或想像中的事件。可以讲给同学听，也可以讲给教师或认识的成年人听（例如，讲一个有开头、有过程、有结尾的故事）。
• 准确表达简单信息（例如，传达简单的电话内容）。
• 较长时间精力集中地倾听同学和成年人的讲话。提出问题，回答问题，并对讲话做出评论（例如，听一个新的话题并讨论）。
• 单独或作为小组一员执行任务时，能够准确发出、接受和执行明确的指示（布置墙报或组织外出活动）。

四级（约10-11岁）：
• 详细讲述一件事情或在课堂上学过的东西，或理性地对采取的行动做出解释（例如，口头表述一项科学调查）。

•在特定的场合信心十足地提出问题和回答问题（例如，与其他同学一起参加电台搞的采访活动）。

•以说者和听者的身份参加小组讨论或活动，发表个人的意见，并对当前讨论的内容或发生的事情，做出建设性的评论（例如，为小组活动的设计和实施出主意）。

•参加一些表演活动（例如，与他人合作，描述小组活动的结果）。

五级（约11－13岁），六级（约12－14岁），七级（约14－15岁）同样有要达到的目标。其中主要有：参加并注意倾听集体的讨论；理性地去争论和说服别人；有效的口头陈述；井井有条地表达意见和反对意见；引导小组的讨论；对讨论进行全面的总结；词汇的讨论（例如，从英语借来的词）；掌握语言地区差异；使用少数民族语言进行个人研究（例如，在街上进行采访调查）。

除了要达到的听说目标外，国家课程计划还为以威尔士语为第一语言的人提供了详细的读写目标。不过，四种语言能力（听说读写）的相互关系与相互结合，或许在成功的"语言"课堂上占有突出的地位。四种能力的结合，而不是分开，更合乎习惯，更具优势。根据威尔士语（作为第一语言的）国家课程计划，现在介绍这些读写目标的特点。

读的能力

一级（约4－5岁），应能懂得印刷体可以传达意思，开始识别字母及一些单字（如，自己和朋友的名字）。喜欢翻看图书，关注里面的图画，假装阅读。

二级（约6－7岁），培养视读能力（不经事先练习便能读出）。开始时，使用图画以帮助理解和预测；开始半独立阅读，在不同的上下文中识别单字，谈论读过的故事和诗歌（如，叙述故事，猜测故事中要发生的事情），以示理解。

三级（约8－9岁），能够独立地、主动地阅读，能够当众准确地、有声有色地读出一篇文字；详细谈论情节、人物、上下文及书中的思想。

四级（约10-11岁），阅读各种图书，包括小说、散文和诗歌。公开表示喜爱的图书类型；从百科全书、索引、数据库、内容介绍、目录、字典中获取信息；描述和分析相对复杂的情节，表现出韵脚和节奏的意识。

五级至十级（11-16岁）的语言目标包括：区别小说的事实和观点，原因和结果；阅读各类文章（如，杂志、参考书、档案资料）以形成综合知识；对故事、戏剧、诗歌进行个人有创造性的反思；识别概述和说服的方法（如，广告）；分析文字与绘图、批评性评价的关系。

写的能力

一级（约4-5岁），开始区分图画与书写，数字与字母；将字母与语音联系起来，写出自己的名字及简单的单字。

二级（约6-7岁），根据个人经历，用自己的话写出简短的信息。随着顺序感的增强，开始练习组词造句。词汇的开发与拼写和标点符号的使用同步。

三级（约8-9岁），写出能传达感情且更具表达力的短文，使用更多的描述性语言，标点正确（如，大写字母、句号、问号）。也可使用文字处理机，反复起草，删除错误，改进内容。

四级（约10-11岁），用各种形式写作（例如，日记、信件、报告、故事、诗歌），表达意见和思想，对信息进行总结。写作要想到读者和观众。分段正确，与同学一起讨论所写的东西，然后重新写过，以改进内容和表达的方式，语法运用要一致。

五级至十级（约11-16岁），写作能力的发展包括：写出传达紧张和冲突的小剧本；写出戏剧性和描述性的诗歌；培养有逻辑、有推理、要点连贯的写作能力。为某种观点进行辩护。写出意思清晰的说明文，详细解释某个过程；使用可信的细节描述不熟悉的和想像中的场景；避免生硬和呆板的文笔，句型要有变化，既使用简短句又使用复合句和复杂句；使用暗喻和明喻；对有争议的话题，要能清楚地表明造句的观点，写出晓人以理的文章。记叙文里要有对话；树立各种社会环境的写作意识：通知与调查表、给社区报纸投稿、电视节目的报道、或报道足球和篮球比赛、写计划、写给警察的交通事故报告；注意到语言的地区性变化和各种方言；培养鲜明的个人写作风格。

文化意识

语言的四种基本能力在第一语言的发展中固然占有重要的地位，而没有文化参与的语言教学就像是在展示一个没有灵魂的躯壳。语言和文化是正常运转的整体，是可不或缺的两个因素。因此，与第一语言教学相伴的继承文化意识的培养和多元文化，是语言少数民族教育的一个重要因素。

培养少数民族文化意识的课堂活动可以包括：表现各种社会习俗；利用真实的视听和书面资料，介绍各种文化礼则与传统；讨论文化差异（如，色彩斑斓、变化万千的拉美舞蹈，各种节日，风俗传统）；识别某种具体语言的各种经历及各个方面（如，法裔加拿大人的语言，法国少数民族的语言，法国双语人的语言，如，布列塔尼亚语，普罗望斯语）；请当地的语言人参加"有问有答"的课堂活动。

在威尔士，有关威尔士文化意识的培养，包括在"威尔士课程"的概念之中。即努力反思造就了当代威尔士的各种历史、社会、文化、政治和环境的影响因素。这需要使学生具有地域和继承意识，意识到自己即属于这个地区，又属于有着自身传统的更大的社区，走进并了解威尔士文学，了解威尔士语和英语在使用上的不同之处和习惯，了解威尔士音乐、艺术、工艺、技术、宗教信仰、宗教活动的特色本质（ACAC, 1993）。公开强调培养继承文化的意识，不仅表现在人文学科和美学课程上，而且渗透于数学、理科和工艺课程中。例如，学生要研究 Llanfihangel Tre r Beirdd 的首先使用"Pi"（派）的数学家，和 Rober Recorde（卒于 1558），一位来自 Tenby 发明等号（=）的数学家。在理科上，学生开展讨论的内容包括：本地石油样品及这些样品与本地农业的关系；在威尔士经济中占有重要地位的煤矿和板岩矿的开采；本地的小型工业；在家中通过计算机上班及网络问题。其中有效内容需要"交叉课程"来完成。

　　有时候人们会认为，对一种少数民族语言的培育是对其文化的保护。这种观点反过来说也站得住脚。在课堂上，对这种伴随文化的培育是在保护这种少数民族语言。尽管将文化和语言分开的做法是错误的，但是少数民族语言文化在课堂上和整个学校精神中的表现，存在着有力和无力两种可能。这种文化传授可能是偶然的，极少带有目的性和非理性的。另一种可能是，少数民族语言文化被有意识地包括在语言教学和学校物质和精神的整个环境中。这种做法尤其有助于鼓励学生加入到自己的继承文化中来。因为少数民族语言的语言能力，并不能为在青少年时期和成年人时期对这种语言的继续使用保驾护航。因此，如果想使少数民族语言成为一种有用的和被使用的语言，对其文化的适应，就显得尤为重要了。

　　在学校中，培育一种少数民族语言，而不去开发其文化，或许是在为一个将死的器官配置一只生命助动器。而在传授少数民族语言的同时，促进其文化的发展，则可能是为这种语言和文化注入一支维持生命的强心剂。

　　当少数民族语言和文化在学校得到培育时，多数民族语言通常也得到了发展。这就提出了一个重要的问题。在课程上将对两种语言做怎样的分配？是否可以用两种语言来传达信息？在两种语言间需要什么样的界限？我们现在就来讨论一下这些有关双语教育的方法问题。

双语课堂的语言分配

导言

　　除了使用第一语言外，或如淹没型教育，只使用第二语言，还存在着许多使用两种语言进行教学的可能。浸没型教育的策略就是一例。比如，在加拿大，多数民族语言儿童的教育是以他们的第二语言为媒介的。然而，他们的第一语言会被逐渐地用于教学中。有关浸没型教育的问题，将在第十七章做详细的探讨。这部分的目的是从不同的角度观察双语课堂的两种语言"以什么样的方式和在什么时候"（1）被分开和（2）被结合的。首先要注意的问题是两种语言在教学中的分离。例如，当两种语言用于不同的课程时，其目的通常是在两种语言的使用上建立起明确的界限。本部分的第二项内容是对两种语言更加结合的使用或两种语言的同时使用进行考察。例如，教师可能会用不同的语言重复一种解释。本部分最后将考察教学中两种语言同时使用时会出现的问题及局限性。

人们有各种理由在课堂上分开或有时又合起来使用两种语言。首先，如果双语教育的目的是获得向多数民族语言的语言转移（如，过渡型双语教育），两种语言的结合使用或许要比分开使用更受推崇。如果存在的是结合，而不过多地强调语言使用的界限，那么，应该发生的是多数民族语言的发展和少数民族语言的下降。第二，如果双语教育的目的是保持和发展少数民族语言，那么，被看重的也许就是语言的分开使用。课堂活动要为少数民族语言在大多数课程中的应用，开辟出单独的时空。为建立清晰的少数民族语言使用的界限，必须与多数民族语言分开来使用。如果没有界限和分离，逐渐被使用的会是多数民族语言，而牺牲的则是少数民族语言。

但是，也就是第三点，如果在课堂上有计划地结合使用两种语言（如，学生具备了两种语言的能力），会使学生在理科、数学、人文学科、以及艺术课程上取得更好成绩的话，同步使用两种语言也许会受到人们的尊重。例如，如果教师首先使用西班牙语表述一个概念，然后用英语以书写的形式重复该概念的策略，能够对该概念起到巩固和更好地被吸收的作用，那么，两种语言的同步使用或许就是最好的办法。

学校之所以认为对语言使用的方法做出决定是必要和可取的，是因为存在着语言混合的课堂。如果存在着某种混合，例如西班牙语为第一语言的学生与英语为第一语言的学生在双径教育中的混合，就需要在语言的分配上制定出清晰的政策并付诸实践。如果在语言混合课堂中，儿童两种语言的能力参差不齐，课程接受能力各异的话，也许就必须制定一套双语教学的方法了。在威尔士，一个课堂或许包括了只具备威尔士语初级水平的儿童、第二语言意义上的威尔士语讲得流利的儿童和当地的威尔士语儿童。某些当地威尔士语儿童会讲流利的英语，而其他人的威尔士语能力也许要强于英语。学校若想使两种语言的能力达到较高的水平，就必须考虑两种语言在课堂和课程中的使用和分配。

语言分离

谈到两种语言在课堂及课程中的分配时，人们通常提倡的是必须在两种语言间做出清楚的分离和界限。首先，分离得到了一些社会语言学家的支持。他们认为，为了少数民族语言的复兴，必须在社会上分开地、清楚地使用这种语言。在讨论两种语言现象时，保持两种语言分开使用相对稳定的社会状态，被认为是少数民族语言复兴的重要因素。因此，在一些学校中一直存在这样的论点，即为了使少数民族语言具有目的和力量，在教学中必须实行清楚的语言分配。

根据儿童双语发展的研究，人们通常认为"一个家长，一种语言"，是儿童期出现双语现象最有效的模式之一。如果父母各讲一种语言，就产生了语言清晰分离的现象。儿童从此学会了跟妈妈讲一种语言，轮到爸爸时讲另一种语言。这种分离往往会导致很小的儿童在两种语言上的成功发展，因为这里存在着语言间清晰的界限和语言的分别接受与产出。因此，一种观点认为，有效的双语学校应当参照"一个家长，一种语言"的家庭模式，找出语言分离的办法以最终确立语言的界限。组成这些界限的因素将在下面的内容中讨论。

第三，在许多使用少数民族语言的场合，经常出现的问题是存在于成年人及儿童中的不稳定的代码混合的发展。一些带有贬低性的词汇，如，"Spanglish"（西班牙语与英语的混合）和"Wenglish"（威尔士语与英语的混合），突出表现了少数民族语言保护主义者对代码混合的关心。这种句子中和句子间语言的随意混合，表明了少数民族语言向多数民族语言的转变。因此，教育学家常常强调学校语言分离的重要性。这尤其是加强和保持了少数民族语言的纯洁和统一。

我们已经为语言在课堂和课程中的分离建立了三个基地，现在要讨论的是怎样才能将两种语言分开的问题。这里有学校语言分离借以存在的八个领域，我们现在依次对其进行讨论。

科目或话题

在小学和中学，不同的课程使用不同的语言。例如，语言、文科、社会学、宗教、美术、音乐和体育，或许使用少数民族语言（如，在美国用西班牙语；在菲律宾用菲律宾语）。数学、自然科学、工艺、计算机或许使用多数民族语言（如，英语）。某些课程留给了一种语言，其他的课程被第二语言预订。在幼儿园和小学，这或许取决于话题而不是科目。例如，有关"谈话"的话题也许通过少数民族语言来完成，而关于"天气"的话题则使用多数民族语言。

目前为止所举出的例子揭示了"内容敏感"问题。即有时要求用少数民族语言进行人文学科的教学，用国际性的多数民族语言进行理科和工艺课教学。课程方面，如历史和地理常被认为最能反映某个语言群体的遗产——文化，而理科和工艺课程则被认为是国际性的，因而使用英语。这里存在的危险是，少数民族语言与传统和历史连在了一起，与工艺和理科课程无缘。因此，少数民族语言被安排在较低的位置上，被认为与现代社会有如此少的联系。可能存在的危险是，少数民族语言会被认为与计算机交流无关，而自然科学属于白人，属于西方，英语是最常用的语言。

人

学校中两种语言的分开使用可以因人而异。正如某些家庭"一个家长，一种语言"的模式一样，不同的教师也可以有不同的语言身份。例如，也许存在两个教师共同执教的情况。一个教师与学生进行交流时，使用多数民族语言；另一个教师则使用学生的少数民族语言。如此便因人而异地建立了语言界限。或者，也可以选择助教、学生家长、辅助者和辅助专职人员在教室讲不同的语言，以使教学中学生的语言得以分离。

时间

在学校中经常使用的语言分配方法是各个班级在不同的时间使用不同的语言。例如，在某些双语学校，一天使用西班牙语，一天使用英语。其他学校的变化则以半天为单位。上午使用西班牙语，下午使用英语，第二天再反过来。第三种选择是不同的课程使用不同的语言。这与因科目和话题进行语言分离的思想有关。

在时间的分配上，不一定只局限于一天、半天或课程的单位上。也可以星期、月、或学期为单位。如果根据年级和年龄来分配使用语言的时间也是可取的。例如，在一至三年级可以百分之百的使用学生的少数民族语言进行教学。三至七年级可以逐渐增加使用多数民族语言的时间。

地点

通过设置不同语言的具体地点而达到语言分离的目的，是在课堂教学中较少使用的一种方法。例如，在学校中有两个理科实验室，一个也许使用西班牙语，另一个使用英语。在加拿大实行浸没型教育的学校中，学生可以在不同的教室上法语和英语课，遵循着区域性双语的原则。学生一旦进入实验室，就要讲这个实验室所使用的语言。这个假设表明，具体的地点设置可以为儿童提供足够的提示和线索以增强他们在不同地点对不同语言的附着力。事实上，教师和其他同学在影响语言的选择方面会起到更大的作用。但是，地点设置，是促进语言分离的一个有价值的"额外的"方法。

对语言分配中"地点问题"的考虑应当包括学校的各个方面。上午和下午的课间休息、午饭时间、宗教仪式、通知、音乐和戏剧活动、游戏和体育活动等都会影响到学校的语言平衡。有时教师可以分配语言的使用（如，在戏剧中）；在其他时间，学生具有主要的影响（如，玩耍时）。然而，学校中所有的非正式活动，都创造了一种语言气氛，一种语言平衡，进而形成了全面的学校语言经历。

活动媒介

语言分离的另一种形式注重的是课堂中听说读写的区别。例如，教师可以用一种语言对某个概念进行解释，并以同样的语言与学生进行讨论。然后要求学生用第二语言完成笔头作业。这个顺序可以在第二节课上有意倒过来。另一个例子或许是让学生用一种语言阅读某个材料，然后用第二语言写出相关的内容。

这种教学方法的目的，是在加强和巩固学生正在学到的知识。最初用一种语言所学到的内容将被转移和重新翻译到第二语言中。通过使用第二语言对信息进行再加工，达到加深理解的目的。然而，这个例子表明，语言分离会马上与在学习加工过程中使用两种语言的方法联系起来。这种在学习中合理地、有结构、有顺序地使用两种语言的思想，我们将在后面的内容中考察语言的同步使用时加以讨论。

"不同媒介"分离的危险是一种语言也许会被用于口语，另一种语言被用于读写。如果一种少数民族语言没有文字，这也许是一种必要的界限。如果一种少数民族语言有自己的文字，就存在少数民族语言是口语身份而多数民族语言是读写身份的危险。这里存在一种潜在的结果，即：赋予多数民族语言及与之相关的读写能力更高的地位和更多的作用。因此，当使用这种"媒介分离方法"时，语言的交替使用就显得十分重要了。例如，如果用一种语言做出解释而用另一种语言进行读写，在第二天或第二节课上，这种方法可以倒过来使用。

课程资料

课程资料包括书写的、视听的、信息技术的资料，可以有许多方法用两种语言来传递，确保清晰的分离和非复制性。教科书和课程资料或许只能被分到一种语言，而用另一种语言进行口头教学。例如，在威尔士，大约相当于三百万美元的资金被用于生产适合各种年龄和各种能力水平以威尔士语为载体的课程资料。这是"跨越"整个课程资料的语言分离；在这些资料"之内"同样存在着可行的分离办法。例如，在小学中，使用两种语言的课本（一页使用英语，一页是西班牙语，共用同一张图画）也许在双语的早期阶段会派上用场。有关使用两种语言的课本问题留在后面讨论。

在中学里，教师或许可以在历史或理科阅读材料中进行两种语言使用的分配。然而，这不一定意味着会出现复制信息和思想的情况。相反，主题和思想在这里会得到继续和延伸。例如，学生的选择性阅读资料可以向他们介绍一个新的题目。如果出现了一个重要的子题目，教师也许要求学生用另一种语言进行阅读。在分离的状态下，两种语言的使用有助于对内容的理解。儿童没有权利选择阅读英语或西班牙语的课文，他们必须使用两种语言阅读以达到对题目的充分理解。再者，我们将会看到语言分离不一定意味着在隔离的状态下（或重复同样的内容）使用两种语言。对语言分离的关心需要包括或多或少的两种语言使用的政策和实践。其结果是课堂的矛盾性：两种语言因功能不同而被分离，因全面而统一的语言和教育发展政策而被结合在一起。

这种"课程资料分离"方法的使用条件往往是也只能是儿童的两种语言相对得到保证，具备了相对的能力和得到相对充分的发展。如果出现了这种情况，其论据是当儿童游离于两种语言间，进行对比和比较，丰富资料的主题，吸收和消化，进行语言转移，有时又在翻译，以确保获得一个完整的概念和达到理解的目的时，他们就必须对课程资料进行更加深入的思考。

功能

在学校和课堂中，凡是有双语儿童的地方，就会时常发生用多数民族语言进行教学而用少数民族语言进行课堂管理的情况。例如，美国的"过渡型双语教育"学校中有许多讲西班牙语的学生，教师或许用英语教授"正规的"课程，用西班牙语进行"非正规"片断的操作。在这里，规定课程的讲解使用的是多数民族语言。然而，当教师在组织学生、惩罚、与学生个人或与一组学生进行非正式谈话，在简短地对某些片断进行"额外解释"时，就会发生向少数民族语言转移的现象。

学生

前面所谈到的七个方面表明，学校或教师可以制定有关双语课堂的语言分配政策。但是，在实际情况中，学生自己也可以对课堂上正在使用的语言做出决定。例如，一个学生向教师讲话，他所使用的语言不一定就是教师在上课时使用的那种语言。为了把事情讲清楚，为了使交流变得更加容易，该学生会使用他/她最熟悉的语言。学生会对语言使用的时间和地点产生影响，进而影响界限的确定。因此，两种语言使用的分离可以因环境的变化、学生的影响，以及正规与非正规的具体事件（如，学生或许会感到使用自己的少数民族语言与教师私下或在课堂上进行交谈更显自然）而发生于课堂之上。

一节课上语言的同步使用

在许多双语课堂中，至少两种语言的不断转化是常见的现象。双语课堂中两种语言的同步使用往往是一种定期的实践活动，但却很少是一种既定的教学方法。Jacobson（1990）认为，在某些情况下，两种语言在上课时的结合使用而不是语言分离，可能是一种有价值的方法。这种在上课时果断而有层次地对两种语言的使用将在以后进行讨论。现在讨论同步使用的四个问题（Jacobson，1990）：

语言的随意转换

双语儿童或许会在句子之中和句子之间转换两种语言。在许多少数民族语言群体中，这种现象既经常出现于学校中又经常发生在家庭和街道上。相对来讲，这种转换很少表现为时间上的稳定性。更经常的表现则是一种折中，一种向多数民族语言转移的迹象。考虑到少数民族语言的复兴和使之相对成为有特色的标准化语言，很少有人会同意在双语课堂上鼓励这种随意的做法。

翻译

在某些双语课堂上,教师会用另一种语言去重复所讲过的内容。例如,教师首先会用西班牙语解释一个概念,然后再用英语做重复的解释。因为学生的两种语言能力参差不齐,为了让他们能听懂,所以每件事情都要重复两遍。其危险是,当教师用学生的弱项语言进行讲解时,学生们就不会去听讲。因为他们知道教师还会用他们所熟悉的语言进行重复性的讲解,所以他们就等待另一种语言的出现。这样的重复似乎会导致较低的效率,较低的语言保持价值和较少的课程掌握的可能性。

预习与复习

课堂同步使用语言的一个方法是首先用少数民族语言进行预习,然后用多数民族语言进行更为全面的复习。即用儿童的少数民族语言介绍一个题目,如提供一个初步的了解。然后用多数民族语言对其内容进行深入的讨论。这种做法也可以倒过来使用。虽然通过语言间的转换扩展和加强了主题思想,但有时仍然存在着不必要的复制和缓慢的势头。

目的性的同步使用

Jacobson在各种著述中曾建议要有目的地同步使用两种语言(参见 Jacobson,1990)。Jacobson 称之为"新同步法"的实质是均匀地分配两种语言的时间,教师有意识地进行语言的转换。这种课堂上语言的互换发生的条件是,带有明确的两种语言目的的相互分离的活动和事件,语言的互换必须是有意识和有计划的,其方式应当是定期的和合理的。Jacobson(1990)认为,这样可以加强和发展两种语言,通过使用两种语言的讨论和加工过程巩固了学到的知识。这表明两种语言的使用有助于加深对课程内容的理解。

Jacobson(1990)发出了一系列可以启动从一种语言转换到另一种语言的提示。这些提示的例子包括:

巩固概念;

- 复习；
- 吸引（重复吸引）学生的注意力；
- 表扬和惩戒学生；
- 改变话题；
- 有吸引力的内容的变化；
- 正规到非正规的改变；
- 增进关系；
- 出现疲劳时。

分配给课程的每种语言的时间量是很重要的。语言间的某种平衡（50%/50%；75%/25%）是必要的，但更为重要的是两种语言使用的目的、方式和方法。语言的四种能力或许要在两种语言中去培养。在一种语言中强调口语能力，在另一种语言中强调读写能力，或许会导致不平衡的双语现象。

正像我们将要讨论的那些局限性一样，这种有目的的两种语言的使用，是一个复杂的操作、分配和组织的过程。其中存在着一些潜在的问题。然而，这种思想的价值在于教师设计两种语言的策略使用（strategic use），有意识地思考课堂上两种语言的使用，反思和复习正在发生的事情，以及试图通过在课堂上使用"语言刺激"和"语言多样化"的方法，提高学生的学习积极性。

问题与局限性

在讨论双语课堂的语言分离和语言分配时，我们还需要考虑到其他的一些因素和上下文，然后才能制定出有效的双重语言政策。

首先，需要仔细考察学校在语言保持和第二语言能力上的各种目标。学校的教师是语言的设计者，即使是下意识的也没有关系。如果想在儿童中保持少数民族语言，那么语言政策的中心内容或许就是语言的分离。如果教师在多数民族语言（第二语言）上表现出较高的积极性，那么希望出现的将是语言分配的另一种实践和结果。或许期望的是较少的语言界限。为了确保多数民族语言的发展，或许会有意放松语言间的界限。

第二，任何有关语言界限和语言同步使用的政策都要考虑学生的特点。各种政策和实践也许要参照儿童的年龄和年级来制定和实行。假如儿童的语言水平还处于发展的初级阶段,界限的确定就显得格外的重要。对那些年龄较大而语言又得到了较为充分发展的儿童来讲,同步使用两种语言或许是更为可行和理想的方法。年龄较大的儿童的语言能力也许更具稳定性和分离性。

第三,这表明那种在学校中确定语言界限和语言同步使用的静止性政策与考察各个年龄段和各个年级的语言使用情况的进步性政策相比,具有较少的合理性。早期的分离也许非常重要,但是在后来的中学阶段更多地使用同步法或许更合乎情理,因为它能带来概念上的清晰和深刻的理解,以及加速认知发展的可能性。

第四,对语言的分离和结合的讨论应当涉及学校的各个层面(如,课程、整个学校的政策、课堂情况、具体的课程内容)。应当在什么样的组织水平(level of organization)上实现语言的分离? 对以课程内容和课程传播媒介为基础的语言分离的讨论已经表明,语言分离不是一个与理性的语言同步使用截然不同的问题。语言分离融入了结合使用的讨论之中。

第五,班级中的语言平衡(language balance of the lass)经常是决定语言分离的重要因素。假如所有的儿童都讲少数民族或多数民族语言,决定语言的分配或许就是一件容易的事情。然而,班级也许是混合的班级,少数民族和多数民族语言的儿童的平衡是不一样的。在课堂上,是哪些人在数字上、语言上及心理上占据着主导地位? 如果天平向语言少数民族儿童倾斜,课程天平向少数民族语言倾斜的清晰的语言分离也许是最理想的办法。无论在校的少数民族儿童是否处于削减性或附加性状态,同样都会对语言分配政策产生影响。

第六,如果语言少数民族儿童在数量上居多,从语言分离向同步使用的缓慢转变(slow change)而不是突然的转移,或许是一种可取的办法。

第七,学校的政策应当考虑校外接触(out of school exposure)第一和第二语言的经历。有些时候,提倡在学校中为两种语言安排同等的时间,课程的一半内容使用一种语言,一半内容使用另一种语言。假如儿童的校外环境是多数民族语言（如，街道上、荧屏中及商店里），那么在学校中，天平就应更多地向少数民族语言倾斜。

第八，复制和重复（replication and duplication）是一种危险的双语教学方法。如果使用不同的语言重复相同的内容，某些学生便不会专心听讲或去做别的事情（or go "off task"）。然而在很多场合，如果在课堂上存在着各种家庭语言或学生愿意讲的那种语言的混合，为对内容的理解起见，教师的重复方法也许是必要的。确有一些多语课堂（如，在纽约、多伦多和伦敦），儿童讲着各种各样的语言。按其特点将儿童分成小组进行学习是一种解决问题的办法（如英国和北美的小学已经做的那样）。这样或许可以建立某些语言界限，不同的儿童可以听到（如，通过教师的帮助）他们所喜爱的语言。

第九，对双语教材的使用，尤其是对那些具有非重复性、非平衡性、但又循序渐进且结构严谨特点的双语教材的使用，特别是在中学里的使用，可能是一种受尊重的做法。然而，编写和使用这种包括多种少数民族语言的教材是很难实现的事情。因为保证这种带有语言分离色彩的少数民族语言教材的实施会遇到资金方面的困难。

第十，在课堂上实行 Jacobson（1990）提倡的有目的的同步使用两种语言的策略，存在着要求教师去创造一种非自然的、人为的和高度复杂的语言情景的危险。如果要求教师在课堂上设法同步地使用两种语言，就意味着这些教师要具备很高的管理、探查和思考的能力。然而，现实中的课堂是繁忙的，流动性很大，有很多事情是不可预知的。教师要对即时发生的事情、对课程内容还不理解的个别学生做出反应，处理许多计划之外的和不曾预料的情况。学生自身也对课堂的语言使用产生着重要的影响，他们需要以最恰当的方式表达他们的理解与不理解。学习和行为的课堂管理必须是流畅的，被学生接受的，而不是出其不意和无法预料的。因此，课堂的语言分配必须以自然的、可预见的、流畅的、灵活的方式适应复杂的课程管理。

我们现在完成了课堂上同步和分离使用语言的讨论。本章将继续关注的是聋人双语人及他们的教育问题。

双语、聋人和听力受损者

人们逐渐意识到那些聋人或部分丧失听力的人已经成为或能够成为双语人。现在也有一种争取聋人首先通过学习手语，然后掌握非聋人语言（如，美国是英语，法国是法语）的读写能力而成为双语人的运动。我们的目的是考察双语、聋人、具有部分听力的人三者间的关系（College for Continuing Education，1992；Miller – Nomeland，1993）。我们将会发现在有听力的双语人和目前聋人语言的焦点问题之间存在着许多相似之处。

聋人双语人

作为个体的聋人可以通过首先学会手势语言然后掌握一种非聋人语言的读写能力而成为双语人。但是，也存在着一些其他的聋人双语形式。例如，有些人先从父母那里学会说话，然后再学习手势语言。有些人先学会手势，然后学习有听力的人所讲的那种语言的口语形式。有些人则学习以多种方式进行交流，如手势，讲话和书写——一种全方位的交流方式。有些聋人在当面交流时使用手势语言，而与聋人群体成员通过传真机、文本受话器、信件进行交流时，使用书写的形式（如，英语）。关于从手势转入读写能力的过程将在本章的后面进行讨论。

目前重要的问题是要认识到聋人（和许多有听力的双语人一样）可以形成较为劣势的语言少数民族（disadvantaged language minorities）群体，他们有某些类似于有听力的、语言少数民族个人和群体的特点。聋人经常有自己的语言社区。他们通常愿意与聋人文化社区来往。有的时候，他们又需要试着融入那个听力正常的社区。那些被证明听力受损程度不等的人们，有时与聋人来往，有时与听力正常的人来往，有着许多可能的变化。像大多数听力正常的双语人一样，聋人也会因不同的功能和目的而使用他们的两种语言。例如，手势或许用于与聋人社区的交流，而一种多数民族语言的口语或是读写的能力则用于与听力正常的社区的交流。聋人几乎被置于将他们淹没在听力正常人的语言和文化中的欠缺型教育（deficit type of education）中，而非那种可以将手势作为主要语言的充实型教育中。

有关聋人的两种观点

第一种观点是医学上的观点。这种观点将聋人定义为有暇疵的或有残疾的人，以将这些"不正常的"聋人与"正常的"有听力的人区分开来。聋被认为是一种应当尽可能去治疗或治愈的状况。由于聋被认为是一种残疾，所以就推荐使用有助于听力和理解别人讲话的助听器或其他装置。人们期望聋人不使用纯粹的视觉方法，如手势语言进行交流，而尽可能多的学会口语，由此成为"正常的人"。

手势语言被认为是一种原始的、退化的、简单图形的语言，而口语则是包括聋人在内所有人的一种自然语言。从这种观点演绎出聋人教育的主要目标应该是对口语乃至书面语的掌握。这种教育，加上社区内的社会压力，最终想做的是将聋人与听力正常的人结合在一起或将聋人同化。聋人生活在孤独的社区中，彼此用哑剧的形式进行交流，使用手势语言或保持着聋人的文化，社会没有把聋人当作有益的或理想中的群体而接纳他们。因此，这些教育家、专业人员和政策制定者认为他们是在帮助聋人克服"残疾"而生活在有听力的人的世界中。

第二种观点更接近于那种越来越多的关于有听力的双语人的表达：一种双语现象，一个有生命力的、语言和文化的少数人群体，且需要一种丰富的双重语言教育。这种观点首先坚定地认为，聋人除了听不见之外，他们可以做任何事情。尽管聋人与正常人之间存在着某些差异，但这些是自然的文化差异，而不是正常人的反常行为。在美国建立了第一所聋人学校的 Thomas Gallaudet 认为，失聪儿童不可能将讲话或"讲读"学到可以将其作为主要的交际工具的程度。聋人使用手势语言是很自然的事。正像 Veditz 1913 年表述的那样，手势语言是上帝赐予聋人的最高尚的礼物（引自 Miller - Nomeland，1993）。

因此，这个第二种观点认为聋是一种差异，一种特点，并因此将"正常的"聋人与"正常的"有听力的人区别开来。聋人被认为拥有"本身就是一种完整语言"的手势语言，这种语言具有复杂的语法体系，可以表达任何口语能够表达的意思。聋人被认为是一个需要保护、改善和鼓励的语言和文化的少数人群体。

人们没有去强调聋人的缺陷，而是看重了他们的能力。人们极力强调的是在有听力的情况下进行听说的同时，使用视力这个积极、有效和全面的交际手段的重要性。因此，手势语言不仅在使用上与口语一样，而且还是那些天生失聪人的最自然的语言。

在谈到聋人的教育时，人们越来越关注通过使用手势语言而得到的语言发展，继而关注通过多数民族语言的读写能力而出现的双语现象。早期的最大限度的语言发展依赖于对手势语言的使用，这被认为是一件有重要意义的事情。早期使用手势语言可以将注意力集中在课程的内容上（而不是学习讲一种多数民族语言）。课堂上手势语言的早期使用可以使聋人取得较好的学习成绩。尽管目前教师手势语言的能力还达不到流利的水平，但是关于在教育中使用手势语言的重要意义的思想正在逐步地成熟起来。

这种观点认为，如果可能的话，聋人应当形成自己的文化社区。聋人视手势语言为自己的共同语言，他们有着自己的文化，有着与有听力的社区不同的一系列需求。聋人社区应当被视为一个重要的载体，将聋人和部分丧失听力的人组成了一个社会。聋人成年人无论是作为教师还是作为社区中的一员，都可以为聋人儿童提供重要的角色模型。因此，第二种观点所支持的是双语状态、聋人文化及聋人的双语教育。

双语目标的差别

在聋人和听力正常的人中，不仅存在着不同的副群体，而且还存在着对聋人的适当语言、聋人教育以及聋人融入主流语言社会的不同看法。认识这些问题是很重要的。我们现在就简单地介绍一下这些不同之处。

Hagemeyer（1992）指出，美国的聋人可分为九种副类型。这些副层面涉及聋人的文化，没有提到这些人是否属于西班牙人、当地美国人、亚洲人或任何其他的、聋人生活于其中的种族群体。现在分别列出这九种人：

(1) 使用手势语言（如，美国手势语言——常略作 ASL）作为其主要语言。

(2) 交流时，既使用 ASL，又使用英语。

(3) 主要使用语言进行交流，多数人来自听力受损群体。

(4) 一些后天失聪的成年人，他们不是先天性失聪，也许在失聪前能够讲话。这些人有着或长或短的正常听力的经历，也许在失聪前相对地记牢了一些语言形式。

(5) 由于年龄的原因，失聪或听力部分受损的老人。

(6) 既不懂 ASL，也不懂英语，交流时使用手势、模仿的办法或使用自编的手势系统。这些人或许在年龄的早期阶段一直与聋人文化、ASL 和教育无缘。

(7) 还有一些残留的听力，也许会把自己描述为听觉费力的人。这些人可以凭借各种帮助听见声音。

(8) 既聋又盲的人。例如，Helen Keller。

(9) 具有正常听力的人。但因其父母、子女或其他家人是聋人而懂手势语言或对聋人文化了如指掌，因而成为聋人社区的一员。

手势语言

手势语言是一种发展成熟的现实语言，完全能够表达语言的所有含义。手势语言不同于手势。手势相对来讲不具备系统性，只能以 adhoc 的形式表达一些数量较少的基本内容。我们都使用非语词性交流以加重语气。相反，手势语言是一种包罗万象的、结构复杂的、受规则制约的、运用各种手段的交际工具。手势语言可以覆盖话语的同等领域。

世界上存在着种类繁多的手势语言。例如，美国的手势语言，英国的手势语言，中国的手势语言，丹麦的手势语言，法国的手势语言，俄罗斯的手势语言。

聋人学生的教育

对失聪和听力部分受损学生的教育方法是多种多样的。这些方法包括从最低限度的帮助到特别制定的计划。就最差的方面而言，在"有听力的"主流教育中，聋人被认为是有严重精神病和听觉上有"缺陷"的人，并被划入可以补救的一类。这种麻木和野蛮的对待，在多数国家的教育史中比比皆是。

相比之下存在着一些专门的聋人学校和单位，在这里，例如学生从一开始就全面地学习手势语言，使用手势语言学习所有的课程，并培养多数民族语言的书写和/或说的能力。Strong（1995）对北美的九种教育计划进行了回顾。这些计划是在课堂上使用美国的手势语言（ASL）和英语，其目的是在聋人中间促进双语的"强有力的"形式和双文化。通常将英语作为第二语言来教授，同时在不同程度上强调英语的口语和读写能力。

有关聋人教育，有很多的讨论与争论，也有发展。目前还没有对最理想的方法形成统一的意见。例如，在口语中使用手势语言和文字，一种完全式的交际方法，使用"手势支持的英语或因手势而准确的英语"，使用手势语言的一种，或是培养多数民族语言的口语能力和/或是培养其读写能力，与听力儿童相结合和让聋人群体在相对独立的状况下去发展的政策。

依靠助听设备对有残留听力的人进行培养和在聋人与听力受损者中培养他们的语言阅读能力和语言产出能力，是一种传统的做法。在本世纪 70 年代以前的大部分时间里，这种聋人教育方法在北美和欧洲甚为流行。这种方法的思想基础是：

- 失聪儿童应当融入主流社会；
- 不应当使用手势语言进行教学，儿童应具备多数民族语言能力；
- 手势语言不能为智力的全面发展提供足够的帮助；
- 对那些认为讲多数民族语言是至关重要的人来讲，手势语言不过是一根临时的拐杖；
- 取得优良的成绩需要具备多数民族语言（如，英语）的口语和读写能力。

第二种方法始于 70 年代,"完全式交流"是该种方法的理论基础。对聋人和听力部分受损者来讲,任何一种交际手段都是合理的。同步交际将听觉输入和视觉信息结合起来,可以通过手势英语的使用来完成。然而,"完全式交流"往往带有同化的色彩,其目的是使聋人能够与有听力的人进行交流。

第三种方法所涉及的问题是失聪儿童接受双语教育后产生的双语现象。十二条反映着正常人双语教育的建议涵盖了这个最新的创举:

(1) 手势语言应当是所有失聪儿童的第一语言,同时也是他们的主要语言。

(2) 在教学中应当使用手势语言。例如,理科、人文学科、社会学科和数学等课程。

(3) 可以用手势语言去教作为第二语言的英语或另一种多数民族语言。通常的做法是教授英语的读写能力而不是口语。

(4) 承认聋人社区的文化和语言,并使之合法化。这种想法得到了多数人但非整个聋人社区的支持,但是那些制定政策和条款的政治家和教育方面的专家们则对此持否定态度。

(5) 这种聋人双语教育的部分理论基础来自对正常人双语教育的丰富形式的研究和论证:

• 儿童现有的语言资源和智力资源是双语教育的基础;

• 第一语言中所形成的概念和知识可以轻松地转化到第二语言中;

• 使用儿童的继承语言,可以为他们的文化及社区带来骄傲与自信;

• 儿童的自尊心和自我身份意识应当通过使用他们的第一语言而得到加强,而不是受到威胁;

• 如果这种第一语言得到是鼓励而不是贬低的话,儿童在学校的表现和课程成绩将会得到提高;

• 对成绩不好的少数民族语言学生和失聪学生应当施以双语教育的丰富形式("或有力形式")。

(6) 由于受到听力的限制，失聪儿童学习口语既慢又吃力。如果用口语上课，他们就必须以还未获得的语言水平去理解所学的课程内容。这就好比淹没型教育中的少数民族语言儿童被要求使用那种还需要掌握的语言去听讲一样。

(7) 使用手势语言培养英语或另一种多数民族语言的能力。如果可能的话，学校可以聘请当地懂手势语言的教师任教，并充当学生的角色模型。

(8) 手势语言的获得应当越早越好，最好是在出生后的不久。由于90%的失聪儿童刚出生时能够听到父母的声音，又使这种做法变得很困难。但是，随着这些父母愿意使用和学习使用手势语言意识的增强，手势语言是可以成为失聪儿童的第一语言的。聋人的目前想法往往表明早期使用手势语言是更可取的办法。失聪儿童的父母应当意识到聋人社区问题，意识到失聪儿童的双语教育问题，提高子女的学习成绩，期望在教学中使用手势语言，并掌握多数民族语言的读写能力。

(9) 避免失聪儿童的语言延误是很重要的，比如像发生在使用听觉手段时和"完全式交际法"时产生的那种语言延误。语言延误会使学习成绩受到影响。

(10) 训练有素的聋人双语教育人员的来源、岗前培训计划、业内教育、资格认定及资金来源，这些都是聋人教育专家所面临的棘手问题。这些问题不是那些不可克服的原则问题，而是需要加以解决的实际问题。

(11) 失聪儿童父母需要大量的感情支持，需要大量的信息和指导以帮助其子女成为双语人。为了失聪儿童的认知、语言、社会及感情发展，应当建立学校与家长、学校与社区的伙伴关系。尽管在失聪儿童融入听力社会的问题上存在着许多争议（以及他们应当首先忠诚于聋人社区的问题），还是应当给予失聪儿童父母更多的支持和关心。

(12) 双语聋人教育可以实行协作式教学。聋人教师可以是手势语言获得的一个自然模型，而有听力的教师可以充当多数民族语言如英语或法语获得的模型。最好两个教师都是双语人，既可以用手势语言又可以用"听力"语言进行交流。在一起工作的两个教师还应当了解聋人的文化，了解聋人的特点和所有聋人和儿童可能发生的事情。

总之，在聋人双语这部分里我们看到了有听力的双语人和聋人双语人的许多相似之处。许多保持少数民族语言儿童的第一语言和对这些儿童实行"强式"双语教育的理由，同样适用于聋人儿童。语言少数民族儿童应当成为具有双重文化和多元文化的人的论点往往同样也适用于聋人儿童。与多数民族语言人相比，语言少数民族常常生活贫困、地位低下、少有权利，聋人更是如此。聋人双语人的生活水平往往要低于语言少数民族双语人。少数民族语言常常遭到蔑视和嘲笑，手势语言更是如此。只有当提到单语化的问题时，聋人儿童和成年人的成就和地位才会被认识到，并得到承认。

如果这些聋人属于语言少数民族社区，他们就形成了少数民族中的少数民族。例如，美国的拉丁美洲聋人；德国的土耳其裔聋人和英国的孟加拉裔聋人都具有代表性地形成了少数民族中的少数民族。他们常常有着双重低下的社会地位，被人加倍地看不起。如果既是语言少数民族又是聋人的话，就可能会加剧无权无势、地位低下、受歧视和缺乏自信心的状况。如果说许多双语群体都处于较低的社会地位，那么聋人双语人的情况就更糟了。

结 束 语

本章重点讨论了双语教育中的一些关键性问题。首先强调了发展家庭语言的口语能力和读写能力的重要性。双语教育似乎是一种很重要的教育形式，但是双语教育本身并不能为少数民族学生的语言再生产提供充分的保证。少数民族语言的发展应当贯穿于整个课程，不仅表现在语言学科上，还要表现在自然科学上；不仅表现在历史和地理学科上，还要表现在数学和工艺学科上。语言的发展应当伴随着文化的发展。在所有的课程中，在所有的领域和交叉课程的主题中，都要传播少数民族语言的文化，赋予这种语言以目的、含义和活力。

少数民族语言同样能够在学生中得到保证，假如学校存在着清晰的少数民族和多数民族语言的界限。两种语言的功能性分离，课堂和课程中清晰的界限，对小学中的低年级学生来讲尤为重要。当学生的两种语言得到了充分的发展后，两种语言在课堂上的结合和同步使用，可能是巩固和进一步熟悉课程内容的一种手段。

在本章的最后，我们描述了聋人双语人与听力正常的双语人的许多共同点。人们对聋人的看法各有不同，本章对那种医学上的观点和认为聋人是"有能力的双语人"的观点进行了比较。这两种观点的形成是基于对聋人的不同认识。对聋人双语不同形式的教育讨论突出表明这是一个讨论和争论的重要领域。

推 荐 读 物

CUMMINS, J. and SWAIN, M. 1986, Bilingualism in Education. New York: Lonman.

GARCIA, O. and BAKER, C. (eds.) 1995, Policy and Practice in Bilingual Education: A Reader Extending the Foundations. Clevedon: Multilingual Matters. (Section 3).

JACOBSON, R. 1990, Allocating two languages as a key feature of a bilingual methodology. In R. JACOBSON and C. FALTIS Language Distribution Issues in Bilingual Schooling. Clevedon: Multilingual Matters.

KYLE, J. G. (ed.) 1987, Sign and School. Clevedon: Multilingual Matters.

KYKE, J. G. 1988, Sign Language: The Study of Deaf People and their Language. Cambridge: Cambridge University Press.

MASHIE, S, N. 1995, Educating Deaf Children Bilingually. Washington, DC: Gallaudet University.

McCRACKEN, W. 1991, Deaf - ability Not Disability. Clevedon: Multilingual Matters.

OVANDO, C, J. and COLLIER, V. P. 1987, Bilingual and ESL Classrooms: Teaching in Multicultural Contexts. New York: McGraw Hill.

WONG FILIMORE, L. and VALADEZ, C. 1986, Teaching bilingual learners. In M. C. WITTROCK (ed.) Handbook of Research on Teaching (3rd edn). New York: Macmillan.

复习与研究题

(1) 根据下列内容写出简短的复习笔记：
(i) 课堂上语言分离的八种形式。
(ii) 课堂上两种语言同步使用的例子，重点是有目的的同步使用。
(iii) 影响语言分离和同步使用的决定和策略的十个因素。
(iv) 关于聋人的两种观点。
(v) 聋人学生教育的不同方法。

(2) 你认为一个年龄组中哪些目标在学校母语能力发展中显得尤为重要？

(3) 为何要在课堂上实行语言分离？在怎样的条件下才能合理地实施课堂上两种语言同步使用？

(4) 使用表格或写一篇文章，说明有正常听力的双语人与聋人双语人之间的相似之处和不同之处。

(5) 阅读 Michael Strong（1995）发表在"美国聋人年刊 140 期(2)，"第 84-94 页题为"北美聋人儿童双语/双文化计划的回顾"一文（或教师为你指定的对你所在的地区有用的文章）。对学校在下列几个方面上的表现进行对照和比较：(1) 学校的目标和使命，(2) 学校中语言（ASL，英语）的使用，(3) 教师，(4) 学生家长，(5) 其他具体方面。

研究活动

(1) 就双语教育问题采访一些家长（最好收集到一些不同的观点）。请他们说出最理想的在学校中使用家庭语言的形式。了解他们是否希望其子女通过学校教育而成为双语人。请这些家长说出那些正在教授的语言或正在使用的两种语言作为教学语言的价值和用途。

（2）采访一位教育行政官员、家长、教师和校长，请他们谈谈对学校使用儿童家庭语言的看法。找出这些人的共同观点和不同观点。试着解释造成这些不同观点的根源和原因。是否存在着多数民族和少数民族的观点？这些不同的观点有结合的可能吗？

（3）以一个班的学生为例，至少利用附录1中的一个态度测量表，以文字和简单的百分比形式反映出学生在态度上的不同。假如存在着群体间的不同（性别、年龄组、不同的语言背景），试着解释其原因。

（4）访问一所实行语言分配政策的学校。争取找到一份学校实行语言分配政策的文件，把你在至少一个课堂上的观察结果与之进行比较。与教师一起讨论你的调查结果。将调查和与教师讨论的结果做成表格展示在小组里，并与小组其他成员的调查结果进行比较。

（5）访问一个有聋人儿童的家庭或学校。调查的题目是：在语言发展方面有哪些目标？存在着什么样的双语形式？学生和家长/教师在语言上的态度和渴望是什么？

第十三章 双语教育问题

导　言

本章首先讨论有关双语人教育的一些关键性问题。在语言少数民族中，我们常常会发现未能充分发挥学习潜力的现象。这主要表现在较早的离开学校和较低的学习成绩上。本章将考察有关这种现象的各种解释，尤其要考察的是双语现象是否是引起未能充分发挥学习潜力的原因。这种讨论还将涉及有特殊需求的儿童，以及双语特殊教育的目的和有效性。最后要讨论的问题是身份评价的作用，尤其是对双语儿童身份的错误认识。

对未能充分发挥学习潜力的解释

我们有时经常会发现语言少数民族未能充分发挥其学习潜力的现象。这种现象有时在研究中被表述为种族群体之间的差异（例如，教育和科学部 1985；Figueroa，1984；Tomlinso，1986）。教师、教育心理学家、语言治疗医生、家长和学生都从"个人角度"对这个问题发表了自己的看法。

当语言少数民族儿童在课堂上似乎表现出未能充分发挥其学习潜力时，我们可以做出什么样的解释呢？当第一代、第二代或第三代移民儿童似乎跟不上课堂的学习进度时，我们一般会"责备"谁呢？当从统计资料上看，流动工人的子女、土生土长的少数民族和独特的种族群体有过早地离开学校、考试和测验成绩不理想或得到较低的分数或成绩低于平均水平的表现时，是什么原因造成了这种结果呢？

首先，人们会理所当然地去责备儿童的双语现状。人们一般会认为是双语本身引起了认识上的混乱。这种观点将双语人的大脑形象地比作两台未开足马力的发动机,而单语人的大脑则是一台运转良好且开足马力的发动机。但是,正如第九章所揭示的那样,这种解释通常是不正确的。如果两种语言都得到了充分地发展,双语极有可能导致认知上的优势而不是劣势(参见第九章中三层楼房的示意图)。只有当儿童的两种语言没有得到充分发展时,才能把"责备"归咎于双语本身。即便如此,我们也不应当去责备那些受害者,应当受到责备的是造成语言未得到充分发展的社会环境。

第二,如果存在着未能充分发挥学习潜力的现象,所找到的理由或许是缺乏对多数民族语言的接触(lack of exposure to the majority language)。在美国和英国,有关某些语言少数民族未能充分发挥学习潜力的典型说法是没有充分地接触英语。学习成绩不理想或低于平均水平被说成是学生的英语能力没有得到充分的培养,因而不能应付课程的学习。那些在家里或邻里间使用西班牙语或孟加拉语的学生,由于缺乏占统治地位的主流语言的能力,会在课程学习中感到非常吃力。因此,淹没型和过渡型双语教育总是力图确保向多数民族语言的快速转化(Cummins,1980b)。

向多数民族语言的快速转化弊大于利。它否定了儿童的家庭语言能力,甚至否定了儿童的身份和他们的自尊心。那种"沉入和游泳"的方法没有利用现成的语言能力,而是试图取代这些能力。用于课程中的英语水平同样会引起儿童未能充分发挥学习潜力的情况,必然的结果是对同等药物(更多的英语课)的更多的需求。

我们可以通过提供使用少数民族语言的教育(例如,双径教育计划,发展型保持计划,继承语言教育计划)来克服使用多数民族语言的教育(例如,淹没型和过渡型双语教育)带来的未能充分发挥学习潜力的弊病。如果语言少数民族儿童被允许用其继承语言进行课程学习,有证据表明(参见第十章)这样做可能导致的结果是成功而不是失败。这种成功还包括了流利的多数民族语言的能力(如,英语)。因此,关于未能充分发挥学习潜力是缺乏英语接触的说法只是一种普遍的解释,不是一种正确的解释。这种解释没有注意到使用少数民族语言进行教育在取得成就上的优势。它不恰当地寻求一种越来越多地使用多数民族语言进行教学而不是越来越多地使用少数民族语言进行教学的答案。

第三，当双语儿童出现未能充分发挥学习潜力的现象时，有时候会有一个理所当然的理由，即家庭和学校间的错配（mismatch）。这种错配不仅表现在语言的差异上，而且还表现在文化、价值观和信仰的不同上（Delgado–Gaitan 和 Trueba，1991）。这是一种极端的观点，它往往反映了一种多数民族的观点，即同化主义、帝国主义甚至是压迫的观点。根据这种观点，儿童和家长要去适应的只是这种制度，而不是多元主义和相互结合的社会。这种同化主义的观点认为，解决问题的办法是在家中就得开始去适应主流语言及其文化以便为儿童上学做好准备。一些教育心理学家和语言治疗医生曾经建议语言少数民族家长使用多数民族的、学校的语言教育子女。

另一种观点是，在可行的地方，学校的制度应当具有弹性以结合家庭语言及其文化。针对语言少数民族的双语教育的"强式"形式可以积极地对待家庭和学校的错配问题。双径教育，发展型保持教育和继承语言教育，家长参与学校的教学，学校与家长的联合并共同参与儿童的教育（例如，配对读书计划），这些都可以使错配变成结合。

第四，未能充分发挥学习潜力的原因或许可以归咎于语言少数民族群体外部的社会经济因素。Trueba（1991）描述了一些典型的环境因素。"许多移民和难民儿童过着贫困的生活，居住环境偏僻而拥挤，缺少清净的生活，缺少卫生和冲洗设施，缺少必要的医疗保障。有的时候移民生活对儿童来讲则意味着凌辱、营养不良、健康状况欠佳、无知和忽视。让儿童离开自己的家园可能会给他们带来耻辱的生活和低下的社会地位。"（Trueba，1991：53）

社会经济地位是个含义很广的词，恰当地指出了语言少数民族未能充分发挥学习潜力的明确原因。它不但具体说明了不要责备受害者的重要意义，而且还分析了造成未能充分发挥学习潜力的社会特征。这些特征可以是经济剥夺、物质环境和生存条件，也可以是一些心理的和社会的特征，比如歧视、种族偏见、悲观主义和不易改变的自卑。

尽管社会经济因素恰当地对语言少数民族的不成功做出部分解释，但是还有两个问题要特别注意。社会经济地位并没有解释为什么处于相同社会经济地位的不同的语言少数民族会在学校中有不同的表现。我们将在第十九章中讨论因种族群体而异的不同思想意识或倾向性。若要计算出语言少数民族成功和不成功的方程式，我们不但需要社会经济地位因素，而且还需要存在于种族群体内部和各种族群体之间的社会文化因素。

由此提出了另一个问题。未能充分发挥学习潜力不能简单地与一个因素连在一起。不成功的等式将是复杂的，包括了一系列的因素。这些因素相互作用，并且不会产生"孤立的"效果。例如，一些含义广泛的词汇如社会经济地位这样的词，需要分解为更多的可限定的预知因素（如，家长对教育的态度）。那么家庭因素就会与学校因素发生作用，形成了通往教育成功与失败的无数条不同的路线。成功与失败的秘诀是很多的，复杂的形式中各种因素都发生着作用。然而，社会经济和社会文化的特征是大多数不成功等式中的重要因素。

第五，语言少数民族的成功与不成功等式的一部分，是儿童所上的那个学校的类型。本章和第十一章着重讨论了语言少数民族儿童在双语教育"强式和弱式"的形式中的结果问题。儿童往往会在使用继承语言进行教学的教育计划中而不是在想尽快取代家庭语言的教育计划中学到更多的东西。因此，在语言少数民族儿童身上或语言少数民族群体内发生未能充分发挥学习潜力的现象时，就需要仔细检查这种教育制度了。那种压制家庭语言的教育制度，很可能就是发生个人和种族群体未能充分发挥学习潜力现象的部分原因。

第六，学校类型是一个大标题，它包括了一些高级和低级的实行淹没型教育的学校，存在着一些著名的和普通的双语学校和继承语言学校。如果出现了未能充分发挥学习潜力的现象，责备学校的类型未免有些过于简单，应当深究那些更具体的原因。Baker（1988，1993），Cummins（1984a）和 Hornberger（1991）罗列了一些需要检查的因素，以建立语言少数民族儿童的教育质量（例如，教师的来源、种族身份和双语水平，课堂上语言少数民族儿童和语言多数民族儿童的平衡，根据各年级的情况有顺序地在课程中使用两种语言，建立丰富少数民族语言和文化的奖励制度）。

第七，实际上的学习困难和需要某种特殊教育形式或许是未能充分发挥学习潜力的原因。区别实际上的学习困难和表面上的学习困难是非常必要的。人们总是认为儿童之所以在学习上会感到吃力，其原因就是他们的双语。在这部分中我们已经讨论过，表面上学习困难的原因或许很少是儿童自己的事，更多的问题或许存在于学校或教育制度中。如果某个儿童被认为在学习上有困难，问题可能就出在带有削减性、同化性的制度上，这种制度造成了消极的态度和较低的动机。谈到"沉入式或游泳式"的教学方法时，应当将这种方式视为缺乏同情心的制度和麻木不仁的教学方法的结果，而与个人的学习问题无关。除了因制度操作和学校操作所引发的学习问题外，确实存在着这样一些人，他们是双语人，他们在学习中遇到了困难（Cummins，1984a）。因此，我们首先要区分清楚现实的、真正的个人学习困难和由个人以外的因素引发的学习问题。

这种实际上的学习困难和表面上的、制度操作的、可以补救的个人问题的区分，突出了一些其他的问题。当存在着未能充分发挥学习潜力的现象时，我们应当责备的是受害者，还是教师和学校？或者去责备这种制度？当评估、测验和考试反映出语言少数民族个体和群体的较低的学习成绩时，对双语儿童和种族群体的偏见是否应当得到进一步的证实？或者，我们是否可以利用这种评估去揭示学校制度结构和课程设计上的不足而不去责备这些儿童？正像在这部分中所指出的那样，语言少数民族儿童和群体往往承受着因未能充分发挥学习潜力而招致的责备。实际上这种解释常常存在于个体之外的因素中。我们现在扩大讨论的范围，对有着特殊需求的双语人和双语特殊教育进行考察。

特殊需求与双语教育

首要的问题是界定哪些儿童有特殊需求而应当接受特殊的教

育。虽然特殊需求的种类因国而异,但很可能包括了如下几个方面:视力受损,听力受损,语言交际混乱,学习障碍(如,诵读困难和发展性失语症),严重的认知发展逊常,行为问题和身体残疾。特殊需求同样可以包括哪些有特殊能力的人(如,高智商、出众的音乐和数学才能)。有特殊需要的儿童不仅包括"精英"双语家庭的儿童,还包括语言少数民族儿童。在美国,据特殊教育局(the Officeof Special Education)估计,有近一百万语言少数民族儿童需要某种形式的特殊教育。这就直接提出了为什么语言少数民族儿童会需要特殊教育的问题。

(1) 双语儿童是否由于他们的双语和不同于单语儿童的交际方式而会比其他的儿童更经常的经历特殊需要?

(2) 双语儿童是否会因其双语的原因而更有可能经历某些特别的"问题"(如,口吃,语言延误)?

(3) 双语儿童是否经常地受到错误的评价而被划为"缺乏能力的人",并因此被错误地置于特殊教育中?

(4) 由于种族文化、社区或家庭的特点产生的问题,语言少数民族儿童是否会被认为是有特殊需要的人?儿童的特殊需要和学习困难的其他原因是什么?

我们现在依次讨论这四个问题。

双语儿童是否由于他们的双语和不同于单语儿童的交际方式而会比其他的儿童更经常地经历特殊需求?

双语似乎很可能与下面的特殊需求的主要分类没有联系,或者说不是这些特殊需求的直接原因。这些特殊需求的主要分类包括:视力受损,听力受损,学习障碍(如,诵读困难和发展性失语症),严重认知发展逊常,行为问题和身体残疾。作为语言少数民族的一员也许会经历这种情况,但是他们与这种情况没有必然的联系。

美国的一些证据(逐州进行调查的结果)表明,在需要特殊教育的人中,双语儿童是被过分描述的对象(Harry, 1992; Gersten and Woodward, 1994)。Harry(1992)同时指出,随着拉美儿童入学人数的增加,这些学生被安置在特殊教育中的比率也在升高。上面列出的分类中,那些过分的描述都不可能是双语本身引发的结果。

有关过分描述的原因将在以后讨论。

但是，语言和交际的混乱（如，语言延误和口吃）又是怎样的情况呢？这些与双语有关吗？这就提出了第二个问题。

双语儿童是否会由于双语的原因而更有可能去经历某些特殊的"问题"（如，口吃，语言延误）？

一定要把双语儿童的交际特点与交际混乱区分开来。在评估和分类中所犯的基本错误是没有进行这项重要区分的部分原因。人们经常使用儿童的弱项语言和第二语言对他们的两种语言和总的认知水平进行评估，因此衡量的标准缺乏准确性。例如，在英国和美国，人们有时仍然用英语作为媒介来考察儿童的英语能力，而忽视了这些儿童的例如西班牙语、孟加拉语、广东话、土耳其语、意大利语或旁遮普语的水平。

这样做的结果是，这些儿童有时被划分到具有"语言障碍"或有时也许是"学习障碍"的类型中。人们没有把这些儿童看作是发展的双语人（即，充分掌握了第一语言并正在学习第二语言，多数民族语言的儿童），反而将他们归到具有"有限的英语能力"（limited English proficiency，LEP，美国）的人群中，甚至认为他们具有一般性的学习困难。这些儿童在使用第二语言（例如，英语）的测试中取得低于平均分数的成绩被错误地定义为可以通过某种特殊教育的形式加以补救的"亏空"或"无能"。

有两种特别的语言情况需要加以特别的讨论：语言延误和口吃。

语言延误

"语言延误"是儿童的一种特殊的语言状况，说明了双语和发展性问题间经常错误的归属关系。语言延误是指儿童开始讲话的时间很晚，或在语言发展上远远落后于同龄人。估计有语言延误现象的儿童占儿童总数的二十分之一至五分之一不等。这些估计数字部分反映出某些延误现象是短暂的和不易察觉的。某些儿童则有比较严重的现象。

引起语言延误的原因是多样的〔例如，我得了思考或孤独症，严重逊常，脑中风，身体问题（如，裂腭），心理干扰，情感障碍]。然而，约有三分之二的情况，语言延误的确切原因不明。身体状况正常、听力未受到损害、有正常的智商和记忆力、未遭社会遗弃和情感干扰的儿童，也可能会发生说话较晚、发展较慢的现象，或在表达自我时遇到困难。遇到这种情况，就需要寻求专家的帮助了。语言治疗医生、临床心理学家、教育心理学家、顾问或医生或许能做出专业性的诊断和提出可行的治疗方案。重要的是这些专家不了解他们提出建议并进行治疗的顾客的双语属性。

有的时候，这些出于好意的专家会做出这样的诊断：双语是语言延误的原因。如果在原因不明的情况下，似乎双语或许就是可能的原因。因为人们普遍认为培养儿童的双语能力导致了儿童的语言延误。但是证据往往没有支持这种观点。

教师、心理学家、语言治疗医生、顾问及家长，应当就双语儿童的语言延误问题做出切合实际的决定。是否一种语言的移出会对儿童语言发展产生积极的或消极的或不产生任何影响？鉴于这个问题的原因还不十分明朗，在该领域进行研究靠直觉和猜测不靠"科学"的现象还在延续。

让我们假设专家的建议是从双语转变为单语。那么立即出现的问题就是：如果诊断出严重的语言延误，应当将重点放在哪种语言上呢？存在的危险是家长、教师和其他专家将会希望强调多数民族语言的可察觉的重要性。在美国，经常提出的建议是，儿童应当（在家中尤其在学校中）获得完整的英语教育。可以察觉到的学校语言与成绩、就业与机会、是多数民族语言与少数民族语言等一系列问题。经常提出的建议是，多数民族语言应当取代家庭语言和少数民族语言。

即使当专家承认双语不是儿童语言延误的原因时，从双语向单语的转变也被认为是改进问题的办法。通常的理由是，假如取消双语的"额外要求"，会减轻儿童的负担。例如，假如儿童有情感问题或语言延误状况，无论何种原因，减少对儿童的语言要求被看作是解决或减轻问题的办法。单语减轻了两种语言生活的明显的复杂性。但是，这是一种理性的和适合的解决办法码？

从双语向单语的转变在很多情况下不会对语言延误产生任何影响。例如，如果儿童似乎没有明显原因的讲话迟缓，或较低的自尊心，舍弃一种语言不可能带来任何的效果。相反，教育和家庭生活的突然改变会使问题更加恶化。如果学校或家庭的语言出现戏剧性的变化，儿童会变得更加糊涂，甚至心烦意乱。假如某人用一种语言（例如，少数民族语言）疼爱、关心或教育一个儿童，然后突然转而只使用另一种语言（例如，多数民族语言），这个儿童的健康的情感也许会受到损害。因为这种语言以往是用来传达爱心的，然而现在爱心没有了。同时，并且通过联想，这个儿童会感到这种爱心和关怀也不如从前。这种一夜间的转变很可能为儿童带来心酸的结果。母语被否定了，家庭的语言遭到了无疑的嘲笑，社区的交际工具受到了轻视。儿童感到自己被从安全的船上抛进陌生的水域。因此，这个解决问题的方法本身反而使问题进一步恶化。

另一个办法是保持这个抛锚的语言。在风雨交加的大海上，家庭语言给了我们自信和安全的感觉。即使儿童驾驭这种语言的速度缓慢，但他至少熟悉这条船。强迫转向多数民族语言不会加快旅程的速度或减轻问题的严重性。在少数民族语言的环境中学会使用熟悉的船只（家庭语言）航行是更为重要的事情。因此，在多数情况下，从双语向单语的转变是不恰当的做法。

然而，绝对和一味地做出这种建议也是危险的。当出现语言延误时，在某些场合最大限度地经历一种语言的做法也许是可取的。例如，如果儿童的一种语言比另一种语言得到了更多的保证和发展的话，集中发展那种陌生的语言也许是明智的。

这并不意味着永远失去双语的机会。假如，当语言延误消失时，就可以重新介绍另一种语言了。假如一个有情感问题和语言延误的儿童真的厌恶使用（或甚至去讲）一种具体的语言，这个家庭或许可以做出明智的决定，即答应使用儿童所喜欢的那种语言。反之，一旦解决了行为和语言的问题，就可以重新介绍那种"放弃的"语言，只要能够与愉快的经历连在一起。

任何从双语向单语的临时转移都不能被视作惟一的解决办法。局限于作为惟一补救办法的语言变化是幼稚和危险的。例如，引起语言延误的情感问题也许需要重新调整学校和家庭的行为模式。语言延误或许需要去看语言治疗医生，以获取有关儿童和重要的成年人之间语言互动的建议。暂时的单语化只能被视为解决儿童语言问题一揽子有意变化的一部分。然而，重要的是要根据多数民族的情况重申，语言延误不会受到保持双语尝试的影响。

口吃

在不长的时间内，许多儿童都有口吃的毛病。这种现象包括：重复音节或单词（如，p-p-p-play with m-m-me；I've got to - got to - got to go now）；使音节延长（如，ffffish）；词语间的间歇（如，I'm going …… home now）；以及未讲完的词语或短语。在三到四岁这个年龄段，这种口吃现象非常普遍。许多大一点儿的儿童和成年人，当有压力时，也会出现讲话不流利的现象。在当众讲话时，某些人会失去往日流利的表达能力。

人们至今还未充分了解口吃的原因并且各持其词。某些神经生理学的观点认为口吃属于大脑的活动；有的则认为是耳朵与大脑间的反馈问题；有些理论试图在个人性格尤其是焦虑方面做出心理学上的解释（例如，缺乏耐心和过分挑剔的家长可能是引起这个问题的原因）。但是这些理论不能解释所有的口吃现象。

一种语言学理论认为，口吃的原因是大脑中可使用的语言（潜能）与语言器官的控制（生产）间的差异。另一种语言学理论认为，"认知过载（cognitive overload）"是口吃的原因（例如，儿童在要求其生产复杂的句子时遇到困难；儿童的话语流利能力不能满足对他的要求）。这些语言学理论，或许对年轻的双语人有所暗示。

在一项个案研究中，人们讨论了在两至四岁时应付两种语言会使一些儿童出现"认知过载"现象的问题（Karniol，1992）。最终的结论是，双语使一些儿童需要更多的加工时间（即，增大"潜能"与"生产"间的差异）。这项个案研究或许颇具非典型性和特应性，并且需要进行多次复制才能支持这个论点。但是，它确实印证了一些医生、教师和其他专家关于双语人口吃问题的假设。从整体看，现有的证据表明，双语人不比单语人更有可能发生口吃现象

(Saunders，1988)。目前的结论似乎是口吃几乎与双语没有任何联系。

以色列有关上述问题的个案研究表明，由于"认知过载"而引起的双语儿童的任何问题都是暂时的。随着两种语言能力的增长，口吃的毛病通常就会消失。这种研究同样没有表明这些原因是否纯粹是认知上的原因。情感问题（如，焦虑）也许是主要的原因；这种焦虑的来源可以是任何一种东西，但不是双语。

治疗口吃的方法也暗示了双语很少是问题的原因。养成控制呼吸的习惯，学着讲话慢一点儿，减少紧张的心情和放松的技巧，这些都是治疗口吃的方法。假如口吃的潜在原因是儿童更多的具体焦虑、紧张、对讲话的担心，或是更一般的担心与害怕，治疗似乎是在这些领域而不在双语。例如，教师因口吃而批评儿童，或父母在儿童口吃时表现出焦虑的样子，只会增加儿童的紧张心情和加剧口吃的程度。如果能够发现儿童紧张和焦虑的原因并加以解决的话，口吃就很可能是一个暂时的问题。然而，有极少数的儿童口吃将会持续，而且教师和家长对此也少有办法（例如，当口吃与大脑活动有关时）。

当首次出现口吃时，或许没有必要马上寻求心理医生或临床医生的意见。对这个问题的过分关注，也许会加剧问题本身的恶化。表现出焦虑的样子，指出儿童存在的口吃问题，校正儿童的毛病而且缺乏耐心，也许只能会使情况变得更糟。在许多年龄较小的儿童中，口吃是一种常见的现象，包括单语人和双语人。口吃是一种暂时的现象，当儿童特别激动和兴奋时，口吃会重新发生。如果口吃持续了较长一段时间，寻求儿童发展专家和临床心理医生的意见也许是明智的。

停止使用儿童的一种语言通常会导致语言的反产出效果，它不会改变口吃的情况。这种行为反而关注的是语言，增加了儿童对语言产出的焦虑。如果真的感到口吃是由儿童的"语言潜能"与"（语言）产出能力"不相配或是由"认知过载"所引起的（参见上面提到的语言学理论），教师和家长可尝试着做如下几件事：

(1) 自然地向儿童提出问题并降低对他们的语言要求；

(2) 确保寄予儿童的语言期望不脱离实际，无论是哪种语言；

(3) 倾听儿童讲话时，给予他们额外的鼓励和耐心；

(4) 在极端的例子中，如果觉得特别合适的话，可以暂时进入单语状态。

双语儿童是否经常受到错误的评价而被划为"缺乏能力的人"，并因此被错误地置于特殊教育中？

对双语儿童进行评价时，重要的是把握儿童发展特征的三个不同方面：(1) 第一语言能力，(2) 第二语言能力，(3) 身体、学习或行为困难的存在（或不存在）。这三个相互联系的方面使得有关特殊教育的评价更为准确，更为公平。一定不能认为儿童第二语言的功能水平代表着儿童的语言发展水平。应当评价儿童第一语言的发展（例如，除了心理和教育的测试外，还可以使用观察的方法），以便描绘一幅有能力而不是没有能力的图画。儿童的语言能力不同于需要专家治疗的个人接受能力中的那些潜在问题（例如，听力受损、智商严重逊常）。同样，家庭语言和文化、社会经济和种族方面的差异，也不能视为不利的条件。应当收集社会、文化、家庭、教育和个人的各种信息，以做出有效和可行的评估，并为儿童在主流教育或特殊教育中做出正确的安排。关于这个问题我们将在下面的双语儿童评价的内容中分别进行讨论。

美国的例子

在美国，公法（94—142）赋予了评价未曾在文化上区别对待的事物、测试儿童母语水平、"在所有领域"多方位地评价所有"残废"学生的权利。因特殊教育而对儿童做出的错误判断导致了一系列诉讼案的发生（如，Diana 诉加州教育委员会案，参见本章后部）。这些案件表明双语学生在需要特殊教育时是如何被错误地评价的（Maldonado, 1994）。在某些情况下，教师对教那些英语相对较"弱"的学生缺乏信心。仅仅因为这一点，那位教师就让那个"英语能力有限"的儿童去接受特殊教育。

这起诉讼案表明了区分学习上真正有困难的双语人和第二语言（如，英语）能力低于"本土的"平均水平的双语人的重要性。后者不应当被评价为学习上有困难的人，他们不需要特殊教育

(Figueroa, 1989; Mercer, 1973; Gersten 和 Woodward, 1994)。这起诉讼案还表明了一些对双语学生的错误做法。例如，当分配双语学生接受特殊教育时的错误性识别（misidentifucation），错误性安排，滥用测验和给予不及格的成绩。

不幸的是，对校区提出诉讼的恐惧可能导致对真正需要特殊教育的双语学生的过分安排。80年代初期，人们普遍认为（例如，在加州）有太多的语言少数民族学生需要特殊教育。当学生似乎在"正常的"教学中没有收获时，特殊教育班就成了较好的解决办法。或者说，如果教师没有把握处理行为或学习问题，马上想到的解决办法就是转送特殊教育机构。

到了80年代末期，情况发生了逆转。当时的主要倾向是对语言少数民族儿童的特殊需要估计不足（Gersten 和 Woodward, 1994）。对特殊教育儿童的错误安排（过分安排）使得各层管理者对特殊教育的安排工作倍加小心。一方面是怕家长打官司，一方面是意识到评价手段缺乏合法性，使得管理层在双语儿童接受特殊教育的安排问题上瞻前顾后。

对特殊教育需要的过高估计和过低安排之间的飘忽不定，使评价的准确性变得尤为重要。在有关双语儿童的评价这一部分中，我们提出了评价特殊需要的法律效力这一重要问题。但是，现在许多学校在准确评价和安排方面做得不够。有效的教学策略和适合的课程研究是至关重要的。为特殊教育的双语学生培养教师也有着重要的意义。对儿童家长的教育工作也要摆在议事日程的重要位置。

评价工作有时会发现一些儿童，他们虽然是双语人但有着身体、神经病学、学习、情感、认知或行为上的困难。这些儿童也许需要某种形式的特殊教育或干预。美国的一项估计数字表明，有八分之一（约12%）的语言少数民族学生适合这一类型。其他国家引证了同样的数字。这些学生需要何种形式的特殊教育？如果可行的话，这种教育是否应当使用他们的家庭语言，或使用当地的多数民族语言？或者是否应当向这些学生提供既使用家庭语言又使用多数民族语言的教育？

双语特殊教育

特殊教育的双语儿童可以得到各类机构的服务（Cloud, 1994）。这些机构包括：特殊教育学校（寄宿和非寄宿的），以医院为基地的教育，以家庭为单位的教育，附属于主流学校的特殊教育单位，主流学校中的特殊班，补习班计划（例如，额外的言语和语言帮助，行为管理）以及教师、辅助专职人员或"正常班"的支持人员的帮助。这种帮助中的双语或单语程度无论是在单独的机构类型内部还是在所有的机构类型中都是不一样的。这种双语或单语的帮助要依赖于现实的供应情况（物质的和人员的）、特殊教育需要或条件的类型和程度、两种语言的水平、学习上的能力、年龄、社会和情感的成熟程度、以前接受的任何教育类型的学习成绩。当然，最重要的还是家长和儿童自身的愿望。

当双语儿童或语言少数民族儿童被评定为有特殊需求时，许多教育者就会认为那种完全使用占统治地位的多数民族语言的教育是十分必要的。在美国时常会听到这样的建议：拉美人和其他有特殊需要的语言少数民族儿童应当接受单语化教育，就读于讲英语的特殊学校。他们的论点是这些儿童将来要生活在讲英语的社会中。如果发生了严重的智力延迟现象，最明智的做法似乎就是让儿童接受单语的教育，接受少数民族或多数民族语言的教育。这样的儿童会在一种语言中发展很慢。

许多有特殊需求的儿童不是在单语的特殊教育中而是在双语特殊教育中，得到了很大的收获（Baca 和 Cervantes, 1989; Carrasquillo, 1990）。新到达的移民，那些有特殊需要的儿童便是一个例子。将这样的儿童安排在一个使用他/她听不懂的语言（如，在美国使用英语）的课堂里学习，只能增加不及格的机会，并挫伤儿童的自尊心。为了受到教育，这些儿童最大的需要是在最初的教学中使用他们的第一语言，以此获得尽可能成为双语人的机会。绝大多数有特殊需要的儿童有能力在两种语言中发展。虽然有许多儿童两种语言的能力没有达到他们在主流学校的同龄人的水平，但是他们凭借自己的能力使他们的两种语言达到了令人满意的水平。成为双语人的过程不会影响其他课程的成绩（如，数学和有创造性的艺术课程）。加拿大的研究往往表明，能力较低的双语儿童同样享有某种双语带来的认知上的优势（Rueda，1983）。或许正是由于他们的数学能力、读写能力和自然科学能力发展较慢，而影响了双语的发展速度。双语的词汇量和语法的准确性或许要低于一般的双语儿童。但是，这些较早获得两种语言的儿童，两种语言的交流能力不会低于他们假设使用一种语言的交流能力。

双语学生接受特殊教育的行为常常发生于得出正常学校（即非特殊学校）的一体化不能满足儿童的需要这样的结论之后。这是针对那些目前处于双语教育中但需要特殊双语教育的儿童所讲的，因为一般的观点认为一体化要好于隔离政策。如果让儿童接受双语特殊教育，重要的问题是他们要获得与那些接受其他形式双语教育的人所获得的同样利益：双语能力，双文化和多元文化素质，以及其他的教育、文化、自我身份意识和自尊方面的利益。有关这些利益问题在本书的先前部分已经进行了讨论。

至今没有讨论的问题是由于语言能力没有达到足以应付课程内容的水平而在主流教育中成绩不佳的儿童。例如，在美国，一些讲西班牙语的学生在主流学校上学（接受"淹没型"教育），尽管他们具备正常的学习能力，但还是在这种教育制度中遭到了失败（例如，辍学、留级、没有取得中学文凭便废弃学业）。其原因就是他们的英语能力没有达到能够理解日益复杂的课程内容的水平。

这种情况显然形成了一种两难推理的局面。儿童被安置在某种特殊教育中，有可能被诬蔑为一个有"缺陷"的人，一个在"语言上有赤字的人"。这种特殊教育也许是一所独立的学校（或是一所主校的附属单位），向双语儿童提供特殊（"治疗"）教育。这类学校和单位不会培育出双语现象。他们经常强调的是儿童的多数民族语言能力（如，在美国是英语）。这种分离的政策可以把更多的精力集中在第二语言上，但它的结果却是语言少数民族的集中。虽然特殊教育在主流学校第二语言的淹没中为这些儿童提供了避难的场所，但特殊教育可能是一种退步，导致这些儿童的边缘化。儿童在这种特殊教育中是否会意识到他们在课程学习中的潜力？他们是否缩短了与就业的距离？由于与治疗性机构的关系，他们表面上的失败是否会被接受和具有合法性？在校成绩、就业和自我完善方面是否存在着越来越少的成功机会？

儿童在这个两难的窘境中最佳的选择也许既不是主流教育也不是特殊教育，而是那种使他们在开始学习时延续使用他们的第一语言的教育。同时也教授第二语言——以确保培养出能应付主流社会的双语人。在这样的学校中，两种语言的能力都得到了开发并在课程学习中使用两种语言。这种学校阻断了与特殊教育的"治疗"和"补偿"的联系。这种学校鼓励学生的文化和语言的多样性。

然而，这种形式的双语教育有时被认为有特殊教育之嫌。即使那些"语言延误"的儿童已被从处于学习多数民族语言（在美国为英语）的早期阶段的儿童中分离了出来，但是后者仍有被评定为需要补偿性、治疗性特殊教育的危险。

语言少数民族儿童是否会因他们的种族文化、社区或家庭特点带来的问题而被认为有特殊的需求？儿童的特殊需求和学习上的困难有无其他原因？

对双语儿童特殊教育的讨论表明，一种有关双语儿童表现出学习上的困难的有失公允的假设是将这种困难归咎于双语本身。双语几乎不是造成学习困难的原因。有很多种因素会造成学习上的困难，但是它们似乎与双语没有关系。下面我们就列举六个儿童自身之外的也是他们双语之外的原因。这些内容虽然并没有穷尽所有因素，但却表明了双语无论是作为主要原因还是次要原因，都与学习上的问题没有任何直接的关系。

（1）贫困和剥夺。儿童遭到的忽视和虐待，无助的感觉和绝望的家庭，大家庭和社区，这些因素或许造就了那些更有可能对学习困难做出评价的个性、态度和学习状况。有的时候，这种评价会表现出对儿童家庭经历的偏见、错误的判断和感觉。因此，学习上的问题也许就在于家庭和学校在文化、态度、对教育的期望和价值观的错配上。在有关读写能力和双语读写能力的第十五、十六两章中，我们将对这种差异做考察，并涉及地方的读写能力、种族群体内部的变化和社会阶层对读写能力的运用。随着这些儿童被贴上智力低下、不具备学习能力和缺乏潜力的标签，不同的信仰、文化、知识和认知的方法立即遭到了贬值。

(2) 问题或许出在教育标准（standard of educaiton）上。单调的教学方法、不善于诱导甚至厌恶学生、教室的环境、缺乏适合的教材、与教师发生冲突，这些都给儿童的学习带来了困难。

(3) 也许是学校抑制或阻碍了学习的进程。假如忽视了学生的家庭语言而用第二语言进行教学，结果或许就是失败与明显的学习困难。有一个例子是，美国的一些讲西班牙语的儿童，在入学时就被安置在只讲英语的班里学习。他们在英语的海洋里要么下沉，要么向前游。有些儿童在向前游；有的则在下沉。后者或许被认为有缺陷。由于评价时使用了儿童较弱的那种语言（英语），而没有使用他们较强的家庭语言（西班牙语），因而这些儿童便被贴上了需要特殊的或治疗性教育的标签。因此，单语学校本身应当对学习失败负责。提倡双语教育的学校或许能够保障这些儿童的学习进程。

(4) 学习困难的另一组原因是缺乏自信、自尊心不强、害怕失败和在课堂上高度紧张。

(5) 第五种可能性是失败的原因部分来自于儿童在学校中的相互影响。例如，如果一群儿童比着胡混，不思进取，或是出现打架、敌视、分帮成派的现象而少了班集体的团结，这种学习气氛也会阻碍儿童的发展。

(6) 另一种情况是儿童是迟钝的学习者，在期望的学习坡度和儿童的能力水平之间存在着错配。有些儿童学会阅读的速度要慢于其他儿童，但还是可以学好的，只是需要的时间要长一些。能力较差的儿童在其（未知的）能力范围内是可以学好两种语言的。另外一些儿童则经历着特殊的学习困难（例如，诵读困难、神经失调、"短期记忆"问题、身体协调性差、在集中注意力或兴趣方面有问题）。这些具体的学习困难和其他的语言混乱都不是由双语所引起的。同时，双语儿童将不可避免地被包括在这个群体中。双语家庭受到影响的可能性决不亚于其他家庭。

只有在一种情况下双语儿童的学习困难才几乎与双语有关，即儿童的两种语言能力在入学时都没有达到课程所要求的较高水平。很少有这种情况发生：由于儿童具备简单的两种语言谈话技能却不能应付使用其中一种语言的课程学习，而语言或许与学习困难有联系。如果出现这种情况，也与双语没有实质性的关系，而是在家庭、幼儿园或社会中缺乏足够的语言实践。这里谈的不是双语的贫乏，而是贫乏在任何语言中的表现。

评定与双语儿童

分配双语人接受特殊教育和学习困难的归因问题往往依赖于某种形式的评价工作。在心理上和教育上对双语儿童做出公正、准确和全面的评价是非常重要的。为双语儿童安排的测验总是太多地表现了他们的"无能"，臆想中的"欠缺"和欠缺的第二语言能力。评价工作可以非常草率地将语言少数民族学生的无能表现合法化。例如，这些学生会因为这样的测验而蒙受耻辱，因为这种测验暴露了他们在多数民族语言中明显的弱点，并用单语的分数作为比较的基点。对美国儿童进行的英语测试和使用第二语言的智商测验就是一些具体的例子。

在美国，为了规范对那些英语为其附加语言的人的评价工作而制定了相应的法规。1973年加州 Diana 诉加州教育局案便是一个例子。九位墨西哥裔家长状告校方对其子女进行智力测验时使用英语。该测验表明儿童的非语词智商数为"正常"，而语词的分数则很低（每个儿童的分数为30）。这项在语言和文化上不准确的测验使得这些墨西哥裔儿童被分到"智力迟钝"的班级学习。虽然这桩诉讼案没有对薄公堂，但却规定今后的测验必须使用儿童的母语（和英语），并认为非语词智商测验与语词测验相比通常是更为公平的智商检验办法（Valdes 和 Figueroa，1994）。该案件带来的结果是，在决定是否需要特殊教育时，应当收集有关语言少数民族儿童的更广泛的资料（而不是简单的测验分数）。

联邦政府于1975年根据公法94-142的残疾儿童教育法宣布，所有的测试和评价工作必须是非歧视性的。"非歧视性"的概念是，在进行测验时，文化和语言方面必须是恰当的。这些测验方法曾经只能由多学科团队的训练有素的人员实施。除了进行测验外，还要收集教师的建议、对儿童的观察结果以及其他相关信息，以形成有多种来源的卷宗证据资料（Barona 和 Barona，1992）。

然而，尽管有这么多的法律意见、学术文献和研究的讨论，在许多国家的测验和评价工作中双语人还是常常遭到歧视。因此，考察这种偏见的构成因素，并进一步提出建设性的实际措施，是非常必要的。我们现在就来讨论有关双语儿童评价工作的既相互联系又相互作用的十个问题。

(1) 必须把双语人所遇到的暂时困难与那些相对长久并影响日常生活和学习的困难区分开来。短暂的语言延误、移民暂时的适应问题和暂时性口吃属于暂时的困难（Baker，1995）。诵读困难、听力受损和神经症引起的问题是需要治疗的长期困难。这是一种简单的区分，而在它的背后则隐藏着各种复杂的因素。我们随后将介绍区分暂时和长期问题的方法。

(2) 诊断不应局限在几个简单的测验中，要使用各种各样的测量和观察手段。诊断应延伸至一定的时间段，以避免草率的结论和匆忙的治疗。从不同的角度对学生进行观察（不是只从课堂的角度），可以得到更具说服力的（语言和行为方面的）总体资料。家长不但要与教师进行沟通，有时还要与医生、顾问、语言治疗医生和社会工作者交换意见。收集儿童在不同场合扮演不同角色时进行交流的表现（Hernandez，1994）。

意识到儿童的种族、文化和语言背景，或对这方面的情况有基本的了解，在公正评价中是很重要的，但是这还不够。要想对测验分数和分类的结果做出充实而明智的解释，尤其是想在评价的基础上做出决定，就必须具有高度的敏锐性和同情心，应当全面了解儿童的社区、文化、家庭生活以及儿童个人的特点。儿童把他们不同的家庭经历带到了学校，正是这些经历培养和突出了不同的能力类型。受到父母好评的那些能力或许不同于在学校学到的能力（Chamberlain 和 Medinos-Landurand，1991）。

例如，学习和寓学于乐的发现并不能说明文化的全部内涵。调查和提问的思维模式或许在一种文化中没有得到鼓励。正像父母与儿童的关系所反映的那样，大人的话都是权威性的，儿童只有接受和执行。父母可以同样的方式教儿童识文断字。儿童要记住圣书中大部分或全部的内容，并且会不知所云地重复着其中的段落。家庭和社区的这种社会习俗对下面这些内容具有一定的意义：①可以表现儿童的长处和短处的评价类型，②获取儿童的文化证据的重要性，③教师、心理学家、语言治疗医生、顾问或其他专业人员的评价过程。

测验分数（如，教育和心理测验）往往是抽象和肤浅的(Resnick 和 Resnick，1992)。做一下具体的分析，会有助于说明这个重要的问题。测验分数好比是经纬线，在人的特点的地图上为我们标示了参考点。就像用在所有地图上的标准尺寸一样，这些经纬线为我们提供了可以立即快速进行比较的原始信息。但是想象一下你所知道的最美丽的地方（如，四周鲜花繁茂，湖中一池清水，远山白雪皑皑，山坡被绿色覆盖），那么这些经纬线能够真实反映出这个风景的个性和特点吗？只有全身心地去探究和评价儿童的特点和品质，才能得到计划中的六分仪的精度。

应当去评价那种真实的语言和行为，而不是那种分解而抽象的语言技能。应当去评价那种儿童使用两种语言的思维和理解力的水平，而不是那种从貌似"科学的"测验（如，具有高度的测验—再测验的可靠性和与类似的测验有着很多相互关系的那种测验）中所搜集到的肤浅的理解。"非真实语言"的测验往往太多地与传播式课程联系在一起，主导教师思想和课堂活动的是对正确答案与"以测验为目的的教学"的获得。这样的测验捕捉不到儿童的交际能力，如发生在游戏场中的、街道上的、家庭饭桌上的以及单独存在时的内心谈话能力。

(3) 为儿童选择的评价者会对评价工作产生影响。无论这些评价者是否被认为来自于儿童所在的语言群体，都会影响儿童的表现（也可能影响到诊断工作）。评价者被认为的年龄、社会阶层、权利和性别将会影响到儿童如何做答，甚至影响到评价的结果。评价的过程缺乏中立性。谁来评价，使用何种手段，在何种条件下进行评价，所有这些都会对意见的形成产生影响。不合适的评价者会增大制造两种与双语儿童有关的既普通又对立的评判错误的危险：①产生"假积极"的现象,即诊断出一个不存在的问题;②产生"假消极"的现象,即没有诊断出存在的问题。

(4) 应当评价儿童的强项语言。理性的做法是,应当将儿童作为双语人来评价,使用他们的两种语言进行评价工作。以测试儿童的弱项语言(或使用儿童的弱项语言所进行的)为基础的评价,会导致误诊、对儿童语言能力的虚假印象和对儿童非常片面和偏见的描述。这种情况有时发生在英国和美国,那里的双语儿童所接受的是使用英语的测验。部分原因是人们可以使用受到充分重视的心理测验学的测验。

(5) 家长和教育者必须弄清测验所使用的语言是否适合于儿童。例如,测验内容的翻译(如,从英语到西班牙语)也许会产生不适合的、倾斜的语言。同样,不同的西班牙语变体,也许不是这个学生所使用的那种。讲芝加哥式的西班牙语的家长会要求测验使用芝加哥式或至少是使用墨西哥式的西班牙语,而不是古巴式的、波多黎哥式的或卡斯地利亚西班牙语。讲西班牙语的儿童一旦在美国呆了一段时间后,他们的西班牙语就会有所改变。英语的影响改变了讲西班牙语的方式。所以,使用"标准的"西班牙语的测验是不恰当的。使用西班牙语的测验也许只承认一种正确的答案,儿童会因双语和美国式的西班牙语而受到判罚。西班牙语的单语化标准不适合这些双语儿童。既然存在着测验的语言问题(正像上面阐述并将继续进行讨论的那样),区分儿童的语言概况和表现概况就显得很重要了(Cummins, 1984a)。如果想描述儿童潜在的认知能力而不单单是语言能力的话,表现概况就更为重要。表现概况试图了解儿童全部的潜力,而不只是他们的语言能力。

Cummins (1984a) 在经常用到的对个人进行评价的智商测验中提出了语言概况与表现概况的区别。这个智商测验叫做 Wechsler 儿童智力程度测试:修订版(WISC – R)。双语儿童在表现上所得的分数远远高于在语词副测验上的分数。Cummins (1984a: 30) 写道:"对学生在这个测验中的表现所做的分析表明,除了语词认知/学术能力外(或不包括这些),大部分的语词副测验开发了英语作为第二语言的学生的英语知识以及他们的北美文化"。

(6) 有时会出现不能实施使用儿童强项语言的测验或评价手段的情况。例如，或许找不到适合的双语专业人员参加评价队伍，使用儿童的家庭语言或许是不现实的，以及测验的文字翻译可能是无效的和不可靠的。

有时需要口译员。口译员确实有重要的作用。如果在语言、专业和融洽关系方面受过必要的训练，他们可以使评价工作变得更加公平和准确。但是口译员同样会把偏见带进评价工作中（即，通过他们的口译工作"提高"或"降低"评价的分数）。

(7) 存在着只把评价工作集中在儿童身上的危险。如果对儿童进行测验，基本的假设就是在这个儿童的身上存在着"问题"。与此同时，或有时，也应将注意力移向儿童以外的那些因素（causes out side the child）。学校是因否定第一语言的能力和注重第二（学校）语言的不及格而使儿童遭到失败？学校是不是会否定儿童的文化和种族特色，从而影响学生的学习成绩和他们的自尊心？所教授的课程难度是否超出了儿童的理解力或在文化上使儿童感到陌生？补救的办法或许是学校制度的改变，而不是儿童的改变。

(8) 评价工作的危险是它会导致双语儿童的无能力状态而不是既有权利又有能力的状态（Cummins，1984a，1986b）。假如评价工作将儿童从强有力的、有影响的、主流社会群体中分离，儿童也许会成为没有能力的人。评价工作也许会导致社会的劣等群体的分类和边缘化的产生。反之，评价应当服务于儿童的最高利益和长远利益。最高利益不仅仅意味着短期的教育补救，它还意味着长期的就业和财富分享的各种机会。评价工作应当开始实施支持儿童的计划，而不是反对他们。

(9) 听取对学生在各种学习环境中的表现进行过一段时间观察的教师的意见非常重要。什么是该教师认为的关键问题？该教师所认为的解决办法和干预办法是什么？该教师是否制定了具体的行动方案？一组教师，经常聚在一起研究那些有问题的儿童，是对儿童进行评价和帮助儿童改正缺点的最有价值的尝试。这样的小组也可以是把工作分配给其他专业人员（如，语言治疗医生，心理学家，顾问）的校方决策者。

(10) 参考性的正规测验常常被用来评价这些儿童（如，进入或退出双语计划时）。这意味着评价者可以用所谓的"正常"儿童与这些儿童进行比较。评价者可以指出这些儿童与普通儿童的差异程度。这种测验常常以讲"当地"语言的多数民族儿童的分数为依据。因此，这种比较对双语儿童不公平。例如，英语能力测验也许有一个以讲英语的当地语言人为标准的"正常值"，这会导致对双语人的偏见和对特殊语言与种族群体的模式化。

双语人的测验从单语人测验的实践中得到了发展。双语人不是两个单语人简单的总和，而是语言间独特的混合体和结合体。双语人的语言构造决定了不能用双语人的英语表现去比较单语人的英语能力。十项全能运动员不应当与百米跑运动员只比较跑的速度。单语人的正常值简直就不适合双语人（Grosjean，1985）。一个例子可以帮助说明这个问题。双语人在不同的领域中使用他们的语言。因此，他们在不同的课程领域，不同的课程话题和不同的语言功能上表现出不同的语言能力。在两种语言中具有同样的才能是稀有的事。依据单语人的正常值进行比较，实际上是在假设存在着跨越所有领域、所有语言功能和所有课程类型的相等的语言才能。这样做是不公平和不公正的。

这类参考性正规测验的作者常常是一些白人，中产阶级的英语人。测验的内容往往反映了他们的语言风格和文化。例如，使用的词语像"网球拍"、"雪人"、"信用卡"等，也许对某些移民来讲是生疏的。因为他们从来没见过雪人，也没打过或看过网球比赛，更不知道还有一种使用信用卡的文化。反映语言少数民族独特学习经历的评价项目将被排斥在多数民族语言或主流儿童的测验之外。这些项目将被那种与多数民族测验项目"无关"的早期测验草案的项目分析所看重。

这类参考性正规测验往往是"铅笔和纸张"的测验，有时还包括多项选择（从一组答案中选出一个答案）。这种测验没有衡量语言、"智力"或课程的所有不同方面。例如，口语的、谈话的语言和经济的头脑，不可能通过简单的铅笔和纸张的测验而得到充分的衡量。

有些参考性正规测验以百分位数表示成绩（尤以美国为甚）。百分位数是指儿童们的百分率低于（或高于）被测验的这个儿童。例如，处于第40个百分位数意味着儿童分数的39%低于这个被测验儿童，一个年龄组分数的儿童的60%高于这个第40百分位数的儿童。这个儿童是位于从下往上数的第40组，而所有的儿童被假设分成100个规模相等的组。百分位数在美国常常用作学生进入和离开双语计划的依据。例如，一个学生也许要在英语测验中达到第40百分位数才能进入主流学校。因进入或离开主流教育而使用的"百分位数门槛"（如，第40百分位）实际上是随意性的，并有可能产生因政治而不是教育的考虑所做出的决定。

参考性的正规测验实际上是一个人与其他人的比较。这重要吗？检查双语儿童在每项课程中能够做什么和不能够做什么的标准不是更重要吗？说某个儿童在英语的第40百分位上，并没有使家长和教师了解到儿童在英语上的强项和弱项，能力和需要。另外可供选择的办法是评价直接与每项课程的进步联系起来。

基于课程的评价被称为参考性标准测验（criterionreferenced testing），并争取确定儿童相对掌握某项课程的情况（Baker, 1994b）。它试图确定儿童做什么，下一步主攻课程的哪个领域（如，阅读）。同时也可以做出诊断，不一定去诊断心理或学习上的基本问题，而是要诊断出那些需要帮助的弱点，以确保概念上的理解（如，某个儿童在读某些辅音合成词时表现出的问题）。家长和教师可以从这种对双语学生进行的参考性标准评价中得到更多的有用且重要的信息。它为家长和教师提供了儿童在课程上能做什么（如，在数学上）和下一步在哪些方面发展或加快学习速度的简单情况。这种评价使儿童的个人计划得以确立。

然而，这种有利于参考性标准测验的学习次序也反映出对儿童的文化错配。参考性标准评价（通常但不是一定）认为课程领域中存在着线性的、逐步的进程（如，在学习阅读、数字能力、自然科学方面）。这种进程在文化上既是相对的又是确定的。Cline（1993：63）注意到，"由于他们先前的不同经历，他们对某一具体任务的学习或许要遵循不同的步骤或不同的次序（例如，涉及学习阅读时的音位学和拼写法)"。因此，使用对双语儿童适合的、理解的和有意义的课程评价条件和过程，是十分重要的。

解决办法

Valdes 和 Figueroa（1994）就双语人的测验问题提出了三个解决办法。第一个办法是采用上述指导意见，在现行的双语人个人测验中尽量减少潜在的有害因素。第二个办法是在找到对双语人有效的测验办法之前，先暂停对双语人的所有测验。第三种选择是那些测验和使事物得以发展的选择性办法。这种选择性也许受到了教师和家长的极大欢迎。例如，它会带来双语人的标准，更依赖于课程的评价和公文包式的评价，以及对双语人文化和语言的更强意识。

然而，第三种办法也许是一个新的开始，但是不乏不尽人意之处。更彻底的解决办法是寓评价的改变于（不是分离于）对双语学生的本质和行为期望的变化中。这就需要对双语人的评价在政治和政策方面的转变。仅仅是测验的改变也许减轻了问题的症状，但没有改变根本的原因。根本的原因往往是对语言少数民族的偏见，这在许多社会中是常见的现象，并且测验也证明了这一点。由于对双语人文化和语言形态的偏见，由于未能考虑去理解双语人的认知结构，评价工作肯定并延续了各种对双语儿童歧视的感觉。

因此，评价工作带着这样的本质和目的，这样的形式、使用和结果，为延续对少数民族的歧视和偏见（如，在美国和英国）提供了证据。评价的结果满足了边缘化和麻木不仁的需要，足以揭示语言少数民族儿童未能充分发挥学习潜能和能力低下的表现。这些结果常常反映出存在于众多语言少数民族中的低下的地位，不公正的对待和贫穷的生活。评价工作提供了期望语言少数民族学生自我满足和自我延续的资料。对评价的改变不一定介入这种循环，除非这种改变是更大改革的组成部分。

不要把对双语人的歧视归罪于评价本身。评价只是一个载体，它不是语言少数民族被歧视和偏见的根本原因。一个国家切实地真正接受文化多元主义，对多元文化主义的更广泛的同意，最大限度地减少种族主义和对少数民族的偏见，在这些情况出现之前，对双语人评价工作的微小改动也只能维持在仅仅肯定语言少数民族儿童较低的地位和那些感觉到的"缺点"的水平上。

对双语人进行评价时的重点几乎全部集中在双语人的语言能力上（或集中在他们的"有限能力"上，就像那些美国学生通过参加例如英语评定系列（English Language Assessment Battery（LAB））的测验而被评定为"英语能力有限的人"。对在校学习的双语人的评定重点确实很少集中在双语人其他方面的能力上。

在美国，"1991 掌握必要的能力部长调查团"（the 1991 Secretary's Commission on Achieving Necessary Skills（SCANS））建议在中学注意培养与工作有关的胜任能力。例如，对必要的能力的要求是：人际交往技能（如，在团队中工作、谈判、与不同文化背景的人协调工作）、口头解释和交流信息、创造性思维、有责任感、合群、自我管理、诚实正直。这些重要的"生活技能"被认为是就业、自尊和搭建更美好世界的"基础才艺"。

这些因素中的某些东西不无理由地认为，双语人有强于单语人的优势（例如，谈判、协调与不同文化背景的人的关系、口译和交流信息、创造性思维）。如果对双语人的评定更多地注意这些"外部"因素而非多数民族语言的课堂语言技能，受到鼓励的也许就是肯定和赞成的，生产性和建设性的观点了。

结 束 语

本章试图指出的是，双语不是引起未能充分发挥学习潜力和特殊教育的安排的原因。成绩不理想的原因往往是那些双语人周围的因素（如，社会和经济条件），而不是双语不可避免的组成因素。教育的传统评定方法常常导致对双语人的错置与错判。认出的只是表面的困难，不是真正的困难。其结果是轻视了双语人的语言和他们潜在的课程学习能力。

推 荐 读 物

BAKER, C. 1995, Bilingual education and assessment. In B. M.

JONES and P. GHUMAN (eds) Bilingualism, Education and Identity. Cardiff: University of Wales Press.

CLINE, T. and FREDERICKSON, N. 1995, Progress in Curriculum Related Assessment with Bilinugal Pupils. Clevedon: Multilingual Matters.

CUMMINS, J. 1984, Bilingualism and Special Education: Issues in Assessment and Pedagogy. Clevedon: Multilingual Matters.

GARCIA, O. and BAKER, C. (eds) 199, Policy and Practice in Bilingual Education: a Reader Extending the Foundation. Clevedon: Multilingual Matters.

HAMAYAN, E. V. and DAMICO, J. S. (eds) 1991, Limiting Bias in the Assessment of Bilingual Students. Austin, TX: Pro-ed.

HARRY, B. 1992, Cultural Diversity, Families and the Special Education System. New York: Teahers College Press.

KEEL, P. (ed.) 1994, Assessment in the Multi-Ethnic Primary Classroom. Stoke on Trent (UK): Trentham Books Limited.

VALDES, G. and Figueroa, r. a. 1994, Bilingualism and Testing: A Special Case of Bias. Norwood, NJ. Ablex Publishing Corporation.

复习与研究题

（1）根据下面的内容写出简短的复习笔记：
（i）对双语人未能充分发挥学习潜力的七种解释。
（ii）语言延误，口吃和双语人特殊教育。
（iii）对有特殊需要的双语儿童的评定。
（2）对语言少数民族群体未能充分发挥学习潜力的现象都做了哪些解释？在什么情况下，这种现象可以向相反的方向发展？
（3）为什么有特殊需要的学生有时会被错误地置于特殊教育中？
（4）描述双语人特殊教育的实质？这种教育更适合哪类学生？
（5）描述可能会使双语儿童受到不公平对待的评定人员的种类？什么样的评定方法或许是最公平、最适宜的方法？

研 究 活 动

（1）采访一些有特殊需求的双语学生的家长或教师（最好收集到一些不同的观点）。确定这些特殊需求的真实本质。弄清该学生的教育简历。向这些家长或教师了解：他们认为学校语言使用的最佳方式，他们是否愿意儿童通过受教育的方式成为双语人，他们所看到的特殊需求儿童的语言的价值和使用情况。

（2）以两名被认为有"特殊需求"的学生为例，用比较对照的方法分别写出两名学生的个案研究，反映出评定和学校安置的情况。对做出的决定进行评估，并指出实际问题的重要性。

（3）弄清你所在地区学校评定工作的情况。地区和学校两级实行什么样的评定方法？使用了哪种类型的测验？评定工作对双语学生产生了怎样的影响？

（4）以两至三名双语学生为研究对象，至少主持一个评定测验或工作，或指导老师所分配的其他任务。分析其结果并对学生的情况进行简短的总结：首先总结测验的结果，然后将这些结果与能够找到的与学生品质有关的其他信息联系起来（如，通过对学生的采访获取这些信息）。

第十四章 第二语言学习

导言：第二语言学习的理由

多数民族和少数民族语言儿童在第二语言学习的问题上存在着许多共同点，因此找出其中的不同之处是首先要做的重要事情。考察第二语言学习的各种理由，可以帮助我们达到这个目的。

首先从各种或模糊或清晰的目的、各种假设和教育学家的"实践原则"入手，对语言教学和语言学习进行分析。在可观察到的第二语言教学的背后是各种第二语言教学的不同目的，地区和更大社会范围内对第二语言和外语的价值的不同看法，以及有关课堂学习和课堂教学的各种思想。儿童或成人学习第二语言或第三语言的相互联系的原因可归在三个标题之下：思想上的理由（ideologucalreasons），国际上的理由（internationalreasons），个人的理由（individualreasons）。

思想上的理由

对第二语言学习的社会和政治原因的考察，着重反映了语言多数民族和语言少数民族儿童之间的差异。就语言少数民族儿童而论，第二语言学习的目的可能是同化。例如，美国和英国的英语为第二语言的教学是为了在短时间内使少数民族语言群体融入主流社会。同化思想总是服务于第二语言的主导地位，甚至压制家庭语言和少数民族语言。相反的情况是，当儿童学习作为第二语言的少数民族语言时，保持和保护这种少数民族语言可能成为了社会的目标。例如，在学校的语言课上，讲英语的儿童学说爱尔兰语或新西兰的毛利语时，是为了保护和加强这种土著少数民族语言。这种保持不仅仅发生在土著语言的"领土"上。如果美国的以英语为第一语言的儿童学说作为第二语言的西班牙语，其目的也许是在一个特定的领域内保护这个语言社区。这就形成了一个附加的局面：在没有伤害第一语言的情况下增加了一门第二语言。

除了同化主义和保护主义的理由外，还有一种第二语言学习的社会原因：通过双语的手段获得语言群体间更大的协调性。在加拿大，讲法语的儿童学习英语，讲英语的儿童学习法语，是为了形成一个双重语言的统一的加拿大社会。例如，加拿大官方语言委员会（Canadian Official Languages Board）推荐的题为"一国两语"（One Country Two languages）的录像带就热情地表达了广泛的双语和双文化现象是实现加拿大社会一体化的最佳途径的思想。

同化主义者、保护主义者、附加和协调的观点都强调了第二语言对事业、接受高等教育、进入信息社会和旅游的重要性。然而，弄清第二语言是取代第一语言还是形成第一语言的附加局面是很重要的。也许唯恐形成丰富多彩的形势，第二语言教学会因导致分裂的借口而使语言少数民族儿童处于更为尴尬的境地。

虽然教师少有能力改变第二语言教学的基本目标和理由，但是了解他们在其中所起的作用还是必要的。第二语言教学不是存在于政治的真空中。语言教学也不是中立的、无价值的活动。因此，第二语言的教师一定要清醒地意识到自己的目标。

国际上的理由

除了语言学习的政治和社会理由外，语言教育学家还为第二语言学习提出了国际上的理由。鼓励或支持第二乃至第三语言的学习常常是出于经济和贸易上的原因。考虑到共同市场、开发贸易、与发展中国家贸易往来的重要意义等因素，具备一些语言能力便被视为通往经济活动的门户。例如，向日本推销汽车和计算机几乎不可能使用英语或德语。讲日语和对其文化、风俗习惯、价值观和思维方式的同情和理解，也许是经济活动的重要基础。前西德总理 Helmut Schmidt 曾经说过："如果你想买我们的东西，你可以讲任何一种你喜欢的语言，因为我们会努力去听懂你所说的一切。如果你想卖给我们东西的话，你就必须讲我们的语言。"

在竞争日趋激烈的国际贸易中，人们越来越多地认识到讲外语的重要性。加州教育局（The Californian State Department Education）(1989) 在"外语教学大纲"（Foreign Language Framework）中指出，"在实事求是的基础上，加州及其他州的各类学校应为长远的经济利益考虑，大力发展个人的第二语言能力"（p.4）。该报告注意到美国国务院三分之二的翻译工作是由外裔人士承担的，因为很少有美国的学生或成人的第二语言水平能满足这些岗位的要求。

第二和第三语言的学习也会因其在洲际旅游中的价值而受到鼓励。例如，就许多欧洲大陆的人而论，能讲两三种或四种语言是司空见惯的事。凭借这样的语言能力便可去邻近的欧洲国家或北美、中美和南美度假。在试图使欧洲统一的气氛中，跨边境的旅游变得更为普遍，人们被鼓励学会所有的语言。

第三，语言提供了使用信息的机会。在二十世纪的信息社会中，通往信息的道路常常是通往能力的道路。无论信息存在于技术杂志中还是在庞大的计算机数据库中，无论在卫星电视上还是在国际电传中，各种各样的语言为我们提供了广泛接触社会、文化、政治、经济和教育信息的机会。无论是商人还是官员，是学者还是运动员，接触多语言的国际信息为他们开启了通往新知识、新技能和新理解的大门。

个人的理由

有关儿童或成人应当学习第二或第三语言的四个理由被经常地提到。一个理由是为了文化意识。为了打破国内种族和语言上的模式化，第二语言学习中的一个动机就成了文化间的敏感和意识。加州教育局（1989）的外语教学大纲认为，第二语言学习的目标之一就是外语教学的公民利益和文化利益。第二语言学习的重要性就在于"这种有能量的语言必须去加强已得到改善的不同文化背景的民族间的理解。文化根植于语言。"（p.5）。日益增强的文化敏感性被视为与更多机会共享的世界的进一步国际化、进一步全球化有着同等重要的地位。

课堂上的文化意识可以通过对种族特点的讨论来实现，比如对饮食习惯、出生和婚丧嫁娶礼仪的讨论，对新西兰毛利语、阿拉伯语、犹太语寒暄用语的比较，对马来西亚市场、旧金山超市和乡间杂货铺的购物风俗的比较。这种课堂活动加深了人们之间的了解，并试图鼓励对其他文化和宗教信仰的感受。虽然文化意识可以用第一语言传达，但是文化和语言的不可分性则意味着同步的语言学习是形成这种意识的最好方法。

从传统上讲，第二语言学习的第二个"个人"理由是认知训练（cognitive training）。外语的学习一直有着教育和学术上的价值。正像历史、地理、物理、化学、数学、音乐的传统教学是为了增加智力的体能和耐力一样，现代语言的学习一直被说成是使思想敏捷和开发智力的方法。考虑到记忆力\分析力（如，对语法和句子结构的分析）和在交流时对谈判能力的需要，语言学习，尤其在小学毕业后，一直被认为是受尊敬的学术活动。

个人语言学习的第三个理由是社会、情感和道德的发展，自我意识、自尊以及社会和伦理学的价值（van EK, 1986）。这些感情上的目标还包括了早期双语人能有更大作为和能与目的语人发生更有效联系的可能性。双语人具备与讲第二语言的人建立社会关系的潜能。在与讲第二语言的人在社会和职业方面的交往中产生了自信，增强了自尊。这种附加的第二语言技能可以使个体作为学习者、联络人和通晓数国语言的人的自我概念得到加强。

学习一门语言的第四个"个人"理由是为了事业和就业。无论是多数民族语言儿童还是少数民族语言儿童，使用第二、第三甚至第四语言的能力意味着脱离了失业的危险，有更多的职业选择机会，或工作中职务的晋升。将来的职业包括：笔译员和口译员，买卖人，服务性工作，与当地的、地区的、国内的和国际的机构互换信息，移民国外寻找工作，在邻国得到提升，成为跨国公司的一员，以及呆在家里或当地的村庄里利用多语的电信手段向各地推销产品。

课堂语言学习的范围

现在来考察第二语言学习与教学的某些基本变化以继续我们的讨论。在第二语言课上，语言不仅是被教授的主题内容，而且还是传达这个主题内容的手段。在第二语言的课堂上，第二语言常常也用作课堂的管理。这就使得第二语言的教学有别于其他的课程领域，在这些课程领域中，用于管理的语言是与主题内容分开的。历史和理科课程就不同于第二语言课，因为这些课的内容是与传达和管理的语言分开的。在这种情况下，第二语言学习的主要变化又是什么呢？

在第二语言学习的教学大纲中，在不同的课程中，存在着各种各样的时间量（amount oft ime）。有一些短期的介绍第二语言的课程，长度为两个星期，总共三十个小时。与此形成鲜明对照的是，从幼儿园至中学的在校第二语言学习也许规定的时间要长至5000小时。第二语言的课时总量包括了时间的分配或集中的问题。"点滴喂养式"课程的时间分配是在小学阶段的每天半小时或每周半小时，表现了较低的集中性。而加拿大的浸没型教育则表现出高度集中和高度密集的第二语言学习状态。

不同种类第二语言学习和教学的方法与手段有着各种各样的名称：语法—翻译法、直接法、阅读法、听说法、视听法、情景语言教学法、全身反应法、静默法、社区语言学习法、自然法、暗示法、功能—概念法，信息交际法和社会交际法（Stern, 1983a; Richards 和 Rodgers, 1986; Cook, 1991）。对这些方法进行的分析表明，存在着十个与这些教学法有关的基本问题。我们首先对这十个相互联系的问题进行讨论，然后举例说明三个不同的教学方法。

（1）语言教师有时会清楚地、有时很可能是模糊地知道，第二语言的组成因素以及它的目标。有些教师认为，语言就是词汇、正确的语法和正确的句子结构。这种语言观认为应当传授给学生的是受规则限制的结构或一套语言系统。有些教师认为，语言是交际的工具。这是一种语言上的功利主义和社会学观点，强调的是语言的交际功能、表达思想、意思和信息的作用。另外一些教师会认为，语言的模糊的理论和目的是"分享信息"。还有一些教师认为，语言的最终目的是建立人与人之间的关系、形成人们之间的交易活动，并在这些交谈中能成功地表达讨价还价的意思。就这些教师而论，语言学习的目的是为了掌握培育人际交往的能力。

（2）教师同样会模糊而非清楚地持有儿童和成人如何才能最大限度地学会一门语言的理论。是否通过记单词，没完没了地纠正语法和句子结构上的错误，就能最大限度地学会一门第二语言？是否通过不断的练习与实践，不断的改正错误以取得尽可能最佳的第二语言的流利水平，才能达到最理想的教学效果？或者是否可以将语言作为一种手段而不是目的来达到最佳的教学效果？是否应当将注意力集中在意思的表达上而不是语言的形式上？是否应当将包括以获取技能或有效交流为目的的真实交流的有意义的工作作为语言实践的基础？许多教师认为语言是要学的，尤其是词汇和语法。Gaarder（1997）说出了相反的观点。"不要就语言而教语言；相反，要教生活（喜悦、悲伤、工作、娱乐、各种关系、各种概念、差异、他人的自我意识等），将儿童置于场景和具体的活动中，这些对他们来讲是非常重要的"。（P.78）

（3）跟在这些模糊的语言理论和语言学习理论身后的便自然是那些课堂上的步骤和过程、各种表现和各种关系。因此，许多教师将第二语言的课堂目标确定为对四种语言能力、先理解（如，听）后产出（如，说）、认真的第二语言学习和良好的考试成绩的严格控制。这些教师认为，重要的目标是对第二语言的掌握，其能力要达到接近母语人的水平。对其他的教师来讲，语言交际的目的可以同时获得。这种目的就是社会性的交流或交流信息，使儿童具备不太自然但却尽可能使人明白的（不一定是准确的）实际技能。

（4）语言学习的目标涉及到语言的教学大纲。有些教师的课管理很严，课程安排很有次序性。介绍新的词汇时放慢速度，很讲究次序性。逐渐增加语法和句子结构的难度，严格控制学习进度。有些教师则使用一套功能性的方法帮助学生获得第二语言（例如，打招呼、请假、表示感谢、道歉、发出指令、表达意愿）。

(5) 理想的教学大纲将会带来这样一些课堂活动：打破练习与实践、重复与替换、翻译与记忆的学习方式，而将学生分成小组去完成规定的任务（如，在街道上试着从一个商店找到另一个商店），进行角色演习（例如，在咖啡馆点咖啡，介绍新朋友），或结成学习对子。

(6) 这种课堂活动会对教师所扮演的角色产生直接的影响。当课堂活动集中于各种练习时，教师通常所做的只是管理工作和对课程做出精心的安排。教师主持各种练习，改正学生的错误，考察学习进度。在这种情况下，教师是站在讲台上威严地指挥学生的学习。当学生分成小组或结成对子进行学习时，教师可以起到一种不同寻常的作用，既是解决困难的人又是参与者。课堂机器的每一个轮牙都得到了润滑，提高了学习的积极性。

(7) 教师所起的作用会决定学生所扮演的角色。当教师实行控制的方法时，学生会依赖于讲课和对课程内容做出反应。学生只是回答问题，进行模仿和不愿表达自己。当教师不再是指挥者而是解决困难的人时，学生会更愿意表达自己，与教师和同学交换对学习方法的意见。更加独立的状况会激励学生更多的语言即兴发挥，会使课堂的指挥和安排更具灵活性。

(8) 教师和学生所扮演的角色与课堂内外的教学资料和设施连在一起。讲究结构和语言的教学方法往往需要分等级的课本，直观教具，分级练习，语言实验室和计算机辅助语言学习计划。课程内容将得到严格的控制和认真的安排。语言实验室和计算机辅助语言学习计划将提供的是认真分成等级的练习和实践。这将会带来一些策划好的形式，例如：

教师：Do you like the weather today？
学生：No，I do not like the weather today．It is raining today．
教师：What kind of the weather do you like？
学生：The kind of weather I like is sunshine．

这些被称作非真实的语言。这是正确的和准确的语言，但人们在日常的谈话中不说这种语言。讲究交际能力的教学方法不太看重这种没有暇疵的语言，看重的是意思是否传递到听者。试图使用真实的交际方法往往与小组学习和成对学习、与课堂上的即兴行为和对话连在一起、与严格的控制和分级练习无关。在这个大前提下，还可以安排有计划的课外活动（例如，短期访问目的语社区、出国学习、学生互换、通过信件、像带和音带或电子邮件交朋友、强化语言学习的周末"营"、文化访问、与当地第二语言的"当地语言人"建立联系等）。

（9）不同的方法和不同的手段将关系到第二语言学习成绩的不同评价形式（forms of assessment）。有些教师认为，学习的结果应当是取得考试的好成绩。他们往往在同等程度上强调读写和听说能力，或更强调读写能力。例如，笔译能力、发现故意编造的错误、在一篇文章中填出丢失的词或句子、用第二语言写一篇题目自定的故事，这些都被常常评定为结构性语言教学的自然结果。其他的教师认为，评定应当是儿童理解真实资料的能力（如，认识商店里和路牌上的字而周游城市）。有些教师则认为，评定最好通过口语考试进行，儿童的表达能力和与考官的谈判能力是重要的结果。在这种评定中，中介语和代码转换（在协商意思时使用第一语言的词汇）都是允许的。有些人认为，如果语言学习是自我控制、自我设计、自我负责的行为，评定就可以自己来做。

（10）另外一个变化常常是第二语言学习的环境（contexts of second language learning）。环境标题下的第一个问题是文化在语言教学中的位置。第一语言或外语教学不涉及或很少涉及该语言的文化是可能的。学生可以不懂中国和德国文化而能学会讲流利的汉语和德语。所学的语言变成了课堂的语言，仅此而已。对这个语言社区没有联系，没有理解，没有同感，没有鉴别。相反，在教学中可以将语言和文化结合起来。可以提供中国人的各种生活方式，并让语言学习者去体验。有关上下文的第二个问题是课堂的气氛。有时语言教室没有色彩鲜艳、能营造一种适当的学习法语或西班牙语氛围的墙展。如果一个教第二语言的教室同时是理科的试验室，又在这里教历史和社会学等课程，语言的学习就少了许多文化的环境和文化氛围。有的第二语言教室往往在学生的周围布置了许多有关文化和语言的人工制品：如招贴画、图画、视听设备、计算机辅助语言学习软件、物品（如，服装和食品包）及旅游者带回的古代遗物等，为学生提供了恰当的学习那种目的语的气氛。如果第二语言学习发生在清真寺、庙宇、教堂或语言社区中心，这样的环境会产生一种成为和属于的感觉。

在讨论了这十个有关语言教学和语言学习变化的基本问题后，我们现在要讨论三个有着很大区别的主要方法。结构法是个含义广泛的词，它涉及了语法—翻译法、传统的北美听说法和直接教学法。第二是功能法，有时又称为意念—功能法。欧盟在其"语言与现代语言交际教学（Language and Teaching Modern Languages for Communecation）"计划中尤其推崇这种有时又被称为信息交流法的教学方法。第三种是相互作用教学法，有时被称做社会交际教学法。

结构法

结构法坚持认为，必须掌握一种语言系统。传统的、占主导地位的第二语言教学法是语法—翻译法。学生被要求背诵通篇的课文、学习动词的词尾变化、学习语法规则及其例外、默写和翻译课文。即使通过了各种测验和考试，大多数学生还是没有成为实际的双语人。从学校开始的第二语言学习最终还是留在了学校。

语言教学的一个新方法，叫做听说法（audiolingualism）。这种方法现在得到了发展。这种方法很像行为心理学。按照这种方法，第二语言学习可以靠获得一套明显的言语习惯来实现。这种习惯就是以自动的、潜意识的方式说出单词或正确地使用语法。行为心理学认为，语言学习是特殊反应与特殊刺激的联系。教师提供具体的、界定准确的刺激，学生做出反应，这种反应或者得到加强，或者得到更正。通过重复和练习，希望学生能够自动地使用第二语言。

在听说法中，所要记住的系统是以结构为基础的对话。语言学习由此成了试图获得像当地语言人那样的发音、对结构、发音和句子的学习。这种注重结构的观点将语言视为语言学意义上的一个系统，使学生逐步获得语言能力。语法—翻译法注重的是读写能力，不是听说能力。听说法有一个相反的情况，就是将听说放在首位。

由于语言教学的基础是语言结构，所以就必须有严格的次序性，分等级进行教学。这种次序性完全决定于语言的复杂程度（例如，先从简单的语法规则入手，再到更为复杂的含有例外的语法规则；先练习简单的口语句型，然后再逐渐增加句子结构的词汇量和难度）。

在听说法中，重点始终放在改正语言的错误上。为了这个目的，就要反复练习短语和句型，不断地模仿句型并记忆那些简短的对话。目的是使学习者在句子结构中避免犯语法错误，达到自动而准确地对基础句子结构的掌握。通过过多的学习以后（如果是必要的话），掌握基础的词汇量和句子结构。

听说法的理论还谈到了第一语言对第二语言习得的干扰。这种干扰发生的原因是学习者陷入了第一语言的习惯。因此，建议教师去注意那些因从第一语言向第二语言的消极转移所产生的困难（如，Lado，1964）。一种被称作比较分析的方法表明了从第一语言向第二语言转移的困难之处。它分析了第二语言的一系列特征，这些特征不同于第一语言，因而为教师带来了潜在的问题。

听说法理论的起源可以追溯到二战时的"美国语言计划之军队法"（the Army method of Amerian Language Programs）。正像在列兵方阵的基础训练中操练是最重要的手段一样，练习就是结构法的中心方法。在六十年代末期至七十年代，听说法的假说遭到了质疑。通过对比较分析理论的研究（如，Dulay 和 Burt，1973，1974），人们发现从第一语言向第二语言的消极转移不能说明语法的错误。乔姆斯基的语言革命同样表现出对行为主义的第二语言观点的怀疑。乔姆斯基（1965）认为，人类具有对语言的内在的认知准备。乔姆斯基不但没有认为语言是一系列的表面模式和习惯，反而强调了潜伏在个体语言能力中的那些规则的、抽象的、精神的和普遍的属性。儿童与生俱来的语言习得装置构成了语法原则固有的常识。

结构法所要求的是第二语言的纯洁性。因此，不允许学生用第一语言表达思想。教师提供正确的语言模型，或使用语言实验室的录音带，而在更多的情况下是通过计算机辅助语言学习软件提供语言模型。尽管这些强调结构的观点遭到了语言学习研究者和建议者的批评，但是在许多的教学工作中，这种正规的、由教师安排一切的教学风格依旧是主要的教学手段。

功能法

70年代产生了语言教学的另外一种主要的方法。一种观点认为，语言不是要传达给学生一种语言系统，语言主要是用来表达意思的。因此，从70年代起出现了从教授语言的正规属性向社会的恰当交际形式转变的倾向。例如，社会语言学家Hymes（1972a）认为，语言主要是用来交际的，主要是能够因某种目的而使用一种语言。语言是一种工具，不是一种结构。有效的语言并不意味着语法的正确，也不意味着发音清晰的流利表现，而是有效地表达意思的交际能力。

对听说法的批评，导致了目前对第二语言学习的交际教学法更多的强调。那么，交际教学法的语言基础又是什么呢？

• 第二语言学习决定于学习者而不是教师。鉴于在听说理论中教师被认为起着至关重要的作用，现在的注意力已经转向学习者对第二语言输入的选择和组织的部分控制。

• 人类具有学习第二语言的固有能力和自然倾向。鉴于在听说理论中第一语言被认为干扰了第二语言的学习，现在的看法是可以用获得第一语言的方式来获得第二语言。

• 在学习第二语言时不一定要关心语言的形式。语法的系统学习不再是重要的事情。既然第一语言的学习可以在没有正规的语法教学的情况下获得成功，因此可以尽可能少地强调语法形式，而更多地注重非正规的语言习得。

• 语言错误和"干预"或转移是学习过程中出现的正常现象。儿童会同时说出的特别话语而没有像行为理论所声称的那样去模仿成年人的语言。例如，某个儿童说"all finish food"（I'v completely finish my food）反映出某种潜在的模糊规则的使用。产生早期非正确的语句不会妨碍儿童以后生产出正确的、形式规范的语句。Coder（1967）建议学习者需要意识到自己的错误而不是经常地被教师提醒。由此，干预的问题变成了忽视的问题。避免语间的干预是课堂教学所解决不了的问题；避免语间的干预可以通过观察自己的语言来实现。语言的发展因此可视为模糊规则的形成过程而非清晰的习惯形成过程。

van EK (1986, 1987) 介绍了以交际为目标的六种必须获得的语言能力 (language competence) 的不同形式：语言学能力，社会语言学能力，话语能力，策略能力，社会—文化能力和社会能力。这种观点主要认为，除了由结构法培育出来的语言能力外，学生还必须获得更多其他的东西。

在语言中存在着社会语言学能力 (sociolinguistic competence)。它涉及到在不同的环境中准确地表达自己的能力，如与各种人进行交流和表达不同的意愿。社会语言学能力是不同场景所要求的语言形式的意识。在没有教师帮助的情况下，这种能力可以通过学生间的相互作用而表现出来。话语能力 (discourse competence) 是指在组织和口译不同的原文时使用恰当策略的能力，是在交流时有助于话语组织的能力。例如，我们会在使用代词、过渡词和使谈话继续进行的能力中发现话语能力的存在。

策略能力 (strategic competence) 是使用语词和非语词的交际策略弥补语言使用者知识差距的能力。策略能力涉及到在语词语言的能力水平不足以表达意思时使用身体语言（手势、点头、眼神）表达意思的能力。社会文化能力 (sociocultural competence) 是"社会文化环境的意识，其中包括意识到所涉及的语言是当地语言人使用的语言，意识到这种环境对特殊语言形式的选择和交际效果产生影响的方式" (van EK, 1987: 8)。最后，社会能力 (sicialcompetence) 是指使用特殊的社会策略达到交际目的的能力。例如，社会能力包括开始一次谈话的能力，懂得如何恰当地打断别人讲话的能力。社会能力需要对某种文化中主宰交际的社会习俗的理解。

欧盟根据 Wilkins (1976)，Widdowson (1978) 的著作，在 van EK (1986, 1987) 和 Girard (1988) 中开发出了第二语言教学的意念—功能教学大纲 (notional-functional syllabus)。教学中使用的概念分类包括时间、质量、空间、动机、次序和位置，以及交际功能，如说服、询问、情感表达和建立人际关系。欧盟率先做出了一系列覆盖语言功能的话题领域 (van EK, 1987: 17)。21 个不同的话题领域可以与语言功能结合起来考虑（例如，问候和道别的形式需要考虑到不同的上下文。如：家、学校、大家庭、工作、休闲、超级市场的付款处、高兴时、生气时、悲伤时、以及首次见到某人时）：

话题领域	语言功能
自身	礼貌，合群
家庭，日常事物	吸引注意力
学校	引见某人
工作	表达美好的愿望
休闲	感谢
度假和旅游	道歉
环境，地点和设施	同意和不同意
进餐	拒绝和接受
物品，服务	赞成和不赞成
意外事故，紧急情况	处理语言难题
过去的有兴趣的事	想得到信息
现在和将来	陈述事实
服装，时装	意见和感觉
人	喜欢，不喜欢
个人物品，宠物，钱	理由
地点	需要，要求和希望
立即要做出的计划	指令，命令
时间和日期	意愿
天气	许可
情感状态（高兴，厌烦）	邀请
身体状况（饥饿，生病）	建议，提出帮助

学习问候和道别的形式也许是一个例子。教师可以介绍一些恰当的词，举出简单的结构范例，或者这些由录像带或计算机辅助语言学习软件完成。比如，法语的词汇介绍可以包括：bonjour, bonsoir, salut, aurevoiir, ademain, bonnefete, bonvoyage, bonannoversaire, bonnesvacances, bonappetit, bonneannee, Joyeux Noel, Madame, Mademoiselle 和 excusez – moi.

在课堂上讨论文化的差异（例如，握手、和平的示意、有关接吻的习俗、身体语言的使用，如当与另一个人有一段距离时使用眼神接触、点头和手势）。在不同的场景也可以发现需要了解的差异（例如，与老人打招呼和与年青人打招呼的区别、购物的不同习俗、与同伴打招呼和与他们的家长打招呼的区别）。通过两人或小组的形式对问候语和"goodbyes"的练习后，或许学到了恰当的语言和社会文化的行为（Girard, 1988; Sheils, 1988)。

语言的功能观点认为语言服务于现实生活。从语言课中获得的语言是为了在这个第二语言的社区中或在国外旅行时的使用。这种语言学习的基础是对学生需要与这个第二语言社区交流些什么的分析。因而，较少强调语法的正确性和完美的句子结构，更多地强调交流有意义的信息的能力。对环境（如，超级市场、订机票）的意识和对听者的理解水平的意识被认为是重要的。对内容和功能的难点出现的顺序而不是对第二语言的语言属性的仔细考虑，决定了课程安排的次序性。使用有具体任务的教材，伴随着试验和错误，根据环境和意思而不是语言措辞的纯正来判断的准确性，学会了一门语言。利用分组和派对的形式，通过具体而真实的个人活动，鼓励学生获取使用哪怕是最不成熟的第二语言形式进行成功的信息交流的自信心。因此，可以用下意识的、非正规的而不是清晰的、直接的方式学会第二语言。

相互作用法

从70年代初开始，便可看到教学方法在向强调交际的方面缓慢地转移。功能教学法开始重新确定如果要获得的是交际能力而不是语言结构的能力学生必须学什么的问题。与仅仅是第二语言的语法知识相比，强调更多的是知道在特定的场合如何得体地使用语言。

最近，教学的重点已经因社会的、交易的、人际关系的目标从语言的功能和意念向语言的交际进行了轻微的转移。在第二语言教学的功能法中,教师可以是控制的一方,学生是反应的一方。学习问路和如何使用问候语,仍然可以在正规的、操练式和重复式的教学中得以完成。像找到去咖啡馆的路和点一份小吃这样的任务,仍然可以通过替换单词、填空和造句的练习来完成。虽然上咖啡馆和订票的活动可以是真实和有意义的,但是语言也许是虚设的,是从社会交往的真实对话中抽取出来的。

从第二语言学习相互作用的观点看,实行交际性教学法的课堂应经常是真实的人际交流,应当是社会的和个人的人与人之间的积极交易。抛开以教师为中心的、教师控制的、反应式的信息交流方式,相互作用的观点强调了课堂上最大限度的、积极的社会交流。这种交流以给学生派对和分组的形式进行。教师从负责操练士兵变成了帮助解决困难的人。在第二语言教学的相互作用法中,会实施下面的练习形式。

两个学生在一起练习。一个学生有一张巴塞罗那简图,另一个学生有一组超市和街道的名称。两个人各有一半信息。最大限度地使用第二语言,互相提出问题,找到去一个特定超市的路线。学生会在地图上得到一些基本的词汇和提问顺序的样本。他们必须即兴创造一段对话来完成这次交际任务。另一个例子是,学生参加角色表演(roleplay)。一个学生表演的是打电话订机票,她和儿子下星期早上要乘飞机从巴塞罗那去纽约。这次谈话包括了饮食问题和有关费用的复杂情况。可以合在一起做一份录音带或录相。

在这两个例子中,任务的基本性质是两个人之间的社会交际。人与人的关系和信息结合在一起,而不是单纯的信息加工。在这种教学法中,语言被用作谈话的手段。这种方法的目的是使学生具备从事真实谈话的能力和信心。与找到能成功交际的策略相比,语言的错误就相对淡漠了许多。虽然教师会提供一些信息反馈和指正意见,最重要的因素还是鼓励学生进行社会交际的尝试,尽管语法还有缺陷,单词还不够丰富。学生固有的动机和乐于接受上面提到的教师的权威性控制,是这种教学法的基础。有些教师和学生觉得这种角色很难接受。有的人认为这样做在文化上不适合。他们所期望的是第二语言教学的正规的和传统的方法。教师的作用是传播知识，学生的任务是接受知识。不是以教师为中心而是以学生为中心，这似乎对外语教学来讲是陌生的。

多维语言课程

大多数的语言课堂和语言教师在教学方法上采取了兼收并蓄的态度，通过各种途径使用不同的平衡手段，将结构的、功能的和相互作用的教学法结合在一起。在真实的语言课堂上，练习和派对学习、有具体任务的活动和教师的直接传授、正确习惯的形成与学生可以使用夹生语言进行即兴对话往往是结合在一起的。从最坏的方面讲，兼收并蓄的做法是没有选择的、没有指挥的、基础不牢的方法。从最好的方面讲，兼收并蓄会导致一种"明智的课堂"教学法的理性结合。

将第二语言或外语教学方法的各种目标和手段相结合的尝试主要源自于 Boston Paper 对教材（Curriculum Materials）（Lange，1980）的评述。一些语言学习方面的专家提出了多维课程（multidimensioanl language curriculum）的思想。这种思想包括了四种形态的教学大纲：（1）语言，（2）文化，（3）交际，（4）一般语言教育。Boston Paper 认为，现行的教学大纲对语言的特点抱有太多的希望，花在训练儿童的交际能力上的时间太少。Boston Paper 认为，语言教学大纲是重要的，但要有文化教学大纲的参与，因为义化教学大纲强调的是现代语言的内容而不仅仅是其形式。儿童应对所学语言的文化属性有所理解，而这些文化属性必须与语言元素紧密结合起来。需要对这种文化教学大纲进行评估和考察以提高其地位。

Boston Paper（Lange，1980）认为，多维课程还应当包括交际教学大纲。这里的重点不应是语言的准确性，而应当是有效的交际能力。对语言错误要采取宽容的态度，以便将精力集中在意思的有效表达上。真实的语言应当受到鼓励。尽管刺激和角色表演会带来有限的交际能力，但是与外国人的接触、理想的自然场景是更可取的方法。应当鼓励学生多与第二语言的家庭和社区接触。第二语言社区潜移默化的影响、语言宿营地、节日、参观语言社区和在课堂上请当地语言人做示范，这些内容也应当得到提倡。

Boston Paper（Lange，1980）最后指出，多维课程包括了一般语言教育的教学大纲（a general language education syllabus）。根据教学大纲的要求，学生要了解更多的语言特点和语言功能。要对诸如学习如何学会一门语言、语言的多样化、语言与文化等课题进行讨论。

多维外语课程的理论基础继而因 Stern（1983b，1992）、一些试验资料（Tremblay 等人，1989）而得到延伸和净化，又因加拿大国家核心法语研究（Le Blanc，1990）而得到进一步加强。加拿大的一份国民报告表明，在主流和中心计划中的法语为第二语言的教学和学习情况有了很大的发展。

加拿大核心法语计划（Canadian Core Frenchprograms）现在每天教授 20 至 50 分钟的法语课程。有时从一年级开始，通常是在四年级，或晚些时候在七年级，一个儿童要接受约 1200 小时的法语课程教育（例如，在 Ontario），学会 3000 至 5000 规定的常用单词和大约 100 种基本句型（Lapkin，Harley 和 Taylor，1993）。实行这一核心计划的参考意见是使用四个统一的教学大纲：

• 其方法具有结构性和功能性的语言教学大纲（language teaching syllabus）。这个大纲既强调了语言学习的形式和功能，又强调了语言学习的环境。语法的"意识提高"和语言学习的分析方法结合了试验的方法。因此，第二语言的交际能力需要与语法知识相结合。

• 交际活动/试验教学大纲（cummunicative activities/experiential syllabus）的目的是，使学生经历真实的第二语言实际，获得实用的交际技能。课程的主题将是能够激发学习积极性的、使人感兴趣的、密切相关的内容，丰富实践活动，最终获得交际能力。

• 文化教学大纲（cultural syllabus）介绍了法国的文化以备观察、分析、实践之用。目的是培养社会文化意识和做到法语学习和法国文化的统一。这个大纲关注的是当代的文化，主要关心的是与法裔加拿大人的有效交流能力，但同样也考虑到其他讲法语的人。Stern（1992）的观点将文化教学大纲加以扩展，即如果可能的话，与目的语社区更多的接触。文化能力在成功的交际技能中固然占有重要的地位，但是文化教学大纲强调了语言和文化间的重要关系。语言和文化是第二语言学习中两个相互刺激和相互丰富的因素。语言学习在得到意思和目的的同时，也丰富了文化的内涵。例如，法语课会涉及文化的各个领域：日常活动（如，吃饭的情况），个人和社会生活（如，与家人的相处和朋友间的往来），世界各地（如，国内与国外的比较），其他国家的教育、训练和工作情况（如，旅游），国际交流（电子邮件和卫星电视），国际社会（旅行和度假），想象中和创造的世界（制作视听节目或出版杂志）。

- 一般语言教育教学大纲（general language education syllabus）将语言和交流作为重要的本质性课题来加以探讨。其目的是通过三个强有力的手段：语言意识，文化意识和策略意识，加强学生的语言意识和对语言学习过程的认识。课题可以包括：方言和语域，各国语言，语言的起源，儿童语言发展，语言偏见，以及通信（包括电子邮件）。

在这四条线索中如何分配时间的问题会得到一个充满数学想象力的答案。"在核心法语计划中理想的时间分配或许是：75%交际/试验，40%语言教学大纲，15%一般语言，以及25%文化。虽然相加的数是155%，但在现实中相加的结果却是既有效率又有效果的核心法语计划。假如法语是那种课堂上的交际语言，假如教师和学生将注意力放在学习可以在现实生活中实用的活的第二语言上，每一个教学大纲就会同步地互相赞美，并意识到对方的存在。即结合将自然的发生，时间的分配也会是真正的你中有我，我中有你"（Le Blanc 和 Courtel, 1990: 91）。四种教学大纲的结合是至关重要的。有限的第二语言学习时间，在可用的时间中对计划的太多要求，为语言教师提出了结合的难题。

结 束 语

本章讨论了通过学校的第二语言学习而达到双语状态的途径。这条途径有着漫长的教育史。从结构法向交际法的最新转变，突出地表明了课堂教学在目标、方法、策略和风格上的变化。这些变化表明，学校可以培养出不同类型的双语人。变化之一是语言学意义上的双语，之二是功能双语，之三是奉献于人类交往的双语。方法的各种变化最近又融入了多维语言课程的概念。文化与交际，语言与一般语言教育的结合，是为了协调不同的目的和方法，策略和风格。

推 荐 读 物

CALIFORNIAN STATE DEPARTMENT OF EDUCATION, 1989, Foreign Language Rramework. Sacramento CA: California State department of Education.

RICHARDS, J. C. and ROGERS, T. S. 1986, Approaches and Methods in Language Teaching. Cambridge: Cambridge University Press.

STERN, H. H. 1992, Issues and Options in Language Teaching. Oxford: Oxford University Press.

复 习 题

(1) 根据下列内容写出简短的复习笔记：
(i) 第二语言学习的思想、国际和个人理由。
(ii) 多维语言课程。
(2) 第二语言学习都有那些重要的方面？第二语言学习的方法在目的和课堂活动上有着怎样的不同？
(3) 以你熟悉的一种语言形式为例，使用课堂语言学习的十个方面就一具体的语言教学和语言学习的形式进行详细的论述。

研 究 活 动

(1) 在一组学生中，讨论在学校中学习第二语言的不同经历。利用课堂语言学习的十个方面记下这些经历的不同之处。根据这一组人的经历，你认为在十个方面中哪一个方面最为重要？哪一种教学方法是最有效的？

（2）访问一所学习外语的学校。通过对教师的采访和课堂情况的实际观察，以十个方面为根据，描述正在使用的教学方法。向教师和学生了解他们学习第二语言的目的。如果在师生间存在目的上的差异，你认为这些差异是能共存的，还是相互矛盾的？

（3）对一个多数民族儿童学习外语的课堂和一个少数民族儿童学习第二语言的课堂进行观察。描述和解释它们的不同之处。

（4）想象你是在20年后的课堂上学习。在这个未来的课堂上，语言学习将是个什么样子？将会使用什么样的技术？是否会更多或更少强调学习多数民族语言和少数民族语言？那个时候的学生对语言学习会报有什么样的动机？学习语言的目的是什么？使用什么样的评价手段？

第十五章 多元文化社会中的读写能力

导　言

在世界所有的教育制度中，读与写通常被视为课程的中心内容。在发达国家和发展中国家，读写能力常常与进步、文明、社会运动和经济发展连在一起。Anderson（1966）指出，任何社会的经济"腾飞"其识字率必须达到40%。尽管这是一种有争议的断言，许多识字计划都坚持这一观点。然而，正像本章将要表明的那样，读写能力的准确含义既非简单的又是有争议的。

无论是在文化程度较高的还是文化程度较低的多语和多元文化社会中，读写能力在今天都被视为个人生存、保障和地位的重要条件。读写能力影响到人们生活的方方面面。在少数民族相对缺权少利的地方，读写能力总是被视为个人发展和获得权利的重要手段。如果是这样的话，讨论双语和多元文化社会中学生和成年人对读写能力的需要和使用问题就显得十分重要了。

在讨论这些需要和使用的问题时，我们必须注意到语言少数民族所接受的识字教育往往是多数民族语言的教育（例如，英国和美国的英语教育；非洲的部分国家将英语作为官方语言或国际语言）。但是，在语言少数民族有机会接受双语教育的地方，也许会用家庭/少数民族语言培养读写能力。在这种情况下，多数民族语言的读写能力（进而是双文能力）在小学的后半阶段得到了发展。有关这个问题我们将在下章中做详细的讨论。我们现在要讨论的读写能力的使用问题是指或用少数民族语言或用多数民族语言（或同时使用两种语言）教授读写能力的情况。

双语和多元文化社会读写能力的使用

生存需要的读写能力

每天都会碰到基本的读写能力问题。例如,司机要能看懂路标,购物者要读懂食品包装上的说明和标签,旅游者要看懂汽车站、火车站和机场的提示牌。

学习需要的读写能力

学生必须能读懂教科书、故事、实验室手册、考卷和测试的内容,以使学习过程得以实现。

公民身份和政治权利需要的读写能力

为了读懂办公体裁的文字,参加当地的政府,阅读当地和国内的报纸,阅读邮政信息或露天大广告牌上的信息,公民需具备基本的阅读能力。

个人关系需要的读写能力

给不在当地的朋友或亲属写信、寄贺年卡,这些都离不开读写能力。

个人乐趣和创造力需要的读写能力

具备阅读能力使学生和成年人在空闲时得到读杂志、小说、戏剧、故事书和散文类作品的乐趣。读写能力可以激发想象力,表达创造的灵感。

就业需要的读写能力

许多高地位高保酬的工作需要读写能力。

提高思维水平需要具备的读写能力

Wells 和 Chang-Wells(1992)提出,有文化的思维,"比喻地讲,是一组越来越发达的思想肌肉,使人们能够处理若没有读写能力便不能处理的智力问题"(p. 122)。读写能力被视为一种思想的模式,一种推理的手段,使人们能够进行反思和内心活动。这种观点与赋予个人更多的能力的思想连在了一起,人应当有公共的声音。

语言少数民族的读写能力的重要意义和实用性在人们对文盲的

普遍看法中表现了出来。文盲被认为是低下或边缘地位的可耻而尴尬的代表,这种问题需要在学校或成人班里加以解决。减少文盲的数量被认为是联合国教科文组织首先要解决的问题,不分国家、地区、文化或社会阶层。

有关语言少数民族儿童是先掌握多数民族语言的读写能力还是先掌握自己的少数民族语言的读写能力的问题将在本章的后面讨论。同样要在后面进行讨论的还有是否应当获得多数民族语言的单语读写能力或是双语读写能力的问题。在接触这些问题之前,必须先讨论语言少数民族学生和成年人需要的读写能力的种类。我们首先讨论三个对照性的读写能力的定义。我们马上就会感到对各种读写能力的本质和价值所进行的激烈争论。正像即将表明的那样,这种争论对双语学生具有重要的意义。

读写能力的定义

前面所列出的对读写能力的各种需要已经暗示了对于不同的人读写能力有不同的作用。比较两个读写能力的定义:第一个定义是功能上的,包括了获得读写能力的技能方法,是由联合国教科文组织于1962年提出的。

有文化的人是这样一种人:"已经获得了能使他从事所有的在其群体和社区中需用读写能力实现有效功能的活动的基础知识和技能,而他在读、写、算中的成就可以使其能够继续使用这些技能服务于自己和社区的发展"(引自 Oxenham,1980:87)。

相反,Hudelson(1994:130)将"读"定义为"个体通过处理由表示语言的符号所创造的书面文体而组成意思的语言加工过程。这种处理包括读者对书面文体的行动或诠释,并且这种诠释受到读者的过去经历、语言背景、文化结构以及读者的阅读目的的影响"。这个定义集中将阅读表现为意思的组成,而不是阅读的技能。这个定义在仅仅论述阅读的同时,其思想也扩展到一般的读写能力。

第三个定义出自 Wells 和 Chang-Wells(1992)。这个定义认为"有文化就是有恰当地处理各种文体的倾向,以在有目的的社会活动的环境中增强行动、思维、感情的力量"(p. 147)。这个定义有意表现了这样的可能：不同的语言少数民族社区赋予不同形态的读写能力以不同的价值。

在读写能力的使用和目的上存在着文化差异。在某些文化中，读写能力是为了加强抽象思维、推理能力、批评性思维、平衡和客观的意识、同情和敏感性。有些文化的读写能力是为了记忆某些东西，传播一些有关文化遗产、价值观和道德观的生活故事。这种现象集中反应在一些宗教上，读写能力用来传播教规和道德行为的准则。以穆斯林为例，他们被要求大声诵读古兰经。许多穆斯林没有被要求理解他们所读的内容，这些内容是以他们的母语形式存在的。在有些文化中，母亲被要求读些东西给儿童听，帮助儿童发展读写能力，但不要求这些母亲去读报纸和公事性文体。因此，读写能力不是一个单数的概念，而是一个复数的概念，是一个与文化有关但又不具普遍意义的概念。

我们现在通过对达到读写能力的各种教育方法的考察来扩展并探讨这三个定义（技能，意思的组成和生活文化）。这些方法，与上面的那些定义一样，决不是截然分开的，而是相互联系的，并且可以在读写能力的学习过程中结合在一起。

读写能力的方法

技能法

功能性读写能力（functional literacy），就像联合国教科文组织所定义的那样，似乎假设读写能力就是读和写的简单行为。"获得基础性知识和技能"是指将纸上的符号译解成语音，然后再根据这些语音组成意思。读就是说出纸上的单词，写就是能够正确地拼写并能写出没有语法错误的句子。在读和写中，有文化的人能够理解和领会写出的文字。

有关这种方法的假设认为，读写能力主要是技术能力，在目标上是中性的，适用所有的语言。读和写的技能可以分解为词汇、语法和作文。发音和字母、语音和标准语言是教学的主要内容。对读写中的错误也给予了足够的注意,同时关心读写测验的成绩。这些测验往往评定的是分解的、没有上下文的语言技能,探出的是表面的对内容的领会而不是深层的语言思考和理解。这些可靠的但"非真实的"测验往往被用做教学的样板。以衡量为主的教学推崇的是"以测验为目的的教学"方针,很可能排除了培养更高级的语言技能的机会。

在读写能力的技能法背后往往是一种信念,认为儿童需要的只是功能性或"实用性"的读写能力。有效功能意味着学生或成人将以合作的、建设性的和非批评性的方式为社区的日常事务做出贡献。功能性的读写能力被认为是认识到地位、了解并接受自己的社会地位,以及做一个"好公民"。这种观点将在本书的后面讨论双语与政治的关系时加以展开。

尽管有各种形式的读写能力,但重要的是不要忘记在许多国家中存在的文盲的数量和低下的读写能力水平。功能性读写能力不意味着阅读有"质量"的报刊和书籍。功能性读写能力处在一个较低的水平:能读懂罐头上的标签和路牌,能查电话簿。在那些似乎是具备了功能性读写能力的人群中,包括了那些不读的人(有读的能力但不去读),以及设法掩饰文盲本质的人,因为社会不需要文盲。功能性的读写能力在先进的技术社会中显得力不从心。民众不断面对的是需要更先进的读写能力技能的公事文体和书面指令。功能性读写能力不可能充分地应付这些复杂的任务。

全语言方法

读写能力的全语言方法(the whole language approach)是与那种将读写视为破译代码和一系列单独技能的观点截然相反的做法。全语言法强调以自然的方式去学习读和写,为了一种目的,为的是有意义的交流和由此得到的乐趣(Whitmore 和 Crowell, 1994)。

一般地讲,全语言法所支持的是读、写、拼写和口语学习的整体方法和相互作用的学习方式。所使用的语言必须是与儿童有关系的、对儿童有意义的语言。强调语言使用的交际目的;强调的是使用而不是语言的形式。全语言法反对在学习读的过程中使用基础性读物和音标。基础性读物是指那些使用简单词汇的读物。在读这些书的时候，往往有规定的顺序，从简单的文章过渡到较为复杂的文章，逐步增加内容的难度（关于这一点将在本部分中做详细的讨论）。在全语言法中，写须是为了真实的目的。儿童因某个特定环境中的人和规定的理由而写。写意味着表达想法和与他人分享意思。写可以与别人合作进行，需要写出草稿并对草稿进行修改。

儿童在因某人而进行的有意义和有内容的写作中学习写作。有效的写作意味着让别人看懂所写的东西。总是强调语法和拼写的错误对儿童的写作有害无利。对错误的更正主要放在了形式上而不是功能上，放在了载体上而不是内容上。在学习写作时重要的是意思的表达。学习阅读的同时也是在学习写作。儿童在学习阅读时也学习了拼写。儿童读的越多，写的越好。

在全语言法中，阅读和写作需要趣味性。这是指读和写的内容要真实、自然，不需要人工的故事、人工的次序、语法和拼写的规则，或是那些与儿童的经历无关的故事。读和写应当是有趣的、与儿童有关的、属于儿童经历的、使学习者可以选择的，它应当使儿童获得能力并对自己的世界有所了解。为了阅读而教授阅读不能激发学习者的兴趣。读一本有关写作经验的书通常不会激发儿童的兴趣或与儿童无关。

儿童在学习阅读和写作时需要理解故事的意思，读出书中的韵调，分享书中的幽默。在交流时写作才变得有趣。全语言法还会刺激创造性的想象力和纯粹从阅读中得到的享受。在多数情况下，儿童和成人的阅读是为了休闲和乐趣，而那些政治上中立或严守道德的读物、小说、杂志、连环画册和某类诗歌并不是为了满足和激发人们的想象力。因此，全语言法的读写能力是在培养美学的鉴赏力和人际的敏感性。

如果读和写是人为设计的，如果词语的使用脱离了它的功能，无论是读或是写都不会得到鼓励。读和写应当提供分享语言和分享意思的机会。基于词语在语言中出现的频率、试图精确地将困难分成等级、缓慢地从一个阶段过渡到另一个阶段的系列丛书，也许是讲究逻辑的和明智的。然而，这些书籍往往是一些人工编造的故事，虚假的语言组成，与儿童的经历不相配或是没有陶冶儿童的经历。

　　儿童需要富有想象力的、生动的、激发兴趣的书籍。这些书籍既与他们的经历有关又能增加他们的阅历，可以使他们发笑和激发他们的想象力。他们应当感觉到书籍是有趣的、引人入胜的、与他们的世界和他们的思维方式有关的。儿童不仅需要书架上的书。杂志、报纸、电话簿、招贴画、路标、包装物和标签，都是阅读的资料。儿童间的信件往来或是写给异国祖父的信，都是以真实的任务为中心的读和写的形式。读写规则的教授在这里变成了潜在的行为。

　　阅读课本，有时叫做基础读物或等级阅读课本，编写的主要目的是为了阅读的教学。这些课本提供了有关阅读和写作技能的知识，编写严谨，次序性很强，以不断地在理论上增加难度的方式对语法实行严格的控制。学习阅读的技巧是这些课本的主要目的。这些分等级的系列课本读物适合于传达式的教学模式，必须从较小的技能元素扩展到较大的技能元素，并对学习的顺序性实行严格的控制。一套基础性系列阅读课本技能的存在，并不是由于这种存在符合儿童的学习特点，而是部分地因为一系列课程发展的后勤问题，保证这些课程日复一日、年复一年地教下去。学生总是先要接受考察他们掌握阅读计划每一细小元素的能力的测试，然后才被允许进入下一课的内容。

　　这类基础性读物提高的往往是识别的能力，而不是理解的能力。儿童可以大声地将故事读给老师听，但却不了解故事的内容和内在的意思。基础性系列阅读课本一般都清楚地告诉教师应当在课堂上说什么和做什么，似乎为教师提供了可以在课堂上轻易执行的阅读教学技巧。

　　另一种方法是读"真实的课本"。"真实的课本"是指那些读起来很舒服的书。这些书有时显得不太正规，其要点和目的往往不仅仅是儿童的纯粹的"阅读技能的改进"。虽然阅读课本的编写目的主要是教授阅读，但是"真实的课本"将由那些自称为作家的人来完成。虽然因与典型地使用基础性读物、强调理解和得出结论相似的目的，在中学里这些课本几乎遭到了毁灭，但是这些课本的原始意图是再创造、乐趣和激发想象力。

"真实的课本"的一个重要功能就是试图避免无处不在的白人的、中产阶级的、男性的观点。这些观点或公开或隐蔽地存在于如此之多的儿童读物中。男孩儿通常扮演领头的角色，女孩儿则是更为被动的支持性角色。

"Robert 爬上树看了看下面的山谷，说道：'让我们到山谷下寻找金子吧'，站在树荫下的 Ruth 点头同意了。Robert 勇敢地走在前面，Ruth 紧随其后。"

书籍应当对模式化的性别角色提出质疑，应当对分配给妈妈和爸爸的传统角色提出质疑，应当对语言上和文化上的少数民族的恭顺表现提出质疑。在描述现实、了解现实和批评现实的同时，儿童还要知道其他的东西。阅读不仅应当反映当今社会的现实，还应对现实提出质疑，展现不同的生活方式和不同的价值观。少数民族情况的介绍不应局限于有限的模式化的社会环境中，而应冲破这种模式向现状挑战。

许多教师兼顾性地将全语言法与注重读写的技能结合了起来。这就好比对一个音乐家来说表现音乐的整体效果是最重要的。有时为了音乐艺术的整体水准就需要练习像音节（第八音）、琶音、颤音等这样一些单独的技能。准确地演奏音节不等于演奏音乐。准确的演奏、对乐谱的理解、创造一种音乐的气氛、与听众的交流，这些因素的结合才是更重要的事情。读和写也是一样。有时教师注重的是具体的技能（不规则词语，语音，拼写，语法）。具体的技能不等于读和写。应当着重注意整体的活动。

全语言法还有一些特点是与功能性读写能力重叠的。全语言法将儿童相对地看作是非批评性、单文化、被吸收的对象。读写能力可以是关于将风俗习惯和道德观念社会化的读写能力。在这种读写能力的方法中，原文的意思之所以可以被分解，是因为原文具有限定的和独立的意思。因此，阅读是探寻作者的意思；写作是将意思传达给读者。所以，全语言法还可以带来儿童的非批评性的、接受性的态度。对于那些生活在指责的、种族主义的、偏见的社会环境中的语言少数民族儿童来讲，这种方法不会为他们带来能力。

意思构成法

最近对读写能力的讨论（与全语言法有部分的关系）强调了读者将自己的意思带到原文中的可能性，强调了读和写主要是意思的构建和重构（construction and reconstruction of meaning）。这种讨论的部分内容是个人带给原文的意思取决于个人的文化背景、个人的经历和历史、个人对原文主题和基调的理解，尤其是取决于阅读所发生的社会环境。正像我们将要讨论的那样，这种思想会对语言少数民族儿童和成人产生重要的意义。

读者会把他们的意思带到原文中。他们会根据已经获得的知识对原文进行理解。没有相关的背景知识，读者就不可能形成任何的意思。为了有助于意思的形成，我们就必须知道原文是一种什么类型的文章，是民间的故事还是真实的事件，是说服性的广告还是一份面面俱到的报告。知道作者是谁，了解作者的背景和信仰，对阅读是有好处的。读者现有的知识水平、家庭背景、社会的和经济的生活方式以及政治倾向，将会影响到读者以什么样的方式根据原文形成意思。

来自不同背景的不同儿童会从原文中产生不同的意思。当读者的知识与作者假设的东西存在距离时，意思的形成就会变得很困难。这是许多成年文盲所面对的"恶性循环"的窘境。他们没有机会获得某中知识并了解世界，是因为他们没有阅读能力。因为他们看不懂为成年人写作的人认为很容易理解的文字，又使成年扫盲工作变得越发困难。这一"恶性循环"的现象，在语言少数族群身上表现得尤为突出。凭借某中文化背景，想要弄懂依据另一种文化背景而写的东西，会很难预测故事情节并理解其真正含义。

因此，在帮助扫盲对象从阅读中组织意思时，教师的任务之一就是要起到协调并促成的作用。形成意思的中心思想源自俄国心理学家 Vygotsky（1962）。他于 1924－1934 这十年间描述了通过对儿童当前发展状态的质疑和扩展，教师可以介入和安排有效学习的方法。教师首先形成意思，然后从儿童现有的理解水平过渡到儿童能力范围内的更高一层的水平。儿童能力的这种"伸展"靠的是对临近发展区（zone of proximal development）的确定。Vygotsky（1962）把临近发展区界定为儿童在没有成年人帮助下解决问题时所表现出来的发展水平与决定于儿童与同伴或教师一起解决问题时潜在的发展水平之间的距离。临近发展区可以通过合作性的相互作用来实现新的理解区域。

为了帮助儿童从原文中形成意思，教师必须意识到，课堂上的读写能力是存在于社会环境中的读写能力，受到思维的文化捆绑形式的影响。Bloome（1985）认为：

"当学生被要求读一个故事时，他们一定是以社会的恰当形式进行：默读或朗读、自己读、比着读、或与别人一起读、轮流着读等等。朗读时不出错或能正确回答老师的问题的学生也许能在课堂上获得社会地位。一读就出错，不能正确回答问题，或坐着不说话的学生，会被认为是贱民或不参加者。"（P.135）

在课堂上，有成年人，有相应的教育标准，有正确回答问题的方式，有读还有写。学生必须因由教师创造的各种不同的读写能力的事件去学会行为的规则。由教师发起，学生做出反应，最后是教师的评定，这是一种典型的师生间的相互作用。它不但表明了对课堂行为的期望和规则，还表明了对读写能力的期望和规则。存在着正确与错误，权威性的知识和有背景文化的反应。这种强有力的课堂关系造成了语言和读写能力的使用。学生和教师的社会角色在这里接受着洗礼，并扎根于课堂上的读写能力的事件中。就像我们在本章的后面将会讨论的那样，为了提高读写能力，教师应当扩大而不是限制学生的角色，以使读写能力的需要得到最大的满足。通过对不同读写能力的赞美应当使儿童获得更多的能力，其中包括批评性的读写能力。

读和写（还有说和听）不是彼此独立的活动。读和写发生在特定的环境中，它们对以成为文化人为目的的学习过程有着莫大的影响。读和写往往是因某人或对某人而发生的行为。即便是在默读的时候，也存在着内在的、反映式的谈话，意思正是在这种谈话中形成的。读者所知道的词语和与正在读的词语有关的经历二者合在一起形成了上下文。这种上下文可以使学生去猜测他们所不认识的词，去猜测不明朗的意思。

读和写的能力越是发展，原文也就越多地被植入了社会和文化的色彩。内在阅读过程的形成受到了来自外部社会力量的影响。Dyson(1989)和 Graves(1983)已经指出了那些年轻的写作者的发展和变化是怎样地受到了来自同伴和老师的影响，受到了来自校外的诸如当地社区、政治运动和思想势力的影响。

同样，写也不是一个运用正确的拼写、正确的语法结构将词语写在纸上的技术过程。写是在分享意思。当学生或成年人在写什么的时候，他们报有一种人际的目的。他们是为看的人、为传达信息、为说服别人、为施加影响或纯粹为了使人高兴而写。在写的时候，有一种对读者反应的预料。我们在写的时候带着某种对读者的背景、知识和文化的理解。为了达到特定的目的，我们使用不同形式的语言。报刊的编辑有时会使用说服性的语言。一本教烹饪的书是在努力传达信息和进行解释。诗人作文力争表达深邃和新鲜的思想。写作的有效性依赖于写作者对于读者所期盼的惯例的熟悉程度。所有这些都表明，读写能力是一个社会项目，不是私下的、个人的项目。我们会经常地与他人交流阅读和写作的心得，这就更突出地表明了读写能力的社会地位。

这就导致了一种观点:读写能力不仅仅是关于信息的收集和给予的能力。它同样涉及到适合某种文化的思维的发展。因此，Wells 和 Chang-Wells(1992)把读写能力说成是"将语言，无论是说的语言还是写的语言，当作是为其自身发展的一种思维模式。"(P.123)

社会——文化读写能力法

这是一种强调读写能力要适合于社会上存在的文化类型(enculturation)的、与意思形成法有关的方法。例如，一项语言少数民族读写能力的计划，也许会充满热情地确保儿童的完全社会化，并使儿童从自己的继承文化中得到启迪。

社会——文化读写能力指的是在阅读时形成恰当文化意思的能

力。从理论上讲，一个人可以成为有实际能力的识文断字者，但在文化上也许是个文盲（如，形不成意思的阅读）。在读写时，我们不仅带着以前的经验，我们还带着我们的价值观和信仰，正是这些因素使我们能够从阅读中创造出意思来，并将这种意思注入我们的写作中。读和写是一种个人的形成行为。文化遗产在阅读中被发现并被内化。读和写在具备了某种公开的、可测试的技能的同时，也存在着确保适合社会上存在的各种文化类型的、更为隐蔽的信息加工活动。某些人认为，这种文化的读写能力会导致同化和一体化的发生（如，接受根植于英语经典中的价值观）。同化主义者会要求一种共同的读写能力，传播多数民族语言的文化，少数民族群体在更大的社会中的同化。

文化读写能力的多数民族同化主义方法的一个著名的例子便是 Hirsch 的文化读写能力：美国人应当家喻户晓的一书（1988）。Hirsch (1988) 列出了 5000 项"有文化的美国人所知道的"，或有中学文化程度的人应当知道的条目。下面表格中的原文列出了字母"j"的条目用以表现这些条目的特色。这张清单意在成为一个"有文化的美国人的文化索引"，旨在"有效的民族交流"和"确保国内的平静"（pp. xi 和 xii）。然而，它只反映了北美人、白人、中产阶级、基督教和古典文化。这是有权人的文化，没有充分表现拉丁民族、亚洲人或当地印第安人的文化。

"Jack and Jill（韵），Jack and the Beanstalk（称号），Jack be Nimble（正文），JackFrost，jack–of–all–trades–博而不精，Andrew Jackson，Jesse Jackson，Stonewall Jackson，Jacksonian 式的民主，Jacksonville，Jack Sprat（正文），Jacob and Esau，Jacobin，Jacob's Ladder（歌曲），Jakarta，Jamaica，Henry James，Jesse James，William James，Jamestown 定居，Janus，jargon，Jason and theGolden Fleece，Java，jazz，Thomas Jefferson，Jehovah，Jehovah's Witnesses，Dr. Jekyll and Mr. Hyde（称号），je ne saisa quoi，Jeremiah，Battle of Jericho，Jersey City，Jerusalem，Jesuits，Jesus Christ，jetstream，Jew，Jezebel，jihad，Jim Crow，jingoism，Joan of Arc，TheBook of Job，Johannesbur，Gospel according to Saint John，John Birch Society，John

Brown's Body（歌曲），John Bull，John Doe，John Henry（歌曲），Pope John Paul II，Andrew Johnson，Lyndon B.Johnson，Samuel Johnson，John the Baptist，Pope John XXIII，joie de vivre，Joint Chiefs of Staff，joint resolution，Jolly Roger，Jonah and the whale，John Paul Jones，Scott Joplin，Jordan，Rever jordan，Joseph and hisbrothers，Chief Joseph，Saint Joseph，Joshua，Joshua Fit the Battle of Jericho（歌曲），journeyman，James Joyce，Judaism，Judas Iscariot，Judge not that ye be not judged，Judgment Day，Judgement of Paris，judicialb ranch，judicial review，Julius Caesar（称号），Carl Jung，Juno（Hera），junta，Jupiter（木星），Jupiter（宙斯），justificationby faith，justify the ways of God to men，juvenilia."选自 Hirsch（1988：180－182）。

相反，文化多元主义的观点则认为，民族的统一不应以牺牲少数民族语言的文化读写能力或多元文化的读写能力为代价。多元文化的读写能力很可能为我们带来更广泛的有关世界的观点，带来多彩的对人类历史和习俗的看法，带来有关科学和社会的更多的观点。

对读写能力的社会和文化环境的讨论提出了母语的读写能力的重要性。我们暂且不论这个问题在教育上的可行性，现在有一种教育的观点认为，在家庭语言中可以最轻松、最有效地掌握读写能力。文化的观点认为，母语的读写能力可以导致当地人民的富裕生活，可以将种族的文化遗产保留在文学作品中。然而，母语的读写能力，尽管有着文化上的优势，但有时不会不碰到问题和阻力。有些当地的语言缺少语法或字母，几乎没有教材，缺乏教师和教师的培训。来自政治上的反对意见认为，当地语言的读写能力阻碍了民族的统一和对移民的同化，这种阻碍的代价就是在一个地区内保持多种当地的和"移民的"语言。保护主义者希望保存母语的读写能力，反对任何形式的改变，使这种读写能力保持在像动物园里那样的活石化的状态。

哪里有各种不同的语言文化，哪里就可以找到对当地读写能力的支持。Street（1984，1994）把当地读写能力（local literacies）看作是具有当地和地区文化特点的读写能力的实践（以区别民族文化）。这种当地读写能力会被国际的和民族的读写能力运动所遗忘（Hornberger，1994），或者是在当地读写能力与民族的/国际的读写能力的实践之间存在着紧张的关系（Street，1994）。当地读写能力（详见 Street，1994），避免了由英语的统治而造成的读写能力的千篇一律局面的恶化。当地读写能力使读写能力与人们的生活、当地的文化和社区的联系密切相关。

　　读写能力的社会和文化环境主要包括了种族社区和读写能力的获得的关系。所谓的读，是因文化、副文化和种族群体而异的。就像 Gregory（1993，1994）在对英国的孟加拉家庭和中国家庭进行研究时所展示的那样，读书的目的，家庭所提供的资料和家长教育其子女读书的过程或许不同于学校的读写能力的目的、资料和过程。的确，家庭和学校的不同期望会产生错配或矛盾，致使儿童不知所措，学习成绩欠佳，甚至不及格。她将学校和语言少数民族家长的不同观点和实践进行了比较。学校教阅读是为了娱乐和消遣；而家庭为读写能力设置了许多功利目的（如，避免失业和贫困，为了今后做买卖）。学校读写能力的政策是以儿童为中心，采用个体化的教学方法，教师是帮助解决困难的人，是伙伴，是向导，备有各种色彩迷人的图书供儿童选择。种族群体则相反，开设星期六学校的读写班，地点设在清真寺或神殿，有时很多人挤在一个班里上课。教师是高高在上的指挥者。例如，学习真主的意志，或许是具有价值的结果。珍贵的圣经，古兰经或其他神圣的或具有极高价值的书籍是阅读的中心内容。

　　Gregory（1993，1994）进一步比较了读写能力的教学风格。在学校，儿童很少在被纠正错误的轻松坏境中通过"玩儿"的方式进行学习，逐步地适应"读写能力俱乐部"的社会生活。在种族星期六学校，儿童是死记硬背，一直在重复着那些字母、音节和短语，直至达到完美的程度。学校的管束非常严格，时常进行练习，测验和对错误进行更正。儿童在得到图书之前必须证明自己的阅读能力值得获取这些受人尊敬的珍品。"立即获得图书会降低图书和努力工作的原则的价值。儿童必须努力而缓慢地去获得知识，图书是对儿童能感觉到的成绩的回报。因此，对书的钟爱是出现在学会阅读

之后，而且不一定以此作为先决的条件。"（Gregory，1993：57）

学校和种族群体在读写能力的期望和实践方面的错配，对儿童来讲是悲剧性的。儿童被夹在两个读写能力的世界之间，夹在两种适当的读写能力的行为之间，被家庭和学校在读写能力上的概念冲突所淹没。沮丧，对学习麻木不仁，缺乏积极性，厌恶学校，也许就是给这些儿童带来的结果。

Shirley Brice Heath（1986）有关美国的研究表明了例如在美国的中国家庭是怎样地倾向于家长控制谈话的情况。这些情况非常贴切地反映了许多传统课堂所推崇的语言行为的类型。这些家长问儿童一些真实的问题，对儿童的语言做出评价，改正词语方面的错误，最后是对问题的详细讨论。由此确立了读写能力行为和读写能力使用的某种形式。这些在美国的中国家庭认为，他们在读写能力方面所起的作用与学校的作用是相辅相成的。这些家长把自己看作是儿童读写能力发展中的积极因素。

相反，美国的墨西哥家长往往希望对儿童的抚养由大家庭来完成。这些家长在其工作时很少希望与儿童进行交谈。相对来讲，他们几乎不问及有关儿童获取知识、理解力或态度的问题。对年龄较小的儿童的照顾往往由年龄较大的儿童来完成。年龄较小的儿童很少只与一个大人接触，在他的周围是一大群成年人和儿童。但是，这些儿童是成长在一个语言丰富的环境中，尽管很少有人与他们进行特殊的直接交谈，但他们却不断地经历着成年人之间、成年人与其他儿童之间的语言接触。这些儿童受的教育是要尊敬大人，通常是不能主动地与成年人进行社会性的交谈。这种文化上的行为与读写能力的期望与使用有着直接的关系。即读写能力不是一种独立的文化现象，它反映了自身的形式和功能的一般性交往的实践活动。

这往往与学校语言使用的期望有所不同。在传统的课堂中，儿童被要求与教师进行交往。传统的课堂不希望儿童只与其他的儿童交往。因此，也许就会出现家庭的语言和读写能力的模式与学校模式的错配。对不同的文化群体和种族群体来讲，这也许会使学校成为一种更为可怕、更为困难和陌生的经历。对某些语言社区来讲，家庭的语言和读写能力向学校的过渡将会变得更加困难。语言少数民族间的差异，以及语言少数民族与语言多数民族的差异，将会影响到在学校中的读写能力的获得。

Heath（1986）发现了六种语言使用的类型，它们对学校的成功具有典型的意义。

（1）成人参与儿童的语言活动，要求儿童说出事物的名称，或成人经常指出事物的名称和概念。

（2）成人对儿童所说出的话进行解释，让儿童解释他的意思或意愿，并且解释课堂行为。

（3）让儿童复述经历或提供成人知道的信息。听者可以向儿童提出问题，从而以特殊的方式组织或"搭建"这些信息。

（4）要求儿童在成人和同伴面前进行表演。这种表演包括提供听者所不知道的信息或经历，或对听者已经知道的信息做出新的解释。

（5）儿童对目前发生的事或对预见到的将来的事进行流利的叙述。

（6）儿童复述他们所熟悉的故事，这其中包括了他们的想象，有声有色地叙述事件发生的前后顺序。

Heath（1986）将这六种类型称作：标签寻求，意思寻求，详细叙述，解释，事件表述和故事。

尽管这些类型的多数都会发生在所有的社会阶层和种族语言群体的儿童家庭中，但是在发生的频率上存在着家庭间的差异。其结果是儿童将与行为方式有关的读写能力的不同程度带到了学校。有些儿童读写能力的准备情况要好于其他儿童，因而他们具备了取得成功的更大潜力。

在 Shirley Brice Heath（1982）的研究中，某些学龄前儿童在家长的帮助下所获得的读书经历的方式，与小学中的那种与教师交往的方式没有什么不同。教师经常使用的"发起—回答—评价"的顺序，一些家长也在使用。因此，这些儿童就为迎接课堂上教师的读写能力文化做好了准备。这些儿童同样学会了根据自己的实际经历组建书本知识，并据此来规范和表达那种经历。这些儿童含糊地知道读写能力可以提供新的经历。

这些"做好了上学准备的"儿童还被他们的家长教会了去"听和等待"。他们已经养成了听大人讲故事的习惯，并且在故事没讲完之前决不问任何问题。因此，这些儿童会习惯于他们要经历的教育在多数情况下使用书本的那种方式。

Shirley Brice Heath（1982，1983）还介绍了美国的两个社区的情况。他们有着不同的读写能力的实践（different literacy practices），他们很看中这种实践。这种实践不同于有学校倾向的读写能力实践。Roadville 的儿童的家长是一些尽责的工人，他们使用读写能力的目的是为了圣经和道德教育。他们拒绝虚构的作品，喜欢读那些含有道德思想的描述真实事件的书籍。读书在这里只是一种能力，而不是一种交往的事件。书籍被用来向那些被动的读者传达信息和指示。"Roadville 的成年人决不将读写能力事件的环境或习惯扩展到读书本身以外。在看到现实中的事物或事件时，他们决不提醒儿童书中的相同事件，也不对那些相同的事物和不同的事物做出连续的评述。"（Shirley Brice Heath，1982：61）

因此，Roadville 的儿童认为，故事就是包括了准确事实的真实事件，是教他们怎样去做一个好的基督徒。对真实事件的虚构描述被认为是在撒谎。他们需要的是现实和真理，而不是虚构。Roadville 的儿童由此形成了特殊的社会观点，形成了一系列特殊的行为准则和信仰，以及对读写能力的使用（及"要避免的"使用）的具体看法。Rosdville 的儿童会因讲述有关从现实经历中获得的道德启示的故事而得到鼓励和奖赏。在有些人认为这种家教方式没有为儿童适应学校的读写能力事件做好准备的同时，也有人认为学校没有对这类社区受人喜爱的读写能力风格做出反应。第三种则认为，所有的儿童都应当最大限度地接触各种"读写能力的文化"，并且了解因读写能力而存在的其他功能。

Shirley Brice Heath（1982）最后认为，只有"联系到那些可以举例说明或反映的更大的社会文化形式"，才能了解和解释读写能力。"例如，人种志必须以读写能力的社会文化的环境去描述读写能力的事件，以便我们去理解这些形式在作为时空的使用、小心翼翼的扮演角色、年龄和性别隔离时，与社区培养出的读写能力事件

的类型和特点的相互依赖关系。"（P.74）

批评性的读写能力法

读写能力可以起到保持现状的作用，甚至可以确保那些有权有势在社会中有重大影响的人去控制大众所读的内容和他们的思想。政治宣传、宣传政治主张的小册子、报纸和书籍都会用来试图控制大众的思想和意识。读写能力可以被看作是通过学校的教育和其他的正式或非正式的方法去获得领导权的尝试。因此，当权者保持着对那些奉公守法的人，或以民主为借口向他们的权利挑战的人的控制。读写能力可以用来逐步地灌输某种有意志的观点、信仰和思想。同样，某些宗教传统也在有意地利用读写能力来确保其成员至少受到那些文字的影响，或利用读写能力为他们洗脑。宗教领袖为儿童所要读的东西做了精心的选择和安排，为的是利用读写能力控制和包容他们的心灵。

Graff（1979）指出，读写能力在19世纪的加拿大被用作标准和控制的目的。文盲对社会的稳定来讲是一种危险的存在，与主流文化格格不入，对已确立的秩序构成了威胁。因此，提倡读写能力的工作就是一场保持和巩固精英地位的政治运动。精英们同样意识到读写能力有可能导致为统治者招惹麻烦的激进思想和信仰，因此读写能力的教学受到了精心的控制。

Graff（1997）还试图指出读写能力不一定能增加获得就业、财富和权利的机会。有些种族群体无论其读写能力的比率是多少，仍然处在不利的位置；而其他的群体尽管有着较高的文盲率，但仍然以不相称的比例获得了就业的机会。例如，加拿大的爱尔兰天主教徒无论其识字还是不识字，都没有取得成功。相比之下，英国的新教徒的日子要好过一些。同样，有文化的黑人的处境也比其他人种差。读写能力是优势还是劣势要看种族的情况而定。失业或报酬很低的工作更多的是由于种族背景而不是文盲的原因造成的。

旨在控制和包容读写能力的教育风格往往将重点放在读的技能上，而没有放在理解力上，强调说的能力和从黑板上把字抄下来的能力，较少强调意思和理解。学生不允许提问题，他们所能做的就是大声地朗读一段课文，然后被纠正语音、重音和语流方面的缺点。

那些有权势的人也用他们认为的"正确的语言"来维护他们的地位。几乎没有政治和经济权利的少数民族被郑重地告知，他们的语言和文字难登大雅之堂。正是这种没有地位的语言使他们的经济、社会和文化面临着被剥夺的局面。这些群体应当使用多数民族的标准语言（如，去讲"适当的"或"正确的"英语）。

这种受限制的读写能力的形式仍然在全世界的许多学校中使用着。读写能力的功能性观点，就像我们已经提到的联合国教科文组织的定义所具体表明的那样，常常包括了一种受限制的读写能力。从最坏的方面讲，这种读写能力可以维持一种压迫，一种精英与平民的简单距离，不重视获得有"批评意识"的读写能力的可能性。

有些学校和成人班读写能力的教育形式自称是一种"技术技能"。这表明读写能力教育总有着思想上的根源（Street, 1984）。读写能力可以用来维持现状，维护稳定的政治结构，避免平民中的煽动和激进行为。国家的读写能力可以促进民众与不同种族群体的一体化。国家的读写能力试图促进语言和文化的统一和标准化。

在殖民化和"传教"运动中，人们有时尝试着不同类型文化的标准化。例如，在19世纪当传教士们把基督教带到世界各地的非基督教地区时，其目的是传播基督教的福音，控制那些被认为是原始的和异教徒的人的思想，影响他们的道德行为方式。在二十世纪的发展中国家里，读写能力的教育计划是以经济发展为目的的。读写能力被认为是经济发展的重要因素。然而，这些计划同样被有意或无意地用来支撑建立在不公平和不平等之上的社会秩序。在这些计划中，读写能力有时被用作训练人民，巩固现有劳动分工的工具。

另一种使用读写能力的方法是教人民怎样在当权者认定的制度中进行劳动合作。读写能力可以成为压迫的工具；它也可以成为解放者（Hornberger, 1994）；可以成为获得机会的障碍，也可以成为开启能力和权利之门的工具。使人民获得权利和能力的一个尝试性的办法就是使用批评性的读写能力。Freire（1970, 1873, 1985）及

Freire 和 Macedo（1987）认为，读写能力应当使被压迫的社区在社会和政治方面意识到他们所扮演的平民角色和低下的社会地位。这种观点认为，读写能力一定要冲破读和写的能力的范围。一定要让人们意识到他们的社会文化环境和他们的政治环境。可以通过使用母语读写能力，多语读写能力（和不同环境中的当地/国家/国际/"多类型的"读写能力）和当地读写能力来实现这一目标。

对语言少数民族来讲，以获得能力和权利为目的的读写能力可以是刺激语言积极性、争取语言权利、自主和平等享有权利的读写能力。Freire 在巴西的农民社区和其他的被压迫群体中实行的读写能力教育，首先就是告诉那里的人们必须意识到自己的附属角色和自己社区在社会中的低下地位。人们由此才能成为有能力也有权利的改变生活、改变状况和改变社区的人。

凭借读写能力，人们可以理解政治权利和政治活动，可以导致改变社会的集体劳动，恰当地经营和管理，有能力挑战机会和提出意见，坚持应得的权利，要求平等的权利、机会和对待。通过对原文、信息和宣传的批评性反思，人们的觉悟会不断提高，对他们的生活和存在的环境产生影响，人们会力争更平等的社会地位。

Freire 认为，获得读写能力的人必须使其觉悟得到提高，使他们能够分析那些使其特殊的地位、社会位置和低下的权利基础得以提高的历史和社会条件。因此，读写能力教学可以成为资本主义国家领导层所面临的直接的让人头疼的政治问题。有许多成人读写能力计划受到了这种"批评性读写能力"思想的影响（Street，1984）。

在激进的成人读写能力计划中，学生自己编写学习资料，不使用那些宣传中心主义的、主流观点的被动性阅读材料和书籍。在编写自己的书籍过程中（和装订、散发的过程中——例如诗集），读写能力的概念发生了根本的变化。读书没有成为一种被动的练习，相反，读写能力被认为是将思想传播给社区的一种生产。那些以前认为自己在读和写上是失败者的学生现在逐步认识到，正是这种社会制度使他们成了失败者。他们认为自己不识字不是个人的问题，是当权者强加或放任的社会状况所造成的。

这种有关读写能力的激进观点应当与在读写能力发展中以娱乐

为主的全语言法的现代思想进行比较。Delpit（1988）认为，全语言法使用的课本可以是非批评性的、以娱乐为主的故事，可以是一种对可接受信息的传播。如果是这样的话，全语言法便忽视了权利和社会公平的问题和保持地位的问题。那么，批评性读写能力法又提出了什么其他的办法呢？

在学习方面，批评性读写能力法认为不应当只要求学生复述故事，而应当鼓励他们表达自己对课文的理解。在开始时，应当鼓励儿童进行表达和评价：谁是作者？作者有哪些观点和偏见？表达了哪些道德观念？还可以有哪些解释和观点？不但要鼓励儿童找出正确的答案，还应当鼓励他们对多种观点表达批评性意见。有多元文化和多语背景的儿童会写出多种多样的意见，这些意见反映了不同的文化知识和不同的态度。儿童就课文所做的不同的解释、不同的经历和知识可以在一起进行比较和对照。

这需要改变教师和学生在课堂上的角色。教师应当成为帮助解决困难的人，而不是传播权威性知识的人。读写能力的发展应当成为发展和合作的结合体，而不是复制经常在课堂上出现的主导—附属关系，这种关系也反映了政治上的主导地位和附属地位。

例如，不但要给学生讲述哥伦布发现了美洲，哥伦布是个英雄，他把文明和拯救带给了当地的居民；教师可以将这些内容展开，请学生找出其他有关哥伦布的观点。在读完哥伦布始创了奴隶贸易，将不能带给他金子的当地人的手剁掉和当西班牙人建立统治后当地人受苦受难这些内容以后，除了要求学生写出自己有关哥伦布生活和贡献的批评性意见，还要对其他史书上对哥伦布所做的评价发表自己的看法。应当用发现的方法去鼓励学生发现历史学家有选择地使用和解释有关哥伦布的史实。不可能只有一种观点。一种单一的观点是危险的和有偏见的，尽管这在政治上是理想的和舒适的。

Flor Ada（1988a，1988b）根据 Paulo Freire 的理论提出了一个课堂上的批评性读写能力的方法。她把创造性的阅读行为分成了四个阶段。

描述阶段

在描述阶段，教师会对课文的内容提出问题。如，故事的内容是什么?谁干了什么?为什么?这个阶段存在于许多的课堂中。但在批评性读写能力中,必须要超出这个阶段。如果阅读停留在这个阶段,阅读往往是一种被动的、接受性的和驯养式的行为。

个人解释阶段

儿童会被问道他们是否见过或经历过故事中所描述的情况。在读这个故事时你的感觉是什么?你喜欢这个故事吗?你的家庭和社区有这种相似的经历或故事吗?Ada 指出这种把故事个人化的过程可以增强儿童的自尊心。他们会感到自己的经历和情感受到了教师和其他同学的尊重。他们变得知道"真正的学习只有在根据自己的经验和情感对接收的信息进行分析时才有可能发生"(Ada1988a:104)。

批评性分析阶段

课文应当提供更广泛的社会问题和概况性的意见。学生会被问道:这篇课文合乎逻辑吗?这个故事描述了哪种经历或人物?这个故事还可以有其他的结构形式吗?在这个故事中,不同文化背景、不同社会阶层和性别的人为什么和怎样有着不同的行为方式?请学生就故事的内容进行分析、反思和扩展。要包括社会含义并对此进行分析。

创造性行动阶段

学生现在面临的问题是如何运用所学到的知识去改进他们的生活或解决所面临的问题。这里批评的方法变成了建设性的行动。例如,学生也许会决定给政治家写信,给自己地区的领导人物写信,或设计一幅说服性的招贴画。学生会编辑简讯或小册子,并将它们分发给本校或其他学校的同学,使人们关注这些问题。他们会写请愿书并在小区中散发,编写剧目或诗歌,试着对事物进行分析并把这种分析告诉别人,最终的目的是获得权利和能力,提高语言少数民族的觉悟。

最后,在这个有关批评性读写能力的讨论中,在更深的层次上对两种相对对立的方法进行比较,以突出批评性读写能力的教学风格不失为一种有价值的做法。我们现在就来比较一下功能性读写能力法和批评性读写能力法,侧重的方面是它们在课堂上的表现和不同的思想意识。

我们将读写能力的功能性观点和读写能力的批评性观点放在读写能力课堂的两种模式上进行平行性比较。在一种模式中，大部分的时间是教师在说，学生在听，问题是封闭的、以事实为根据的，而不是开放的、刺激性的，沉默和控制表现得尤为突出。隐蔽性的课程表现在教师含蓄的教学上。教学的基础是权威性，正确和趋于一致的思维，社会性的控制，被动的局面，中立的思想和被动学习。知识被摆弄成静止的、正确的、迟钝的东西，必要的时候也可以是内化的和再生产的。批评性读写能力的概念是，学生应当学会找出经常带有不同观点的不同的权威性书籍，学会依靠自己的判断力，学会反向的和创造性的思维，学会合作式的和社会化的工作，学会避免接受知识和质疑其来源和动机，在学习中表现出积极的态度，以及在必要的时候，对自己社区或其他社区出现的社会、经济、政治问题提出批评性意见。知识被认为是动态的、不断变化的、总是相对的，知识是进一步调查的催化剂，是行动的催化剂。Cummins（1994）将这些归纳为：

（1）在传播的风格中（transmission style）：语言是分解的；知识是迟钝的；学习是分等级的，其方式是内化，从简单到复杂。这也许与社会性控制的定位（social control orientation）有关，课程主题在社会权利的关系上趋于中立化，对学生的期望是惟命是听和非批评性。

（2）在批评性的方法中（critical approach）：语言是有意义的；知识是催化剂，并且在学生的最大发展区域内存在着通过批评性调查而形成的既相互作用又结合在一起的知识结构。这也许与社会改革定位有关（social transformation orientation），课程的主题集中在与权利关系有关的问题上，使学生具有批评的意识并因此而成为有能力的人。

实际上，课堂上读写能力的培养方法是多种多样的，对传播式和批评性读写能力的简单分类没有涉及这些方法。然而，两种对立的模式化假设，尽管简单而且有时显得有些极端，但是还是反映了语言少数民族儿童读写能力发展的主要辩论。下页中的表格列出了传播式课堂和批评性课堂的某些实际的特点。

结 束 语

在这章里我们看到，双语和多元文化社会中的读写能力既不是一个简单的问题，也不是一个易懂的概念。读和写在最初的时候似乎是容易理解的事情，但是接着而来的在使用和定义上的差别则突出地表现出问题的复杂性与矛盾性。在本章中我们讨论了读写能力的五种不同方法，突出地表明了读写能力教育的各种变化和对比。每一种方法都对双语儿童提出了不同的期望，这些期望中包含着各种读写能力的政策、规定和实践。一个最近的对比是，多数民族语言的读写能力（如，英语）或强调当地的、地区的读写能力或许会导致在不同环境中有不同用途的"多种读写能力"。

一种对儿童的期望是，他们应当获得某些技能以便在稳定的社会中做个"好公民"。还有一种期望是儿童应当成为有权利和有能力的人，甚至凭借读写能力成为政治上活跃的人。以语言少数民族儿童为例，他们应当能读，并通过读去理解例如那些宣传；通过写的能力来捍卫自己社区的利益或对那些不公正的、歧视的和种族主义的现象提出抗议。另一种不同的观点认为，读和写只是为了乐趣和享受，为了娱乐、创造和自我修养。双文能力也许对获得权利的方法和为了娱乐的方法有特殊的价值。

这五种方法的重要意义在于，它们对角色、地位和双语儿童与成人的自我提高提出了不同的律议。读写能力是否产生了能使润滑良好的系统正常运转的轮齿？读写能力是否会培养出积极主张权利平等、经济平等和机会平等的学生？读写能力和双文能力的基本问题因此而带有了政治色彩。每当对双语学生读写能力的自觉使用的定义变得清晰起来时，诸如方法、手段和策略这些教育方面的考虑也就越发理性化了。

功能性读写能力/传播式课堂
（1）读写能力是在试卷上得到正确的答案，填空和圈出适当的答案。
（2）读写能力是在读完一个故事后，回答封闭性的问题。
（3）读写能力是读一些词，有时并不明白其意思。
（4）读写能力是大声地读给教师和班上的其他同学听，语音、语调和重读正确。
（5）读写能力是拼写正确，写作时没有语法错误。
（6）读写能力是机械地在练习实践技能,在测验时给出正确答案。
（7）读写能力是去听但不一定去想。

批评性读写能力课堂
（1）读写能力是将自己视为积极的读者和作者。
（2）读写能力包括喜欢读书，培养独立的思考能力，对读和写的判断力。
（3）读写能力是与老师和同学分享思想，对事物的反思，经历和反应。
（4）读写能力是获得对自己的深刻了解，对自己的家庭和社区生活的领悟，对社会和政治控制的深刻了解，对使用印刷体文字和其他传播媒介传播信息、进行说服和实施影响以保持现状的领悟。
（5）读写能力是对隐藏在读写背后的权利关系的理解。
（6）读写能力是关于意思的组建和重组，以批评的态度审视故事中和故事外的意思。
（7）读写能力是为了不同的目的和不同的读者所进行的积极的写作活动，常常是为了施加影响和坚持某种观点。
（8）读写能力是觉悟的提高，自我反思的增强，增强对地位、权利、财富和社会特权的认识。
（9）读写能力是关于批评性思维习惯的培养，培养有创造性的想象力，形成另外的思想，有时也许是激进的。
（10）读写能力是关于对世界的学习和解释，对于所生活的社会进行解释、分析、争论和付诸行动。

推荐读物

GARCIA, O. and BAKER, C. (eds) 1995, Policy and Practice in Bilingual Education: A Reader Extending the Foundations. Clevedon: Multilingual Matters. (Section 3).

HEATH, S. B. 1983, Ways with Words: Language, Life and Work in Communities and Classrooms. Cambridge: Cambridge University Press.

HORNBERGER, N. H. 1994, Literacy and language planning. 8 (1 & 2), 75 – 86.

WELLS, G. and CHANG – WELLS, G. L. 1992, Constructing Knowledge Together. Portsmouth, NH: Heinemann.

WHITMORE, K. F. and CROWELL, C. C. 1994, Inventing a Classroom. Life in a Bilingual Whole Language Community. York, ME: Stenhouse.

思 考 题

（1）根据下列内容写出简短的复习笔记：

(i) 读写能力的七种用途（或需要）。

(ii) 读写能力三种定义的区别（技能，意思的组成，社会文化）。

（2）画一张表格，归纳读写能力的五种方法。表明它们之间的相同点和不同点。

研 究 活 动

（1）观察两个对语言少数民族儿童实行不同的读写能力计划的课堂。它们有什么区别？它们各自对读写能力的主张和假设是什么？

（2）拟定一个简短的计划，说明如何将批评性读写能力介绍给五，六，七年级的语言少数民族学生。

第十六章　课堂上的读写能力与双语读写能力

导　言

在本章中我们把主要精力更多地放在双语和多元文化学校的读写能力和双语读写能力的实践上。教师在教读写能力时，常常使用不同的和兼收并蓄的方法。因此我们要考察各种各样的课堂策略。教师的策略性方法包括对学生的分组所做出的决定，辅助读写能力发展的资源和家庭与学校关系的主要特性。在本章的第二部分中，我们将考察双语的读写能力和提高课堂双语读写能力的策略。使用两种语言的书籍是双语读写能力使用的一种资源。在本章的最后，将介绍有关这些问题价值的辩论。

双语和多元文化学校获得读写能力的课堂加工过程

许多教师在培养学生的读写能力时，使用的是一种广泛的、全面的和无所不包的方法。他们不光把注意力放在功能性的读写能力或批评性的读写能力上，还试图开发在前一章中列出的各种类型的读写能力。许多教师努力为儿童提供不同的读和写的使用方法，以培养出具有独立性的读者和作者，这些人不但掌握了使用语言的技能（包括正确的拼写和语法），他们还能够进行创造性的、批评性的、有想象力的、会反思的写作，以及为了享受而进行的写作。在许多课堂上，都鼓励为了多种目的而进行的读和写的活动。

读写能力的策略

针对第二语言儿童读写能力的发展，Hudelson（1994）提出了一个广泛的、全面的而且是具有实际意义的方法。在讨论第二语言读写能力发展的策略时，Hudelson 列出了几个重要的方面。这些方面可以在三个标题下进行讨论：一般条件、读和写。

一般条件

（1）营造一个读写能力的课堂环境（creat a literate classroom environment）。Hudelson（1994）认为，应当营造一个充满文字的课堂环境，以表现读写能力的多种功能。在教室中可以有地图、学习园地、考勤表、菜单、日历、流行歌曲的歌词，包括各种体裁和适合不同阅读水平的涉及科学、社会研究，以及课程其他领域信息图书的课堂图书馆，有舒适的坐椅或靠垫的阅读之角，一个书写中心或是一个包括各种规格的纸张和书写工具的区域，以及展示学生的原作和发表过的作品的展览。总之，是一个有不同类型的文字、有价值和充满活力的环境。

（2）鼓励合作式的学习（encourage collaborative learning）。Hudelson（1994）建议教师应当鼓励儿童在一起学习和互相学习，而且还要向老师学习。儿童应当彼此视为资源，把教师当成车间，学习者在这里以合作的方式一起工作，独立地去完成计划。儿童应当能够独立地和相互依赖地进行读写能力的活动，教师参加到小组中或到单个儿童的身边，提供必要的帮助。

（3）其他课程领域的内容也要包括读写能力的发展（include literacy development as part of the content of other areas of the curriculum）。读写能力应当建立在所有的课程和整个学科间的计划中。例如讨论当前社会的焦点问题可使读写能力增加批评性的观点。对种族主义、社会偏见和至高无上主义的研究所进行的研究可以用批评性读写能力的形式来完成。这样做的目的是把人培养成有更高的觉悟、更强的责任心和更积极的公民。Hudelson（1994）列出了一些可供批评性学习讨论的具有典型意义的话题：大气污染、水的使用、对沙地的破坏和对森林的破坏等。这些计划使得学习者积极地参加到自己的读写能力的发展中来,将口语和读写的发展结合在一起,允许有冒险的言论和行动,接触那些有语言刺激的、挑战智力的、严厉的和有要求的话题,以使读写能力得到全面的发展。

阅读

(4) 使用在内容上可以预见的图书 (utilize predictable books)。比如那些大型的图书,课文被放大了,其中的故事有相对的预见性,一大群儿童和教师都能同时看到课文的内容和图画。Hudelson (1994) 介绍了第二语言儿童使用这种大型图书的方法,其目的是鼓励读写能力的发展,尤其注重意思的形成。教师在使用这种大型图书的策略时,不一定非要按照下列的顺序进行:

A. 教师向儿童读一两遍大型图书的内容。

B. 教师一边读故事一边用手示意读到的地方。

C. 鼓励儿童看着课文跟教师一起读。

D. 教师在故事的一个可预见的部分停下来,合上书后问儿童故事下面的内容会是什么。将重点放在故事的意思上,鼓励儿童想出尽可能多的词汇以表明已了解故事的全部内容。

E. 教师挡住课文的某个词或短语,让儿童去猜这是个什么字。这种预见能力是很重要的,因为在不能读到这个字的时候,一个"好的"读者同时也是一个能猜的人。

F. 教师挡住一个词的一部分,使学习者的注意力集中在词的部分线索上去猜这是个什么词,然后再展示词的全部。

G. 教师让学习者去注意课文的某些特点,如,句号,大写字母和其他标点符号,以及那些特殊的字母组合(如,"spr"为辅音的混合体)。

(5) 每天都给儿童朗读一些东西 (read aloud to children daily)。儿童应经常听到一些流利的语言模型。在读的过程中儿童接触到各种文化的文学遗产,并懂得文学是了解世界和生活的重要途径。

(6) 组织儿童对所读过的作品进行讨论 (organize responses of children to the literature they read)。Hudelson (1994) 认为,儿童应当有时间对读过的东西进行讨论,"形成意思,把故事与自己的生活联系起来,评论作品表达的情感和思想"(P.47)。这种活动使人们认识到，学习者是带着自己以前的经历在阅读，他们利用这种经历去理解文中的意思，总结读到的东西。这种活动的启示是，学习是一种社会的行为，读书不是纯粹的个人事情，可以与他人共同讨论以得到更多的解释和不同的意思。

(7) 需要自选读物的机会（include opportunities for self-selected reading）。儿童应当有机会为了纯粹享受的目的去自己选择书来读。儿童由此而认识到读书不仅仅是课堂上的和在结构上高度正规的活动，阅读本身就是乐趣。

写

(8) 使用所有书面的个人叙事体（utilize all written personal narratives）。学生和教师可以交流有关自己的故事、自己的经历、自己的文化和自己对世界的看法。我们每一个人都有要告诉别人的事情，使别人进一步理解和欣赏我们，去适应学生间的差异以及他们的共同点。学生根据自己的真实生活进行写作是很重要的，先写成初稿，在一个小组或在一个大组中进行讨论，形成合作和参与的局面，在小组的帮助下对初稿进行改正，最后由教师对作文进行修改，整个过程的重要性并不亚于作文本身。儿童会学会考虑别人对他们经历的理解，学会考虑有助于理解某个问题的那些不同的意思。儿童还将学会他们必须为读者而写，写出的东西人家能看懂，而不是写出那些以我为中心的作品。

(9) 使用对话体（utilize dialogic writing）。目前，使用对话体写日记在许多课堂上已是一种常见的现象。教师和学生在以写的形式进行对话，重点常常是个人的事情。没有必要对学生的语言进行改正，除非学生在读教师的回复时，看到了一个恰当的表达方式。这种对话体的日记也可以在两个学生间进行。一个学生的水平较流利些，另一个处在发展水平的较低阶段。找出写日记的真实的理由和进行真实的对话,对保持兴趣和积极性是至关重要的。

(10) 进行不同目的的写作是课堂教学成功的关键所在（successful classrooms engage a variety of different purposes for writing）。可以为儿童定一些写作的目的，比如，说服、告知、提出问题、与他人建立关系、表达个体和个人的经历、探讨、组织和理顺思维、先反思后提高认识、发挥想象力、交流信息、对事物做出评价、娱乐、记录事件、写食谱和列清单、写诗和写笑话。正如 Willig（1990：25）所说："在寻求意思的过程中，写作是重要的因素。因为写作可以使我们对遇到的事情和这些事情对我们的影响进行反思，理出头绪。同样重要的是，通过从写便条到就复杂问题的正规的、认真的辩论性文章的交流，我们的写作与别人分享了思想和情感"。

有关写的其他的观点

Smith（1982）认为，写可以是一种扩展的和回想的工作，使我们可以在这个世界上发展和表达自己，使我们能够理解这个世界并使它秩序化。写出的东西可以在一个更长的时间段里与很多人进行交流。写出的东西在写过的很长一段时间后可以使作者和读者重新获得它，可以使交流在读者不在场的情况下发生。

Well & 和 Chang-Wells（1992）认为，最重要的写作形式是不把原文处理为对要说明的和本身能说明问题的意思的最后表达，而是将其处理为捕捉当前理解力的一种试探性和临时性的尝试。这种形式在作者或某些读者处理原文对意思进行解释和再解释时，可以进一步引发对理解的尝试。小说、哲学著作、诗歌、科学报告、历史书籍、法律文书，都可用于这种启发式的任务。

作者和今后的读者总想知道原文之所以讲得通，是否与自己的经历有关。在写作时，人们是在确定已经知道的东西，确定需要发现更多的东西，确定所不知道的东西，确定需要选择相关的和恰当的东西，确定如何将思想组织和表述成一种最适合理想中的读者的理解力的形式。Wells 和 Chang-Wells（1992）认为，这是一个具有实际功效的写作过程。它可以在智力、道德和感情上提高理解的程度。

为了达到实际功效的目的，写作应当是多类型和多用途的。例如：

（1）写作的工具性使用。因实际的需要而写作，以处理和安排日常生活。

（2）社会和人际关系的写作。写作是为了建立、巩固和保持与家庭、朋友、邻里和远在他乡的熟人的联系。

(3) 消遣性写作。休闲时的写作,只为创造和想象力的享受。

(4) 用于教育目的的写作。写作是为了自己受教育,为了完成学习、学院和大学的课程要求而写文章,写作业。

(5) 经济。记录数字会经常涉及到钱、工资、费用支出、在银行办理业务。

(6) 环境。为公共利益的写作。如,面向社会的通知、招贴和信息。

(7) 当口头交流不方便或书写的信息(如,因法律原因)更适宜时的信息传递。

(8) 帮助记忆。将想法、信息和思想记录下来,以(为自己和他人)保留重要的信息和想法。

(9) 传记。记录日常的生活,比如写日记,目的是了解、安排和组织自己和自己的经历。

(10) 创作。作为自我表达和冥思苦想的手段。

分组与评定

一个采用了广泛和全面策略的教学法,同样也可以在读写能力的发展上使用多种多样的分组策略。全班在一起上课、结成学习对子、分成小组、协作式学习,这些方法都可以达到良好的效果(Johnson,1994)。多样化的方法同时意味着使用标准狭窄的测验,这种测验只反映了读写能力的技能法(Edelsky,1991)。正像 Genesee 和 Hamayan(1994)所指出的那样,以评定为主的课堂不应当只局限于对不真实的、分解的语言技能的测试。例如,建立学生档案也许是教师收集有关儿童课堂表现的一个重要途径,可以使教师加深对儿童的长处和短处的了解,对症下药,改进和提高儿童的读写能力。

资源

课堂的语言资源应当尽可能是多语种的,一是为了在课堂上呈现儿童的母语,二是加强儿童的多语意识。在双语课堂上有时很难找到足够的、高质量的和多品种的儿童母语读物。有时会存在图书进口和价格太贵的问题。然而，确有一些学校想尽办法通过语言社区和儿童家长的帮助并利用那些有关系的、致力于开发儿童母语读写能力的语言机构，收集到大量的优秀图书。

家庭与学校的关系

"作为伙伴的家长"既可以存在于读的过程中，也可以存在于写的过程中。例如，家长可以用他们的继承语言为课堂写一些书。儿童、教师和家长可以在一起写一本有多种语言的书（例如，使教学接触到不同的国家和文化）。个人的意思、家庭和社区的文化以及课堂上搞的活动，这些都可以提高双语的读写能力。Hornberger(1990b)指出，可以有各种有效的课堂策略使读写能力的工作适合于社区的文化和儿童的标准。使用第一语言和第二语言的课本，使用学生以前在社区中获得的知识，使读写能力和双语读写能力的提高成为可能。

如果学校轻易地将它的读写能力的练习放在家庭中进行，事情就会出现偏差。将提高学校式的阅读练习放在家庭中进行，愿望虽好，但会招致 Gregory(1993，1994)在研究中所表明的最坏的结果，这一点在前面的章节中已经讨论过了。家长会受到学校有关其子女的"良好的阅读习惯"的训练，完全按照学校的读写能力的办法和学校的文化行事。这会在家庭的读写能力的实践中出现一种不合理的装出来的亏空。就像 Auerbach(1989)曾经指出的那样，处在边缘状态的语言少数民族家长对其子女的读写能力表现出了很高的热情。读写能力受到了很高的重视，因为它被视为改变职业和经济状况的重要手段。在他们的文化传统中，家庭或许出现了大量的图书，还有家长不厌其烦的鼓励和帮助。

Delgado-Gaitan(1990)认为，家长参与儿童的读写能力的发展是非常必要的。她介绍了三种家长参与儿童教育的形式。

第一种形式是家庭影响型，这需要提供最适合认知和情感发展的家庭学习环境。提供这种环境的家长认为，为了今后的生活技能，儿童应当掌握大量的知识。教师理解这种要求，并据此开展教学活动，因此也就需要儿童的家长成为这种知识传播形式的合伙人。这些家长认为，可以从书本上或儿童心理专家那里找到一条正确的和适当的教育儿童（包括读写能力的发展）的道路。在扭转局面的过程中，家庭影响型的教学还包含了这样一种思想，即对家庭实施影响并改变家庭的生活方式，使之适合学校所使用的学习策略和标准。家庭被视为学校影响的直接接受者，并且学校—家庭的合作营造了最有效的学习环境。

教育改革型是指家长不仅只关心儿童的教育，他们还想改变学校，使学校比以往更多地听取他们的意见。这些家长或许会给学校施加压力，让学校宣传他们的观点和标准。他们知道如何去施加压力和如何与学校来往，使学校发生变化，去更多地迎合家长认为儿童应当需要的东西。情况也许是这样，学校将采纳家长的建议并受到家长的影响。这些家长试图通过加入顾问委员会、学校管理委员会和家长—教师联谊会等方式进入学校的领导层。

合作制度型又向前迈了一步。它既不像第一种类型的合作，也不像第二种类型的影响，这第三种类型的家长是想直接参与学校的活动。例如他们也许会参加学校的讲习班，协助教师上课，然后就成为像辅助专职人员那样的人。这些家长视家庭、学校、社区为一个相互关联共同作用的整体。他们扮演的角色是：志愿者、拿工资的雇员、家庭教师、成人学员和不帮助者。

Moll（1992）对教师—家长关系的过程做了更为详细的说明。Luis Moll 和他的亚利桑那大学的同事们利用对学生社区的人种志学的研究，识别出墨西哥家庭具有的技能、知识、绝招和兴趣，并认定把这些用在课堂上对师生都有好处。对许多语言少数民族的儿童和他们的家庭而言，学校和家长的关系是非常有限的，甚至常常是不存在的。Moll 介绍了家长和其他社区成员是如何有许多东西传授给在拉丁学校读书的儿童的情况。这些人可以作为教师的一种补充，提供 Moll 称之为"知识资金"的"家庭赖以生存、延续和发达的文化习俗和丰富的知识"（Moll，1992：21）。可以被学校使用的知识资金的例子包括以下信息：花儿、植物、树、种子、农业、水源的分布与管理、照料牲口和为动物治病、农场经济、修汽车和自行车的技术、木工、电工、搭栅栏、偏方、草药、接生、建筑、生物学和数学。

有些教师—家长的关系没有表现出合作性，缺乏理解，在家庭和学校文化之间存在着距离，甚至是对立。造成这种情况的原因可能是多种多样的。搞清楚这些原因，有助于对许多语言少数民族儿童没有在这种制度中取得成功、对高辍学率和相对较低的学习成绩的现象做出解释。

这些语言少数民族家庭也许在社会和教育方面脱离了学校。在这些家庭和学校之间存在着需要沟通的知识隔阂。如果语言少数民族的家长不能讲教师讲的那种多数民族的语言，那种无助和隔离的感觉就会越发的严重。这些家长不愿意或不能够与教师讨论儿童的学习情况，不能或不想参加家长会和学校的其他活动。尽管这些家长之间会商量其子女的教育问题，但这些问题和担心并没有得到解决，因为在他们和学校之间存在着隔阂。有些家长也许威慑于学校较高的社会地位，或觉得学校的主张就是最好的主张，因此儿童由学校一方教育就够了。

在一项能够用建设性的办法使这些家长获得能力并解决这个问题的个案研究中，Delgado-Gaitan（1990）通过一项民族学研究，介绍了人们鼓励这些家长组成一个领导小组，在一起讨论如何与学校进行沟通的问题。首先是树立意识，然后是动员，动机的形成，最后赞成，这一切使得一群家长的态度和行为有了改变。经过一段时间后，家长们逐步相信他们有权利、有责任、有能力去处理儿童的学习和社交问题，逐步与学校建立起牢固的联系，以提高儿童的学习成绩。此外，每一个家长开始认识到他们可以为其他的家长、为他们的孩子和学校做点什么。随着家长更多的参与，他们在支配自己的生活中感悟到了更多的东西。他们变得有能力了。"没有能力的感觉促成了家长的隔离状况。这种感觉必须被能够与别人进行合作的认识所取代，然后才能产生积极的参与"（Delgado-Gaitan, 1990: 158）。

在这项研究中，这个幼儿园的老师把墨西哥家庭的活动带到了课堂上，并告诫家长要多注意与其子女的交流。这位老师组织了一个家长委员会，想参加幼儿园活动的家长是它的成员。她还把学生的文化结合到日常的课程中。因此，她的教学是在家庭和学校之间将文化和教育结合起来的实践活动。像这样的老师就成了家长—教师强有力合作的重要倡导者。

然而，有的时候一些家长非常保守，甚至成为一种反对的声音。例如有些家长只强调中心课程的技能成绩，对20世纪的教育进步视而不见。还有一点也很重要，那就是避免家长和教师间的冲突，为了儿童的利益而寻求合作。教师的专业和特长应当受到尊敬，家长的权利和对儿童社会化的兴趣应当受到鼓励。

双语读写能力

在第三和第四章中，我们在语言的生存、逆转或增强等方面，简单地讨论了少数民族语言读写能力的重要性。无论就个人还是就群体而言，少数民族语言的读写能力对这种语言的功能和使用来讲都是一种促进。如果政府、书籍、报纸、杂志、广告和路标都使用少数民族语言，这种语言就会有更光明的前途。这会有助于殖民局面的形成，在这里多数民族语言用于所有的读写目的，本地语被用作口语的交流。如果口语的交流用少数民族语言，而读写用多数民族语言，少数民族语言的前途就没有那么光明了。

从更积极的意义上讲，少数民族语言的读写能力会带来其传统和文化的增长与发展。少数民族语言的文学读物或许既有教育的目的，又有消遣的作用；既有教诲的意义，又有享受的功能。无论文学作品被认为是有助于道德的说教，一种有价值的艺术形式，还是一种使人产生同感的经历的表现，读写能力既是解放者又是教育者。UK Bullock Report（1975）这样写道：

"文学作品使儿童接触到了语言的最复杂和最多变的形式。在这些复杂的形式中，思想、经历和那些存在于读者意识之外或超过了读者想像力的人们的情感被表现了出来……它用富有想象的洞察力去观察另一个人的情感世界；它可以让人们遐想那些本身并没有经过但可能存在的经历。"（P.125）

这个问题表明，少数民族语言的读写能力是有价值的，因为它在今天重新创造了昨天。它既可增强又可扩展一种少数民族文化的口头传播。没有文字的少数民族语言的口语会降低学生的能力。少数民族语言的读写能力不仅在个人和群体方面为这种语言提供了更多的机会，同时还巩固了种族意义上的根，鼓励了自尊、观念、继承文化的世界观、自我身份和智力上的移情作用。

读写能力可以使人们接触多数民族语言的故事，这些故事的作用不仅仅是影响和开发人们的思想。儿童通过这些故事（口头的和书写的）形成了概念。故事是理解世界的有力手段，从而影响到人们的认知结构（Well，1986）。双语的读写能力可以接触到多彩的社会和文化。这是否会反过来导致多种的认知能力，一种加工和操作思想与符号的更大的能力？Swain & 和 Lapkin（1991a）在研究中指出，第一语言的读写能力和由此产生的双语读写能力是双语人认知和课程利益的主要源泉。

双语读写能力的发展

如果读写能力真具有解放的作用，能够适应社会上存在的文化类型，具有教育的作用并因此而成为一种娱乐活动的话，有关双语读写能力的激烈争论似乎就是不可避免的了。从实用主义的观点看，绝大多数少数民族语言的学生应当在少数民族语言社会和多数民族语言社会中具备实际的能力。这就需要双语的读写能力，而不是单一的少数民族语言的读写能力。例如，对接受加拿大浸没型教育的学生来讲，法语和英语的读写能力得到了提倡并使这种能力成为了可能。

在许多少数民族语言的环境中，家长和教师经常问到同一个问题。完全获得一种语言的读写能力是否比努力获得两种语言的读写能力（或半读写能力）会更好一些呢？一种语言的读写能力是否会影响第二语言的读写能力的形成？问题往往以这种典型的否定形式提出。但积极性的问题也要提出来：一种语言的读写能力是否会有助于而不是妨碍第二语言读写能力的发展？从一种语言的读写中学到的能力是否会转移到第二语言的学习中？

从最近的评述（Hornberger，1989；Williams 和 Snipper，1990）和研究中（如，Lanauze 和 Snow，1989；Torres，1991；Hornberger，1990b；Calero-Breckheimer 和 Goetz，1993）可以看出，证据往往反映的是那些积极的问题而不是消极的问题。研究表明，少数民族语言的学术和语言技能相对来讲容易转入第二语言。简单地讲，一个在家或在学校学过西班牙语阅读的儿童，在学习英语的阅读时不一定要从头开始。无论是学习阅读还是学习写作，"在第一语言中获得的语言技能，如果至少发展到超出第一级的某个点，便可以因相对熟练的第二级的能力被补充到第二级获得的较早的阶段中，从而加快了第二级的正常发展的进程"（Lanauze 和 Snow，1989：337）。

如果在少数民族语言儿童中提倡双语读写能力，第一语言的读写技能和策略似乎就会转移到第二语言中（条件是使用同样的书写系统）。尽管有着词汇、语法和表音的不同，但是分析符号的一般技能和阅读策略会轻松地从第一语言的读写能力转移到第二语言的读写能力上来。概念和策略（即，精读、略读、据上下文猜字、跳读、不钻牛角尖，为了理解意思而读、推理、检查、识别结构、利用学过的知识、参考文章的背景知识）会迅速而轻易地从第一语言转到第二语言的读写能力（Calero-Breckheimer 和 Goetz，1993；Jimenez, Garcia 和 Pearson，1995）。这种思想在共同潜在能力（Common Underlying Proficiency）或 Cummins 的两座冰山理论以及他的相互依赖原则中得到了体现（见第九章）。

第二语言的熟练程度部分地促进了这种语言的阅读能力。然而，那种认为第二语言的读写能力主要是这种语言的一种熟练功能的观点在研究中没有得到普遍的印证（Calero-Breckheimer 和 Goetz，1993）。尽管字母的发音和对单词的分析在学习两种语言的阅读时是分开的，但是在形成意思时所需要的那种较高的认知能力和策略在两种语言中却是一种普遍的现象。因此，全面的阅读能力在两种语言中的作用不是分开的。

这种不是"分开"而是"转移"的观点对在语言少数民族学生中进行阅读教学有着重要的意义。"分开"的观点认为，第二语言的阅读（如，美国语言少数民族学生的英语）依赖的是这种第二语言的熟练程度，而不是第一语言的阅读能力。因此，学生应当迅速地掌握第二语言去接受教育；应当最大限度地置于第二语言读写能力的环境中，把花在阅读少数民族语言上的时间用在学习阅读多数民族语言上。相反，"转移"的观点则认为，首先要掌握少数民族语言的读写能力，阅读所需的技能和策略才能得到充分的发展。一旦得到了充分的发展，这些读写能力的技能和策略便可以轻松和迅速地转移到第二语言中。

　　教师应当注意的问题是，发展两种语言的读写能力的课堂策略不是分割的、独立的或相互没有联系的。例如，在英语课上介绍隐喻的用法，然后在西班牙语课上重新讲这个内容是没有任何意义的。配合、结合与同步是确保学习在累积而不是重复的条件下进行的必备条件。

　　接着而来的一个重要因素就是这种语言和读写能力获得所发生的环境。在加拿大浸没型教育中，例如，上下文是附加性的。也就是说，儿童的英语这个家庭语言不是被取代，而是通过法语的获得得到了补充。对浸没型教育的评价（见第十一章）表明，法语读写能力的获得并没有损害英语的读写能力。在这种附加性的、多数民族语言的环境中，儿童可以在不影响第一语言读写能力的情况下获得第二语言的读写能力。相反，在削减性的环境中，两种语言读写能力的转换也许会受到阻碍。在削减性的条件下，读写能力可以通过家庭的、继承的少数民族语言更加有效地获得。读写能力可以通过更高水平的家庭语言技能来完成，而不是依靠那种较弱的多数民族的英语。当读写能力试图通过第二语言、多数民族语言来实现时，儿童的英语口语技能也许在这种读写能力的获得中得不到充分的发展。

　　留给教师的问题是，鉴于在一种语言中存在着某种读写能力的水平，在什么时候开始鼓励双语的读写能力为好？有一个模型是同步的双语读写能力和双语的获得。某些双语儿童会同时学习两种语言的读和写。有些儿童会先在第二语言中学阅读，然后再学着读他们的第一语言（多数民族语言）。例如，在加拿大的浸没型教育中，儿童先学读法语，然后再学读英语。这两种方法往往都会带来成功的双语读写能力。

第三种方法是，儿童首先学习他们的第一语言，即少数民族语言的读写能力，然后再学习多数民族语言的读写能力。在某些情况下，这也许会导致单语的多数民族语言的读写能力，而不是双语的读写能力。在削减性的环境中，少数民族语言（第一语言）的读写能力也许会被忽视。在过渡型双语教育中以提倡牺牲少数民族语言的读写能力为代价去获得多数民族语言的读写能力。但是，在保持型教育中，在双径/两种语言教育和继承语言教育中，第三种方法往往是附加性的，促进了两种语言读写能力的发展。

一些其他的因素给对什么时候开展第二语言的读写能力的简单答案造成了困难。这些因素可能是教育和社会的环境或儿童的年龄和能力。我们做一个比较，一个 6 岁儿童刚开始学习第一语言的阅读和写作的基本技能和一个 18 岁能讲流利的第一语言的学生。前者，双语的读写能力也许得到了最大的延误；后者，第二语言的口语和读写能力也许正在彼此得到加强。环境也会有变化。如果一个语言少数民族儿童经常接触多数民族语言的书写材料，从广告到戏剧，从计算机到超市，双语的读写能力会相对容易地产生。学校的重点可以放在少数民族语言的读写能力上，但不要排斥多数民族语言。校外的环境为多数民族语言的读写能力提供了很好的机会。对年龄较小的儿童来讲，先打好第一语言读写能力的基础，然后再介绍第二语言的读写能力或许是最可取的办法。这种介绍可以在小学的中期开始（如，从 7 岁到 12 岁，依第一语言读写能力的成绩而定）。在介绍第二语言的读写能力时，使用两种语言的书籍也许会有帮助。现在我们就来简单地讨论一下这些书籍。

使用两种语言的书籍

使用两种语言的书籍包括故事、民间传说、神话或用两种语言写成的信息。这些语言可以有相同的正本（法语和英语，或西班牙语和英语）或不同的正本（如，汉语和英语，乌尔都语和英语，孟加拉语和英语）。两种语言通常在同一页上或在相对的页上，共用一张图画。

这些书的来源可以有多种渠道：（1）有些书是由基金会提供的。（2）有些书是由"小型"出版社印制的（如，少数民族出版社）。专业化印刷和发行的图书有着较高的正文质量和彩色视图。地方出的书是黑白两色的，有时是影印的或手写体的。（3）当教师与儿童一起制作双语课本时，往往是由儿童自己或他们的父母提供故事的线索，最后的成书是手写体的或是有一些贴图的影印件，或是儿童自己画的画。（4）单语教师不想使用以儿童的家庭语言写成的书，因为他们看不懂。但是他们也鼓励编写双语图书。在这种情况下，双语书提供了另外一种有价值的选择，使教师和儿童具有某种同等的机会去理解故事的主线。

双语图书的多种目的

（1）一个目的是使所有的儿童，双语儿童和单语儿童，明白还存在着其他语言，并且这种语言具有同样的价值和功能。这些图书在课程中是多元文化方法的重要组成部分。Feuerverger（1994：136）认为："学生学会了欣赏和尊敬那些有着其他背景和语言的人，而不是歧视他们。我认为，这是多语教学的一个相当重要的组成部分"。

（2）对于那些第一语言不是该国主要语言的儿童来讲，双语图书可以成为通向多数民族语言的读写能力的桥梁。这些儿童可以首先用，比如希腊语或土耳其语、孟加拉语或乌尔都语，读这些故事。然后，他们可以用其他的语言读（如，英文版），并且弄懂了故事的大概内容后，就能理解英语单词的意思。

（3）双语图书起到了连接父母和儿童、家庭和学校的桥梁作用。家长或其他大家庭中的成员会有能力用家庭语言把故事读给儿童听。同时，儿童将能用学校的多数民族语言读书，比如，用英语。

（4）双语图书可以使儿童凑成小组或俩人一对以合作的方式进行阅读。假如一个儿童会西班牙语，另一个懂英语，他们就可以在一起阅读，讨论故事的内容，完成教师布置的有关这个故事的作业。

(5) 教师可以与一个大组或小组的儿童使用这些图书。例如，教师先用一种语言把故事读一遍，然后再用另一种语言。教师可以在语言的使用和单词的意思上，指出不同语言的区别和相似之处。

在双语图书的问题上也存在着不同的意见。第一，有的教师和家长认为，儿童会只读书中的一种语言而不顾另一种语言。因为用一种语言看懂了这个故事后，再用另一种语言阅读可能使人觉得厌烦和没有意义。因此儿童可能只看书的一半。

第二，教师和儿童有时会注意到多数民族语言如英语的出现往往会取代用家庭或少数民族语言阅读的愿望。两种语言不同的社会地位意味着儿童只希望去读那种社会地位高的语言。

Viv Edwards（儿童多语资源工程，The Multilingual Resources for Children Project, 1995）对双语图书做了详细和全面的讨论，对双语课文的深层问题进行了分析。在印刷上，一种正文常常优先于或地位高于另一种。例如，在字体的大小，行距和粗体等方面，两种语言有差距。一种正文的印刷质量好于另一种，尤其是在使用拉丁语和非拉丁语时特别明显，这表明没有给予两种语言相同的地位。两种语言被安排在书中的形式，无论是一种语言使用印刷文字，另一种使用打字或手写体，还是两种语言出现的次序，所有这些都可以反映出两种语言的不同地位。

在翻译上有时也存在着一个实际的问题。不仅要用两种语言真实地传达故事的情节、语言的风格，故事的难易程度以及在文化上对词语的相应使用也会影响到两种语言的社会地位。同样重要的是，不要在翻译的过程中丢掉文化的"信息"，这是双语图书的多元文化目标的重要组成部分。

结 束 语

本章考察了各种课堂策略，对那些强调多元文化、强调多数民族和少数民族语言儿童的双语读写能力、强调语言少数民族学生和他们家长的权利和能力的课堂教学也许有一些帮助。这里不存在教学法的"灵丹妙药"，不存在读写能力和双语读写能力的课堂过程的"正确答案"。教育的各种目的和目标,以及不同的政治和教育要求,不但做出了"怎样"的选择,而且还做出了"因什么原因"和"为什么目的"的选择。

第十五章和第十六章的基点是以使双语学生及他们的社区获得权利和能力为目标的读写能力和双语读写能力的重要意义。总体上讲,这些章节试图表明课堂的教学实践离不开教育的政治政策;教育政策离不开影响双语人的权利问题。

推荐读物

DELGADO – GAITAN, C. 1990, Literacy for Empowerment: The Role of Parents in Children's Education. New York: Falmer Press.

HORNBERGER, N. H. 1990, Creating successful learning contexts for bilingual literacy. Teachers College Record 92 (2) 212 – 29.

HUDELSON, S. 1994, Literacy development of second language children. In F. GENESEE (ed.) Educating Second Language Children. Cambridge: Cambridge University Press.

MULTILINGUAL RESOURCES FOR CHILDREN PROJECT, 1995, Building Bridges: Multilingual Resources for Children. Clevedon: Multilingual Matters.

PEREZ, B. and TORRES – GUZMAN, M. E. 1995, Learning in Two Words: An Integrated Spanish/English biliteracy Approach (2nd edn). New York: Longman.

复 习 题

(1) 根据下列内容写出简短的复习笔记:
(i) 家庭影响、学校改革和家庭与学校合作制度模型间的区别。
(ii) 双语图书的优点和缺点。
(ii) 关于双语和多元文化课堂的读写能力教学的一些建议

(可参考 Hudelson, 1994)。

（2）少数民族语言保持中的双语读写能力的重要性是什么？

（3）研究基础性阅读书籍和真实的书籍的区别。指出这些书籍是如何影响语言少数民族儿童教育的。从这类书中各选出两个段落，解释这些区别和它们对语言少数民族儿童的影响。

（4）读发表在"阅读心理学国际季刊 14, 177-204"（Reading Psychology: An International Quarterly 14, 177-204）中 A. Calero-Breckheimer and E. T. Goetz (1993) 上的题为"双语儿童英语西班牙语教材阅读策略（Reading Strategies of Biliterate Children for English and Spanish Texts）"一文。在第二语言的阅读发展上"两种主要营地（two main camps）"（p. 178）的观点是什么？对文章中的研究进行总结。有哪些结果？你对这种研究或这种结果有哪些批评性的意见？

研 究 活 动

（1）参观一所对双语读写能力感兴趣的学校。根据下列内容至少做一个个案研究（或书面或口头的报告）。

（i）与教师讨论这种读写能力的目的。这个教师是否认为双语的读写能力是可行的，或认为一种语言的读写能力更为重要？

（ii）课堂上提供哪些双语阅读材料？有多少不同语言的图书？这些图书是否用两种或多种语言写成？这些图书都有哪些风格和内容（如，故事的类型）？这些用两种语言写成的书有哪些区别（如，色彩、时代感和语言水平）？

（iii）观察并记录课堂上花在阅读上的时间。为每种语言都分配了多少时间？

（iv）向教师了解那种语言在哪个阶段和年龄段上开始介绍阅读能力？教师间有哪些区别？在介绍双语读写能力前，一种语言的口语和阅读成绩应当达到什么水平？学生的兴趣和态度是否会对读写能力和双语的读写能力产生影响？

（v）了解一些学生对具备两种语言阅读能力的看法。了解学生放学后的读书时间,用哪种或哪些语言进行阅读?他们都喜欢哪些书?最喜欢哪种语言?

(vi)通过采访找到在阅读过程中家长—教师合作的实例。存在着哪几种合作的形式?你对这些合作有什么看法?在家庭和学校中,读写能力的时间各有什么不同和相同之处?

(2)检查一些双语图书(如,一页是西班牙语,对着的一页是英语)。征求教师和学生对这些书的意见。记下正反两方面的意见。提供你的说理性的结论。

第十七章 加拿大浸没型教育的课堂

导　言

　　本章讨论浸没型教育计划是经常采用的语言学习方法。主要有两点。第一，有必要再次谈到教授语言和利用语言进行教学的区别。加拿大浸没型计划中的语言获得多数是通过第二语言实现的，50%—100%的课程使用这种第二语言作为教学语言（见第十章）。第十四章对语言课中的语言教学进行了讨论，并认为这种教学有别于第二语言作为教学媒介的教学。

　　第二，与语言作为教学媒介相似的一种思想是跨课程的语言（Corson，1990a）。这种观点认为在整个的课程中语言起着主要的作用。在整个课程领域，学生在多数的情况下都是通过语言学到了技能、知识、概念和看法。因此，每一门课程都开发了语言能力。所有的科目，从音乐到数学、从理科到体育，都对儿童语言的发展做出了贡献。同时，对一门具体课程的掌握部分地依赖于对这个领域的语言的把握。例如，熟练地掌握化学、心理学或数学的语言，对理解这些课程来讲是很重要的。

浸没型课堂上的语言教学与语言学习

　　加拿大以及其他地区（如，芬兰，威尔士）成功的浸没型计划有哪些主要的课堂特点呢？第一、第二语言需用做一种媒介以确保"接收式的"（听和读）第二语言能力所需的时间最少，被认为是四至六年。在小学毕业前后，浸没型的学生在课程方面表现出了与他们的主流教育同伴同等或更高的能力。第二，为浸没型儿童开设的课程往往与为他们的主流教育的同伴开设的课程一样。所以，在学习成绩上很容易将浸没型的儿童与主流儿童进行比较。浸没型学生在公共课方面与核心法语第二语言（Core French Second Language）的学生不相上下。

尽管法语浸没型教育试图培养法语文化的感觉，但是与主流教育不同，浸没型的课程往往至今也没有将主要的区别因素包括其中，去发展这种感觉和参与。由此出现的问题是，法语成为了学校的语言，英语是运动场上的语言，是街道上的语言，是好工作的语言。讲英语的北美文化具有强大的影响力和说服力，因此法语浸没型的儿童会有走出学校大门后成为被动双语人而不是积极双语人的危险。

第三，对双语教育的研究表明，在单独的一节课上，将教学语言分开使用而不是将语言混合在一起，是一种更为可取的方法（见第十二章）。人们往往认为，较好的方法是一个课题使用一种语言，另一个课题使用另一种语言。如果在课题上混用语言的话，儿童会等着用他们的强项语言进行解释的情况发生。如果用儿童的弱项语言进行传递，他们会关闭接收系统。保持单语教学的各个时间段，会要求学生去注意教学的语言，这样既可提高他们的语言水平，又可使他们同时获得课程的知识。

现在的问题是，在具体的课程中究竟使用哪种语言？例如，假设在数学和理科，工艺和计算机课上使用英语，是否会有这样的暗示，在科学交流、在工业和需要专门技术的行业中，英语是更为重要的语言？英语是否会暗中得到了一种特殊的、预设的地位？假如少数民族语言或是第二语言用作人文和社会学科、用于体育和艺术课的教学，是否会暗示少数民族语言的价值只是人文和美学的研究？具体课程对语言的选择可以降低或提高少数民族语言的功能和地位。

由此我们提出了第四个问题。在课程中如何分配使用两种语言的时间？通常的安排是在教学中至少有50%的时间在使用第二语言。因此，在法语浸没型教育中，法语作为教学媒介语言的时间中可以从每周50%到100%不等。正像第十章的图表所表明的那样，用英语进行教学的时间可以随着儿童年龄的增长而增加。儿童在校外接触英语的时间量可以成为这种决定的一个因素。如果儿童的环境、家庭、街道、大众媒介和社区是以英语为载体的，这种情况也许意味着可以在学校花更少的时间使用英语。同时，公众通常会要求双语学校表明儿童的多数民族语言能力，尤其是读写能力没有受到双语教育的影响。双语学校必须保证，通过学校的教学和学校的学习经历，多数民族语言能力和读写能力得到了检测和提高（Rebuffot, 1993）。这种多数民族语言的教学可以从针对七岁和七岁以上儿童的 10% 的最小量，到为具备中学水平考试班的学生安排 70% 或更多的时间。

第五，在浸没型教育的周围已建立了两座堡垒，一座是教师的热情，一座是家长的尽职尽责。法语浸没型的家长往往是中产阶级，参加学校—教师—家长委员会，并且长期关心儿童的发展。加拿大的浸没型教育，自 1965 年在蒙特利尔创立至今，一直得到了家长们的大力支持。1965 年的第一个浸没型课堂，在很大程度上应归功于家长的发起。从那时起，法语加拿人家长组织就成了强大的压力集团，专司浸没型教育的承认和传播、发展和扩散之事。与此同时，家长还是平民百姓对其他"强大的"双语教育形式的支持者（如，威尔士）。依靠当地压力集团的支持，使用当地语言作为教学语言的学校成功地发展了起来。

在加拿大，浸没型课堂的教师往往具备了当地的或类似当地的法语和英语的能力。这些教师能够听懂儿童的家庭语言，但在与儿童进行交谈时几乎全部使用法语。因此，这些教师通过他们的地位和权利角色，提供了重要的语言模型，表现出法语的某些价值。浸没型的教师还为儿童提供了可以接受的法语发音和风格的模型。教师是儿童的语言模型，提供各种语言经历和不同的语言使用模式。

大多数浸没型教育的教师尤其尽忠于双语教育，在社会中支持双语，充当语言使者。Robdrts 的威尔士研究（Research in Wales by Roberts）（1985）表明了教师尽忠于以少数民族语言为媒介的教育的重要木质。这种尽职尽责的表现已经超出了他们对儿童教育的兴趣。在这个成功的双语教育的等式中，校长、教师和校友的这种热情和尽忠，或许是成功的重要而又常常被低估的因素。将双语教育的成功视为由于制度（如，浸没型）和在学校对两种语言的使用，是很危险的。双语教师的尽职尽责，双语教师所使用的特殊技能超过了单语教师所应有的技能，也许会被人们在成功的双语教育的等式中所低估。

第六，法语浸没型教育方法可以有同种语言课堂（homogeneous language classroom）。例如，在早期浸没型教育中，儿童会从同一个起点开始，所有的儿童都是没有法语能力的初学者。这会使教师的工作相对容易些。儿童可以在一种共有的教与学的方法中取得法语的进步。在开始时，不会存在因某些儿童的法语水平强于其他儿童而出现地位不平等的现象。

根据比较教育的记录，"浸没"一词被用于芬兰、澳大利亚、威尔士和爱尔兰。在这些凯尔特语的环境中，经常会出现课堂的混合状态，有些人的课堂语言水平较为流利，有些人则低于流利的水平。例如，在爱尔兰的浸没型学校中，课堂的组成可以是既有家庭语言是爱尔兰语的儿童，又有家庭语言是英语但其家长极愿意让他们接受使用爱尔兰语教育的儿童。爱尔兰和威尔士的经历往往显示大多数其家庭语言为英语的儿童会成功地应付这种实行少数民族语言浸没型教育的课堂。对这些儿童来讲，这种语言环境是附加式的，而不是削减式的。存在的危险是，英语这种多数民族的语言，作为公分母会成为学生间在课堂内、在操场上、当然在校外也使用的语言。Lindholm（1990）认为，"要在课堂上保持教育和语言平衡的环境，加强当地语言人和非当地语言人的相互作用，最理想的比率是50%的英语人和50%的非英语人。"（P.100）然而，Lindholm承认，就成功的双语教育班内语言人成分组合问题，几乎没有做过什么研究。向少数民族语言人的更大比率的倾斜，也许有助于确保那种"公分母"的多数民族语言不总是主宰非正规的课堂和操场上的谈话。

第七，浸没型教育提供了一个附加式的双语环境。学生对法语的掌握并没有影响他们的家庭语言和文化。这种丰富的结果与削减式的双语环境形成了对照，在削减式的环境中，第二语言取代了家庭语言。例如，如果家庭语言是西班牙语，浸没型的教学法是用英语取代西班牙语，在学习成绩和自尊方面形成了负面作用而不是积极的效果。这就突出地表明，浸没型教育是附加式环境而不是削减式环境的最好的形式。"浸没型教育"这个词只有当家庭语言是多数民族语言和学校是在增加一种少数民族或多数民族语言的时候，才是一个恰当的词汇。

第八，大多数浸没型教育的教师要"带上两顶帽子"：提高所有课程的学习成绩和确保第二语言能力。这项双重的工作，需要浸没型教师的培训（Bernhardt 和 Schrier，1992）。这在使用浸没型教育方法或使用它的一个版本的国家里，往往是一个薄弱的环节。无论是处于教师教育的岗前或岗中水平，浸没型教师的特别要求都应得到强调。浸没型课堂的方法需要具备的技能和技巧远远超过了普通主流课堂所需要的。浸没型教学（和教师培训）还在发展中，还处在相对的早期阶段。

浸没型课堂的语言策略

在不知不觉中获得第一语言是浸没型教育的思想基础。在家庭中，儿童没有意识到自己正在学习一种语言。浸没型教育试图在学校教育的早期阶段复制这种过程。重点放在内容上而不是在语言的形式上。即将发生的任务是最主要的，而不是刻意的语言学习。在早期阶段，没有正规的语言学习班，尽管也以非正规的方式教一些简单的语法要素如动词的词尾。在小学的后期，开始正式地注意语法的规则（如，语法和句法）。浸没型的早期阶段往往反映出第一语言学习的无意识的获得。只有在后期才让儿童把语言作为一个系统看待，以加强和提高交际的水平。

浸没型教育同时认为，语言教得越早效果越好。尽管青少年和成年人可以流利而精通地学会一种第二语言（见第五章），但是证据往往表明年龄较小的儿童会获得比成年人更纯正的发音（Brown，1980）。儿童有更大的可塑性和延展性，他们大脑左半球的区域没有受到约束。浸没型教育的论据往往是"越早越好"。

在早期法语浸没型课堂的早期阶段，教师的工作主要集中在听力技能上。"口语的能力在幼儿园至三年级这个阶段被赋予了更重要的意义；读和写的技能，即使在一年级就开始了，但在四至六年级被列为重点"（加拿大教育协会，Canadian Education Association, 1992）。在最初阶段不要求学生与教师或同伴讲法语。儿童在开始时会互相讲英语，也与教师讲英语，而不会因此而受到处罚。浸没型的教师在儿童自然愿意讲法语前决不强迫他们这样做。过早地坚持法语妨碍儿童的发展，使他们产生对法语语言和一般教育的消极态度。过了头两年以后，儿童逐步地听懂了法语，然后开始讲法语，尤其愿意与教师讲。

在早期全法语浸没型教育中，英语成为正式课程的一部分的最常见的年级是三年级。其他方法有在更低的年级或幼儿园以及在四年级开始介绍英语（加拿大教育协会，1992）。尽管在最初的阶段学生会在英语成绩上落后于主流"英语"的学生，但到了五、六年级时，早期浸没型的学生便会赶上来并会取得同样好的成绩（Rebuffot, 1993）。

在早期法语浸没型的早期阶段，教师讲的课能让儿童听懂是关键的问题。教师必须同情地意识到儿童的词汇和语法水平，讲儿童能理解的法语，与此同时，不断地提高儿童的法语水平。教师的目标是扩展儿童的法语范围，在确保信息理解的基础上稍微领先于儿童当前语言掌握的水平。

在早期阶段用来与儿童进行交流的语言常常被叫做保育员语言（caretaker speech）。在法语浸没型的头一两年，会有意地限制词汇量，会简单地介绍语法和句法。教师会对使用过的词和表达过的思想进行重复，用两种或更多的方式表达同一个意思。教师会有意放慢讲话的速度，给儿童更多的时间进行对语言输入的加工，从而理解意思。这往往是在模仿母亲对儿童讲话的方式（motherese）和模仿与外国人讲话的方式（人们有意简化和放慢语言的速度以便外国人能听懂）。在保育员阶段，教师会时常地向儿童提出问题，确保学生的理解。

在正式的课程开始之前，教师还会提供将要用到的语言。在正式学习新词和概念之前，教师可以花一些时间介绍这些词和澄清这些概念，使语言学习者有所准备。教师也会敏感地注意到学生的非语词反馈：疑问的表情，注意力不集中和木然呆滞的眼神。当不理解时，学生可以向教师提出澄清和简化的问题。这些策略涉及了两个不同的领域：可以理解的输入的重要性和处理意思的重要性。最坏的情况是教师和儿童都没有意识到误解（或没有理解）的发生。更有效的课堂教学是，学生和教师一起商量意思，确保相互的理解。对意思进行协商的重要性不仅表现在语言的发展和对全部课程最大限度的掌握上，还可以提高儿童在课堂上的积极性。对儿童表现出纡尊降贵的态度和过于简单化是这个过程中存在的两种危险。因此，经常为学生提供富有挑战性和进步性的学习环境是课堂教学成功的关键所在。

这样的浸没型课堂应当对语言错误有一种特殊的看法。语言错误是一种常见的现象，也是语言学习中的重要组成部分。错误并不是失败的症状。错误是学习中的自然现象。错误不是长久毁坏树木的疖瘤。随着时间的流失和不断的实践，这些疖瘤是可以根除的。因此，不提倡浸没型教师在儿童试图讲法语时过多地改正他们。正像家长更可能是纠正儿童的实际错误而不是他们在第一语言上犯的错误一样，浸没型教师往往会避免对错误的无休止的更正。无休止的更正可能是一种适得其反的做法，会对语言的获得产生负面影响。随着时间和实践的增多，语言的准确性就会得到发展。无休止的更正会对交流和在课堂上正在学习的内容起到扰乱作用。如果一个儿童或几个儿童经常犯同一个错误，那么恰当和积极的干预就是有意义的了。

在浸没型的早期阶段，儿童中会存在着中介语（interlanguage）现象。一个儿童会徘徊于正确的语序间，但却很好地表达了可以理解的信息。例如，错误的句法产生的原因也许是第一语言对第二语言的影响。儿童会将代词或介词摆错位置，比如像"go you and get it"。不要把中介语看成是错误。相反，它表明了学生的语言创造力，他们是在用已学到的第一语言知识在第二语言中组建有意义的表达。因此中介语是一种介乎于两种事物之间的、几近正确的系统。这是一种有价值的交流尝试，因而应当受到鼓励。由于中介语是介乎于单语和熟练地掌握第二语言间的中途岛，因此它只是整个旅途的一部分，不是永久的栖身之所。

浸没型教师的假设是第一语言的能力会对第二语言的能力做出贡献。第一语言中词语的相关概念会很容易地转移到第二语言中来。第一语言读写能力的获得会减轻获得第二语言读写能力的难度。但是，并非语言的所有方面都会转移。句法的规则和拼写就不会跟着一起转移。一种语言的结构越是接近于第二语言的结构，两种语言间转移的机会也就越大。例如，由于句法、符号和书写方向的不同，英语和西班牙语间的转移就可能多于阿拉伯语和英语间的转移。然而，意思系统、概念图和技能这些人们共同拥有的东西，可以容易地在语言间进行转移。

对浸没型课堂的介绍主要集中在任务、课程内容和创造性的加工过程方面（如，Bernhardt, 192, Dicks, 1992, Hall, 1993）。然而，正如 Harley 指出的那样，还存在一个领域，那就是课堂上的第二语言和第一语言的分析方法。浸没型课堂不仅会使儿童在一种无意的、几乎是偶然的情况下获得第二语言。在将近小学毕业的阶段，这种经验主义的方法还会以意思为重点去注意语言的形式。在这个后期阶段，有些课会把第二语言的发展作为其首要的目标。在早期语言接触的基础上，词汇和语法的发展将会受到直接的和系统的指点。

Snow（1990）提出了有经验、有效率的浸没型教师经常使用的十个具体技巧。这是对本章讨论做出的值得尊重的总结。

（1）对正在使用的语言提供大量的环境支持（如，使用身体语言——大量的手势、表情和动作）。

（2）有意地为浸没型学生提供更多的课堂指示和组织性的建议。例如，在各种日常活动中发出开始和结束的信号，对家庭作业和分派的任务给予更多的明确指示。

（3）了解儿童的现状，将不熟悉的东西和熟悉的东西联系起来，将知道的和不知道的联系起来。将新的内容直接而明确地与儿童目前的知识和理解力连在一起。

(4) 大量使用直观教具。使用具体的物件讲解课程内容，使用图片和直观教具，提供大量的亲身实习的活动确保在教学实践中用到所有的感官功能。

(5) 时刻收集学生理解水平的信息反馈。确定学生的语言水平。

(6) 大量使用重复、归纳和重述，确保学生明白教师的指示。

(7) 教师充当学生语言竞赛的角色模型。

(8) 间接地指出错误而不是经常地批评学生。教师要确保对语言的更正能取得快速和直接的影响。

(9) 在一般性学习任务和在语言学习任务中大量使用各种变体形式。

(10) 经常使用各种方法检查儿童的理解水平。

结 束 语

以前各章讨论了不同类型的双语课堂。我们现在介绍一种综合的观点。第一语言和第二语言因各种原因和依靠各种方法得到了发展。对语言少数民族来讲，原因就是语言和随之相伴的文化的生存和保持。第十二章首先在有意和正规地培育儿童的家庭语言、继承文化、少数民族语言的读写能力和双语的读写能力方面，强调了课堂的重要性。对语言少数民族儿童来讲，家庭语言的发展需要对课堂的培育以确保稚嫩的植物能够开花结果。

第二语言的学习往往存在着相互联系但又各不相同的理由。不管是出于经济贸易或是认知发展的理由，还是出于文化意识或出国旅游的理由，播撒更多的第二语言和外语的花种并给予它们更多的照料的呼声总是日益高涨。在如何培育这些花种的问题上出现了意见分歧。在结构方法、功能方法和国际方法的大标题下，涌现出有关课堂语言发展的各种思想。课堂语言花园常常使用各种各样的教学方法，既强调语法又强调交流，既强调重复又强调角色表演，既强调句型练习又强调戏剧表演，既强调改正错误又强调鼓励学习的主动性。

在许多国际的环境中,在某些情况下,这些课的目的是取代第一语言;在其他情况下,这些课的目的是丰富语言能力;在某些情况下,这些课的目的是同化,制造一种削减性的语言环境。在其他情况下,这些课的目的是创造附加性的语言环境;然而,还有一种情况是语言学习贯穿于整个课程中,如加拿大浸没型计划。在这些享有特权的花园中第二语言得到了更快和更大的发展。

以前各章表明,如果存在两种语言的读写能力,语言花园会变得更加绚丽多彩。如果双语读写能力出现在个人和语言少数民族群体中,语言的花朵会开放得更加灿烂。在21世纪的语言花园中,双语教育应当确保双语读写能力与双语的共同存在。否则,绚丽多彩的世界语言花园也许就会枯萎和凋谢。

推荐读物

BERNHARDT, E. B. (ed), Life in Language Immersion Classrooms. Clevedon: Multilingual Matters.

CALIFORNIA STATE DEPARTMENT OF EDUCATION, 1984, Studies on Immersion Education. A Collection for United States Educators. Sacramento, CA: California State Department of Education.

GENESEE, F. 1987, Learning Through Two Languages. Cambridge, MA: Newbury House.

HELLER, M. 1994, Crosswords: Language, Education and Ethnicity in French Ontario. New York: Mouton de Gruyter.

复 习 题

(1) 根据下列的内容写出简短的复习笔记:
(i) 浸没型课堂的主要特征。
(ii) 浸没型课堂的语言策略。
(2) 浸没型课堂的特点是什么?其中哪些特点对其他双语教育的"强式"形式具有普遍的意义?

(3) 找出浸没型一词的不同用法（比较美国的结构浸没型和加拿大的早期完全浸没型）。它们之间有哪些主要的不同点？

研 究 活 动

(1) 就阅读的问题，访问一所浸没型的学校，或看关于浸没型教育的录像带（资料来源可以从 the Ontario Institute of Studies in Education 获得），写出一份典型的浸没型课堂一节课的计划。这个计划应当包括一些详细的内容，足以使一组学生表演戏剧性的短剧，以活跃课堂活动。

(2) 参观一个"双语"课堂，然后用图表、图画或相片反映双语课堂的布置。将墙报、学习计划、活动之角，以及其他一些形式的摆设拍成照片，试着表现出双语课堂的情况。

第十八章 双语教育的模型与框架

导 言

从第十章到第十七章，我们在两个层面上对双语教育进行了讨论，一个是制度，一个是课堂。将这两个方面统一起来并努力形成一个整体的观点是十分重要的。我们将介绍两种不同的结构，它们会有助于两个方面的结合与协调。首先介绍双语教育的模式，然后介绍双语教育中干预和能力的一个框架。

输入—输出—环境—加工过程双语教育模型

在语言花园中有各种各样的花种，有各种各样的花朵，这些形成了对花园的输入（input）。然后就有了这些花种和花朵成长的加工过程（process），所产生的结果（output）是一枝枝单独的花朵和一座座单独的花园。土壤的质量，气候条件和土壤的添加剂形成了花园发展的环境或上下文（context）。只有考虑到这些花种的原始条件和环境气候才能对语言花园的最后结果做出恰当的判断。教师是语言花园里的园丁，他们要面对的是这些"已经存在的"花朵和气候条件所带来的问题。在不同的土壤或不同的气候条件下播种同样的种子会出现不同的成长情况，有的会生长茂盛，有的则没有长到应该长到的形状和美丽的程度。这种分析表明，要想了解双语教育，我们就需要将各种双语教育实例中的输入、环境、加工过程和输出联系起来，并使之成为一个整体。对语言花园的了解可以通过对四个不同部分的定义和结合来完成：原料、环境、发展过程和结果。

四部分模型提供了思考双语教育的组织框架（Baker, 1985,

1988；Stern，1983a）。Dundin 和 Biddle（1974）曾具体地指出了双语教育除了"主流"教育的那些东西外还有输入、输出、环境和加工过程的内容。首先，我们对整个模型的性质做一个整体的介绍。

对课堂进行的输入或人的因素使双语学生（和教师）具备了不同的特点。研究工作就输入（如，教师的素质，学生的语言能力，动机）对输出的影响做了考察。输出或结果可以是短期的（如，测验成绩），也可以是长期的（如，对语言学习的态度）。输入与输出间的关系可以受到教育发生在其中的上下文或环境的制约。从大的方面讲，环境可以是，例如，种族群体或当地社区对教育的影响。环境也可以指更大的社会和政府的层面。从小的方面讲，环境可以指课堂的环境（如，课堂双语资料的多少）。这个模型的最后部分是加工过程，在这里可以考察到真实的课堂实践中的分分秒秒。下面的图表对这个模式做了示意，然后我们再进行详细的解释。

教师的语言和文化知识，他们操作两种语言和传播至少两种文化的能力是教师输出的具体例子。学生输出包括两种语言的天生的能力和技能，以及他们的态度和动机。输出可以是多种的并且是有争议的，但是很可能包括两种语言的能力，双语读写能力，对语言和文化的态度最初和后来与语言和文化的不同群体的结合以及自尊心。

相互联系的五种环境或上下文可以定义为：

（1）更广泛的社会的性质，尤其是政治目标和思想意识。同化主义和一体化，多元主义和分离主义的观点会对语言少数民族产生不同的影响。统治和被统治，有权利和没权利，有能力和"残疾"之间的关系，在理解无论哪种形式的双语教育的本质、目标和结果时都是全关重要的。

（2）社区的性质，社区的双语，双文化，对双语教育和双语的积极、消极或矛盾态度的程度。

（3）学校的性质，如，浸没型教育，过渡型双语教育，主流学校内的双语单位，在多数民族语言领域内使用少数民族语言的学校。

(4) 课堂的性质，如，课堂的语言平衡（如，较之少数民族语言儿童被要求与英语为第一语言的人一起学习英语的某些美国的"淹没型"学校，学生居于同等第二语言水平的早期浸没型教育）。

(5) 教材的性质，用于取得双语和双文化进步的教材的种类、视听手段、正规语法课、技术手段的运用（如，借助于小型计算机的计算机辅助语言学习）和创造性的活动。

在这里，上下文就是指环境。然而，教师有时被看作是包括学生在内的"人的上下文"的输入。因此学生的输入与最终的结果连在了一起。这说明组成输入和上下文的因素是有争议的。模型的四部分的分类随研究或理论的重点而变化。

最后，加工过程涉及到课题的检查和分析。比如，当学生使用第一和第二语言时教师的支持和奖励制度；对使用第一语言的批评意见；当使用任何一种语言时教师的解释系统；语言错误的更正；语言课的形式和结构；语言教学的风格；学生参与两种语言学习的程度；在质量和数量方面教师在课堂上对两种语言的使用。

如此"组织的"双语教育模型提出了一些重要的问题：

(1) 将某个研究结果推广到不同的环境中可能是一种危险的做法。在加拿大，浸没型教育似乎运转正常。但这并不意味着它可以不加改变的出口到其他国家。就环境而言，学生的特点和教师的属性发生了变化，浸没型教育的成功程度也随之变化。不同的原料做出不同的饭菜。原料的不同性质和质量会影响到最终的结果——所有的厨师都会证明这一点。有时仅仅一种原料的改变会影响到整个产品的味道。成功的原料需要在各种环境中进行试验，以评定它们潜在的一般意义。对双语教育的研究应当尽可能多地在各种社会的和教育环境中进行复制，既包括国内也包括国外。这种研究的复制同样应包括输入的环节。例如，利用儿童不同的社会经济群体，或教师对双语教育有着不同态度的学校。成功的方法很可能是多种多样的，复杂的，在时间上也不一定是一成不变的。

(2) 双语教育的输出应当被认为是相对的、有争议的和多元的。不同的利益集团期望从双语教育中得到不同的结果。有些研究只是狭窄地注意到可以用成绩测验进行数量上衡量的那些传统的技

第十八章 双语教育的模型与框架

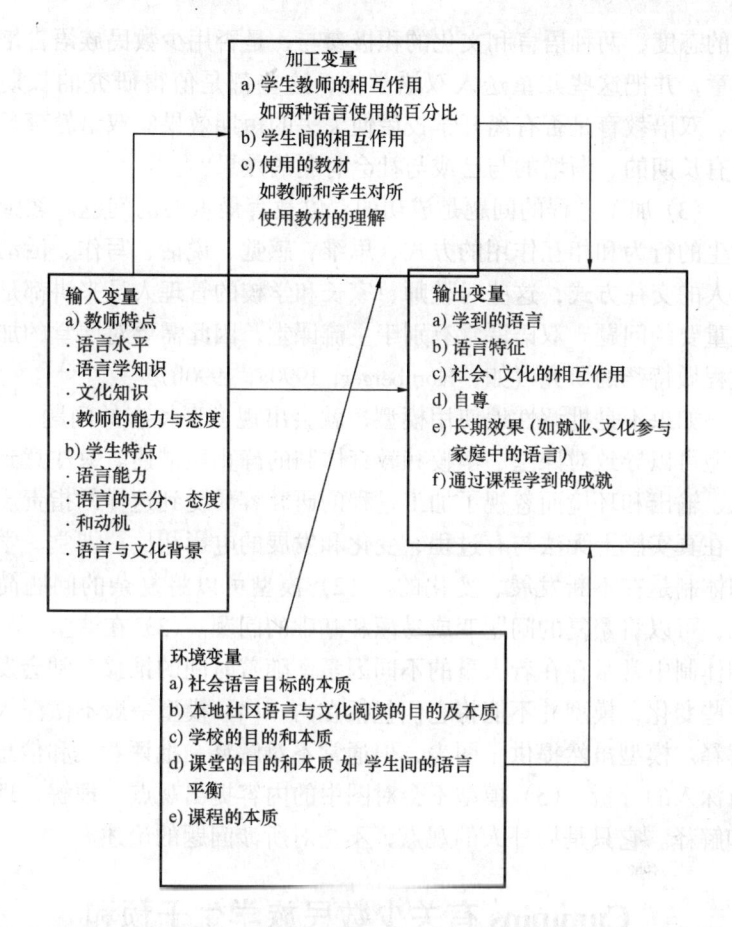

```
加工变量
a) 学生教师的相互作用
   如两种语言使用的百分比
b) 学生间的相互作用
c) 使用的教材
   如教师和学生对所
   使用教材的理解
```

```
输入变量
a) 教师特点
   · 语言水平
   · 语言学知识
   · 文化知识
   · 教师的能力与态度
b) 学生特点
   · 语言能力
   · 语言的天分、态度
     和动机
   · 语言与文化背景
```

```
输出变量
a) 学到的语言
b) 语言特征
c) 社会、文化的相互作用
d) 自尊
e) 长期效果(如就业、文化参与
   家庭中的语言)
f) 通过课程学到的成就
```

```
环境变量
a) 社会语言目标的本质
b) 本地社区语言与文化阅读的目的及本质
c) 学校的目的和本质
d) 课堂的目的和本质 如 学生间的语言
   平衡
e) 课程的本质
```

能。也许存在着另外的结果，这些结果有时会引起争议，定义和衡量也很困难，需要做调查工作（如，自尊、开放的性格、责任感、独立性、主动性、宽容的态度、好奇心、独创性、不屈不挠的精神、诚实、具备胜任某种职业的资格和社会的判断力）。Paulston（1992b）指出，毕业生的就业率、吸毒和酗酒的数字，自杀率、性格的混乱以及失学率，是比标准化测验的分数更为重要的双语教育成功的指示器。对双语教育的评价应当考虑到社会的公正性而不仅仅是学业的成绩。是不是过多地强调了年末的、学业的最终结果？双语教育的长期效果是否更为重要？例如，毕业后对两种语言和文化的态度，两种语言和文化的积极参与，是否用少数民族语言培育儿童，并把这些儿童送入双语学校，这些都是值得研究的长期效果。双语教育是否有离开学校后便失去的短期效果？双语教育是否具有长期的、渐增的与己或与社会有利的效果？

（3）加工过程的问题是成功的双语教育最重要的问题。教师和学生的行为和相互作用的方式、思维、感觉、说话、写作、活动和与人的交往方式，这些对教师、家长和学校的管理人员来讲都是至关重要的问题。双语课堂有别于主流课堂，因此需要对课堂的加工过程做特殊的研究（如，Hornberger, 1990a, 1990b）。

如果不是批评性地使用模型，就会出现模型特有的问题。（1）模型可以导致对课堂、学校和教育体制的静止性描述。只注意到输入、输出和环境而忽视了加工过程的研究容易受到这样的指责。照片在真实感上无法与有过程、变化和发展的电影相比。课堂、学校和体制是在不断发展、变化的。（2）模型可以将复杂的问题简单化，可以将繁复的问题变成易懂和基础的问题。（3）在课堂、学校和体制中常常存在着大量的不同因素。随着时间的推移通常会发生一些变化，模型并不能将它们包括在内。（4）模型一般不做深入的解释。模型虽然提供了图表，但通常不对解释、批评意见和信息进行深入的分析。（5）模型不会对图中的内容提出观点、理解、理由和解释。它只是局外人的观点，不是对所涉问题的论述。

Cummins 有关少数民族学生干预和权力的理论框架

Cummins（1986b）的理论框架针对的是语言少数民族学生。关于 Cummins（1986b）的理论存在着三种基本的观点。头两种观点在本书中已做了讨论。第一种观点是，"全天或部分地使用少数民族语言（例如，西班牙语）上课的语言少数民族学生在英语的学术技能上不亚于那些完全接受英语教育的学生的能力"（p. 20）。利用第二语言或少数民族语言进行的教学通常会导致另人满意的英语学术技能的发展。

第二种观点是"互相依赖假说"。这种假说认为,"在某种程度上讲,使用少数民族语言的教学在发展这种少数民族语言学术能力上是有效果的,如果考虑到足够的接触和学习语言的动机,这种能力是可以向多数民族语言转移的"(Cummins 1986b: 20)。Verhoeven(1994)的研究认为,在读写能力、声音系统(音位学)和交际技能(实用性)上存在着语言间的正迁移。在两种语言表面特点的背后是发展起来的能力或"学术能力"的共同核心。在水面上的两座冰山的下面是一座冰山。

第三种观点涉及了环境。社区与学校的合作,权利与地位的关系都应当在正确的双语教育理论中加以考虑。

Cummins(1986b)的理论认为,四个主要的学校特点决定着少数民族语言学生的"权力获得或没有能力"。

(1)少数民族语言学生的家庭语言和文化被纳入学校课程的程度。如果语言少数民族儿童的家庭语言和文化在学校中被排斥,被缩小或被迅速地减少,就会出现儿童在学术能力上变成"没有能力的人"的可能。如果学校包容,鼓励和给予少数民族语言以地位,获得权力的机会就会增加。除了潜在的积极和消极的认知效果,将少数民族语言和文化包括在内的做法,也会对人格(如,自尊)、态度、社会和情感的正常状态产生影响。这一点很重要,因为它提出了为什么注重少数民族语言的双语教育是成功的教育的问题。是否因为这种教育像互相依赖假说表明的那样,培育了认知和学术的能力?或者也是由于,或更多的是因为学生的文化身份得到了保护和加强而提高了自信和自尊?Cummins(1986b)看到了在附加性—削减性方面少数民族学生的语言和文化的包容的存在。"那些认为自己的角色是将第二语言和与之相伴的文化添加到学生的全部节目中的教育工作者,比起那些认为自己的角色是取代或减少学生的最初语言和文化的人,有可能使学生获得更多的权利"(p.25)。

(2)鼓励少数民族社区参与儿童教育的程度。如果家长在部分的决定其子女的教育中得到了权利和地位,就形成了赋予少数民族社区和儿童权利的局面。如果这些社区和家长出于相对没有权利的状态,就会产生地位低下和缺乏学业进步的结果。结成学习对子这种方法的形成，证明了家长—教师伙伴关系的效力。家长以系统的方式听儿童读书往往对提高儿童的读写能力起到了积极的作用。Cummins（1986b）在伦敦引证"Harengey 工程"以说明社区参与的重要性。家长对儿童阅读的参与，即使这些家长不讲英语和不识字，也会对儿童的阅读发展产生重要的影响。在从合作到排斥的排列中，教师被认为可以在任何一点上找到自己的位置。站在合作一边的教师，鼓励少数民族语言家长通过家庭活动或参与课堂的教学加入到儿童的学习过程中来。站在排斥一边的教师，则在自己和学生家长之间保持着严格的界限。与家长的合作被认为是无关的，没有必要的，非专业的，甚至认为对儿童的进步是有害的。

（3）教育提升儿童内在期望的程度，成为积极的知识寻求者而不仅仅是被动的接收器。学习可以是积极的、独立的和有内在动机的行为，也可以是被动的、依赖的、需要外界推动的过程。教学的传播模型把儿童看作是水桶，无论愿意与否知识总要倒进去。教师控制着倒进水流的性质和倒水的速度。传播模型封闭式的课程支持并代表了语言少数民族学生的无权利状态。一边是统治者，一边是被统治者。还有一种模型，那就是相互作用，"无论是说的形式还是写的形式，在师生之间都需要一种真正的对话，需要引导和促进而不是教师在控制儿童的学习，需要在一种合作的学习环境中鼓励学生与学生间的谈话。该模型强调的是更高层次上认知能力的发展，而不仅仅是实际的回答；强调的是学生对语言的有意义的使用，而不是改正表面的形式；有意识地将语言的使用和发展与全部课程结合起来，而不是把它们分离开来进行教学；以一种深入人心的方式将知识介绍给学生，而不是外在的驱使。"（Cummins, 1986b: 28）

如果说传播模型是与少数民族语言学生的无能力状态连在一起的话，那么相互作用模型就与学生的有权状态有关。后者是为了给予学生更大的学习自主权，由此产生了自尊、合作和动机的积极效果。

（4）对少数民族语言学生的评定避免将问题归咎于学生本身和努力在社会制度、教育制度或课程或在其他任何可能的方面寻找问题的根源的程度。心理测试和教育测验的本质就是找出学生身上存在的问题（如，低智商、缺乏积极性、阅读能力差）。从最坏的方面讲，教育心理学家和教师在某个儿童身上找到能解释学业成绩不佳的问题之前也许不会停止对这个儿童的测试和观察。这种测验的思想意识或许没有在社会、经济或教育的制度中去寻找问题的根源。过渡型双语教育的削减性本质，课程中使用的传播模型，教师排斥家长和社区的倾向，少数民族儿童相对贫困的经济状况，这些因素可以单独或全部成为少数民族语言儿童的问题的真正原因。因此，评定和诊断的行为应当是支持而不是合法的倾向。支持的意思就是评定人员或诊断专家要做儿童的支持者，用批评的眼光去检查儿童所处的社会和教育的环境。这也许需要在国家、社区、学校和课堂的层面上，对统治和被统治群体的简单权利和地位的关系做出评论。

这个理论框架可以归纳为：

有权利的少数民族语言儿童	没有能力的语言少数民族儿童
方面 1：附加性，在学校中包容家庭语言和文化。	方面 1：削减性，家庭语言和文化被排斥在学校之外。
方面 2：合作性的社区参与。	方面 2：排斥性的非社区参与。
方面 3：相互作用的课程。	方面 3：有传播倾向的课程。
方面 4：支持倾向的评定和诊断。	方面 4：合法倾向的评定和诊断。

因此，在完全改变许多语言少数民族的状况中获得权力成了重要的概念。"获得权力意味着获取权力的过程，或是从缺少控制向控制自己的生活和身边的环境的过渡"（Delgado–Gaitan & Trueba, 1991：138）。教育可以促进权力的获得，但还应在法律、社会、文化尤其是经济和政治方面使这种权力变为现实。因此，Delgado-Gaitan & Trueba（1991）在通过教育获得权力的可能性中加上了必要的社会文化和政治的因素。

权力与教育

当注意力集中在语言少数民族群体上，特别是当在关注单个的双语人时，我们可以明显地看到在前途和经济机会上的差异，在权力和教育上的差异。总体来讲，与语言多数民族相比，语言少数民族的权力要少一些，获得政治权力的机会要少一些。这些少数民族附属于那些在具体的课堂教学中重新行使统治权力的多数民族（见下面的内容）。权力关系，例如，一个多数民族语言教师与一个顺从的语言少数民族的学生间的关系，在课堂上再现、传播和复制了这种无权力的状况（Delpit, 1988）。假如课堂传播和支持权力关系和无权力状况，那么这种情况可以逆转吗？语言少数民族的无权力状况的复制是发生在双语教育的"弱式"形式中吗？双语教育的"强式"形式是否可以改变这种情况？弄清语言少数民族儿童在课堂上处于不利地位的"过程"和"原因"具有重要的意义。逆转和获得权力的尝试是可能存在的吗？Delpit（1988）对课堂的"权力文化"进行了分析。

(1) 下面的内容表现了课堂的"权力文化"：

- 教师拥有权力，是学生的统治者。
- 课程（如，通过课本）决定合法的世界观；教授的课程局限于多数民族语言的观点（如，白人、美国、英语），并且这些课程被认为是至高无上的、无可争议的和"正确的"。
- 多数民族语言的教育专家们对构成许可的聪慧行为进行了狭窄的定义；"聪慧行为"标准的制定者是语言多数民族；这些标准被强加给那些自己的聪慧行为的形式遭到遗忘的语言少数民族学生。
- 导致就业（或失业）并因此带来经济地位（或没有经济地位）的学校。

(2) 说话和写作的方式，穿衣戴帽，行为举止和交往的方式都打上了"权力文化"的烙印（如，比较"上层"、"中层"和"下层"或"劳动"阶层的儿童）。

(3) 学业成绩或就业常常需要获得或模仿那些有权力的文化。这主要是上层和中层社会的文化。"来自其他种类家庭的儿童的活动环境应当是十分奇妙又切实可行的文化环境,而不是那种带有权力符号或规则的文化环境"(Delpit, 1988: 23)。语言少数民族家庭早已有了自己的合法有效、得到充分发展和受人尊敬的文化。

(4) 应当明确而详细地讲解那些"权力文化"之外的文化准则和本质,以使权力的获得成为现实。例如,如果将交往的方式,话语形式,行为举止和穿衣打扮的样式教会一个儿童,是否能使这个少数民族语言儿童获得能力,或者使他走向文化的分离?

结 束 语

Cummins (1986b) 的理论框架包括了心理学的功能和教育的成就,并且对全面理解双语和双语教育的至关重要的社会、经济和政治背景给予了充分的注意。该理论函盖了认知功能、动机的形成、各种不同双语教育形式的成功或失败的研究,涉及了在权力关系、文化、社区和家长参与的教育环境问题。四个方面的双语教育模型旨在形成更大范围内的对双语学校的思考。对计划性研究和理解性研究结果的使用,同样是为了提出将一个大型的拼图游戏组成一幅图画的方法。它的局限性是双语教育更像一部电影而不是一幅图画——不停的运动与变化着。

推 荐 读 物

BAKER, C. 1988, Issues in Bilingualism and Bilingual education. Clevedon: Multilingual Matters.

CUMMINS, J. 1986, Empowering minority students: a framework for intervention. Harvard Educational Review 56 (1), 18 - 36.

DELPIT, L. D. 1988, The silenced dialogue: Power and pedagogy in educating other people's children. Harvard Educational Review 58 (3), 280 - 298.

GARCIA, O. and BAKER, C. (eds) 1995, Policy and Practice in Bilingual Education: A Reader Extending the Foundations. Clevedon: Multilingual Matters. (Sections 1 and 2).

复 习 题

(1) 根据下列内容写出简短的复习笔记：
(i) 双语教育的输入、环境、加工过程和输出（和实例）。
(ii) Cummins 的理论框架的四个方面。
(2) 在双语教育的模式中，输入、加工过程、环境和输出的意义是什么？
(3) 讨论双语教育可能有的各种结果。注意那些管理者、家长、教师、校长和学生所喜欢的结果。在这些利益集团所喜欢的结果中为什么存在着差异？
(4) 你认为 Cummins 框架中的哪一部分对双语教育最为重要？

研 究 活 动

根据你所调查的那所学校制作一张输入、输出、环境和加工过程的表格，反映出该学校的具体情况。将这张图表与其他同学的图表挂在一起，就可以看出各种学校的特点。在小组中或与某个家长讨论这些图表所反映情况的共同点和不同之处。

第十九章 双语的政治问题

导　言

　　双语不仅仅存在于个体中，存在于这些个体的认知系统中，存在于家庭和当地的社区里，还直接或间接地与一个国家的政治生活交织在一起。双语不但在语言学、心理学和社会学方面得到了研究，人们还将双语与社会的政治结构和政治制度联系在一起。本章的基本思想是，无论双语和双语教育采取何种形式，除非将它们与社会的哲学思想和政治思想结合起来，否则就不可能对双语和双语教育有一个正确的了解。双语课堂的活动，以及决定如何对少数民族语言儿童进行教育，绝非仅仅是教育上的选择。双语教育不单纯是反映了学习什么样的课程，更为重要的是，双语教育的环境和基础是一些基本的理念，如，对少数民族语言、文化、移民、机会平等、权力获得、肯定的行动、个人权力的态度以及对语言少数民族群体的权力、同化和一体化、取消种族隔离和差别待遇、多元化和多元文化主义、多样化和不一致、平等地承认少数民族群体和社会内聚力的认识。教育以被认为是解决问题的组成部分，是争取多元一体问题的组成部分。

　　学生、教师和教育政策的制定者必须意识到他们现在或将来的所作所为不仅关系到课堂中的儿童，还是国家或民族整体教育政策的组成部分。教师和教育管理者不仅受到政治决定和政治进程的影响，他们还传达和执行这些决定和进程。教师是每天在课堂上演出而又暂时解决语言矛盾的组成部分：一边保证所有人的平等机会，一边鼓励有特色的事物；确保多样化不发展成不一致的状态；既要有一个统一的目标，又要鼓励丰富多采；既要培育种族的尊严又要保证社会的稳定；根据种族的情况、为了种族的目的使学生的生活不受到伤害。

有关语言的三种观点

我们首先讨论有关双语和双语教育政治问题的一些基本假设和不同观点。Ruiz（1984）指出，存在着三种因人而异、因群体而异的有关语言的基本倾向或观点：语言就是问题（language as a problem）、语言就是权力（language as a right）、语言就是资源（language as a resource）。这三种关于语言设计的假设不一定是有意识地提出的。它们也许是设计者和政治家根深蒂固的无意识的假设。这些观点被认为是个人所有的与主要的哲学思想或思想意识有关的基础性倾向。

语言就是问题

在社会中，公众对双语教育和语言的讨论往往从认为是语言引发了复杂的情况和麻烦开始的。这在讨论所谓的存在于两种语言中的认知问题时得到了充分的说明（见第七章至第九章）。这些感觉到的问题不仅仅与思维有关，人格和社会问题如身份分离、文化错位、低下的个人形象和社会的反常状态有时也被认为是由双语人引起的。不管个人而就群体层面而言，双语有的时候与国家或地区的不统一和群体间的冲突连在一起。因此，语言还被认为是一个政治的问题。

"语言就是问题"这一观点的一部分，认为永久地保留语言少数民族和语言的多样化会使一体化和内聚力的程度下降，在社会上引起更多的骚乱和冲突。被认识到的少数民族语言的复杂情况应当通过多数民族的同化加以解决。这种观点坚持多数民族语言（如，英语）对多样化的统一。全体公民使用国家的多数民族语言进行无障碍交流的能力被认为是共同的平等。一个强大的国家应当是一个统一的国家。国家的统一被认为是一致性和相同性的同义词。相反的观点则认为国家的统一可以不需要一致性。语言的多样化和国家的统一可以共同存在（如，新加坡，卢森堡，瑞典）。

两种语言或更多语言的共存很少成为紧张、不一致、冲突或斗争的原因。战争的历史表明，经济、政治和宗教的差异是引起战争的主要因素。语言很少成为冲突的原因。宗教的讨伐和圣战、不同宗教间的抗衡、不同政党间的斗争和经济侵略往往是战乱的制造者。语言本身或因语言而起的动乱是很少见的。在一项有关内战起因的个案研究中，Fishman 曾发现语言不是原因。"新闻界和流行的政治观点普遍认为语言本身的异质性一定会引起内战。通过我们的分析表明，这种观点与其说是一种现实的观点，不如说是一种神话"（Fishman, 1989: 622）。相反，战乱的原因被认为是剥夺、独裁统治和现代化。

少数民族语言经常与下面的问题连在一起：贫困、学业成绩低下、少量的社会和职业流动和缺乏与多数民族文化的结合。根据这种观点，少数民族语言被认为是引起社会、经济和教育问题的部分原因，而不是这种问题的结果。这种"语言是障碍"的观点可以总结成一句话，"如果他们能讲英语的话，他们的问题就解决了"。少数民族语言因此被认为是一种需要通过学校的教育制度加以解决的不利因素。以家庭语言为代价增加多数民族语言（如，英语）的教学被认为是解决该问题的一个办法。开发双语与学校的教育目的无关，是次要的，没有太重要的意义。因此，淹没型教育和过渡型双语教育的目的是尽快地培育少数民族语言儿童能满足其需要的英语技能，以使他们能够在主流课堂上具备与英语为第一语言的人同等的语言能力。

语言问题有时被认为是由"强式"双语教育引起的。人们有时认为，这种教育形式会引起社会动乱或社会的瓦解。培育少数民族语言和种族差异会引发群体间的冲突和不和睦的状态。相反的意见通常认为，"强式"双语教育将导致更好的融合，更好的协调和社会的和平。Otheguy（1982: 314）在谈到美国问题时这样说："那些关心国内秩序和社会不和睦的双语教育的批评者们同样应当亲身去关心那些贫困、失业和种族歧视的问题，而不要老盯在学校西班牙语的使用上。在保证忠诚的问题上，使我们能够团结在一起的不是所有人都能说的英语，而是所有人都能获得的自由和公正"。

"强式"双语教育不应当与语言问题的倾向连在一起。相反，有证据表明，在"强式"双语教育的教学中培养双语及双语读写能力在教育上是可行的，并可导致：
- 少数民族语言儿童更高的学业成绩；
- 保持家庭语言和文化；
- 培育自尊、自我身份和对教育更为积极的态度。

这种较高的学业成绩使在国家的经济生活中对人的资源更好的利用成为可能，减少了人才的浪费。更高的自尊同样也可能与社会协调和和平的增长有关。

在这个"问题"的倾向中，不仅存在着取消群体间的差异以达到同一文化的愿望，还存在着为改善语言少数民族地位而实行干预的愿望。"不管是因恶意的态度而决定根除，使其无效，隔离或预防，还是因相对善意的对治愈和'改善'的关心而提出这种观点，中心意图依然是要解决问题"（Ruiz，1984：21）。

语言就是权力

有别于"语言就是问题"的一种观点认为，语言是人的基本权力。正像人们有选择宗教的权力一样，因此这种观点认为，人们也应当有选择语言的权力。正像存在着消灭肤色和种族歧视的努力一样，报有这种观点的人会认为，在民主社会中也应当消灭语言的偏见和歧视（Skutnabb-Kangas 和 Phillipson，1994）。

这些语言权力可能包括个人权力、法律权力和宪法权力。个人的语言权力会动用个人表达自由的权力。人们同样会认为除了个人方面外，在群体中还存在某种自然的或道德的语言权力。语言群体的权力可以表达为继承语言和文化社区保护的重要性，也可以表达为"保护的权力"和"参与的权力"。它涉及到福利的权力和自由、自主的权力。

语言权力的另一层意思也许是国际的，其根源是一些组织的声明，比如，联合国、教科文组织、欧盟和欧共体。这四个组织都已宣布少数民族语言群体拥有保持其语言的权力。欧共体曾明确表述

(1977年7月25日：77/486/EEC)，各成员国在移民工人子女的教育中应当加强母语和原本国文化的教学工作。但是，个别国家在总体上忽视了这些国际上的声明。Skutnabb - Kangas & 和 Phillipson (1994) 描述了国际上的一些具体例子（如，挪威的萨米语，土耳其的库尔德语，肯尼亚的 Gikuyu 语）。除了语言的权力外，种族群体要求的其他权力包括：保护的权力、成为本种族群体成员和单独存在的权力、非种族歧视和公平对待的权力、使用种族语言进行教育和传播信息的权力、对神的崇拜自由和信仰自由的权力、移动自由的权力、就业的权力、和平聚会和成立协会的权力、政治表现的权力和管理性自主的权力。

在美国，个人的权力是民主的重要组成部分。正像 Trueba (1989：103) 所说的那样："美国的民主历来在不损害他人权力或国家统一的情况下对不同的和有争议的意见给予了高度的重视，并且满足个人和群体的文化和语言的自由"。在美国，不仅大学的课堂和语言社区讨论语言权力问题，政府和立法机构也争论语言的权力问题。在美国，语言权力有在法庭上被检查的历史。在这一点上与欧洲的情况有很大的区别，在欧洲法院很少审理语言权力的问题。从1920年至今，美国的法庭就语言少数民族权力的法律地位问题从来就没有停止过争论。为了使少数民族语言获取短期的保护和中期的保证，法律上的争论成为美国语言权力运动的重要组成部分。法律上的斗争不仅表达了少数民族语言和多数民族语言之间的争论，而且这些案件还涉及到儿童与学校，家长与学校领导层，州与联邦政府间的对抗（Ruzi, 1984）。西班牙的巴斯克和英国的威尔士少数民族语言积极分子因其行为被中央政府告上了法庭，而美国的少数民族语言积极分子却将中央政府和地方政府告上了法庭。有一个例子可以说明这个问题。

有一个案件成为了美国双语教育的里程碑。这是一个在1970年中国学生状告旧金山校区的案件。案由是不会讲英语的学生在接受他们所听不懂的语言教育时，是否得到了平等的教育机会。没有提供双语教育被指控为违背了第十四修正案的平等保护的条款和1964年颁布的民权法案的第六章。这个被称之为 Lau 告 Nichols 的案件被联邦地区法院和上诉法院驳回，但于 1974 年被最高法院受理。法院的裁定认为，英语淹没型计划是违法的，并在全国推广"Lau 补救法"。这个补救法反映出双语教育目标的扩大，其中包括了对少数民族语言和文化可能的保持。虽然 Lau 补救法几乎没有带来真正的继承语言计划，没有带来充实型或保持型的计划，但是它们在某种程度上扩大了少数民族语言在学校的使用范围。就本章的目的而言，Lau 的案件对于为在美国确立语言权力特别是通过诉诸法律的方式而进行的精力充沛的、持续不断的争论具有象征性意义（Casanova, 1991; Hakuta, 1986; Lyons, 1990）。

语言权力不仅表现在那些有机会在法律中得到确认的法律对抗中，语言权力还以抗议和压力集团的方式、以地方行动和争论的方式表现在平民百姓中。例如，新西兰的语言家园运动就为毛利人提供了民间举办的浸没型学前教育的机会。从 1982 年开始，这些语言家园"为从出生到学龄前年龄段的儿童提供入学前的纯毛利语和文化的教育，目的是在一种只能讲毛利语和只能听到毛利语的环境中培育全面的发展和成长"（Corson, 1990a：154）。平民百姓在表达"语言就是权力"时的一个实例是凯尔特人（爱尔兰、苏格兰和威尔士）最近的经历。在这些国家中，"平民百姓"开办了幼儿学校、"妈妈幼儿"学校和语言学习班，目的是在成年人的社会交往中尤其是在儿童中保护继承语言。更强大的行动和更坚定的要求导致了继承语言小学的建立，这些学校多数建立在城市，尤其是讲英语的地区。伴随着斗争、反抗和对立的官僚制度，家长们获得了使用本地语言进行教育的权力。在这些压力集团中，既有讲本地语言的家长，也有虽然只讲英语但也希望其子女接受使用这个地区继承语言教育的家长。

南威尔士（英国）被指定为"双语学校"的发展是一个具体的例子。这些由政府资助的双语学校的发展在很大程度上应当归功于那些坚持认为让儿童接受使用家庭语言的教育是自己天经地义的权力的家长们。通过"热衷于威尔士语教育的家长"的活动，通过当地家长和语言积极分子的非正规的网络，当地的教育当局（通常是对坚持不懈的压力和说服的一种反应）已经做出决定推广这些优先权。这些家长群体自然包括讲威尔士语的家长，他们希望主要借助正规教育的帮助使这种语言在他们的子女身上重现光芒。然而，双语教育的压力也来自那些不讲威尔士语的家长。Merfyn Griffiths，一所这种指定双语教育学校的校长，在1986年这样评论道："有一些威尔士语的学校，包括小学和中学，90%的学生是来自不讲威尔士语的家庭。到现在就是这些不讲威尔士语的家长和学生往往成为实行以威尔士语为教学语言的热心支持者，他们为当地教育当局施加了最大的压力以建立更多的威尔士语学校。如果没有他们的支持、信心和热情，进一步的发展将是不可能的。"（P.5）

在北美和英国的政治或法律制度中，通常不对以文化、语言或种族为基础的种类或人群做出正式的承认。相反，他们把重点放在个人的权力上。强调的是机会的平等，基于个人业绩的个人报酬。例如，非歧视的政策往往把个人的权力作为基础，而不是群体的权力。但是，语言少数民族群体会以他们是社会中存在的特殊群体为由，而要求回报和公正的对待。这些群体有时以领土的权力，但常常是以种族身份为理由要求得到与其社会表现成比例的回报。以群体为基础的权力通常被视为对语言少数民族不公正待遇的补偿方法。这也许是在通往完全个人权力中的一个临时办法。另外，语言少数民族可以要求某种独立权，某种对已做出的决定的检测权和某种自主的保证权。

一种关于语言权力的暗示性警告应当引起我们的注意。在关于个人权力的宽容大度的言辞背后，可能隐藏着胁迫和顺从的意愿（Skutnabb–Kangas，1991）。Stubbs（1991）谈到了英国的语言少数民族的经历，政府在报告中"使用语言资格和语言权力、自由和民主这些华丽的辞藻……高谈阔论道德规范，但是没有立法作为保证，因此只是一些空话。谈到了资格的问题，而没有谈到许多儿童所面临的歧视问题；谈到了机会的平等，而没有谈到结果的平等"（PP.220–221）。

Trueba（1991；44）提出了进一步的警告："种族语言少数民族的语言权力不能脱离他们的基本人权，不能脱离他们的文化权力和公民权"。社会、经济和政治的参与权力不应因保持语言文化的特色而受到破坏。

语言就是资源

除了"语言就是问题"和"语言就是权力"的倾向外，还有一种有关语言的观点。这种观点认为，语言是一种个人的和民族的资源。最近在英国和北美开展的促进第二语言和外语水平（如，法语的流利程度）运动就是这种观点的具体体现。在语言是资源的总标题下，还有少数民族语言和较少用到的语言是文化和社会资源的副标题。语言可以被认为是构成潜在的经济桥梁，语言也可以因其在不同群体间搭建社会桥梁、在文化的相互交流中起沟通作用而受到青睐。

例如，欧洲和北美最近的形势就是发展外语教育。人们越发认识到第二语言是促进对外贸易、增加在世界上的影响力的重要资源。因此，问题的矛盾是支持少数民族语言的双语教育在美国往往受到冷落，与此同时，为了美国能在世界的政治和经济生活中继续扮演重要的角色，而又对那些说英语的人学习第二语言大加赞赏。现在的趋势是一边在尊重对几种语言的掌握，一边在贬低掌握这些语言的少数民族。尽管一体化和同化仍是美国对内政策的主导思想，但对外政策却越来越需要双语公民（Kjolseth, 1983）。Ovando（1990）说美国的语言政策患了精神分裂症。"一方面我们鼓励和支持英语单语人学习外语，在很没有效率的同时付出了很大的代价；另一方面我们又诋毁非英语背景的儿童带给我们学校的语言礼物"（Ovando, 1990: 354）。

在美国，语言就是资源的思想不仅指发展单语人的第二语言，它还意味着保护除英语之外的其他语言。例如，其家庭语言是西班牙语或德语、意大利语或汉语、希腊语或日语、葡萄牙语或法语的儿童，拥有一种可以当资源来利用的家庭语言。在美国的讲西班牙语的人合起来使美国成了世界第四大讲西班牙语的国家就是一个例子。就像水库里的水和油田里的石油被当作资源和商品被保存起来一样，语言比如西班牙语，除了作为一种资源不好衡量和确定外，也可以为了共同的经济、社会和文化的利益而加以保护。对语言少数民族的压制，尤其是学校制度的压制，可以被认为是一种经济、社会和文化的浪费。相反，这些语言是一种自然资源，可以开发并利用于文化、精神和教育的发展以及经济、商业和政治的目的。

在"语言就是资源"的观点中，往往存在着语言的多样化不会引起分裂和一体化程度降低的社会状态的假设。相反，国家的统一和语言的多样化并存是可能的。统一和多样化不一定是不能和睦相处的。正像如果压制这种语言的多样化就没有了宽容与合作的可能一样，群体间的宽容与合作也许因为有了语言的多样化才成为可能。

人们经常争论的问题是，哪些语言是资源？那些在国际上特别是在国际贸易中有价值的语言往往是受青睐的语言。在等级评定中，那些被安排在较低地位的语言是一些小语种，地区性的和在国际贸易中被认为没有什么价值的语言。例如，在英国，学校在传统上将法语列为第一外语。德语、西班牙语、丹麦语、荷兰语、现代希腊语、意大利语和葡萄牙语是第二梯队。尽管讲孟加拉语、旁遮普语、乌尔都语、古吉拉特语、印地语和土耳其语的人为数众多，但英国的教育政策几乎没有在学校中为这些语言留有什么位置。在英国教学大纲中，有一些语言（阿拉伯语、孟加拉语、汉语（广东话或普通话）、古吉拉特语、现代希伯来语、印地语、日语、旁遮普语、俄语、土耳其语和乌尔都语）只有在学完更高一级的语言之后才能在中学里开设这些语言的课程（对象是 11–18 岁的学生）。因此英国的教育制度是分等级的教育制度。这种教育制度的本质是以欧洲为中心、文化歧视和经济上的目光短浅，"一面是使那些早已在家庭和社区中使用的语言生出锈斑，一面是在学校和学院中将锈斑刮掉开设其他语言的课程"（Stubbs，1991；225）。

总结：以上三种倾向虽然有不同的地方，但它们也有某种共同的目标：国家的统一、个人的权力和对经济问题至关重要的熟练地掌握多数民族语言（如，英语）的能力。主要的不同点是，为了达到这些目标是将多数民族语言的单语化作为手段还是将真正的双语作为手段的问题。三种倾向都把语言与政治、经济、社会和文化连在了一起。每一种倾向都认识到语言不仅仅是一种交流的手段，语言还与地区和更广泛的社会和社会行为联系在一起，同时也是遗产和身份的有力象征。三种倾向在社会化和身份的培养上存在着分歧：同化或多元化、一体化或分离主义、单一文化或多文化。

美国的语言倾向

我们现在以美国的情况为例来说明这三种倾向的共同目标和主要分歧。长期以来，美国一直是一个愿意接纳多种语言民族的国家：德国人、法国人、波兰人、意大利人、希腊人、威尔士人、阿拉伯人、中国人、日本人和西班牙人只是其中的几个例子。Bull, Fruehling 和 Chattergy（1992）对这种情况做了说明：

"自美国建国以来，文化和语言的差异一直就是力量和争论的根源。的确，我们可以把这个国家的建立及其以后的历史看成是对多样化的统一、对合众国，尤其是在有欧洲血统的居民中进行的不懈的追求。有什么办法能使纽约的荷兰人、宾西法尼亚的德国人，以及弗吉尼亚的英国人能使马萨诸塞的清教徒、宾西法尼亚的贵格会教徒、马里兰的天主教徒以及弗吉尼亚的英国圣公会教徒，能使新英格兰商人、北部的农民以及南方的农场主统一起来？美国怎样才能同化和利用它的挪威、爱尔兰、俄国、意大利、波兰和犹太移民？更近的问题是，讲英语的白人多数民族能与早期被剥夺了公民权力并处于经济边缘化的非洲裔美国人、中国人、日本人、本地美国人和讲西班牙语的少数民族建立起什么样的关系？"（Bull, Fruehling 和 Chattergy, 1992：1）

这个移民聚集地后来演变成了同化和一体化的熔炉。梦想中的美国是一个一体化的国家，人们拥有共同的社会、政治和经济的理想。两位美国总统的话说出了这个"熔炉"的态度。

1917年罗斯福总统号召所有的移民使用英语："在这个国家里使语言的差异长期存在不仅是件不幸，简直是一种罪过，………我们应当为每个移民青年提供日校，为成年人提供夜校，为他们创造学习英语的机会。五年以后，如果说他还没有学会英语的话，他就应当被送回原籍。"(引自 Gonzalez, 1979)

80年代末里根总统的观点是："实行双语教育是一件绝对错误的事情，因为它违背了美国的理念。诚然，双语教育正在公开地致力于保护母语，但是他们却从来没有想过要掌握足够的英语以进入就业的市场并加入到行列中来"（引自 Crawford, 1989；民主编年史（Democrat Chronicle), Rochester, 1981年3月：2a)。这种熔炉式的态度随着只使用英语的运动的开设得到了进一步发展。

在美国国内，"语言倾向"的分歧主要体现在"只使用英语"运动与各类反击性学术思想间的争论上（参见 Crawford, 1992a; Crawford, 1992b; Cazden & Snow, 1990; McGroarty, 1992; Padilla, 1991)。美国的"只使用英语"运动（包括"美国英语"和"英语第一"的组织）的要求是，英语必须成为美国惟一的官方语言。Imoff(1990)将美国英语运动说成是公益性组织，其宗旨是：

"政府应当培育使我们团结在一起的共同点而不是使我们分开的不同点。……外语学习应当得到大力的支持，这既是学术上的训练又是出于实际的、经济的和外交政策的考虑。……所有申请加入美国国籍的人必须具备简单的英语听说读写的能力，表现出对我们政府体制的基本的理解。"(P.49)

因此，"只使用英语"运动认为，受欢迎的美国移民是那些尽快学会英语和尽快熟悉美国风俗习惯和美国文化的人，掌握那些有利于这个国家经济发展技能的人，具有努力工作实现美国梦想精神的人。Imoff（1990）认为，双语教育只能是破坏这种梦想而不是去实现这种梦想。

我们在本书的后面将会讨论有关一体化和多元论的争论，但是坚持只使用英语的人和英语加附双语的响应者在某种理想的结果上却少有分歧的意见（如在儿童熟练地掌握英语的问题上）。分歧存在于达到这个目标的手段中。坚持只使用英语的群体认为，只有通过英语单语化的教育才能最大限度地获得英语的能力。坚持英语加附双语的人认为，只有通过"强式"双语教育才能成功地培养英语的能力。双方似乎都承认完全熟练的英语能力在开启通往更高层次的教育、事业、商业和就业市场的大门时有着重要的意义。十分熟练的多数民族语言能力通常意味着教育和职业机会的平等。

正像第十一章表明的那样，那种支持"强式"双语教育的证据同样也会支持"英语加附双语"的立场。这种证据支持了家庭少数民族语言在小学毕业前或可能在毕业后在课堂上进一步的使用。课程成绩，乃至理科和历史，数学和地理等多学科的课程成绩似乎不会受到影响，反而会因强式双语教育而得到提高。这些成绩也包括了英语（第二语言）的能力。对双语认知效果的研究似乎支持的是拥有两种语言将会提高认知的能力而不是消弱认知能力的论点。

英语在美国乃至世界大部分地区中拥有强大的地位，并且这种地位正在变得比以往更为强大。美国作为 20 世纪主要经济力量的崛起，英国在 20 世纪前的殖民统治，都无疑地确定了英语的世界地位。世界上有三亿两千万人将英语作为第一语言。如果加上主要讲英语的克里奥尔人（生于拉丁美洲的欧洲后裔；美国墨西哥湾沿岸各州早期法国或西班牙殖民者的后裔；上述两种人与黑人或印第安人所生的混血儿等——译者注）和讲皮钦语的人（巴布亚、新几内亚等地讲英语的人——译者注），这个数字就会上升到三亿七千七百万（Crystal，1995）。将英语作为第二语言或外语使用的数字则有更大的争议，一般引用的数字是在一亿至四亿之间（数字不同的原因是各国根据自身的需要所做的猜测和估计，以及为讲第二语言的人所制定的标准不同，参见 Crystal，1995）。

比语言人的数目更重要的是英语有威信的地位和功能。"英语作为最广泛地被掌握的语言，在以下的领域中占有主导地位：科学、技术、医学、计算机、研究、书籍、期刊杂志、计算机软件、国际事务、贸易、航海、航空、外交和国际组织、娱乐性大众传播媒介、通信社、新闻业、青年文体活动、教育系统"（Phillipson）。英语的这种广泛的使用意味着英国文化、英国风俗、英国的思维和交际方式的传播。英语因此往往取代了其他语言的功能，甚至取代了这些语言。英语在技术、交流的方式和娱乐领域里成为了一种帝国主义的语言（Phillipson，1992）。英语在一个国家里取代了某些语言的国内功能（如，商业，大众传媒），并且成为例如在政治、商业、科学、旅游和娱乐业方面与外部沟通的环节。

因此，Gandhi（1927）指责英语是使人失去自制力的语言，使某个国家沦为私有化，比如印度，并且使人们在心理上屈从于英国的思维和文化形式。他认为，英语在某些多语社会的使用导致了这些国家的殖民化，保护了统治精英的权力。英语把语言的单一化强加给别人，造成了文化、智力、精神和情感的局限性。把其他语言说成是限制性的、以种族为中心的、导致分裂的、反民族主义的语言。然而，进行统治的不是这种语言而是使用它的人。语言本身不会进行统治。没有什么不会比语言更适合去压迫或统治或搞帝国主义的了。正是讲这种语言的人，他们才是压迫者、统治者和帝国主义者。

不同少数民族群体的语言倾向

在美国，除了移民语言外还有土生土长的当地语言（如，Navajo，参见 Holm 和 Holm，1990）。在移民和当地语言少数民族之间，或不同的移民少数民族之间（如，美国的中国人和美国的墨西哥人之间），在语言倾向上是否存在着重大的差异？Ogbu（1978，1983）把少数民族群体分为"等级性的"、"移民性的"和"自治性的"三种（该书对少数民族群体的界定标准是"少数民族的影响力"，而不仅仅是根据人数的多少，Haberland，1991）。

"自治性的"少数民族的地位并不低于占统治地位的多数民族群体，他们具有明显的分离身份。例如，有些美国的犹太人具有明显的人种、种族、宗教、语言或文化身份。一般来讲，他们的政治、经济地位不是附属性的。这些自治的少数民族不可能具备在学校中过多地或频繁地失败的特征。

"等级性的"少数民族常常在报酬最低的行业中工作，没有受过良好的教育，有时在居统治地位的多数民族眼中他们是一些"文化贫乏的人"，具有"有限的英语能力"和"天生缺乏智慧的人"，或被贬抑为"双语人"。Ogbu（1978）把美国的黑人、波多黎各人、美国墨西哥人、当地印第安人和许多西班牙群体分在了"等级性的"少数民族中。"被驱除的"印度人和英国的某些加勒比移民也具有这些特点。这些少数民族也许认为自己没有什么权力，不能改变自己的社会地位，被限定在恭顺和统治中。他们中的大多数人已经被永久地、常常是无意地被包括在"主人"的社会中。这些人在学校中经历了或多或少的失败。这些失败证明了他们对自己较低的期望和多数民族带来的负面影响。自卑的感觉使他们对在更广泛的社会中取得成功表现出较低的积极性。

从主要方面讲，Ogbu（1978）的"移民性"少数民族相对来说是出于自愿来到美国的，他们也许对学校的学习和今后的成功表现出相对更高的积极性。古巴人、菲律宾人、日本人和朝鲜人属于这个群体（Ogbu, 1978）。另一个例子是中国移民，作为一代人，他们对成功充满了渴望，对教育表现出很高的热情，相对来讲他们对改变自己的命运持乐观的态度。有些"移民性"语言少数民族的个人在来到美国之前已经在本国受过教育，他们是有文化的人，他们渴望成功。

"移民性"少数民族往往缺少权力和社会地位，常常从事较低的职业。然而，他们不一定用统治他们的"主人"的眼光来看待自己。"作为陌生人，他们可以在心理上生活在已确定的社会地位和社会关系的定义之外"（Ogbu，1983：169）。这些移民少数民族依然忍受着种族上的歧视和敌意，但与那些"等级性"的少数民族相比，他们受到多数民族的威胁和干预比较少。家长对儿童在学校学习成绩报有较高的热情，期望他们在职业和社会上有更大的改变。这些家长不但没有丢失他们的种族身份，反而将这种身份保留了下来。他们把遥远的祖国或移民中的邻居视为自己的参考群体。

Corson（1985，1992）举了一个家长和语言社区发挥影响的例子。在澳大利亚，"来自低收入家庭的意大利、葡萄牙和马其顿儿童在学校学习第二语言的英语，他们在运用一系列语言工具上和学校的考试中的表现要强于同样来自低收入家庭的同班同学，尽管后者讲的英语是他们的母语，并且在非语词推理能力上与前者没有什么差别"（Corson，1992：59）。这是一个很重要的例子，因为它强调了对期望语言少数民族儿童的表现能力进行简单的叙述是一种危险的做法。语言社区的文化和家长对教育的态度或许是对儿童在学校取得优异成绩的积极性产生强大影响的具体表现。除了他们自己少数民族的形式以外,其他的一些因素也会对儿童的成功产生有利的影响,其中包括来自"等级性少数民族"的许多"成功的事例"(Erickson,1987;Trueba,1988)。

Ogbu(1978)对"自治性、等级性和移民性"少数民族所做的区分并不意味着可以简单地将不同的语言少数民族划分到这三个群体中。分类的标准不具备足够的准确性,它们也没有因研究的成果而得到证实。当在这些群体中存在着大量的可变性时,同样有将不同的语言群体模式化的危险;在这些群体中有时存在的不仅仅是可变性。然而,"等级性"和"移民性"少数民族间的差异可以帮助我们弄清同样处于劣势的群体在面对高高在上的多数民族的歧视时,为什么在学校却有着不同的表现。贫困、缺乏高质量的教育和没有权力,不能完全解释语言少数民族在学校中的失败。除了社会经济阶层和语言的差异外,学术和经济上的成功与失败的原因也许部分地在于各语言少数民族间文化上的差异。等级性的少数民族似乎被锁在了永远的不平等和被歧视的制度中。而其他的少数民族则在努力摆脱那种限制他们参与社会和肯定他们没有权力的制度。相比之下,"移民"的少数民族和自治的少数民族很少表现出在学校的失败,部分的原因是由于他们对语言的不同看法。因此语言少数民族教育("强式"双语教育),对于等级性少数民族努力取消来自主体民族的歧视、努力抵消对这种歧视和经济剥夺的认可和内在化,具有十分重要的意义。

为"等级性"和"移民性"少数民族增加更多的"强式"双语教育的呼声,也许得不到占统治地位的多数民族的支持。那些有权和有钱的人认为,"强式"双语教育打破了现状,是在谋反(Cummins,1991a)。占统治地位的多数民族所担心的也许是那些"等级性"的少数民族、失业者和从事报酬很低的体力劳动者会通过这种教育获得权力。统治者因此开始对各种级别、报酬和规则上的变化进行驳斥和威胁。"由于少数民族群体通过工作、更高的社会地位和专业化,获得了权力,多数民族开始害怕了。为了努力重新得到控制权,便极力推行单语化,不仅将其作为教育的目标,还把它看做是最具价值的教育手段"(O. Garcia,1991a:5)。当出现经济繁荣和开明的政治环境时（如，民权运动时期），语言少数民族的某些权力或许可以通过"强式"双语教育得到保证。

当出现经济滑坡、政治的开明程度下降和语言少数民族坚持强硬的立场时，"强式"双语教育就变得不那么受欢迎了。占统治地位的多数民族在这时会希望控制住获得更体面工作的机会，保住他们的权力和财富。这会导致对"强式"双语教育的敌对态度，因为这种教育制度扬言要给语言少数民族更多的权力、财富和地位（O. Garcia, 1991a）。

占统治地位的多数民族往往认为少数民族语言教育是在制造国家的分裂而不是统一，是在瓦解这个国家而不是走向一体化。对双语教育最多的批评意见是，双语教育旨在促进分歧而不是相同的东西，促进分离而不是结合。在英国和美国，多数民族的普遍观点是对移民、语言社区实行统一、一体化和同化的政策。诚然，除非提出强有力的语言和文化多元化的论据，否则在认知和教育问题上再有力的双语教育的论据也无济于事。双语教育是否导致了更为宽容的态度还是相反，共同的身份还是分离的身份，是社会的反常状态还是同时从属于两种语言的能力？语言少数民族儿童是否会被（正确地或错误地）教育成与多数民族对立的人还是与多数民族和平共处的人？双语教育是否成了多数民族和少数民族间权力斗争的舞台？我们将通过观察在同化和多元化方面的不同意见来解决这些问题。

同　化

有关双语教育的社会和政治问题往往是围绕着两个相互对立的观点而展开的。"一种观点是同化。这种观点认为，文化群体应当放弃他们的'遗产'文化，接受'主人'社会的生活方式。另一种观点是多元文化主义。这种观点认为，这些群体应当尽可能多地保持他们的遗产文化"（Taylor, 1991：1）。同化主义者的观点被形象地比喻成一种熔炉的思想。Zangwill 的剧本"熔炉"阐述了这样一种思想：各种移民的元素正在逐渐消失，最后形成了一个均匀的整体。"走进熔炉吧！上帝将创造美国"。我们可以从熔炉的思想中直接看到两种不同的观点。

第一，有一种思想认为最终的产品，比如说美国，来自于所有走进熔炉的文化群体的贡献。这些文化群体在一起融合着，直到最后的产品是一个独一无二的组合。没有一种原料起着决定的作用。每个文化群体都做出了自己的贡献，形成了最终的味道。然而，这通常不是与熔炉的思想连在一起的观点。所以第二，熔炉常常意味着文化群体放弃自己的遗产文化，采用主人的文化遗产。在第二幅熔炉的画面中，文化群体被要求服从于主要群体的文化。

这种同化主义观点的理论基础是机会平等、英才管理和通过个人的努力使个人获得经济成功的机会，是与不同种族和文化群体的单独存在格格不入的。在强调个人的权力、自由、奋斗和富足时，同化的观点认为语言群体不应从自身以外的社会中获得单独的利益和权力。应当避开与语言少数民族有关的优势和劣势的问题去实现个人的机会平等。

同化主义思想是一个广义词，它包括了各种可能存在的同化现象：文化的、结构的、婚姻的、身份的、态度的、行为的、社会的和公民身份的（Gordon, 1964）。在经济结构的同化和文化的同化之间存在着重要的区别（Skutnabb-Kangas, 1977）。有些移民和少数民族群体的成员或许愿意在文化上被主流社会同化。文化同化是指放弃特有的文化身份而采用主流语言和文化。一般来讲，语言少数民族通常希望避免这种文化上的同化。然而，经济结构的同化也许是语言少数民族追逐的对象。这种同化是指权力、机会和待遇的平等（Paulston, 1992b）。例如，平等地获得工作、物品和各种服务的权力，平等的投票选举权和言行自由权；在教育、健康保障和社会保险、法律和保护等方面享有平等的机会和待遇，这些都是语言少数民族希望得到的东西。因此，结构上的合并往往会受到更多的欢迎，而文化上的同化则受到更多的抵制（Schermerhorn, 1970; Paulston, 1992b）。

同化可以是明确的，也可以是暗示性的或掩盖性的（Tosi, 1988）。例如，当要求儿童只能接受多数民族语言的单语教育时，就发生了明确的同化（例如美国的淹没型教育）。暗示性的同化是当这些儿童被确诊为有"特殊需要时"，向他们提供补偿性的教育形式（如美国的庇护式英语教育（Sheltered English）过渡性双语教育）。掩盖性的同化可以在例如某些多文化教育计划中找到（参见下章）。在这些教育计划中，语言少数民族也许接受的是种族和谐，民族统一的教育，个人成绩的评定使用多数民族语言对成功进行衡量的标准。这些计划的目的是获得领导权和达到民族和睦。

由于存在着各种各样的同化形式，因此对同化的程度进行衡量是件困难的事情。同化的评判标准是在容留移民问题上的隔离和一体化的政策，例如，根据这些移民在经济次序中的地位，根据不同文化群体间通婚的程度，还是他们表现出来的态度？因此，同化是一个多方面的复杂问题（Skutnabb–Kangas，1991）。既不能对同化做出简单的定义，也不能简单地用数量进行评估。在同化主义者间存在着一定的分歧意见。有一个例子可以说明这一点。

一些同化主义者承认在校的学生应当保持他们的家庭语言和文化。但是，他们一般认为这是家庭的责任而不是学校的责任（Porter, 1990）。然而，大多数同化主义者认为，如果在经济条件不能满足时，学校的开销超出了预算，就应当停止双语计划，尤其是在费用大于普通的主流计划时（Secada, 1993）。

自60年代以来，种族身份的问题越来越突出，同化的假设遇到了挑战，出现了"新的种族"。"一体化"、"种族多样化"、"多元化"和"多元文化主义"的思想（下章讨论的内容）冲击着同化主义的哲学。在熔炉的图画旁又出现了其他的画面：杂拼花布棉被，拌好的色拉，语言马赛克和语言花园。

一体化所关心的是所有人的机会平等，外加相互理解和容忍环境下的文化多样化。一个流行的比喻是色拉碗，其中每种原料都是分离的，都是可以区分开的，但是它们都以一种有价值的和独特的方式为这个整体做着贡献。另一个在加拿大受到欢迎的"一体化"的比喻是语言马赛克，不同的小块组成了相互作用的整体。

最近，有关同化和多元化的辩论变得激烈起来（Edwards, 1995; Takaki, 1993）。在对个人努力、为成功而进行个人奋斗、重新强调减少对福利和集体依赖的同时（如，对种族群体的积极性歧视），又遇到了种族冲突的问题（如，波斯尼亚、克罗地亚、塞尔维亚和俄罗斯）。这导致了对有关同化和多元化价值的更多的争论与辩论（Takaki，1993）。

同化与移民

人们期望移民进入例如美国、加拿大或英国后，会为摆脱了政治上的压迫或经济上的窘境而感到高兴，为拥有平等的机会和个人的自由而感到欢欣鼓舞。人们期望个人会欣慰地放弃自己过去的身份，接受一个新的民族身份。然而，继承文化和文化身份却采取了顽固的、抵抗的和坚持的态度。同化往往没有得到实现。这是故意的还是困难的，是想得到的还是不想得到的？

移民或许在寻求同化。许多人都希望同化，但到头来他们还是属于被隔离的居住区和被隔离的学校。因此，希望以外的社会和经济的因素可以阻止同化的发生。某些移民群体希望成为美国公民中的一员，但是他们却被主流社会划归到另外的、单独的和非美国的一类，并据此对待他们。移民的生活环境给他们贴上了否定的标签，制造了坚持非一体化的社会障碍。Otheguy（1982：312）在谈到美国时说："因为他们与这个国家里的种族主义经历，许多讲西班牙语的民族早已放弃了作为一个有特色的群体而消失的念头"。其结果是防止同化和一体化，以及由此产生的为了生存、安全、地位和自我提高而对拥有某种形式的多元文化主义的需要。

种族身份的保持

另一种情况是语言少数民族不愿意在文化上被同化。如果某个种族群体希望保持自己的文化身份和某种程度的"圈地"（Schermerhorn，1976），与占统治地位的多数民族之间的界线对延续种族身份来说是很重要的（Barth，1966）。语言少数民族群体与统治群体间的界线，会有助于种族身份的保护，有助于保持继承语言的活力。界线和种族身份的建立基于以下几个标准（Allardt, 1997; Allardt & Starck, 1981）：

(1) 将自己划为一个独特的种族群体。
(2) 共同的血统和祖先，必须是真实的或想象中的。
(3) 拥有具体的文化品质和显露出特征性的文化样式，其语言也许是最有力的象征。
(4) 充分建立起内部交流和单独地与"外人"交流的社会组织形式。

有些种族群体的成员会完全满足这四项标准；每一个成员必须至少满足其中一项标准才能成为这个群体的成员。这些标准突出地表明了自我分类与被分类间的差别，尤其是被统治群体分类。Barth（1966）认为，这样的分类对一个种族群体的界定有着重要的意义。"种族群体的存在总是预先假定了分类，无论自我分类还是被分类都是如此"（Allardt, 1979: 30）。

这种分类几乎不具有稳定性，往往随着时间而变化。Allardt（1979）认为："以前，为少数民族进行分类和贴标签的主要是多数民族。分类的主要目的是排斥：多数民族的做法是为了保护自己的物质利益或是为了迫害少数民族。结果常常是严重的歧视。当然，少数民族也常常为了"包括"和"属于"的目的以确定自己的标准为手段来保卫自己。在今天少数民族的复兴中发生了明显的变化。现在主要是少数民族在分类……。种族关系领域中的问题，可以说，已经从歧视问题变成了承认问题"（Allardt, 1979: 68）。

被分类会常常使用文化和地理的标准。某些类别的划分是强加给语言少数民族的（如，被分为"有限的语言能力"一类），有时候某些分类则被含蓄地认为是由这个少数民族本身造成的。这些来自群体外部的分类包括了一些关于非同化和非一体化的言论。自我分类会把外界的评论重新表述为自我身份、种族意识和自我承认。

因此，种族身份可以是外在的强加性，也可以是自身内在的祈求性形成的。自我分类可以通过发展种族的社会机构来实现（如，使用继承语言的法律机构、传媒、宗教组织、娱乐业、体育和文化协会）。种族社区学校（继承语言教育）加上精心设计的用于课程中的种族语言，可能是自我分类中的重要组成部分（Garcia，1983）。发动种族群体的成员为了语言的合法化，为了改革去鼓动，努力去实现既定的语言地位的理想，同样有利于自我分类（C. H. Williams，1991b）。这就引发了一个基础性的争论，如何去实现种族身份和语言权力：说服还是鼓动，改革还是造反？我们现在讨论一下这个问题。

如果语言群体总是可以与多数民族语言保持一种合作的功能性关系，在争取语言社区的权力时，有时是否需要表现出非暴力的形式？巴斯克人和威尔士人的成就似乎表明与多数民族之间的斗争是获得语言权力的一种手段。这种斗争的观点更多的是强调群体的权力而不是个人的权力。巴斯克人或许会与西班牙人做斗争，威尔士人的斗争对象是英国人。而讲法语的魁北克人也许会与加拿大人发生冲突。在这种环境中，文化的多元化并不总能导致社会的秩序和保持多数民族语言的规则。语言少数民族应当追求的是均衡还是斗争？

均衡还是斗争

Paulston（1980，1992b）提出了两个重要的范例，试图在理论上对双语教育做出解释。在均衡范例（equilibrium）中，组成社会机械装置的各种轮子在相对和谐中相互发生作用。学校、经济秩序、社会流动和社会进步相对和谐地组合在一起，发挥着各自的作用。社会的变化是渐进的、缓慢的和平稳的。冲突和不和谐的关系是要避免的，因为这会导致钟表装置的瘫痪。激进的因素会使这个系统停止平稳的运行。个人因素本身在这个结构中相对来讲并不重要，重要的是整个机械装置。

当钟表出现故障时，这个系统本身并没有错。肯定是一两个零件出了问题，需要调试这些零件。就语言少数民族群体和双语教育而言，任何表面的失败都不是这个系统造成的，引起失败的原因是那些零件本身。就是说，问题与少数民族语言群体有关，问题出在双语教育的形式中。它不是作为整体存在的系统，也不是整个教育制度。语言少数民族学生的任何失败也许可以归结为他们较差的英语水平而不是教育制度。应当受到责备的不是这个制度而是那些个人。由于这个制度是通过英语来进行教学的，所以语言少数民族应当学会更多的英语。反过来说，解决这些群体的劣势和贫困，可以通过掌握更多的多数民族语言的知识，提高他们的学业成绩来实现。由于英语能力是这个钟表装置的润滑剂，所以一旦得到恰当的利用，语言少数民族将会在教育和经济制度中获得平等的机会。

Genesee（1987）利用这个均衡的方法对加拿大的浸没型教育进行了分析。这种浸没型教育被认为是赋予社会中的多数民族——讲英语的加拿大儿童——以双语能力，以便在加拿大保持他们的社会经济优势。为了压制法裔魁北克人因法语在加拿大的地位而提出的抗议，人们认为浸没型教育有利于加拿大双语局面的稳定。浸没型学校培养了更多的法—英双语人，这或许是在对魁北克人的某些抗议做出回答（尽管这不一定是魁北克人的观点，这些人有时认为他们讲法语的工作权受到了这些接受浸没型教育的学生的威胁）。因此，加拿大的浸没型教育被认为给加拿大带来了均衡的语言局面。

与"钟表装置"均衡观点相对的是斗争范例（conflict paradigm）（Paulston, 1980, 1992b）。这个范例认为，斗争是复杂社会形式中权力不平等的群体关系的自然的和预期的组成部分。考虑到文化、价值观、不平等的资源分配和社会中的权力变化，斗争、激进的观点和动乱是可以预料的。这种观点总是认为真正的变革更多的是通过斗争、抗议、非暴力和偶尔的暴力行动实现的，很少是通过对制度本身的小问题进行修补完成的。正规教育往往再现凌驾于人民之上的精英统治，再现经济、社会和政治的不平等、不平等的机会和不平等的社会结果。

钟表装置的画面没有了，取而代之的是为病人实施手术的场景。移走器官，痛苦的注射，利用移植和整形手术替换组织，这一切也许是激进的做法，从一开始就把事情搞糟了，但是人们认为如果整个身体的健康状况能得到改善，这样做也是值得的。语言少数民族群体也许获得的权力太少，报酬太少，在资源和权力的享受上处于不利的地位。既然学校会长久的保存这些不利的和附属性的权力地位，那么这种语言的、文化的和教育的歧视就应当接受激进的外科手术。

"弱式"双语教育是想保存语言少数民族所经历的不平等。因此，斗争的观点认为，双语教育应当以积极的歧视态度试着去更正这种不平等和不公正的待遇。双语教育应当是干预主义者，甚至去与统治者的观点做斗争。双语教育可以用来支持社会的、经济的和教育的变革，支持文化上的多元论（Rippberger，1993）。"强式"双语教育可以加强少数民族语言和文化的地位，削弱把他们拉向同化的力量，并且可以帮助少数民族获得权力。但是，也可以从另一个角度来理解加拿大的浸没型计划，一种"强式"双语教育。

我们不仅使用了均衡的方法，我们还从斗争的角度对加拿大浸没型计划进行了分析（如，Heller，1994）。在加拿大有很多语言上的紧张状态和斗争。例如，许多第一语言是法语的人感到他们正在受到那些法语是第二语言的双语人的威胁。英语双语人被认为正在进入本属于法语双语人的权力、威望和特殊的利益中（如，通过在具有较高社会地位的职业中谋得一席之地）。在浸没型学校看来，讲法语的人可以从中获得语言和文化的资本，增大社会和经济的流动性，提高自己的政治权力。"目前，教育是讲英语的人和讲法语的人之间进行斗争的主要场所，这种斗争也在每个群体间展开，斗争的焦点是双语是否有价值；如果有的话，谁是受益者。严格地讲，这种情况反映的是基于财富和权力分配的斗争"（Heller，1994：7）。根据这个观点，双语教育与统一和一体化无关，但它也不是中立的。在加拿大的社会中，与双语教育有关的是利益、文化、语言、社会财富和社会统治地位的获得。可以说，双语教育带来了与讲法语的少数民族社区的斗争（比如在安大略）。

在斗争的范例中，问题不仅仅出现在"个人能力"或"提供的教育"上，问题还存在于作为一个整体的社会中。少数民族语言问题的起因和决定因素是社会的本身，不单单是由于少数民族语言儿童的特点。为激进的手术进行辩解的理由有时是出于一个健康整体的存活和稳定性。永久的健康有时需要用激进的外科手术带来的短期痛苦为代价。

教师和教育管理者，专家和大学教授会面是一种选择：使用润滑剂对这个制度实施润滑，或以激进的态度去变革这个制度。专家们常常会提出妥协的办法：在稳定的前提下寻求逐步的变化，依据主导意见进行发展。在希望均衡的大方向中，例如，在学校内部可以存在小规模的有关政策和规定的斗争。因此，可以有一个存在于整体均衡中的小规模斗争的模式。

还有另外一种组合：那些认为斗争是，而且一定是长期存在的人。对特殊类型的语言积极分子来讲（如，在威尔士和巴斯克地区），斗争成为了正常的事情。这是一种斗争的均衡。斗争政治的一种形式可以是语言少数民族使用武力（Schermerhorn，1970）。语言好战分子也许会取得对占统治地位的多数民族的控制权，并获得某种形式的优势。

学校如何才能润滑这台机械装置并使它得以发展，或通过对核心课程的干预来改变这个有病的躯体？学校所扮演的角色可以通过文化和语言意识的课程得到部分的实现（见第二十章）。在大多数情况下，学校可以试着将多元文化主义和反种族主义的思想介绍到部分或全部的课程中。在下一章中我们将对这些后期的可能性加以探讨。

结 束 语

潜在的语言计划和语言转变在政治信仰和决策中得到了或含蓄或直白的表达。对语言花园的美化与其说常常是以教育为中心，不如说是以政治为中心。在"强式的"和"弱式的"双语教育背后，是各种不同的有关语言社区、种群和语言本身的观点。当语言被视为问题时，总会听到同化和一体化的呼声。同化主义者通常强调多数民族语言的共同平等的作用。当语言被视为权力时，强调的重点则游离于个人权力和语言群体之间。这些权力也许会诉诸法律，也许会通过政治和平民运动表达出来。

语言同样会被视为一种资源，一种文化和经济的利益，同时人们还希望保持文化和语言的多样性。政治上的辩论因此常常会演变为同化与多元化、一体化与多元文化主义的争论。这种争论与教育的形式有着直接的关系：例如，淹没型教育与继承语言教育；过渡型双语教育与二重语言教育。"强式"双语教育形式被认为是转变生活在有同化和歧视倾向的政治环境中的语言少数民族无权力状态的一种教育形式。对语言多数民族而言，对语言少数民族的感受会通过多元文化的意识表现出来。我们现在转而讨论多文化主义。

推 荐 读 物

CAZDEN, C. B. and SNOW, C. E. (eds) 1990, English Plus: Issues in Bilingual Education. (The annals of the American Academy of Political and Social Science 508, March 1990). London: Sage.

CRAWFORD, J. 1991, Bilingual Education: History, Politics, Theory and Practice (2nd edn). Los Angeles: Bilingual Education Services.

CRAWFORD, J. 1992, Hold your Tongue: Bilingualism and the Politics of 'English Only'. Reading, MA: Addison-Wesley.

CRAWFORD, J. 1992, Language Loyalties: A Source Book on the Official English Controversy. Chicago: University of Chicago Pres.

GARCIA, O. (ed.) 1991b, Bilingual Education: Focusschrift in Honor of Joshua A. Fishman (Volume 1). Amsterdam/Philadilphia: John Benjamins.

GARCIA, O. and BAKER, C. (eds) 1995, Policy and Practice in Bilingual Educatin: A Reader Extending the Foundations. Clevedon: Multilingual Matters. (Sections 1 and 4).

McKEY, S. L. and WONG, S. C. (eds) 1988, Language Diversity: Problem or Resource? New York: Newbury House.

SKUTNABB-KANGAS, T. and CUMMINS, J. (eds) 1988, Minority Education: From Shame to Struggle. Clevedon: Multilingual Matters.

SKUTNABB-KANGAS, T. and PHILLIPSON, R. (eds) 1994, Linguistic Human Rights. New York: Mouton de Gruyter.

复　习　题

（1）根据下列内容写出简短的复习笔记：

（i）"语言就是问题"，"语言就是权力"和"语言就是资源"的本质是什么？

（ii）美国的"只使用英语"运动的观点和对这些观点的批评意见。

（iii）等级性、移民性和自治性少数民族的区别；对这个三种类型都有哪些批评意见？

（iv）同化的含义是什么？它与文化的多元化有哪些区别？

（v）种族群体间确立界线的各种方法。

（vi）均衡范例与斗争范例之间的区别。

（2）人们往往对双语教育各持己见，这主要表现在哪几方面？

（3）Ogbu的主要论点什么？他是如何根据不同少数民族的情况来对他们在学校的不同表现进行解释的？你对Ogbu的分类有什么看法？

思　考　题

（1）在学生和教师之间，或在语言社区之间，找到有关语言的不同政治见解。不同的群体之间是否有着不同的见解？或更多的不同见解是存在于群体的内部而不在群体之间？

（2）就有关双语的不同观点，采访两位本地的政治家。争取发现在哪些方面他们有共同的意见或不同的意见。解释这些分歧的原因。

（3）研究当前报纸或以前报纸上发表过的政治性辩论文章。这些文章或许与学校的语言或双语教育或语言少数民族有关。写出这些文章所持的不同政治立场。这些争论是纯粹在两个派别之间进行的吗（如，左翼的观点与右翼的比较）？还是分成了几个派别？你是否认为在这些争论中有的地方不是以明确的态度而是以含蓄的态度表现出来的？

(4) 跟踪一个与教育语言有关的特殊事件。有可能的话，检查两种不同的语言对这个事件的看法（如，在西班牙语言的报纸中和在英语的报纸中）。在解释和感觉上有何不同？

(5) 在一个具体的社区中，确定不同的利益集团和不同的社会文化集团或社会经济集团。例如，将工人阶级和中产阶级对双语教育的看法做一个比较。你认为这些不同的观点，如果存在的话，与群体间的家庭、社会、经济、政治和教育的差异有多大联系？它们的共同点和不同点在哪里？

第二十章　多元文化主义与反种族主义

导　言

　　双语和两种语言与双文化主义和多元文化主义是并存的。与个人相联系的语言和社会交往的语言，作为一种个人的拥有和作为学校关注的焦点与多元文化主义融合在一起。本章将讨论多元文化主义的思想以及教育可以在多元文化中扮演的角色。本章的基本概念是，"强式"双语教育因其学生、教职工和课程的因素通常是多文化的。

　　作为一个基本的原则，多元文化主义的理想是不同的和多种多样的语言平等、和谐、相互容忍的共存，是多元化社会中各种宗教、文化和种族群体的共存。多元文化的观点部分地认为，个人可以成功地拥有至少两种文化身份。人们可以既是乌克兰人又是加拿大人，可以既是中国人又是马来西亚人，既是古巴人或玻多黎各人或墨西哥人又是北美人。换句话说，人们可以是乌克兰裔加拿大人，可以是中国裔马来西亚人，或古巴裔北美人。在这个意义上讲，身份被合并了；部分变成了一个新的整体。重新确定的种族身份造就了这样一个人：他不是古巴的古巴人的复制品，不是波多黎各的波多黎各人的复制品，不是墨西哥的墨西哥人的复制品，也不是模式化的白种北美人。准确地讲，他或多或少地变成了两个部分的统一的结合体。

　　Lynch(1992)指出，一直存在着一个身份发展的历史，最初是从(1)家庭群体或部落开始的，经过(2)城邦和单一国家(single-state)的国家主义时代到现在的(3)全球化的权力和责任的时代，即这个星球所有居民生活的国际化。他认为，"我们没有必要在地区的和种族的忠诚之间，在民族的公民身份和全球社区之间做出选择……。我们正在逐步地认识到群体关系的三个主要方面,当地社区的成员身份,是指家庭、种族、社区或其他在文化和社会方面的当地的群体组合,包括语言、宗教和种族特征,但不一定同时处于同一个地理区域;国家的成员身份,这是由出生或选择所决定的,但不是排他的成员身份、国际成员身份,是指世界成员共有的相互关联的相同品质,不包括其他的两个方面。"(p.16-17)国际公民身份是多元文化教育目标的一部分。这个问题在以后讨论。

在英国和美国,争取多元文化的运动往往得不到政府的认可和支持,依然延续的是同化主义的观点。相反,例如在加拿大、斯堪的纳维亚和新西兰的部分地区,已经接受了较多的多元文化的思想,但也有许多不同的意见和争论。多元文化主义是什么?这个术语用的很广,有时甚至自相矛盾。那么,多元文化主义的基本思想又是什么呢?

多元文化主义的本质

多元文化主义的基本思想包括以下内容。两种语言和两种文化可以使人产生对社会的双重或多重的看法。会讲一种以上语言具有一种以上文化背景的人,有着更大的敏感性和同情心。他们更有可能去搭建沟通的桥梁,而不是设置壁垒和划定界线。多元文化主义不会带来同化主义环境中的减少性状态,相反,它赋予了人更多的东西,使过程具有增加的性质。从理想上讲,具有多元文化背景的人会对他人和他人的文化表现出更多的尊敬,不像单一文化背景的人那样古板地表现出更多的偏狭和文化上的内省。从最坏的方面看,同化会产生对主人文化的积极态度,也会产生对继承文化的消极态度。多元化和多元文化主义所产生的积极态度不仅是对主人文化而且对继承文化而言,还涉及到所有文化平等的合法性。从最好的方面看,多元文化主义摆脱了偏见和种族主义,得到的是同情和敏感性。

Donald Taylor 和他的同事们通过研究发现,不论是在美国还是在加拿大，各种不同的公共群体对多元文化主义的支持要大于对同化政策的支持。例如，Lambert 和 Taylor（1990）的研究表明，有九个美国的群体全部支持多元文化主义，不支持同化政策。基础性的研究课题提出了两种选择：

第一种选择：少数民族群体应当在文化和种族方面放弃自己传统的生活方式，接受美国的生活方式（同化主义）。

第二种选择：少数民族群体，在来到美国时，应当在文化和种族方面尽可能多地保持自己的生活方式（多元文化主义）。

实际的争论要比这两种选择复杂得多，其他的选择和折中的立场也是可能的（人们有时也轻率地使用"American"一词。在指美国时，这个词可以贬抑地用来指南美洲和中美洲的人）。被采访的人被要求在下面含有七个数字的标尺中标出一个数字：

1＿＿＿ 2＿＿＿ 3＿＿＿ 4＿＿＿ 5＿＿＿ 6＿＿＿ 7＿＿＿
坚决同意第一种选择　　折中　　　　　　坚决同意第二种选择

如上图所示，一般来讲，在美国的阿拉伯人、波多黎各人、黑人、墨西哥人、阿尔巴尼亚人和波兰人在很大程度上支持多元文化主义。白人劳动阶层和白人中产阶级虽然也青睐多元文化主义，但程度不如大部分其他群体。

对美国少数民族群体同化和多元文化主义的态度

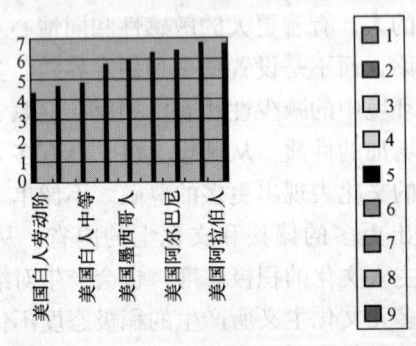

注：1. 右边标注的 1–9 代表美国的少数民族，2 为美国的庞蒂亚克黑人，4 为美国的波兰人，6 为美国的 Hamtramck 黑人，8 为美国的波多黎各人；

2. Hamtramck 和庞蒂亚克指的是底特律和密歇根的两个不同的地区；

3. 本表摘自 Lambert 和 Taylor，1990：第 136 页。

因此，Taylor（1991）可以根据一系列的研究结果得出这样的结论："存在着对多元文化主义的强大支持和对同化政策的明显抵制"（p.8）。但是，我们必须提出的问题是，这种支持是否是一种潜在的态度，或是否这种支持会带来积极的行动和表现？人们是否会认为他们可以同意多元文化主义但不采取坚定的态度？是否存在着表面上的积极态度而私下里却另有打算？是否存在着对多元文化主义感兴趣但前提是不介入的现象？是否这种态度只是认知表现的静止状态而与个人的行动无关？我们还要问的是：人们对多元文化主义和同化的不同态度表现在哪些方面？当对继承文化怀旧式的忠诚与认为继承文化只是一种工具的态度进行比较时，它们之间是否存在着区别？

Huddy 和 Sears（1990）同样发出了警告。在美国进行大范围的调查后发现，支持双语教育的人占多数。然而，这些作者们发现："在有见识的人中反对派占多数，这表明随着该问题在全国的普及，反对的人数会继续增加。假如有迹象表明，双语教育是在语言少数民族学生中推动语言和文化的保持而不是作为英语教学的一种手段，反对的人数还会继续增加"（Huddy 和 Sears，1990：119）。

研究不可能解决有关同化和多元文化主义的争论。虽然研究可以反映和改良某些意见，但是由于同化和多元文化主义在基础上和思想理论上所持有的两种立场，任何简单的解决办法和决定都是不现实的。如果找到了保持继承语言和文化的证据，同化主义者很可能会认为态度和行为依然是处在变化过程中的。就是说，同化主义者会认为，随着时间的推移，人们会放弃继承文化的保持转而接受多数民族的语言和文化。同化主义者相信双语和双义化是暂时的、短暂的，最终会导致更适宜的统一的单语化。如果证据有利于已经在社会中实行的同化政策（如，这种证据可以来自移民的第二代和第三代），多元文化主义者会表示出两种不同的意见。第一，向同化方面的变化只发生在某些领域中（如，同化的是语言而不是经济）。第二，有的时候轮子会转到原来的位置。未来的几代人也许正是为了对前几代人的压抑和放弃做出回答而重新恢复和使用。

同化主义和多元文化主义的区别根植于人的基本需求和动机。

争取同化的运动或继承语言保持运动很可能受到经济回报体系（economic reward system）的影响。谋生的需要和获得或增加财富的愿望，既可以推动同化主义的发展，也可以推动继承文化的保持和发展。选择了同化主义也许是为了保证得到一份工作，为了职业上的成功和获得财富。少数民族语言和文化被抛在了脑后，为的是能在多数民族社区得到发展。与此同时，语言计划可以用来保证在少数民族社区内的工作机会和升迁，就像在第四章中讲过的那样。

　　社会上占统治地位的群体有时会更倾向于继承文化的保持，反对同化。不允许少数民族加入到同化的行列中来，使他们只能从事报酬很低的工作。这样的少数民族因此受到统治群体的剥削。维持多数民族经济利益的是国内的殖民统治，而不是同化主义。这种经济动机和决定的产生也可以不考虑继承语言和文化。

　　熟练地掌握多数民族的语言常常是一种经济上的需要。这种需要可以促进同化的形成。为了就业和与多数民族的成员竞争，少数民族必须能使用多数民族语言。双语人也许会感到他们既可以在自己的少数民族群体中，也可以在统治群体中发挥经济的功能。即他们有在任何一个语言社区中从事经济活动的能力，在两个社区间起到桥梁的作用。但是，正像第四章所揭示的那样，通过学习多数民族语言而成为双语人不一定能保障经济的改善。Otheguy（1982：306）根据美国的情况提出了有益的警告。"对于黑人和贫穷的欧洲移民的后裔来讲，英语的单语化在经济利益方面几乎没有什么意义。讲西班牙语的人虽然现在只讲英语，但他们的贫困状况与他们刚来到这个国家时差不多。移民中的单语现象往往是经济一体化的结果而不是原因。"

　　到目前为止，我们已就同化和多元化的两种对立观点进行了讨论。但是，Edwards（1985）指出，可能还存在着中间的立场。虽然加入到主流社会中，但还保持着自己的继承语言和文化也是可能的。对许多人来讲，既存在着一定程度的同化，也存在着一定程度的对自己文化遗产的保护。完全同化和完全隔离的可能性要小于在多元化的整体思想中容留某些多数民族思想的可能性；文化的保持存在于部分的同化中。在多元文化主义和多元化中，攻击性的和好斗的多元化会被认为是社会和谐的一种威胁。反之，更为开明的多元化主义的观点既可以保证对更大社区的从属，又可以保证继承文化社区的身份。

学校中的多元文化主义

语言少数民族在社会中常常处于被支配的地位。有权对双语教育做出决定的人通常来自于统治群体。对淹没型和过渡型双语教育的使用，往往是在保持而不是缩短被统治者和统治者间在权力上的距离。除了要求教育要使用占统治地位的英语外，这种教育计划还想同化语言少数民族。课堂上不仅在教英语，而且还在传播多数民族的文化。这会减少少数民族语言儿童对自己的文化背景，对自己的语言社区，对自己家庭的价值观和信仰的信心，甚至减少对自己的信心。这种分析产生了对课堂中的多元文化主义进行讨论的环境：提高种群间的关系意识，和各种不同的文化意识。

另一个多元文化主义和反种族主义教学的环境是对移民、难民、流动工人，以及对民族界线的不断逾越的反应。如果不同的种族群体在一个国家里可以和平共处，一种教育的行动就可以提高文化多样化的意识（awareness of cultural diversity）。课堂反应一直是研制各种培养敏感性和同情心、对各种文化群体的理解和意识的计划。由于侧重面不同，所以这些课堂计划有各种不同的名称：多元文化教育、多民族教育、多种族教育和文化间的教育。

政治和思想意识的目的支配着多元文化的教育目的。因此，多元文化教育的假设可以包括以下内容：

（1）存在着不分语言和文化的所有人的和所有少数民族群体的基本平等。

（2）就民主而言，应当有不分种族、文化或语言本质的机会平等。

（3）有统治权力的群体对少数民族的任何公开或隐蔽的歧视都应当被消除。

（4）多元文化的社会应当避免种族主义和种族中心主义。

（5）虽然文化行为的一般化可以是人类理解世界的自然组成部分，但也应当避免文化上的模式化。

（6）作为以文化间意识为基础的先决条件和基本原则，少数民族文化群体尤其需要自己的文化意识。

（7）在主流单一文化的教育中，家长往往被排斥在其子女教育的参与之外。在多元文化的教育中，家长应当成为参与者。

（8）多元主义者的一体化依靠的是相互的作用，而不是用马赛克镶嵌起来的图案，依靠的是混合和对他人的发现以增加相互的理解，终止模式化和偏见，同时充实自己的知识和提高自尊心。

在这个"弱式"意义上，多元文化教育关心的是不同种群的信仰、价值观、饮食习惯、文化活动、穿衣方式和手势语言（打招呼和非语词回应系统）。这种"文化人工制品"的多元文化教育试图扩展儿童个人的文化词汇和文化语法。"弱式"多元文化教育几乎不关心或根本不关心少数民族儿童的家庭语言。由于语言和文化是不可分的，由于单独地使用语言也是在反映该语言的文化，因此，多元文化教育的更有力的形式需要关心少数民族的语言，因为它是少数民族文化的一部分。这有时需要通过语言意识计划来完成（Hawkins，1987；Baker 和 Prys Jones，1997）。语言意识计划的目的是提高对日常生活的语言本质的理解、认识和敏感性。这种计划也许包括以下目标（Donmall，1985）：

（1）使学生对第一语言或不只一种的第一语言的含糊认识明确起来。

（2）培养学习语言的技能。

（3）培养对语言本质和功能的感觉与理解。

（4）增加使用第一语言、第二语言和/或外语进行交际的有效性。

（5）使学生能够领悟到语言的学习过程，由此促进第一语言、第二语言和外语的学习。

（6）使学生理解语言在课堂上、学校、社区、地区、国家乃至世界中的多样性。这可以包括讨论不同的口语和书面语的形式，如西班牙语、汉语、法语、英语、德语等的形式。这可以减轻那些讲某种语言的人低人一等的感觉（如，将英语作为第二或第三语言的人）。

（7）提高学生对自己语言的本质和特点以及在世界中的地位的认识，培养更好的种群关系。

（8）帮助学生克服在家庭语言、学校语言、课本语言和就业语言错位的感觉。

（9）使学生明白对语言价值的理解是生活中的重要组成部分。

（10）提高对双语和双文化的理解。

这种语言意识课程不论是对多数民族语言还是对语言少数民族都具有重要的意义。

多元文化教育的语言方面可以通过各种少数民族语言的经历来完成。其中可以使用录相、录音和现场表演的方法，但必须在真实和联系的方式中表现语言和文化。就像在讲解文化的多样性时很少注意或根本不考虑与其相伴的语言是危险的一样，同样也存在着教授第二语言不接触与其相伴的文化的危险。

在欧洲，存在着另外一种类型或成分的多元文化教育。这种教育被称为公民身份教育。这种教育与多元文化教育和反种族教育在目标上有共同之处。但是，它也有同化的目的，并且与移民教育连在一起（如，举办移民考试）。

Lynch（1992：42、43）为了介绍公民身份教育，对其工作目标做了区分：理解、价值观和态度、技能和行为。

理解

• 理解人类，他们的价值观、社会和政治生活的分布和形式的共同点和不同点，以及这些因素对个人、群体、社会和世界社区的影响。

• 理解经济和环境在地区、国家和世界范围内的相互依赖性。

• 理解多元主义的民主工作的不同形式。

• 在三个层面上以及在社会、文化、经济和环境领域理解主要的人权和责任。

• 理解多元主义民主功能的不同形式。

价值观和态度

- 信奉人权的价值观和多元主义的民主。
- 在人类事务中奉行相互让步的原则，具有同情心和亲密感，不分文化、社会、经济、政治或环境。
- 愿意以恰当的方式参与公民生活。
- 对其他文化和思想的开放态度和人与人之间关系的亲密态度。
- 致力于性别和种族的平等，并乐于为此进行社会的和政治的斗争。
- 信守说服和对话是争取社会公正和改变的主要手段的原则。
- 意识到性别、文化和民族的模式化和自己本民族文化和语言的偏见，并致力于克服它们。

技能和行为

- 建立在反思和清晰的价值观基础上负责任的道德判断力，为人正直，既有自主性又考虑到社会的因素。
- 承认人类社会和道德知识的暂时性和这种知识中所包含的不确定性的能力。
- 负责任的消费者和生产者，尊重他人的人权和环境的权力。
- 对人权、正义和尊严做出正式的承诺。
- 对他人的经济、社会、政治和环境的主张做出客观评价的能力。
- 人际能力以及创造和保持良好人际关系的能力。
- 保持文化内和文化间的对话能力。
- 在各种语言媒体和各种语体中进行交流的能力。
- 政治上的文化能力，包括：提出有见解的异议、解决问题的能力、提倡某事物的能力，以及解决问题的创造性能力。
- 做出决定，参与和合作的能力。
- 在不同的文化环境和不同的职业、人物和居住区发展令人满意的、互动的人际关系的能力。

正像 Lynch（1992）在上面那些目的中所指明的那样，"强式"多元文化教育的目的部分地在于唤醒文化多样化的意识和敏感性（Sleeter 和 Grant，1987）。多元文化教育的相对"强式"教育的基础是：所有的文化都是发现意义的尝试。没有哪一种文化在理解上具有专利权（包括西方文化这个具有广泛意义的概念）。后现代主义者的观点认为，几乎没有或根本不存在至高无上的真理，不存在文化以外的最终现实，不存在妇女、少数民族或艺术的不可改变的或根本品质。所有意义的构成都是社会性的，身份（及身份的感觉）也不例外。在后现代主义看来，所有的意义都是不稳定的，并且也不存在中立的现象。鉴于所有信仰的暂时性和构成性的本质，分享跨文化的各种不同的意义是有价值的。在那些处于从属地位（如，语言少数民族）的意义中存在着有价值的东西。穷人的声音与有权人的声音同样具有意义；对被压迫的人的理解与对压迫者的理解具有同等程度的有效性。从后现代主义者的怀疑论和不确定性的观点中可以演变出新的语言权力的构成性意义。

然而，当讨论多元文化教育的教育基础时，政治就离我们不远了。在美国，一些"自由主义者"批评有保守思想的教育专业人士、出版教科书的公司以及地方和中央的教育部门控制和操纵着多元文化教育（Olneck，1993）。照此说来，是那些有权人掌握和控制着多元文化教育，因此，多元文化教育几乎构不成对学术、文化和政府机构的威胁。美国的政治活动家把多元文化主义当成了重新理顺政治关系和权力结构的主战场。因此，多元文化主义有时成了那些想要挑战种族不平等和建立秩序的人的动员令。对保守派来讲，多元文化主义是争夺"谁的价值观和思想将在课程中占上风"的象征，意味着在使学生适应社会上存在的文化类型时传播谁的传统和观点。这些保守派有时会认为，多元文化主义暗含的议程表是自主和自治而不是统一，是对社会进行暗中破坏，动摇社会基础而不是平等，是部落化和分离主义而不是多样化。

提供多元文化教育的企图是多种多样的。"多元文化教育"一词覆盖的面很广，是一个自相矛盾的多义词。它的内容包括从少数民族语言儿童的意识计划到分享拥有几个种族群体的课堂内的文化经历。多元文化教育的范围是从在课堂上的正规知识的传播开始，一直到以相互理解为目的的正规的、隐蔽的和讲解乡村文化的课程，最后是反对偏见和种族主义。可以是有计划的一星期一节课，也可以是整个课程和学校与社区间关系的激进的重组（Davidman 和 Davidman，1994；Nieto，1992）。多元文化教育可以是资源不足的、象征性的多元文化课，也可以是一场保证机会平等的政治运动，可以是与未能充分发挥学习潜力进行的斗争，一种权力的政治意识，对社会重组而进行的争论，以及对目前统治的调整。多元文化教育也可以是关于一些不同点的教育——穿衣方式与饮食习惯，语言与宗教。它还可以包括使用表面上的"莎丽服，萨摩亚和钢鼓乐队"的方法给文化的多样化以口头上的支持。这也许是在直接强调差异，肤色的不同和那些稀奇古怪的人。从最坏的方面讲，多元文化教育会有利于加强和扩大差异，不过只是偶尔所为。

多元文化教育需要对整个课程做出重新评估，分析那些似乎中立的学科，像理科和数学是如何主要使用并保持了多数民族的、处于支配地位的文化。在教科书的插图中，在教师的散文中，在需要处理的"现实生活"的问题中，会重现占支配地位的多数民族文化而忽视少数民族文化。

存在于数学、理科和工艺课中的差别越是难以察觉，历史和地理、文学艺术、音乐和家庭经济（如，烹饪），社会学和健康教育课的教学中单文化主义就越发普遍和明显。

例如，威尔士儿童学习英国和欧洲的历史要多于威尔士和凯尔特族的历史。墨西哥裔的美国儿童被教授美国的历史，而不是墨西哥的历史，把墨西哥的版图或美国历史中墨西哥裔的美国人物作为附加的课程。许多在美国的墨西哥人不但不知道自己国家的历史，而且在教科书中也没有记载这些种族群体对美国发展所做的贡献。在这里，目标变成了同化而不是意识，变成了支配而不是多样化。惧怕和忽视往往是种族主义的温床，也许在无意中犯了这种错误。没有支持种族身份和文化的多样化，而是暗中表达了不平等的文化观点。Olneck（1993：248）说："处于边缘和从属地位的群体被描述成无声的客体，他们的'分离状态'和与那些更位于中心的群体的差别，或他们与这些群体的从属关系，决定了他们的一切。在课程的内容上，据说，叙述历史和事件的那些观点，认为的主要角色，以及经历、文化的表述，还有那些认为有效和有价值的计划都是属于统治群体的。"

内容是在课程中实现多元文化主义的一个方法，这个方法表明合理性不是哪个文化的专利，理解需要的是民族间的相互依赖。既可以从当地土著人的观点解释"发现"北美大陆的历史，也可以从入侵者的角度看待这段历史；既可以从穆斯林的角度看待十字军东侵，也可以站在基督教的立场上；邪说总是来自异教徒和"信奉者"的观点。在课程方面，比如音乐和艺术课，可以存在着真正的对多样化的支持（如，非洲、加勒比海、亚洲和各种形式的拉丁音乐；非洲的艺术，中国和日本的风筝，伊斯兰和埃及的书法）。在系统地使用批评的方法了解世界的课程中（如，核物理学），解释这个世界的有些文化会比其他文化有更多的内容。就像不同的和对立的思想间的争论一样，不同文化的方法和手段也都是值得的。例如，对复杂的太阳系的了解，几个世纪以来某些文化已经达成了进一步共识。然而，对理解太阳系中个体的位置来讲，也许要通过例如对东西方神学理论和哲学思想的了解才能更好地理解它们。

在自然科学和社会科学中，宣扬男性、白人、西方的世界观是危险的。但是，我们可以去研究科学发现的起源（如，造纸术、印刷术、火药和指南针是中国人的发明，不是教科书上所讲的是欧洲人的发现）。科学与技术是构成性的，是相对的。不同的文化利用自然科学的成果形成了不同的知识体系和信仰。Young（1987：19）认为："科学就是实践。不存在没有付诸实践的科学。现有的科学成果是对科学家遇到的、继而提出的问题，得到资助的建议，追求的过程和使得科学杂志和教科书得以宣传的记录。自然界只'回答'那些被提出来、又经过长期的探索而得到的、进入公众领域的结果的问题。不论它们是否被提及，也不论它们被探索了多久，它们都是现实社会的，是这个社会的教育制度的，它的资助组织和资金机构的问题。"

多元文化教育的另一个危险是将"第三世界"的乡村特点和未

充分发展、饥饿和低等的状况模式化。另一种做法是介绍黑人科学家，认识到中国和印度的发明，发现发展中国家近来在园艺学和森林学、土壤学和社会学领域发生的变化。

其他的一些看法不能视为主流观点的附录，将不同的看法隔离开来，形成一种净化的或删除了不当内容的历史洁本。相反，应当存在相互结合的多种观点，公平地表现各种文化的独特贡献，如实地讲述各种经历间的相互依赖性。对学习来讲，这意味着在课程中避免表现孤立主义的思想（如，只讲北美或以欧洲为中心的观点），避免表现文化上的白人至上主义的观点（如，欧洲人与非洲人的种族隔离政策）。在宗教教育中，有时宣扬孤立主义的思想。例如，宣扬个别的基督教原教旨主义或极端的穆斯林观点，禁止其他思想的传播。同样，也应当避免白人至上主义者的观点。有时在暗中传播基督教高于世界上其他宗教就是一个例子。这说明宗教的原教旨主义与文化的多元化主义是背道而驰的。

然而，宗教却是多元文化主义的主要组成部分。在欧洲，宗教作为一个主要的社会问题出现在不同的种族和语言群体的关系中。在欧洲有 8-9 百万相对永久性居住的移民，他们来自非洲的西部和西北部、印度次大陆和东南亚，这些人分别信奉伊斯兰教（估计在欧洲有六百五十万信徒）、佛教、印度教和锡克教，加上基督教的各种教派，使宗教问题成了有关多元文化主义和多元文化双语教学辩论的主要组成部分。

学校中的反种族主义与减少偏见

种族偏见和种族敌视的心理根源与多元文化教育的哲学基础是不同的。但是，就像我们将要讨论的那样，反种族主义和减少偏见常常被包括在"强式"多元文化教育中。多元文化教育和教材并不包括种族主义或反种族主义的研究。例如，了解其他的文化和种族不是去面对自己（和他人）种族中存在的种族主义。因此，这种多元文化教育被指责为没有改变社会的种族主义结构，没有认识到实行多元文化教育的原因是种族主义。如果多元文化教育不去研究种族主义和反种族主义，这种教育可以成为反种族主义行动的安眠药，将抵制和反对种族主义的运动转入无害的渠道。相反，一种反对种族主义者的多元文化主义是可行的（Todd, 1991）。这种计划需包括对那些结构上的理由进行分析（如，种族主义的制度、社会阶层，政府的歧视行为），长久保存种族主义以及不能将种族主义视为一种个人态度的理由。这种计划的支持者认为，不仅要同情种族主义的受害者，还需要对战胜种族主义的斗争给予某种支持，甚至意味着对抗和非暴力的直接行动。

语言的多样化，就其本身而言，很少引起种族关系的恶化。尽管肤色、血统和语言常常成为种族主义的标志和象征，但是种族主义的根源往往存在于惧怕和误解中，存在于权力和经济报酬的不平等分配中。假如学校在社会中明智或不明智地充当了再现社会和经济差别的代理人，那么这些学校也许就是种族主义的保存者。因此，学校的多元文化教育有时既被认为是在攻击者中，又被认为在受害者中唤起种族主义意识的一种方式。

双语教育的危险是只注重两种语言不注重多种文化。造就双语学生也许不足以扭转社会的不平等和不公平的局面。双语儿童依然是种族主义的受害者，依然被限制在被统治的地位中，除非学校制度作为一个整体来纠正而不是重现不平等。

"扭转语言少数民族学生教育失败的关键因素不是教学语言，而是教育工作者扭转——而不是使其永久存在——这种微妙的，但常常不是如此微妙的，全社会制度化的种族主义工作程度。换句话说，双语教育只有成为反种族主义的教育才能成为有效的教育形式。人力提倡学生的主要语言可以是使语言少数民族学生获得权力的重要手段，但光凭这一点当然是不够的。"（Cummins, 1986a: 11）

学校在反对种族主义和减少偏见上的影响范围是辩论的焦点。儿童和教师，政治家和政策制定者的先入之见和态度，隐蔽在课程中的信息和正规课程的教材，会使赢得人心成为困难的事情。面对学校和街道上如此普遍、野蛮和根深蒂固的种族主义，有些人呼吁技能的培训而不是德育教育。德育教育可以通过对教材、教学语言的认真和有意识的选择，学校组织和在课堂上分组的办法与明显的种族主义作斗争。增长知识和扩大了解是追求的结果。有些人则认为应当使用直接的对抗形式反对种族主义。例如，可以使用角色扮演的方式，白人会体会到自己的种族主义和它带给别人的后果。这种角色扮演试图解决一个内在的问题，因为白人不可能完全理解种族主义，原因就是他们没有经历过。

另一种观点则具有悲观主义的色彩，但也不乏现实主义的因素，认为学校几乎不可能在社会上重建权力和种族关系。这种观点源于多元文化教育是一种象征性的和屈尊俯就的举动的思想。一种激进的观点认为，学校应当在种族主义的受害者中开展非暴力的政治行动，并且认为这种行动尤其应在学校以外的领域中进行。这种行动将努力重建社会的权力、统治和政治关系，并试图根除偏见和恐惧、欺辱和种族暴力。

这种激进的观点指出，多元文化教育和反种族教育既不可能是没有价值的，也不可能在政治上是中立的。它的目标是提倡教育机会的平等，根除种族和文化歧视，消灭种族统治。这种观点的危险是，它只是在启发少数民族而没有开导多数民族。在英国，在少数民族儿童居住的地区会实行多元文化教育。一般认为，多元文化教育与整个白人的纯英语学校无关。

希望使用自己的语言和文化到什么程度就成了种族主义？假如某个少数民族为了保护自己的语言和文化，希望在自己和相邻的语言和文化间建立起牢固的界线，这是否是种族中心主义和种族主义？Fishman（1991）认为，确保自己的种族身份是接受其他语言和文化的先决条件。语言少数民族也许首先需要保证自身的安全，然后再成为多元文化的民族。本民族语言的安全和地位也许是接受相邻文化和语言的必要基础。然而，如果不接受和不尊重他人的语言和文化，那么就会萌发种族主义的危险。

这同样与某人可以在不同程度上属于这个社区的思想有关。有可能既是犹太人又是英国人，既是西班牙或其他讲西班牙语的国家的人又是北美人，既是爱尔兰人又是欧洲人。有可能既是国际的又是地区的，既是地区的成员又是地球村的成员。然而，在有的时候，属于两个群体会觉得在心理上有困难。既属于威尔士又属于英国，既属于加泰隆又属于西班牙，会因为两个相连部分的不和谐、对立和有争议的界线而成为一件困难的事情。

结 束 语

在多元文化教育的支持者中，就使用哪种教学方法的问题存在着不同的意见。有些教师注重文化的民间传统，而不是语言；有的教师强调表面的兴趣，而不是确保具有同情心的理解；有的则希望提供多元文化世界的全部色彩和复杂的事物，而没有一套清楚的目标、目的、计划、理念和既定的结果。有些教师的观点是多元文化主义应当贯穿所有的课程，覆盖课程的每一个角落。通过教学资料，课堂上使用的语言和座位的安排及分组的方法，使学校具有多元文化的气质和气氛。面对普遍的欺辱和种族主义的暴力，他们看到了多元文化教育在学校中失败的迹象。在这种观点看来，单凭教育本身是不可能战胜单文化的原教旨主义和种族主义的。

对课堂上的多元文化主义和反种族主义的讨论重点说明了政治、文化和语言的内在联系。有少数民族语言和文化的地方，就存在个人、群体、地区和国家的政治问题。围绕着少数民族语言和双语的政治辩论往往集中在同化与一体化，多元化和多样化与统一化和标准化的问题上。辩论中的个人观点常常反映了妥协的立场。和谐和民族的统一与一定程度的多样化，进行部分同化的同时保留继承语言和文化，是可以实现的。

因此，双语教育的讨论不可避免地包括了个人的倾向和政治目的。这种个人或政治层面上对熔炉或语言花园的偏爱，部分地决定了所要采取的针对语言少数民族的教育制度的形式。这种偏爱将那些认为语言就是结果或语言就是资源的人区分开来。这种偏爱区分了那些想利用双语教育消除语言和文化差异的人和那些想利用双语教育支持多样化的人。有些人把课堂看成是将那些难以处理的、各种各样的原料结合起来的食谱。有些人认为，教学法是保持语言花园的资源丰富多采的计划。

推荐读物

DAVIDMAN, L. and DAVIDMAN, P. T. 1994, Teaching with a Multicultural Perspective: A Practical Guide. New York: Longman.

DELGADO - GAITAN, C. and TRUEBA, H. 1991, Crossing Cultural Borders: Education for Immigrant Families in America. New York: Falmer.

GARCIA, O. and BAKER, C. (eds) 1995, Policy and Practice in Bilingual Education: A Reader Extending the Foundations. Clevedon: Multilingual Matters. (Sections 1, 2 & 4).

McKAY, S. L. and WONG, S. C. (eds) 1988, Languagge Diversity: Problem or Resource? New York: Newbury House.

NIETOO, S. 1992, Affirming Diversity: The Sociopolitical Context of Multicultural Education. New York: Longman.

Trueba, h. t. 1989, Raising Silent Voices: Educating the Linguistic Minorities for the 21st Century. New York: Newbury House.

复 习 题

(1) 根据下列内容写出简短的复习笔记：

(i) 语言意识、公民身分、多元文化和反种族主义，减少偏见计划的本质。

(ii) 多元文化教育的目的。

(2) 多元文化主义和反种族主义的区别和联系是什么？

(3) Lynch（1992：42&43）提出了一套引导公民身份教育的目标，它们是：理解、价值观和态度，技能和行为。在这些目标中哪些与文化的多样化有关，哪些则与同化有更多的关系？

(4) 多元文化主义的教学方法有哪些主要特点？

(5) 仔细检查下列题目。这些题目是对本书中的某些辩论和一些重要内容的总结。在做这些题之前,你要参考本书其他章节的内容。

(i) 简述下列题目中所提及的不同观点。

(ii) 指出这些题目与双语、双语教育和多元文化教育的不同观点是如何联系的。学校所采用的语言和文化方法的种类有哪些意义?

(a) 比较语言学与双语人的社会文化/社会语言学的观点。

(b) 比较个人与双语/两种语言的群体分析。

(c) 比较技能与胜任能力。

(d) 比较双语的局部观点和整体观点。

(e) 比较双语的削减性与附加性的观点。

(f) 比较保护主义和现代主义。

(g) 比较权力（个人和群体）观点和赋予权力的观点。

(h) 比较同化主义和多元化的观点。

(i) 比较功能的观点和斗争的观点。

(j) 比较双语人的剥夺、治疗、问题、没有能力的观点与双语人的资源、利益、丰富、人才的观点。

思 考 题

(1) 访问一所有多元文化背景的学生和/或多元文化目的的学校。在这所学校中多种语言和多元文化之间有什么联系？多元文化是如何在课堂和学校中实行的？了解学生是否对学习不同的文化和不同的语言感兴趣。

(2) 学会如何进行简单的社会成员心理测定。例如，让儿童指出他们愿意邀请哪两个儿童参加他们的群体或他们最喜欢跟哪两个儿童在课堂上一起学习。将这些选择记录在表格或图表上，分析这些儿童间的关系。这些儿童被分开的原因是否因语言不同？是否因种族或能力的关系，这些儿童才分成了几个小群体？在课堂、运动场和街道上的友谊中，语言起着什么样的作用？

(3) 作为小组活动，制作一幅图文并茂的招贴画，可以摆在学校或大学里。使用多元文化作主题，用图画、文字和标志反映出"人人参加多元文化主义运动"的主题，并写出简短的说明性文字。

Recommended Further Reading

AN ACCOMPANYING READER
A Reader has been produced to accompany this book. This Reader is entitled '*Policy and Practice in Bilingual Education*' and is edited by Professor Ofelia García (City College New York) and Colin Baker. It was published by Multilingual Matters Ltd in 1995. The book contains a collection of important recent articles on policy and practices in bilingual education around the world, with particular emphasis on the United States. The readings are followed by questions and activities specifically designed for the preparation of teachers. The Reader is designed to extend and develop themes in this book, for example on teaching methodology in bilingual schools and classrooms.

The readings are divided into four sections:

Section 1: Policy and Legislation on Bilingualism in Schools and Bilingual Education.
Section 2: Implementation of Bilingual Policy in Schools: Structuring Schools
Section 3: Using Bilingualism in Instruction: Structuring Classrooms
Section 4: Using the Bilingualism of the School Community: Teachers and Parents

The Reader can be used by instructors and as an interactive text for students. The book is particularly attentive to needs in teacher education, especially in the preparation of bilingual teachers. Thus, each of the readings is followed by questions and activities that engage students in reflection and practices that may transform their own thinking, as well as the schools, classrooms and communities to which they will contribute. Whenever possible, the questions and activities reflect the content of the readings, and ask students to practice among themselves processes that will enable a contribution to their own communities and schools.

NATIONAL AND REGIONAL CONTEXTS
In this book there has been an attempt to present issues that are generalizable across nations. Regional and national language situations are not usually discussed in detail due to limits of space. It is important to study such situations as an extension of this book. Sources to commence this study are given below:

FOUNDATIONS OF BILINGUAL EDUCATION

(1) **World:** García (1991b), Horvath & Vaughan (1991), Paulston (1988), Paulston (1994), Spolsky & Cooper (eds, 1977).
(2) **Africa:** Adbulaziz (1991), Eiseman *et al.* (1989), Rubagumya (1990), Rubagumya (1994).
(3) **Asia:** Boyle (1990), Gaudart (1987), Jones & Ozóg (1993), Paulston (1988).
(4) **Australia:** Clyne (1988), Clyne (1991).
(5) **Britain:** Alladina & Edwards (1991), Baker (1985, 1988), Edwards & Redfern (1992), Ghuman (1995), Mills & Mills (1993), Verma, Corrigan & Firth (1995).
(6) **Canada:** Cummins & Danesi (1990), Danesi, McLeod & Morris (1993), Edwards & Redfern (1992), Genesee (1987), Genesee (1994), Heller (1994), Swain & Lapkin (1982).
(7) **Europe:** (Mainland): Allardyce (1987), Artigal (1991), Baetens Beardsmore (1993), Baetens Beardsmore & Lebrun (1991), Duff (1991), Mar-Molinero (1987), McLaughlin & Graf (1985), Novak-Lukanovic (1988), Paulston (ed., 1988), Pedersen (1992), Perotti (1994), Skutnabb-Kangas & Cummins (1988), Zondag (1991).
(8) **India:** Pattanayak (1988), Sridhar (1991).
(9) **New Zealand:** Benton, R.A. (1991), Corson (1990).
(10) **Latin America:** Albó and d'Emilio (1990), Alford (1987), Amadio (1990), Hornberger (1988), Fortune & Fortune (1987), Gurdian & Salamanca (1990), López (1990), Martínez (1990), Moya (1990), Paulston (ed., 1988), Varese (1990), Zuniga (1990).
(11) **United States:** Arias & Casanova (1993), Cazden & Snow (1990b), Crawford (1991), DeVillar, Faltis & Cummins (1994), García (1991b), García (1992a), McKay & Wong (1988), Padilla & Benavides (1992), Trueba (1989).

GENERAL SOURCES FOR EXTENDED READING

ARIAS, M. and CASANOVA, U. (eds) 1993, *Bilingual Education: Politics, Practice, Research*. Chicago: National Society for the Study of Education/University of Chicago Press.
ARTIGAL, J.M. 1991, *The Catalan Immersion Program: A European Point of View*. Norwood, NJ: Ablex.
BAETENS BEARDSMORE, H. 1986, *Bilingualism: Basic Principles*. Clevedon: Multilingual Matters.
BAETENS BEARDSMORE, H. (ed.) 1993, *European Models of Bilingual Education*. Clevedon: Multilingual Matters.
BAKER, C. 1995, *A Parents' and Teachers' Guide to Bilingualism*. Clevedon: Multilingual Matters.
CALIFORNIA STATE DEPARTMENT OF EDUCATION 1984, *Studies on Immersion Education. A Collection for United States Educators*. Sacramento, CA: California State Department of Education.
CALIFORNIA STATE DEPARTMENT OF EDUCATION 1989, *Foreign Language Framework*. Sacramento, CA: California State Department of Education.

RECOMMENDED FURTHER READING

CAZDEN, C.B. and SNOW, C.E. 1990, *English Plus: Issues in Bilingual Education* (*The Annals of the American Academy of Political and Social Science* 508, March). London: Sage.
CORSON, D. 1990, *Language Policy Across the Curriculum*. Clevedon: Multilingual Matters.
CRAWFORD, J. 1991, *Bilingual Education: History Politics, Theory and Practice* (2nd edn). Los Angeles, CA: Bilingual Education Services.
CUMMINS, J. and DANESI, M. 1990, *Heritage Languages. The Development and Denial of Canada's Linguistic Resources*. Toronto: Our Schools/Ourselves Education Foundation and Garamond Press.
CUMMINS, J. and SWAIN, M. 1986, *Bilingualism in Education*. New York: Longman.
DELGADO-GAITAN, C. and TRUEBA, H. 1991, *Crossing Cultural Borders: Education for Immigrant Families in America*. New York: Falmer.
DEVILLAR, R.A., FALTIS, C.J. and CUMMINS, J.P. (eds) 1994, *Cultural Diversity in Schools: From Rhetoric to Practice*. Albany, NY: State University of New York Press.
EDWARDS, J. 1985, *Language, Society and Identity*. Oxford: Blackwell.
EDWARDS, J. 1994, *Multilingualism*. London: Routlege.
FALTIS, C.J. 1993, *Joinfostering: Adapting Teaching Strategies for the Multilingual Classroom*. New York: Macmillan.
FISHMAN, J.A. 1989, *Language and Ethnicity in Minority Sociolinguistic Perspective*. Clevedon: Multilingual Matters.
FISHMAN, J.A. 1991, *Reversing Language Shift*. Clevedon: Multilingual Matters.
GARCÍA, O. (ed.) 1991, *Bilingual Education: Focusschrift in Honor of Joshua A. Fishman (Volume 1)*. Amsterdam/Philadelphia: John Benjamins.
GENESEE, F. 1987, *Learning Through Two Languages*. Cambridge, MA: Newbury House.
GENESEE, F. (ed.) 1994, *Educating Second Language Children*. Cambridge: Cambridge University Press.
HAKUTA, K. 1986, *Mirror of Language. The Debate on Bilingualism*. New York: Basic Books.
HOFFMANN, C. 1991, *An Introduction to Bilingualism*. London: Longman.
JACOBSON, R. and FALTIS, C. 1990, *Language Distribution Issues in Bilingual Schooling*. Clevedon: Multilingual Matters.
JONES, G.M. and OZÓG, A.C.K. (eds) 1993, *Bilingualism and National Development*. Clevedon: Multilingual Matters.
McGROARTY, M.E. and FALTIS, C.J. 1991, *Languages in School and Society: Policy and Pedagogy*. Berlin/New York: Mouton de Gruyter.
McKAY, S.L. and WONG, S.C. (eds.) 1988, *Language Diversity: Problem or Resource?* New York: Newbury House.
McLAUGHLIN, B. 1987, *Theories of Second-language Learning*. London: Edward Arnold.
MILLS, R.W. and MILLS, J. (eds) 1993, *Bilingualism in the Primary School: A Handbook for Teachers*. London: Routledge.

NIETO, S. 1992, *Affirming Diversity: The Sociopolitical Context of Multicultural Education*. New York: Longman.

OVANDO, C.J. and COLLIER, V.P. 1987, *Bilingual and ESL Classrooms: Teaching in Multicultural Contexts*. New York: McGraw-Hill.

PADILLA, R.V. and BENAVIDES, A.H. (eds) 1992, *Critical Perspectives on Bilingual Education Research*. Tempe, AZ: Bilingual Press.

PAULSTON, C.B. (ed.) 1988, *International Handbook of Bilingualism and Bilingual Education*. New York: Greenwood.

PAULSTON, C.B. 1994, *Linguistic Minorities in Multilingual Settings*. Amsterdam/Philadelphia: John Benjamins.

PÉREZ, B. and TORRES-GUZMÁN, M. 1995, *Learning in Two Worlds: An Integrated Spanish/English Biliteracy Approach* (2nd edn). New York: Longman.

REYNOLDS, A.G. (ed.) *Bilingualism, Multiculturalism and Second Language Learning*. Hillsdale, NJ: Lawrence Erlbaum.

RICHARDS, J.C. and ROGERS, T.S. 1986, *Approaches and Methods in Language Teaching*. Cambridge: Cambridge University Press

RUBAGUMYA, C.M. (ed.) 1994, *Teaching and Researching Language in African Classrooms*. Clevedon: Multilingual Matters.

SKUTNABB-KANGAS, T. 1981, *Bilingualism or Not: The Education of Minorities*. Clevedon: Multilingual Matters.

SAUNDERS, G. 1988, *Bilingual Children: From Birth to Teens*. Clevedon: Multilingual Matters.

SKUTNABB-KANGAS, T. and CUMMINS, J. (eds) 1988, *Minority Education: From Shame to Struggle*. Clevedon: Multilingual Matters.

SPOLSKY, B. 1989, *Conditions for Second Language Learning*. Oxford: Oxford University Press.

STERN, H.H. 1992, *Issues and Options in Language Teaching*. Oxford: Oxford University Press.

SWAIN, M. and LAPKIN, S. 1982, *Evaluating Bilingual Education: A Canadian Case Study*. Clevedon: Multilingual Matters.

TRUEBA, H.T. 1989, *Raising Silent Voices: Educating the Linguistic Minorities for the 21st Century*. New York: Newbury House.

WHITMORE, K.F. and CROWELL, C.C. 1994, *Inventing a Classroom. Life in a Bilingual Whole Language Community*. York, ME: Stenhouse.

Appendix 1:
Attitude to Bilingualism

Here are some statements about the English and the Spanish language. Please say whether you agree or disagree with these statements. There are no right or wrong answers. Please be as honest as possible. Answer with ONE of the following:

SA = Strongly Agree (tick SA); A= Agree (tick A); NAND = Neither Agree Nor Disagree (tick NAND); D = Disagree (tick D); SD = Strongly Disagree (tick SD)

		SA	A	NAND	D	SD
1.	It is important to be able to speak English and Spanish					
2.	To speak English is all that is needed					
3.	Knowing Spanish and English makes people cleverer					
4.	Children get confused when learning English *and* Spanish					
5.	Speaking both Spanish and English helps to get a job					
6.	Being able to write in English and Spanish is important					
7.	Schools should teach pupils to speak in two languages					
8.	School wall displays should be in English and Spanish					
9.	Speaking two languages is not difficult					
10.	Knowing both Spanish and English gives people problems					
11.	I feel sorry for people who cannot speak both English and Spanish					

5

FOUNDATIONS OF BILINGUAL EDUCATION

		SA	A	NAND	D	SD
12.	Children should learn to read in two languages					
13.	People know more if they speak English and Spanish					
14.	People who speak Spanish and English can have more friends than those who speak one language					
15.	Speaking both English and Spanish is more for older than younger people					
16	Speaking both Spanish and English can help people get promotion in their job					
17.	Young children learn to speak Spanish and English at the same time with ease					
18.	Both English and Spanish should be important in the region where I live					
19.	People can earn more money if they speak both Spanish and English					
20.	I should not like the English language to be the only language in this area					
21.	As an adult, I would like to be considered as a speaker of English and Spanish					
22.	If I have children, I would want them to speak both English and Spanish					
23.	Both the Spanish and English languages can live together in this region					
24.	People only need to know one language					

Appendix 2: Use of Spanish

How important or unimportant do you think the Spanish language is for people to do the following? There are no right or wrong answers.

	For People To:	Important	A Little Important	A Little Unimportant	Unimportant
1.	Make friends				
2.	Earn plenty of money				
3.	Understand conversations				
4.	Read				
5.	Write				
6.	Watch TV/Videos				
7.	Get a job				
8.	Become cleverer				
9.	Be liked				
10.	Live in this region				
11.	Religious attendance				
12.	Sing (e.g. with others)				
13.	Play sport				
14.	Bring up children				
15.	Go shopping				
16.	Make phone calls				
17.	Succeed at school				
18.	Be accepted in the community				
19.	Talk to friends				
20.	Talk to teachers in school				
21.	Talk to people generally				

Appendix 3: Attitude to Spanish

Here are some statements about the Spanish language. Please say whether you agree or disagree with these statements. There are no right or wrong answers. Please be as honest as possible. Answer with ONE of the following:

SA = Strongly Agree (tick SA); A = Agree (tick A); NAND = Neither Agree Nor Disagree (tick NAND); D = Disagree (tick D); SD = Strongly Disagree (tick SD)

		SA	A	NAND	D	SD
1.	I like hearing Spanish spoken					
2.	I prefer to watch TV in English than Spanish					
3.	Spanish should be taught to most pupils in this region					
4.	Its a waste of time to keep the Spanish language alive in this region					
5.	I like speaking Spanish					
6.	Spanish is a difficult language to learn					
7.	There are more useful languages than Spanish					
8.	I'm likely to use Spanish as an adult					
9.	Spanish is a language worth learning					
10.	Spanish has no place in the modern world					
11.	Spanish will disappear in this region					
12.	Spanish is essential to take part fully in community life					
13.	We need to preserve the Spanish language					
14.	Children should be made to learn Spanish in this area					
15.	I would like Spanish to be as strong as English in this area					

APPENDIX 3

		SA	A	NAND	D	SD
16.	It would be hard to study science in Spanish					
17.	You are considered a lower class person if you speak Spanish					
18.	I would prefer to be taught in Spanish					
19.	As an adult, I would like to marry a Spanish speaker					
20.	If I have children, I would like them to be Spanish speaking					

Appendix 4:
Language Use Surveys

The language background of an individual or language group needs to include many different contextual dimensions. Listed below are some of the contexts that need to be included in a language use survey:

(1) Preferred categorization of the language (e.g. minority, lesser used, community, heritage, indigenous).
(2) Geographical extent of the language.
(3) Recent history of the language; major changes in the last decade.
(4) Number of users (e.g. from a Census).
(5) Legal status of language. Existence and effect of any language legislation. Use of language in courts.
(6) Dominant language(s) of the territory.
(7) Recent migration (in and out) affecting the language.
(8) Relations with neighboring language groups and with the dominant language.
(9) (a) Use of language in education in primary and secondary education.
      (i) As a medium of instruction.
      (ii) As a subject itself.
      (iii) The history and culture surrounding the language.
      (iv) Provision of teachers, schools and curriculum materials.
   (b) Use of language in Further, Vocational, Technical, Adult, Continuing and Higher Education.
(10) Literacy and biliteracy of the language group.
(11) Provision of language learning classes for in-migrants.
(12) Effect of retirement patterns on the language.
(13) Use of language in media (e.g. TV, radio, books, newspapers, periodicals, magazines, telephone, satellite). Subsidization.
(14) Unemployment in the language group.

APPENDIX 4

(15) Types of employment among language group (e.g. socio-economic status, industrialization, technologization). Whether language is a requirement or advantage in finding a job.
(16) Use of the language in bureaucracy, forms, with regional and local Authorities, with services (e.g. water, electricity, post office, railways, buses, police).
(17) Effect of travel on language group (e.g. road access, train systems, air travel, shipping).
(18) Effect of tourism on language group.
(19) Effect of local and central government on the language. Attitude of government to the language.
(20) Amount of language activism among the language group.
(21) Cultural vitality of the language group; institutions dedicated to supporting the language and culture; cultural festivals.
(22) Effect of urbanization and suburbanization on the language.
(23) Use of language in computing (e.g. in schools, adapted keyboards and fonts).
(24) Use of language in music: traditional, pop and rock, folk, classical.
(25) Use of language in theater, cinema.
(26) Use of translation, dubbing, subtitling of foreign language media.
(27) Promotion of translation, terminological research, standardization of language.
(28) Use of the language in advertising on TV, radio, in the press.
(29) Use of language in public speech and literacy events.
(30) Use of the language on goods labels and instructions.
(31) Use of the language in financial transactions (e.g. bills, banking).
(32) Use of the language on signposts (e.g. streets, major roads, in hospitals, schools, religious buildings, government offices).
(33) Use of the language in hospitals, care of elderly, homes and hostels.
(34) Use of the language by parents with their children.
(35) Use of the language in new and existing marriages.
(36) Use of the language in religious events and among religious leaders.
(37) Gender differences in the use of the language.
(38) Social status of the language and language speakers.
(39) Attitudes of speakers and non-speakers to the language. Optimism or pessimism surrounding the language.
(40) Promotion of research activity on the language.

APPENDIX 5: CONCEPTUAL MAP OF THE BOOK

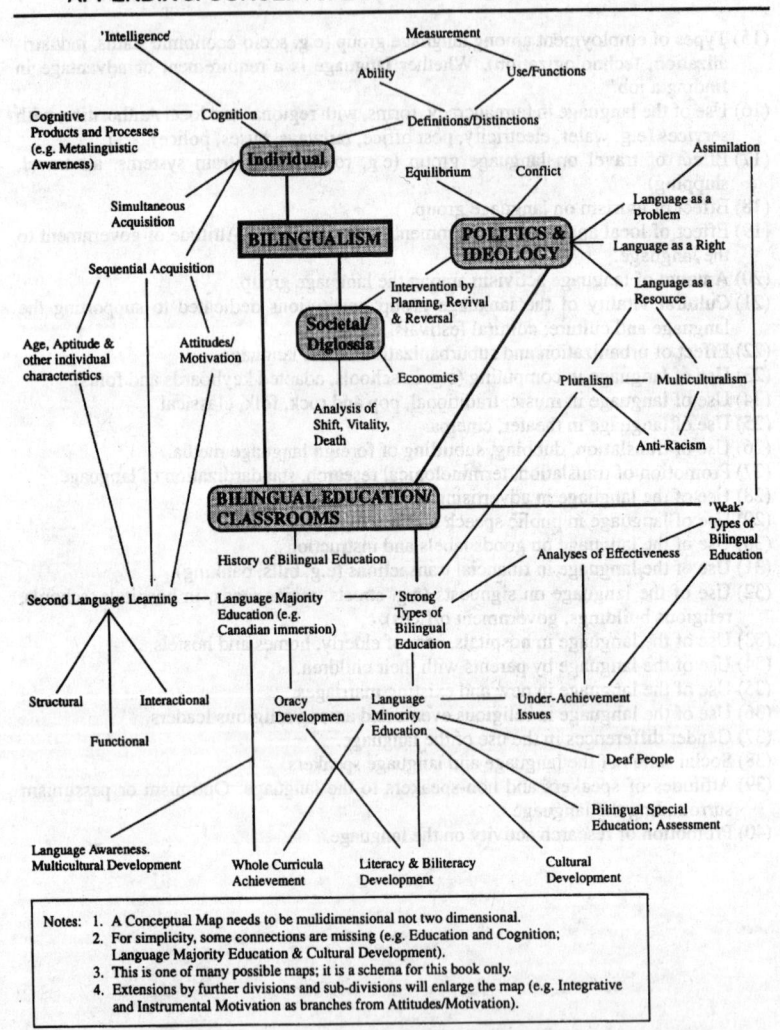

[Conceptual map diagram with the following nodes and connections:]

Central nodes: Individual; BILINGUALISM; POLITICS & IDEOLOGY; Societal/Diglossia; BILINGUAL EDUCATION/CLASSROOMS

Branches from 'Individual':
- 'Intelligence'
- Measurement
- Ability
- Use/Functions
- Cognition
  - Cognitive Products and Processes (e.g. Metalinguistic Awareness)
  - Definitions/Distinctions

Branches from 'BILINGUALISM':
- Simultaneous Acquisition
- Sequential Acquisition
- Age, Aptitude & other individual characteristics
- Attitudes/Motivation

Branches from 'POLITICS & IDEOLOGY':
- Equilibrium
- Conflict
- Assimilation
- Language as a Problem
- Language as a Right
- Language as a Resource
- Pluralism
- Multiculturalism
- Anti-Racism

Branches from 'Societal/Diglossia':
- Intervention by Planning, Revival & Reversal
- Economics
- Analysis of Shift, Vitality, Death

Branches from 'BILINGUAL EDUCATION/CLASSROOMS':
- History of Bilingual Education
- Analyses of Effectiveness
- 'Weak' Types of Bilingual Education
- Second Language Learning
  - Structural
  - Interactional
  - Functional
- Language Majority Education (e.g. Canadian immersion)
- 'Strong' Types of Bilingual Education
- Oracy Development
- Language Minority Education
- Under-Achievement Issues
- Deaf People
- Bilingual Special Education; Assessment
- Language Awareness. Multicultural Development
- Whole Curricula Achievement
- Literacy & Biliteracy Development
- Cultural Development

Notes:
1. A Conceptual Map needs to be mulidimensional not two dimensional.
2. For simplicity, some connections are missing (e.g. Education and Cognition; Language Majority Education & Cultural Development).
3. This is one of many possible maps; it is a schema for this book only.
4. Extensions by further divisions and sub-divisions will enlarge the map (e.g. Integrative and Instrumental Motivation as branches from Attitudes/Motivation).

A Conceptual Map of the Book

Bibliography

ABDULAZIZ, M.H. 1991, Language in education: A comparative study of the situation in Tanzania, Ethiopia and Somalia. In O. GARCIA (ed.) *Bilingual Education: Focusschrift in Honor of Joshua A. Fishman*. Amsterdam/Philadelphia: John Benjamins.

ACAC (previously Curriculum Council for Wales) 1993, *Developing a Curriculum Cymreig*. Cardiff: ACAC.

ADA, F. 1988a, Creative reading: A relevant methodology for language minority children. In L.M. MALAVE (ed.) *NABE '87. Theory, Research and Application: Selected Papers*. Buffalo: State University of New York.

ADA, F. 1988b, The Pajaro Valley experience: Working with Spanish-speaking parents. In T. SKUTNABB-KANGAS and J. CUMMINS (eds) *Minority Education: From Shame to Struggle*. Clevedon: Multilingual Matters.

AFOLAYAN, A. 1995, Aspects of bilingual education in Nigeria. In B.M. JONES and P. GHUMAN (eds) *Bilingualism, Education and Identity*. Cardiff: University of Wales Press.

AITCHISON, J. 1991, *Language Change: Progress or Decay*. Cambridge: Cambridge University Press.

ALBÓ, X., and D'EMILO, L. 1990, Indigenous languages and intercultural bilingual education in Bolivia. *Prospects (UNESCO)* 20 (3), 321–330.

ALFORD, M.R. 1987, Developing facilitative reading programmes in Third World countries. *Journal of Multilingual and Multicultural Development* 8 (6), 493–511.

ALLADINA, S. and EDWARDS, V. 1991, *Multilingualism in the British Isles*. London: Longman.

ALLARDT, E. 1979, Implications of the ethnic revival in modern, industrialized society. A comparative study of the linguistic minorities in Western Europe. *Commentationes Scientiarum Socialium* 12. Helsinki: Societas Scientiarum Fennica.

ALLARDT, E. and STARCK, C. 1981, *Sprakgranser och Samhallsstruktur*. Stockholm: Almquist and Wiksell.

ALLARDYCE, R. 1987, Planned bilingualism: The Soviet case. *Journal of Russian Studies* 52, 3–16.

ALLEN, P. *et al.* 1989, Restoring the balance: A response to Hammerly. *Canadian Modern Language Review* 45 (4), 770–776.

AMADIO, M. 1990, Two decades of bilingual education in Latin America 1970–90. *Prospects (UNESCO)* 20 (3), 305–310.

AMERICAN PSYCHOLOGICAL ASSOCIATION 1982, Review of Department of Education report entitled: '*Effectiveness of Bilingual Education: A Review of Literature*', Letter to Congressional Hispanic Caucus, April 22nd.

ANDERSEN, R. 1983, Introduction: A language acquisition interpretation of pidginization and creolization. In R. ANDERSEN (ed.) *Pidginization and Creolization as Language Acquisition*. Rowley, MA: Newbury House.

ANDERSON, C.A. 1966, Literacy and schooling on the development threshold. In C.A. ANDERSON and M. BOWMAN (eds) *Education and Economic Development*. London: Frank Cass.

ANDERSON, T. and BOYER, M. 1970, *Bilingual Schooling in the United States* (2 volumes). Austin, TX: Southwest Educational Laboratory.

ANDRES, F. 1990, Language relations in multilingual Switzerland. *Multilingua* 9 (1), 11–45.

APPEL, R. and MUYSKEN, P. 1987, *Language Contact and Bilingualism*. London: Edward Arnold.

ARGYLE, M. 1975, *Bodily Communication*. London: Methuen.

ARIAS, M. and CASANOVA, U. (eds) 1993, *Bilingual Education: Politics, Practice, Research*. Chicago: National Society for the Study of Education/University of Chicago Press.

ARNBERG, L. 1981, Bilingual education of young children in England and Wales. University of Linkoping, Sweden, Department of Education.

ARNBERG, L. 1987, *Raising Children Bilingually: The Pre-School Years*. Clevedon: Multilingual Matters.

ARNBERG, L. and ARNBERG, P. 1992, Language awareness and language separation in the young bilingual child. In R.J. Harris (ed.) *Cognitive Processing in Bilinguals*. Amsterdam: North-Holland.

ARTIGAL, J.M. 1991, *The Catalan Immersion Program: A European Point of View*. Norwood, NJ: Ablex.

ARTIGAL, J.M. 1993, Catalan and Basque immersion programmes. In H. BAETENS BEARDSMORE (ed.) *European Models of Bilingual Education*. Clevedon: Multilingual Matters.

ARTIGAL, J.M. 1996, Plurilingual education in Catalonia. In R. JOHNSON and M. SWAIN (eds) *Immersion Education: International Perspectives*. Cambridge: Cambridge University Press.

AUERBACH, E.R. 1989, Toward a social-contextual approach to family literacy. *Harvard Educational Review* 59 (2), 165–181.

BACA, L.M. and CERVANTES, H.T. 1989, *The Bilingual Special Education Interface*. Columbus, OH: Merrill.

BACHI, R. 1956, A statistical analysis of the revival of Hebrew in Israel. *Scripta Hierosolymitana* 3, 179–247.

BIBLIOGRAPHY

BACHMAN, L.F. 1990, *Fundamental Considerations in Language Testing.* Oxford: Oxford University Press.

BAETENS BEARDSMORE, H. 1986, *Bilingualism: Basic Principles.* Clevedon: Multilingual Matters.

BAETENS BEARDSMORE, H. 1993, The European school model. In H. BAETENS BEARDSMORE (ed.) *European Models of Bilingual Education.* Clevedon: Multilingual Matters.

BAETENS BEARDSMORE, H. (ed.) 1993, *European Models of Bilingual Education.* Clevedon: Multilingual Matters.

BAETENS BEARDSMORE H. and LeBRUN, N. 1991, Trilingual education in the Grand Duchy of Luxembourg. In O. GARCÍA (ed.) *Bilingual Education: Focusschrift in Honor of Joshua A. Fishman.* Amsterdam/Philadelphia: John Benjamins.

BAETENS BEARDSMORE, H. and SWAIN, M. 1985, Designing bilingual education: Aspects of immersion and 'European School' models. *Journal for Multilingual and Multicultural Development* 6 (1), 1–15.

BAETENS BEARDSMORE, H. and VAN BEECK, H. 1984, Multilingual television supply and language shift in Brussels. *International Journal of the Sociology of Language* 48, 65–79.

BAKER, C. 1985, *Aspects of Bilingualism in Wales.* Clevedon: Multilingual Matters.

BAKER, C. 1988, *Key Issues in Bilingualism and Bilingual Education.* Clevedon: Multilingual Matters.

BAKER, C. 1990, The effectiveness of bilingual education. *Journal of Multilingual and Multicultural Development.* 11 (4), 269–277.

BAKER, C. 1992, *Attitudes and Language.* Clevedon: Multilingual Matters.

BAKER, C. 1993, Bilingual education in Wales. In H. BAETENS BEARDSMORE (ed.) *European Typologies of Bilingual Education.* Clevedon: Multilingual Matters.

BAKER, C. 1995a, *A Parents' and Teachers' Guide to Bilingualism.* Clevedon: Multilingual Matters.

BAKER, C. 1995b, Bilingual education and assessment. In B.M. JONES and P. GHUMAN (eds) *Bilingualism, Education and Identity.* Cardiff: University of Wales Press.

BAKER C. and HINDE J. 1984, Language background classification. *Journal of Multilingual and Multicultural Development* 5 (1), 43–56.

BAKER C. and PRYS JONES, S. 1997, *An Encyclopedia of Bilingualism.* Clevedon: Multilingual Matters.

BAKER, K. 1987, Comment on Willig's 'A meta analysis of selected studies of bilingual education'. *Review of Educational Research* 57 (3), 351–362.

BAKER, K. 1992, Ramirez *et al.*: Misled by bad theory. *Bilingual Research Journal* 16 (1&2), 63–89.

BAKER, K.A. and de KANTER, A.A. 1981, *Effectiveness of Bilingual Education: A Review of Literature.* Washington, DC: Office of Planning, Budget and Evaluation, US Department of Education.

BAKER, K.A. and de KANTER, A.A. 1983, *Bilingual Education*. Lexington, MA: Lexington Books.
BALKAN, L. 1970, *Les Effets du Bilingualisme Français: Anglais sur les Aptitudes Intellectuelles*. Brussels: Aimav.
BARONA, M.S. and BARONA, A. 1992, Assessment of bilingual preschool children. In R.V. PADILLA and A.H. BENAVIDES (eds) *Critical Perspectives on Bilingual Education Research*. Tempe, AZ: Bilingual Press.
BARTH, F. 1966, *Models of Social Organization* (Occasional Paper No. 23). London: Royal Anthropological Institute.
BEL, A. 1993, Some results of the immersion programme in Catalonia. *Notícies del SEDEC/Newsletter of the Servei d'Ensenyament del Catalonia*.
BENTON, R.A. 1991, 'Tomorrow's schools' and the revitalization of Maori. In O. GARCÍA (ed.) *Bilingual Education: Focusschrift in Honor of Joshua A. Fishman*. Amsterdam/Philadelphia: John Benjamins.
BENYON, J. and TOOHEY, K. 1991, Heritage language education in British Columbia: Policy and programs. *Canadian Modern Language Review* 47 (4), 606–616.
BEN-ZEEV, S. 1977a, The influence of bilingualism on cognitive strategy and cognitive development. *Child Development* 48, 1009–1018.
BEN-ZEEV, S. 1977b, The effect of bilingualism in children from Spanish–English low economic neighborhoods on cognitive development and cognitive strategy. *Working Papers on Bilingualism* 14, 83–122.
BERLINER, D.C. 1988, Meta-comments: A discussion of critiques of L.M. Dunn's monograph '*Bilingual Hispanic Children on the US Mainland*'. *Hispanic Journal of Behavioral Sciences* 10 (3), 273–300.
BERNHARDT, E.B. (ed.) *Life in Language Immersion Classrooms*. Clevedon: Multilingual Matters.
BERNHARDT, E. and SCHRIER, L. 1992, The development of immersion teachers. In E.B. BERNHARDT (ed.) *Life in Language Immersion Classrooms*. Clevedon: Multilingual Matters.
BERTHOLD, M. 1992, An Australian experiment in French immersion. *Canadian Modern Language Review* 49 (1), 112–125.
BERTHOLD, M. 1995, *Rising to the Bilingual Challenge: Ten Years of Queensland Secondary School Immersion*. Canberra: National Languages and Literacy Unit of Australia.
BIALYSTOK, E. 1987a, Influences of bilingualism on metalinguistic development. *Second Language Research* 3 (2), 154–166.
BIALYSTOK, E. 1987b, Words as things: Development of word concept by bilingual children. *Studies in Second Language Learning* 9, 133–140.
BIALYSTOK, E. 1988, Levels of bilingualism and levels of linguistic awareness. *Developmental Psychology* 24 (4), 560–567.
BIALYSTOK, E. (ed.) 1991, *Language Processing in Bilingual Children*. Cambridge: Cambridge University Press.

BIBLIOGRAPHY

BIALYSTOK, E. 1992, Selective attention in cognitive processing: The bilingual edge. In R.J. HARRIS (ed.) *Cognitive Processing in Bilinguals*. Amsterdam: North-Holland.

BIALYSTOK, E. and RYAN, E.B. 1985, Toward a definition of metalinguistic skill. *Merrill-Palmer Quarterly* 31 (3), 229–251.

BILD, E. and SWAIN, M. 1989, Minority language students in a French immersion programme: Their French proficiency. *Journal of Multilingual and Multicultural Development* 10 (3), 255–274.

BLOOME, D. 1985, Reading as a social process. *Language Arts* 62, 134–142.

BLOOMFIELD L. 1933, *Language*. New York: Holt.

BOYLE, E.R. 1990, Is there a Bilingual answer for Hong Kong? *Evaluation and Research in Education* 4 (3), 117–127.

BRAINE, M.D. 1987, Acquiring and processing first and second languages. In P. HOMEL, M. PALIJ and D. AARONSON (eds) *Childhood Bilingualism: Aspects of Linguistic, Cognitive and Social Development*. Hillsdale, NJ: Lawrence Erlbaum.

BROWN, H.D. 1980, *Principles of Language Learning and Teaching*. New Jersey: Englewood Cliffs.

BRUCK, M., LAMBERT, W.E. and TUCKER, G.R. 1976, Cognitive consequences of bilingual schooling: The St Lambert Project through Grade 6. Unpublished Manuscript. Department of Psychology, McGill University.

BULL, B.L., FRUEHLING, R.T. and CHATTERGY, V. 1992, *The Ethics of Multicultural and Bilingual Education*. New York: Teachers College Press.

BULLOCK REPORT (DEPARTMENT OF EDUCATION AND SCIENCE) 1975, *A Language for Life*. London: HMSO.

BUTTS, R.F. 1980, *The Revival of Civic Learning*. Bloomington, IN: Phi Delta Kappa.

CALDWELL, J. and BERTHOLD, M. 1995, Aspects of bilingual education in Australia. In B.M. JONES and P.S.S. GHUMAN (eds) *Bilingualism, Education and Identity*. Cardiff: University of Wales Press.

CALIFORNIA STATE DEPARTMENT OF EDUCATION 1984, *Studies on Immersion Education. A Collection for United States Educators*. Sacramento, CA: California State Department of Education.

CALIFORNIAN STATE DEPARTMENT OF EDUCATION 1989, *Foreign Language Framework*. Sacramento, CA: California State Department of Education.

CAMPBELL, R. and SAIS, E. 1995, Accelerated metalinguistic (phonological) awareness in bilingual children. *British Journal of Developmental Psychology* 13 (1), 61–68.

CANADIAN EDUCATION ASSOCIATION 1991, *Heritage Language Programs in Canadian School Boards*. Toronto: Canadian Education Association.

CANADIAN EDUCATION ASSOCIATION 1992, *French Immersion Today*. Toronto: Canadian Education Association.

CANALE, M. 1983, On some dimensions of language proficiency. In J.W. OLLER (ed.) *Issues in Language Testing Research*. Rowley, MA: Newbury House.

CANALE, M. 1984, On some theoretical frameworks for language proficiency. In C. RIVERA (ed.) *Language Proficiency and Academic Achievement*. Clevedon: Multilingual Matters.

CANALE, M. and SWAIN, M. 1980, Theoretical bases of communicative approaches to second language teaching and testing. *Applied Linguistics* 1, 1–47.

CALERO-BRECKHEIMER, A. and GOETZ, E.T. 1993, Reading strategies of biliterate children for English and Spanish texts. *Reading Psychology* 14, 177–204.

CAREY, S.T. 1991, The culture of literacy in majority and minority language schools. *Canadian Modern Language Review* 47 (5), 950–976.

CARRASQUILLO, A.L. 1990, Bilingual special education: The important connection. In A.L. CARRASQUILLO and R.E. BAECHER (eds) *Teaching the Bilingual Special Education Student*. Norwood, NJ: Ablex.

CARROLL, B. 1980, *Testing Communicative Performance*. Oxford: Pergamon Press.

CARROLL, J.B. 1968, The psychology of language testing. In A. DAVIES (ed.) *Language Testing Symposium. A Psycholinguistic Perspective*. Oxford: Oxford University Press.

CARTER, T.P. and CHATFIELD, M.L. 1986, Effective bilingual schools: Implications for policy and practice. *American Journal of Education* 95 (1), 200–232.

CASANOVA, U. 1991, Bilingual education: Politics or pedagogy? In O. GARCÍA (ed.) *Bilingual Education: Focusschrift in Honor of Joshua A. Fishman*. Amsterdam/Philadelphia: John Benjamins.

CASANOVA, U. 1992, Shifts in bilingual education policy and the knowledge base. In R.V. PADILLA and A.H. BENAVIDES (eds) *Critical Perspectives on Bilingual Education Research*. Tempe, AZ: Bilingual Press.

CASANOVA, U. and ARIAS M.B. 1993, Contextualizing bilingual education. In B. ARIAS and U. CASANOVA (eds) *Bilingual Education: Politics, Research and Practice*. Berkeley, CA: McCutchan.

CAZABON, M., LAMBERT, W. and HALL, G. 1993, *Two-Way Bilingual Education: A Progress Report on the Amigos Program*. Santa Cruz, CA: National Center for Research on Cultural Diversity and Second Language Learning.

CAZDEN, C.B. 1992, *Language Minority Education in the United States: Implications of the Ramirez Report*. Santa Cruz, CA: National Center for Research on Cultural Diversity and Second Language Learning.

CAZDEN, C.B. and SNOW, C.E. 1990a, Preface to C.B. Cazden and C.E. Snow (eds) *English Plus: Issues in Bilingual Education*. London: Sage.

CAZDEN, C.B. and SNOW, C.E. (eds) 1990b, *English Plus: Issues in Bilingual Education*. (*The Annals of the American Academy of Political and Social Science* Vol. 508). London: Sage.

CENOZ, J. and VALENCIA, J.F. 1994, Additive trilingualism: Evidence from the Basque Country. *Applied Linguistics* 15, 195–207.

CHAMBERLAIN, P. and MEDEIROS-LANDURAND, P. 1991, Practical considerations for the assessment of LEP students with special needs. In E.V. HAMAYAN and J.S. DAMICO (eds) *Limiting Bias in the Assessment of Bilingual Students*. Austin, TX: Pro-Ed.

BIBLIOGRAPHY

CHOMSKY, N. 1965, *Aspects of the Theory of Syntax*. Cambridge, MA: MIT Press.

CHRISTIAN, D. 1994, *Two-Way Bilingual Education: Students Learning Through Two Languages*. Santa Cruz, CA: National Center for Research on Cultural Diversity and Second Language Learning.

CLARKSON, P.C. 1992, Language and mathematics: A comparison of bilingual and monolingual students of mathematics. *Educational Studies in Mathematics* 23, 417–429.

CLARKSON, P.C. and GALBRAITH, P. 1992, Bilingualism and mathematics learning: Another perspective. *Journal for Research in Mathematics Education* 23 (1), 34–44.

CLINE, T. 1993, Educational assessment of bilingual pupils: Getting the context right. *Educational and Child Psychology* 10 (4), 59–68.

CLINE, T. and FREDERICKSON, N. (eds) 1995, *Progress in Curriculum Related Assessment with Bilingual Pupils*. Clevedon: Multilingual Matters.

CLOUD, N. 1994, Special education needs of second language children. In F. GENESEE (ed.) *Educating Second Language Children*. Cambridge: Cambridge University Press.

CLYNE, M. 1988, Bilingual education: What can we learn from the past? *Australian Journal of Education* 32 (1), 95–114.

CLYNE, M. 1991, Bilingual education for all. An Australian pilot study and its implications. In O. GARCÍA (ed.) *Bilingual Education: Focusschrift in Honor of Joshua A. Fishman*. Amsterdam/Philadelphia: John Benjamins.

COLLEGE FOR CONTINUING EDUCATION 1992, *Bilingual Considerations in the Education of Deaf Students: ASL and English*. Washington, DC: Gallaudet University.

COLLIER, V.P. 1989, How long? A synthesis of research on academic achievement in a second language. *TESOL Quarterly* 23 (3), 509–531.

COLLIER, V.P. 1992, A synthesis of studies examining long-term language minority student data on academic achievement. *Bilingual Research Journal* 16 (1&2), 187–212.

CONKLIN, N. and LOURIE, M. 1983, *A Host of Tongues*. New York: The Free Press

COOK, V. 1991, *Second Language Learning and Language Teaching*. London: Edward Arnold.

COOPER, R.L. 1989, *Language Planning and Social Change*. Cambridge: Cambridge University Press.

CORDER, S. 1967, The significance of learners' errors. *International Review of Applied Linguistics* 5, 161–170.

CORSON, D 1985, *The Lexical Bar*. Oxford: Pergamon.

CORSON, D. 1990a, *Language Policy Across the Curriculum*. Clevedon: Multilingual Matters.

CORSON, D. 1990b, Three curriculum and organizational responses to cultural pluralism in New Zealand schooling. *Language, Culture and Curriculum* 3 (3), 213–225.

CORSON, D. 1992, Bilingual education policy and social justice. *Journal of Education Policy* 7 (1), 45–69.

COULMAS, F. 1992, *Language and Economy*. Oxford: Blackwell.

CRAWFORD, J. 1989, *Bilingual Education: History, Politics, Theory and Practice* (1st edn). Trenton, NJ: Crane Publishing.
CRAWFORD, J. 1991, *Bilingual Education: History, Politics, Theory and Practice* (2nd edn). Los Angeles: Bilingual Education Services.
CRAWFORD, J. 1992a, *Hold Your Tongue: Bilingualism and the Politics of 'English Only'*. Reading, MA: Addison-Wesley.
CRAWFORD, J. (ed.) 1992b, *Language Loyalties: A Source Book on the Official English Controversy*. Chicago: University of Chicago Press.
CRYSTAL, D. 1995, *The Cambridge Encyclopedia of the English Language*. Cambridge: Cambridge University Press.
CUMMINS, J. 1975, Cognitive factors associated with intermediate levels of bilingual skills. Unpublished manuscript, Educational Research Centre, St Patrick's College, Dublin.
CUMMINS, J. 1976, The influence of bilingualism on cognitive growth: A synthesis of research findings and explanatory hypotheses. *Working Papers on Bilingualism* 9, 1–43.
CUMMINS, J. 1977, Cognitive factors associated with the attainment of intermediate levels of bilingual skills. *Modern Language Journal* 61, 3–12.
CUMMINS, J. 1978, Metalinguistic development of children in bilingual education programs: Data from Irish and Canadian Ukranian–English programs. In M. PARADIS (ed.) *Aspects of Bilingualism*. Columbia: Hornbeam Press.
CUMMINS, J. 1980a, The construct of language proficiency in bilingual education. In J.E. ALATIS (ed.) *Georgetown University Round Table on Languages and Linguistics 1980*. Washington, DC: Georgetown University Press.
CUMMINS, J. 1980b, The entry and exit fallacy in bilingual education. *NABE Journal* 4 (3), 25–59.
CUMMINS, J. 1981a, *Bilingualism and Minority Language Children*. Ontario: Ontario Institute for Studies in Education.
CUMMINS, J. 1981b, The role of primary language development in promoting educational success for language minority students. In CALIFORNIA STATE DEPARTMENT OF EDUCATION (ed.) *Schooling and Language Minority Students. A Theoretical Framework*. Los Angeles: California State Department of Education.
CUMMINS, J. 1983a, *Heritage Language Education: A Literature Review*. Ontario: Ministry of Education.
CUMMINS, J. 1983b, Language proficiency, biliteracy and French immersion. *Canadian Journal of Education* 8 (2), 117–138.
CUMMINS, J. 1984a, *Bilingualism and Special Education: Issues in Assessment and Pedagogy*. Clevedon: Multilingual Matters.
CUMMINS, J. 1984b, Wanted: A theoretical framework for relating language proficiency to academic achievement among bilingual students. In C. RIVERA (ed.) *Language Proficiency and Academic Achievement*. Clevedon: Multilingual Matters.
CUMMINS, J. 1986a, Bilingual education and anti-racist education. *Interracial Books for Children Bulletin* 17 (3&4), 9–12.

BIBLIOGRAPHY

CUMMINS, J. 1986b, Empowering minority students: A framework for intervention. *Harvard Educational Review* 56 (1), 18–36.

CUMMINS, J. 1989, Language and literacy acquisition. *Journal of Multilingual and Multicultural Development* 10 (1), 17–31.

CUMMINS, J. 1991a, The politics of paranoia: Reflections on the bilingual education debate. In O. GARCÍA (ed.) *Bilingual Education: Focusschrift in Honor of Joshua A. Fishman (Volume 1)*. Amsterdam/Philadelphia: John Benjamins.

CUMMINS, J. 1991b, The development of bilingual proficiency from home to school: A longitudinal study of Portuguese-speaking children. *Journal of Education* 173 (2), 85–98.

CUMMINS, J. 1992, Heritage language teaching in Canadian schools. *Journal of Curriculum Studies* 24 (3), 281–286.

CUMMINS, J. 1992b, Bilingual education and English immersion: The Ramirez Report in theoretical perspective. *Bilingual Research Journal* 16 (1&2), 91–104.

CUMMINS, J. 1993, The research base for heritage language promotion. In M. DANESI, K. McLEOD and S. MORRIS (eds) *Heritage Languages and Education: The Canadian Experience*. Oakville: Mosaic Press.

CUMMINS, J. 1994, Knowledge, power and identity in teaching English as a second language. In F. GENESEE (ed.) *Educating Second Language Children*. Cambridge: Cambridge University Press.

CUMMINS, J. and DANESI, M. 1990, *Heritage Languages. The Development and Denial of Canada's Linguistic Resources*. Toronto: Our Schools/Ourselves Education Foundation and Garamond Press.

CUMMINS, J. and GULUTSAN, M. 1974, Some effects of bilingualism on cognitive functioning. In S. CAREY (ed.) *Bilingualism, Biculturalism and Education*. Edmonton: University of Alberta Press.

CUMMINS, J. and MULCAHY, R. 1978, Orientation to language in Ukranian–English bilingual children. *Child Development* 49, 1239–1242.

CUMMINS, J. and SWAIN, M. 1986, *Bilingualism in Education*. New York: Longman.

CZIKO, G.A. 1992, The evaluation of bilingual education: From necessity and probability to possibility. *Educational Researcher* 21 (2), 10–15.

DANESI, K., McLEOD, K. and MORRIS (eds) 1993 *Heritage Languages and Education: The Canadian Experience*. Oakville: Mosaic Press.

DANESI, M. 1991, Revisiting the research findings on heritage language learning: Three interpretive frames. *Canadian Modern Language Review* 47 (4), 650–659.

DANOFF, M.N., COLES, G.J., McLAUGHLIN, D.H. and REYNOLDS, D.J. 1977, *Evaluation of the Impact of ESEA Title VII Spanish/English Bilingual Education Programs Volume 1*. Palo Alto, CA: American Institutes for Research.

DANOFF, M.N., COLES, G.J., McLAUGHLIN, D.H. and REYNOLDS, D.J. 1978, *Evaluation of the Impact of ESEA Title VII Spanish/English Bilingual Education Programs Volume 3*. Palo Alto, CA: American Institutes for Research.

DARCY, N.T. 1953, A review of the literature on the effects of bilingualism upon the measurement of intelligence. *Journal of Genetic Psychology* 82, 21–57.

DAVIDMAN, L. and DAVIDMAN, P.T. 1994, *Teaching with a Multicultural Perspective: A Practical Guide*. New York: Longman.
DAWE, L.C., 1982, The influence of a bilingual child's first language competence on reasoning in mathematics. Unpublished PhD dissertation, University of Cambridge.
DAWE L.C. 1983, Bilingualism and mathematical reasoning in English as a second language. *Educational Studies in Mathematics* 14 (1), 325–353.
DELGADO-GAITAN, C. 1990, *Literacy for Empowerment: The Role of Parents in Children's Education*. New York: Falmer.
DELGADO-GAITAN, C. and TRUEBA, H. 1991, *Crossing Cultural Borders: Education for Immigrant Families in America*. New York: Falmer.
DELPIT, L.D. 1988, The silenced dialogue: Power and pedagogy in educating other people's children. *Harvard Educational Review* 58 (3), 280–298.
DEPARTMENT OF EDUCATION and SCIENCE 1985, *Education for All* (Swann Report). London: HMSO.
DEPARTMENT OF EDUCATION and SCIENCE AND THE WELSH OFFICE 1990, *Welsh in the National Curriculum (No. 2)*. London: HMSO.
DEVILLAR, R.A., FALTIS, C.J. and CUMMINS, J.P. (eds) 1994, *Cultural Diversity in Schools: From Rhetoric to Practice*. Albany, NY: State University of New York Press.
DIAZ, R.M. 1985, Bilingual cognitive development: Addressing three gaps in current research. *Child Development* 56, 1376–1388.
DIAZ, R.M. and KLINGER, C. 1991, Towards an explanatory model of the interaction between bilingualism and cognitive development. In E. BIALYSTOK (ed.) *Language Processing in Bilingual Children*. Cambridge: Cambridge University Press.
DICKS, J.E. 1992, Analytic and experiential features of three French immersion programs: Early, middle and late. *Canadian Modern Language Review* 49 (1), 37–60.
DIEBOLD, A.R. 1964, Incipient bilingualism. In D. HYMES *et al.* (eds) *Language in Culture and Society*. New York: Harper and Row.
DI PIETRO, R. 1977, Code-switching as a verbal strategy among bilinguals. In F. ECKMAN (ed.) *Current Themes in Linguistics*. Washington, DC: Hemisphere Publishing.
DODSON, C.J. 1981, A reappraisal of bilingual development and education: Some theoretical and practical considerations. In H. BAETENS BEARDSMORE (ed.) *Elements of Bilingual Theory*. Brussels: Vrije Universiteit Brussel.
DOLSON, D.P. and MEYER, J. 1992, Longitudinal study of three program models for language-minority students: A critical examination of reported findings. *Bilingual Research Journal* 16 (1&2), 105–157.
DONALDSON, M. 1978, *Children's Minds*. Glasgow: Fontana/Collins.
DONMALL, B.G. 1985, *Language Awareness. Report to the National Congress on Languages in Education*. London: CILT.
DÖPKE, S. 1992, *One Parent–One Language: An Interactional Approach*. Amsterdam: John Benjamins.

BIBLIOGRAPHY

DORIAN, N.C. 1981, *Language Death: The Life Cycle of a Scottish Gaelic Dialect*. Philadelphia: University of Pennsylvania Press.

DORIAN, N.C. 1989 (ed.) *Investigating Obsolescence: Studies in Language Contraction and Death*. Cambridge: Cambridge University Press.

DOYLE, A., CHAMPAGNE, M. and SEGALOWITZ, N. 1978, Some issues on the assessment of linguistic consequences of early bilingualism. In M. PARADIS (ed.) *Aspects of Bilingualism*. Columbia: Hornbeam Press.

DUFF, P.A. 1991, Innovation in foreign language education: An evaluation of three Hungarian–English dual-language schools. *Journal of Multilingual and Multicultural Development* 12 (6), 459–476.

DULAY, H.C. and BURT, M.K. 1973, Should we teach children syntax? *Language Learning* 23, 245–258.

DULAY, H.C and BURT, M.K. 1974, Errors and strategies in child second language acquisition. *TESOL Quarterly* 8, 129–136.

DULAY, H.C. and BURT, M.K. 1977, Remarks on creativity in language acquisition. In M. BURT, H. DULAY and M. FINOCCHIARO (eds) *Viewpoints on English as a Second Language*. New York: Regents.

DULAY, H.C. and BURT, M.K., 1978, *Why Bilingual Education? A Summary of Research Findings* (2nd edn). San Francisco: Bloomsbury West.

DULAY, H.C. and BURT, M.K. 1979, Bilingual education: A close look at its effects. *Focus*, No. 1.

DUNCAN, S.E. and DE AVILA, E.A. 1979, Bilingualism and cognition: Some recent findings. *NABE Journal* 4 (1), 15–50.

DUNKIN, M. and BIDDLE, B.J. 1974, *The Study of Teaching*. New York: Holt, Rinehart and Winston.

DYSON, A. 1989, *The Multiple Worlds of Child Writers: A Study of Friends Learning to Write*. New York: Teachers College Press.

EASTMAN, C.M. 1983, *Language Planning: An Introduction*. San Francisco: Chandler and Sharp.

EASTMAN, C.M. 1992, Codeswitching as an urban language, contact phenomenon. *Journal of Multilingual and Multicultural Development* 13 (1&2), 1–17.

ECIS (The European Council of International Schools) 1994, *The ECIS International Schools Directory 1994–95*. London: Fieldwork Ltd.

EDELSKY, C. 1991, *With Literacy and Justice for All: Rethinking the Social in Language and Education*. London: Falmer.

EDELSKY, C. et al. 1983, Semilingualism and language deficit. *Applied Linguistics* 4 (1), 1–22.

EDWARDS, J. 1981, The context of bilingual education. *Journal of Multilingual and Multicultural Development* 2 (1), 25–44.

EDWARDS, J. 1985, *Language, Society and Identity*. Oxford: Blackwell.

EDWARDS, J. 1994a, *Multilingualism*. London: Routlege.

EDWARDS, J. 1994b, Parochialism and intercourse: Metaphors for mobility. *Journal of Multilingual and Multicultural Development* 15 (2&3), 171–178.

EDWARDS, V. and REDFERN, A. 1992, *The World in a Classroom: Language in Education in Britain and Canada.* Clevedon: Multilingual Matters.

EISEMAN, T.O., PROUTY, R. and SCHWILLE, J. 1989, What language should be used for teaching? Language policy and school reform in Burundi. *Journal of Multilingual and Multicultural Development* 10 (6), 473–497.

ELLIS, N. 1992, Linguistic relativity revisited: The bilingual word-length effect in working memory during counting, remembering numbers and mental calculation. In R.J. HARRIS (ed.) *Cognitive Processing in Bilinguals.* Amsterdam: North-Holland.

ELLIS, R. 1984, *Classroom Second Language Development.* Oxford: Pergamon.

ELLIS, R. 1985, *Understanding Second Language Acquisition.* Oxford: Oxford University Press.

ELLIS, R. 1990, *Instructed Second Language Acquisition.* Oxford: Basil Blackwell.

ERICKSON, F. 1987, Transformation and school success: The politics and culture of educational achievement. *Anthropology and Education Quarterly* 18 (4), 335–356.

FALTIS, C.J. 1993a, *Joinfostering: Adapting Teaching Strategies for the Multilingual Classroom.* New York: MacMillan.

FALTIS, C.J. 1993b, Critical issues in the use of sheltered content teaching in high school bilingual programs. *Peabody Journal of Education* 69 (1), 136–151.

FANTINI, A. 1985, *Language Acquisition of a Bilingual Child: A Sociolinguistic Perspective.* San Diego: College Hill Press.

FERGUSON, C. 1959, Diglossia. *Word* 15, 325–340.

FERGUSON, C.A., HOUGHTON, C. and WELLS, M.H. 1977, Bilingual education: An international perspective. In B. SPOLSKY and R. COOPER (eds) *Frontiers of Bilingual Education.* Rowley, MA: Newbury House.

FEUERVERGER, G. 1994, A multilingual literacy intervention for minority language students. *Language and Education* 8 (3), 123–146.

FIGUROA, P. 1984, Minority pupil progress. In M. CRAFT (ed.) *Education and Cultural Pluralism.* London: Falmer Press.

FISHMAN, J.A. 1965, Who speaks what language to whom and when? *La Linguistique*, 67–68.

FISHMAN, J.A. 1971, The sociology of language. In J. FISHMAN (ed.) *Advances in the Sociology of Language, Volume 1.* The Hague: Mouton.

FISHMAN, J.A. 1972, *The Sociology of Language.* Rowley, MA: Newbury House.

FISHMAN, J.A. 1976, *Bilingual Education. An International Sociological Perspective.* Rowley, MA: Newbury House.

FISHMAN, J.A. 1977, The social science perspective. In CENTER FOR APPLIED LINGUISTICS (ed.) *Bilingual Education: Current Perspectives.* Arlington, VA: CAL.

FISHMAN, J.A. 1980, Bilingualism and biculturalism as individual and as societal phenomena. *Journal of Multilingual and Multicultural Development* 1, 3–15.

FISHMAN, J.A. 1989, *Language and Ethnicity in Minority Sociolinguistic Perspective.* Clevedon: Multilingual Matters.

FISHMAN, J.A. 1990, What is reversing language shift (RLS) and how can it succeed? *Journal of Multilingual and Multicultural Development* 11 (1&2), 5–36.

BIBLIOGRAPHY

FISHMAN, J.A. 1991, *Reversing Language Shift*. Clevedon: Multilingual Matters.

FISHMAN, J.A. 1993, Reversing language shift: Successes, failures, doubts and dilemmas. In E.H. JAHR (ed.) *Language Conflict and Language Planning*. New York: Mouton de Gruyter.

FITZGERALD, J. 1993, Views on bilingualism in the United States: A selective historical review. *Bilingual Research Journal* 17 (1&2), 35–56.

FITZPATRICK, F. 1987, *The Open Door: The Bradford Bilingual Project*. Clevedon: Multilingual Matters.

FORTUNE, D. and FORTUNE, G. 1987, Karaja literary acquisition and sociocultural effects on a rapidly changing culture. *Journal of Multilingual and Multicultural Development* 8 (6), 469–49.

FREDERICKSON, N. and CLINE, T. 1990, *Curriculum Related Assessment with Bilingual Children*. London: University College London.

FREEMAN, R.D. 1995, An alternative to mainstream US educational discourse: Implications for minority identity development. In *Georgetown University Round Table on Languages and Linguistics: 'Educational Linguistics, Cross-Cultural Communication and Global Independence'*. Washington, DC: Georgetown University Press.

FRIERE, P. 1970, *Pedagogy of the Oppressed*. New York: Seabury Press/Continuum.

FRIERE, P. 1973, *Education for Critical Consciousness*. New York: Continuum.

FRIERE, P. 1985, *The Politics of Education*. South Hadley, MA: Bergin and Garvey.

FRIERE, P. and MACEDO, D. 1987, *Literacy: Reading the Word and the World*. South Hadley, MA: Bergin and Garvey.

FROMM, E. 1970, Age regression with unexpected reappearance of a repressed childhood language. *International Journal of Clinical and Experimental Hypnosis* 18, 79–88.

GAARDER, A.B. 1977, *Bilingual Schooling and the Survival of Spanish in the United States*. Rowley, MA: Newbury House.

GAL, S. 1979, *Language Shift: Social Determinants of Linguistic Change in Bilingual Austria*. New York: Academic Press.

GALAMBOS, S.J. and HAKUTA, K. 1988, Subject-specific and task-specific characteristics of metalinguistic awareness in bilingual children. *Applied Psycholinguistics* 9, 141–162.

GANDHI, M. 1929 (English edition, 1949), *The Story of My Experiments with Truth*. London: Cape.

GARCÍA, E.E. 1988, Effective schooling for Hispanics. *Urban Education Review* 67 (2), 462–473.

GARCÍA, E.E. 1991, Effective instruction for language minority students: The teacher. *Journal of Education* 173 (2), 130–141.

GARCÍA, O. 1983, Sociolinguistics and language planning in bilingual education for Hispanics in the United States. *International Journal of the Sociology of Language* 44, 43–54.

GARCÍA, O. 1988, *The Education of Biliterate and Bicultural Children in Ethnic Schools in the United States. Essays by Spencer Fellows of the National Academy of Education*, Vol. 4, pp. 19–78.

GARCÍA, O. 1991a, Latinos and bilingual education in the United States: Their role as objects and subjects. *New Language Planning Newsletter* 6 (2), 3–5.

GARCÍA, O. (ed.) 1991b, *Bilingual Education: Focusschrift in Honor of Joshua A. Fishman*. Amsterdam/Philadelphia: John Benjamins.

GARCÍA, O. 1992a, Societal multilingualism in a multicultural world in transition. In H. BYRNE (ed.) *Languages for a Multicultural World in Transition*. Illinois: National Textbook Company.

GARCÍA, O. 1992b, Societal bilingualism and multilingualism (mimeo). New York: City University of New York.

GARCÍA, O. 1992c, For it is in giving that we receive: A history of language policy in the United States. Paper presented to a conference 'American Pluralism: Toward a History of the Discussion', State University of New York at Stonybrook, June 7th 1992.

GARCÍA, O. 1993, Understanding the societal role of the teacher in transitional bilingual classrooms: Lessons from sociology of language. in ZONDAG, K. (ed.) *Bilingual Education in Friesland: Facts and Prospects*. Leewarden: Gemeens Chappelijk Centrum voor Onderwijsbegeleiding in Friesland.

GARCÍA, O. 1995, Spanish language loss as a determinant of income among Latinos in the United States. In J.W. TOLLEFSON (ed.) *Power and Inequality in Language Education*. Cambridge: Cambridge University Press.

GARCÍA, O. and BAKER, C. (eds) 1995, *Policy and Practice in Bilingual Education: A Reader Extending the Foundations*. Clevedon: Multilingual Matters.

GARCÍA, O. and OTHEGUY, R. 1985, The masters of survival send their children to school: Bilingual education in the ethnic schools of Miami. *Bilingual Review* 12 (1&2), 3–19.

GARCÍA, O. and OTHEGUY, R. 1988, The language situation of Cuban Americans. In S.L. McKAY and S.C. WONG (eds) *Language Diversity: Problem or Resource?* New York: Newbury House.

GARCÍA, O. and OTHEGUY, R. 1994, The value of speaking a LOTE in US business. *Annals of the American Academy of Political and Social Science* 532, 99–122.

GARCÍA, R. and DIAZ, C.F. 1992, The status and use of Spanish and English among Hispanic youth in Dade County (Miami) Florida: A sociolinguistic study. *Language and Education* 6 (1), 13–32.

GARDNER, R.C. 1979, Social psychological aspects of second language acquisition. In H. GILES and R. ST CLAIR (eds) *Language and Social Psychology* Oxford: Blackwell.

GARDNER, R.C. 1983, Learning another language: A true social psychological experiment. *Journal of Language and Social Psychology* 2, 219–239.

GARDNER, R.C. 1985, *Social Psychology and Second Language Learning*. London: Edward Arnold.

GARDNER, R.C., LALONDE, R.N. and MACPHERSON, J. 1986, Social factors in second language attrition. *Language Learning* 35 (4), 519–540.
GARDNER, R.C., LALONDE, R.N. and PIERSON, R. 1983, The socio-educational model of second language acquisition: An investigation using LISREL causal modeling. *Journal of Language and Social Psychology* 2, 51–65.
GARDNER R.C. and LAMBERT, W.E. 1972, *Attitudes and Motivation in Second Language Learning*. Rowley, MA: Newbury House.
GAUDART, H. 1987, A typology of bilingual education in Malaysia. *Journal of Multilingual and Multicultural Development* 8 (6), 529–552.
GEARY, D., CORMIER, P., GOGGIN, J., ESTRADA, P. and LUNN, M. 1993, Mental arithmetic: A componential analysis of speed-of-processing across monolingual, weak bilingual and strong bilingual adults. *International Journal of Psychology* 28 (2), 185–201.
GENERAL ACCOUNTING OFFICE 1987, *Bilingual Education. A New Look at the Research Evidence*. Washington, DC: General Accounting Office.
GENESEE, F. 1976, The role of intelligence in second language learning. *Language Learning* 26, 267–280.
GENESEE, F. 1978, Second language learning and language attitudes. *Working Papers on Bilingualism* 16, 19–42.
GENESEE, F. 1983, Bilingual education of majority-language children: The Immersion experiments in review. *Applied Psycholinguistics* 4, 1–46.
GENESEE, F. 1984, Historical and theoretical foundations of immersion education. In CALIFORNIA STATE DEPARTMENT OF EDUCATION (eds) *Studies on Immersion Education: A Collection for United States Educators*. California: California State Department of Education.
GENESEE, F. 1987, *Learning Through Two Languages*. Cambridge, MA: Newbury House.
GENESEE, F. (ed) 1994, *Educating Second Language Children*. Cambridge: Cambridge University Press.
GENESEE, F. and HAMAYAN, E. 1980, Individual differences in young second language learners. *Applied Psycholinguistics* 1, 95–110.
GENESEE, F. and HAMAYAN, E. 1994, Classroom-based assessment. In F. GENESEE (ed.) *Educating Second Language Children*. Cambridge: Cambridge University Press.
GENESEE, F. and LAMBERT, W.E. 1983, Trilingual education for majority language children. *Child Development* 54, 105–114.
GENESEE, F., TUCKER, G.R. and LAMBERT, W.E. 1975, Communication skills in bilingual children. *Child Development* 46, 1010–1014.
GERSTEN, R. and WOODWARD, J. 1994, The language minority student and special education: Issues, trends and paradoxes. *Exceptional Children* 60 (4), 310–322.
GHUMAN, P.S. 1993, *Coping with Two Cultures*. Clevedon: Multilingual Matters.
GHUMAN, P.S. 1994, *Asian Teachers in British Schools*. Clevedon: Multilingual Matters.

GILES, H., BOURHIS, R. and TAYLOR, D. 1977, Towards a theory of language in ethnic group relations. In H. GILES (ed.) *Language, Ethnicity and Intergroup Relations*. London: Academic Press.

GILES, H. and BYRNE, J.L. 1982, An intergroup approach to second language acquisition. *Journal of Multilingual and Multicultural Development* 3 (1), 17–40.

GILES, H. and COUPLAND, N. 1991, *Language: Contexts and Consequences*. Milton Keynes: Open University Press.

GIRARD, D. 1988, *Selection and Distribution of Contents in Language Syllabuses*. Strasbourg: Council of Europe.

GLASS, G.V., McGAW, B. and SMITH, M.L. 1981, *Meta-analysis in Social Research*. Beverly Hills: Sage.

GLIKSMAN, L. 1976, Second language acquisition: The effects of student attitudes on classroom behavior. Unpublished MA thesis, University of Western Ontario.

GLIKSMAN, L. 1981, Improving the prediction of behaviours associated with second language acquisition. Unpublished PhD thesis, University of Western Ontario.

GOMEZTORTOSA, E., MARTIN, E.M., GAVIRIA, M., CHARBEL, F. and AUSMAN, J. 1995, Selective deficit of one language in a bilingual patient following surgery in the left perisylvian area. *Brain and Language* 48 (3), 320–325.

GONZALEZ, J.M. 1979, Coming of age in bilingual/bicultural education: A historical perspective. In H.T. TRUEBA and C. BARNETT-MIZRAHI (eds) *Bilingual Multicultural Education and the Professional: From Theory to Practice*. Rowley, MA: Newbury House.

GORDON, M.M. 1964, *Assimilation in American Life: The Role of Race, Religion and National Origins*. New York: Oxford University Press.

GRAFF, H.J. 1979, *The Literacy Myth: Literacy and Social Structure in the 19th Century City*. New York: Academic Press.

GRAVES, D.H. 1983, *Writing: Teachers and Children at Work*. London: Heinemann.

GREGORY, E. 1993, Sweet and sour: Learning to read in a British and Chinese school. *English in Education* 27 (3), 53–59.

GREGORY, E. 1994, Cultural assumptions and early years' pedagogy: The effect of the home culture on minority children's interpretation of reading in school. *Language, Culture and Curriculum* 7 (2), 111–124.

GRIFFITHS, M. 1986, Introduction. In M. GRIFFITHS (ed.) *The Welsh Language in Education*. Cardiff: Welsh Joint Education Council.

GROSJEAN, F. 1982, *Life with Two Languages*. Cambridge, MA: Harvard University Press.

GROSJEAN, F. 1985, The bilingual as a competent but specific speaker-hearer. *Journal of Multilingual and Multicultural Development* 6 (6), 467–477.

GUILFORD, J.P. 1982, Cognitive psychology's ambiguities: Some suggested remedies. *Psychological Review* 89, 48–59.

GURDIAN, G. and SALAMANCA, D. 1990, Bilingual education in Nicaragua. *Prospects (UNESCO)* 20 (3), 357–364.

BIBLIOGRAPHY

HABERLAND, H. 1991, Reflections about minority languages in the European Community. In F. COULMAS (ed.) *A Language Policy for the European Community*. New York: Mouton de Gruyter.

HAGEMEYER, A. 1992, *The Red Notebook*. Silver Spring, MD: National Association of the Deaf.

HAKUTA, K. 1986, *Mirror of Language. The Debate on Bilingualism*. New York: Basic Books.

HAKUTA, K. and D'ANDREA, D. 1992, Some properties of bilingual maintenance and loss in Mexican background high-school students. *Applied Linguistics* 13 (1), 72–99.

HALL, K. 1993, Process writing in French immersion. *Canadian Modern Language Review* 49 (2), 255–274.

HALLIDAY, M.A.K. 1973, *Explorations in the Functions of Language*. London: Edward Arnold.

HALLINGER, P. and MURPHY, J.F. 1986, The social context of effective schools. *American Journal of Education*, May, 328–355.

HAMAYAN E.V. and DAMICO, J.S. (eds) *Limiting Bias in the Assessment of Bilingual Students*. Austin, TX: Pro-Ed.

HAMERS, J.F. and BLANC, M. 1982, Towards a social-psychological model of bilingual development. *Journal of Language and Social Psychology* 1 (1), 29–49.

HAMERS, J.F. and BLANC, M. 1983, Bilinguality in the young child: A social psychological model. In P.H. NELDE (ed.) *Theory, Methods and Models of Contact Linguistics*. Bonn: Dummler.

HAMMERLY, H. 1988, French immersion (does it work?) and the development of the bilingual proficiency report. *Canadian Modern Language Review* 45 (3), 567–578.

HANSEGÅRD, N.E. 1975, Tvåspråkighet eller halvspråkighet? *Aldus*, Series 253, Stockholm, 3rd edition.

HARDING, E. and RILEY, P. 1987, *The Bilingual Family: A Handbook for Parents*. New York: Cambridge University Press.

HARLEY, B. 1986, *Age in Second Language Acquisition*. Clevedon: Multilingual Matters.

HARLEY, B. 1991, Directions in immersion research. *Journal of Multilingual and Multicultural Development* 12 (1&2), 9–19.

HARLEY, B. 1994, After immersion: Maintaining the momentum. *Journal of Multilingual and Multicultural Development* 15 (2&3), 229–244.

HARLEY, B. et al. 1987, *The Development of Bilingual Proficiency. Final Report* (3 volumes). Toronto: Ontario Institute for Studies in Education.

HARLEY, B. et al. 1990, *The Development of Second Language Proficiency*. Cambridge: Cambridge University Press.

HARRIS, J. 1984, *Spoken Irish in Primary Schools. An Analysis of Achievement*. Dublin: Instituid Teangeolaiochta Eireann.

HARRIS, R.J. (ed.) 1992, *Cognitive Processing in Bilinguals*. Amsterdam: North-Holland.

HARRY, B. 1992, *Cultural Diversity, Families and the Special Education System: Communication and Empowerment*. New York: Teachers College Press.

HART, D., LAPKIN, S. and SWAIN, M. 1987, Communicative language tests: Perks and perils. *Evaluation and Research in Education* 1 (2), 83–94.

HATCH, E. 1978, Discourse analysis and second language acquisition. In E. HATCH (ed.) *Second Language Acquisition: A Book of Readings*. Rowley, MA: Newbury House.

HAWKINS, E. 1987, *Awareness of Language: An Introduction*. New York: Cambridge University Press.

HEATH, S.B. 1982, What no bedtime story means: Narrative skills at home and school. *Language in Society* 11, 49–78.

HEATH, S.B. 1983, *Ways with Words: Language, Life and Work in Communities and Classrooms*. Cambridge: Cambridge University Press.

HEATH, S.B. 1986, Sociocultural contexts of language development. OFFICE OF BILINGUAL AND BICULTURAL EDUCATION (eds) *Beyond Language: Social and Cultural Factors in Schooling Language Minority Students*. Los Angeles: California State University, Evaluation, Dissemination and Assessment Center.

HELLER, M. 1994, *Crosswords: Language Education and Ethnicity in French Ontario*. Berlin and New York: Mouton de Gruyter.

HEREDIA, R. and McLAUGHLIN, B. 1992, Bilingual memory revisited. In R.J. HARRIS (ed.) *Cognitive Processing in Bilinguals*. Amsterdam: North-Holland.

HERNANDEZ, R.D. 1994, Reducing bias in the assessment of culturally and linguistically diverse populations. *Journal of Educational Issues of Language Minority Students* 14, 269–300.

HERNANDEZ-CHAVEZ, E., BURT, M. and DULAY, H. 1978, Language dominance and proficiency testing: Some general considerations. *NABE Journal* 3 (1), 41–54.

HIRSCH, E.D. 1988, *Cultural Literacy: What Every American Needs to Know*. New York: Vintage Books.

HOFFMANN, C. 1991, *An Introduction to Bilingualism*. London: Longman.

HOLM, A. and HOLM, W. 1990, Rock Point, A Navajo way to go to school. In C.B. CAZDEN and C.E. SNOW (eds) *The Annals of the American Academy of Political and Social Science*, Vol. 508, 170–184.

HORNBERGER, N. 1988, *Bilingual Education and Language Maintenance: A Southern Peruvian Quechua Case*. Dordrecht, Holland: Foris.

HORNBERGER, N.H. 1989, Continua of biliteracy. *Review of Educational Research* 59 (3), 271–296.

HORNBERGER, N.H. 1990a, Teacher Quechua use in bilingual and non-bilingual classrooms of Puno, Peru. In R. JACOBSON and C. FALTIS (eds) *Language Distribution Issues in Bilingual Schooling*. Clevedon: Multilingual Matters.

HORNBERGER, N.H. 1990b, Creating successful learning contexts for bilingual literacy. *Teachers College Record* 92 (2), 212–229.

HORNBERGER, N.H. 1991, Extending enrichment bilingual education: Revisiting Typologies and redirecting policy. In O. GARCÍA (ed.) *Bilingual Education: Focusschrift in Honor of Joshua A. Fishman (Volume 1)*. Amsterdam/Philadelphia: John Benjamins.

BIBLIOGRAPHY

HORNBERGER, N.H. 1994, Literacy and language planning. *Language and Education* 8 (1&2), 75–86.

HORVATH, B.M. and VAUGHAN, P. 1991, *Community Languages: A Handbook*. Clevedon: Multilingual Matters.

HOUSEN, A. and BAETENS BEARDSMORE, H. 1987, Curricular and extra-curricular factors in multilingual education. *SSLA* 9, 83–102.

HOUSTON, S.H. 1972, *A Survey of Psycholinguistics*. The Hague: Mouton.

HUDDY, L. and SEARS, D.O. 1990, Qualified public support for bilingual education: Some policy implications. In C.B. CAZDEN and C.E. SNOW (eds) *The Annals of the American Academy of Political and Social Science, Volume 508*, 119–134.

HUDELSON, S. 1994, Literacy development of second language children. In F. GENESEE (ed.) *Educating Second Language Children*. Cambridge: Cambridge University Press.

HUDSON, L. 1966, *Contrary Imaginations. A Psychological Study of the English Schoolboy*. Harmondsworth, Middlesex: Penguin.

HUDSON, L. 1968, *Frames of Mind*. Harmondsworth, Middlesex: Penguin.

HUFFINES, M. L. 1991, Pennsylvania German: 'Do they love it in their hearts?' In J. R. DOW (ed.) *Language and Ethnicity. Focusschrift in Honor of Joshua Fishman*. Amsterdam/Philadelphia: John Benjamins.

HUMMEL, K.M. 1993, Bilingual memory research: From storage to processing issues. *Applied Psycholinguistics* 14, 267–284.

HUNTER, J.E., SCHMIDT, F.L. and JACKSON, G.B. 1982, *Meta-analysis: Cumulating Research Findings Across Studies*. Beverly Hills, CA: Sage.

HURD, M. 1993, Minority language children and French immersion: Additive multilingualism or subtractive semi-lingualism. *Canadian Modern Language Review* 49 (3), 514–525.

HUSBAND, C. and KHAN, V.S. 1982, The viability of ethnolinguistic vitality: Some creative doubts. *Journal of Multilingual and Multicultural Development* 3 (3), 193–205.

HYMES, D. 1972a, On communicative competence. In J. PRIDE and J. HOLMES (eds) *Sociolinguistics*. London: Penguin.

HYMES, D. 1972b, Models of interaction of language and social life. In J. J. GUMPERZ and D. HYMES (eds) *Directions in Sociolinguistics: The Ethnography of Communication*. New York: Holt, Rinehart and Winston.

IANCO-WORRALL, A.D. 1972, Bilingualism and cognitive development. *Child Development* 43, 1390–1400.

IMEDADZE, N. 1960, On the psychological nature of early bilingualism (in Russian) *Voprosy Psikhologii* 6, 60–68.

IMOFF, G. 1990, The position of US English on bilingual education. In C.B. CAZDEN and C.E. SNOW (eds) *The Annals of the American Academy of Political and Social Science Vol. 508*, 48–61. London: Sage.

ISAACS, E. 1976, *Greek Children in Sydney*. Canberra: Australian National University Press.

JACOBSON, R. 1990, Allocating two languages as a key feature of a bilingual methodology. In R. JACOBSON, R. and C. FALTIS (eds) *Language Distribution Issues in Bilingual Schooling*. Clevedon: Multilingual Matters.

JACOBSON, R. and FALTIS, C. 1990, *Language Distribution Issues in Bilingual Schooling*. Clevedon: Multilingual Matters.

JACQUES, K. and HAMLIN, J. 1992, PAT scores of children in bilingual and monolingual New Zealand primary classrooms. *Delta (NZ)* 46, 21–30.

JIMENEZ, R.T., GARCÍA, G.E. and PEARSON, P.D. 1995, Three children, two languages and strategic reading: Case studies in bilingual/monolingual reading. *American Educational Research Journal* 32 (1), 67–97.

JOHNSON, D.M. 1994, Grouping strategies for second language learners. In F. GENESEE (ed.) *Educating Second Language Children*. Cambridge: Cambridge University Press.

JOHNSON, R.K. and SWAIN, M. 1994, From core to content: Bridging the L2 proficiency gap in late immersion. *Language and Education* 8, 211–229.

JONES, G.M. MARTIN, P.W. and OZÓG, A.C.K. 1993, Multilingualism and bilingual education in Brunei Darussalem. In G.M. JONES and A.C.K. OZÓG (eds) *Bilingualism and National Development*. Clevedon: Multilingual Matters.

JONES, G.M. and OZÓG, A.C.K. (eds) 1993, *Bilingualism and National Development*. Clevedon: Multilingual Matters.

JONES, W.R. 1959, *Bilingualism and Intelligence*. Cardiff: University of Wales Press.

JONES, W.R. 1966, *Bilingualism in Welsh Education*. Cardiff: University of Wales Press.

JONG, E. de 1986, *The Bilingual Experience: A Book for Parents*. New York: Cambridge University Press.

KARDASH, C.A. *et al.* 1988, Bilingual referents in cognitive processing. *Contemporary Educational Psychology* 13, 45–57.

KARNIOL, R. 1992, Stuttering out of bilingualism. *First Language* 12, 255–283.

KAUR, S. and MILLS, R. 1993, Children as interpreters. In R.W. MILLS and J. MILLS (eds) *Bilingualism in the Primary School*. London: Routledge.

KEATLEY, C.W. 1992, History of bilingualism research in cognitive psychology. In R.J. HARRIS (ed.) *Cognitive Processing in Bilinguals*. Amsterdam: North-Holland.

KEEL, P. (ed.) 1994, *Assessment in the Multi-Ethnic Primary Classroom*. Stoke-on-Trent (UK): Trentham.

KESSLER, C. and QUINN, M.E. 1982, Cognitive development in bilingual environments. In B. HARTFORD, A. VALDMAN and C.R. FOSTER (eds) *Issues in International Bilingual Education. The Role of the Vernacular*. New York: Plenum Press.

KEYSER, R. and BROWN, J. 1981, *Heritage Language Survey Results*. Toronto, Canada: Research Department, Metropolitan Separate School Board.

KJOLSETH, R. 1983, Cultural politics of bilingualism. *Sociolinguistics Today* 20 (4), 40–48.

KLINE, P. 1983, *Personality Measurement and Theory*. London: Hutchinson.

KLOSS, H. 1977, *The American Bilingual Tradition*. Rowley, MA: Newbury House.

BIBLIOGRAPHY

KOLERS, P. 1963, Interlingual word association. *Journal of Verbal Learning and Verbal Behavior* 2, 291–300.

KOZOL, J. 1985, *Illiterate America*. New York: Doubleday.

KRASHEN, S. 1977, The monitor model for second language performance. In M. BURT, H. DULAY and M. FINOCCHIAO (eds) *Viewpoints on English as a Second Language*. New York: Regents.

KRASHEN, S. 1981, *Second Language Acquisition and Second Language Learning*. Oxford: Pergamon Press.

KRASHEN, S. 1982, *Principles and Practices of Second Language Acquisition*. Oxford: Pergamon Press.

KRASHEN, S. 1985, *The Input Hypothesis: Issues and Implications*. London: Longman.

KRASHEN, S. and TERRELL, T. 1983, *The Natural Approach: Language Acquisition in the Classroom*. Oxford: Pergamon.

KYLE, J.G. (ed.) 1987, *Sign and School*. Clevedon: Multilingual Matters.

KYLE, J.G. 1988, *Sign Language: The Study of Deaf People and their Language*. Cambridge: Cambridge University Press.

LADO, R. 1961, *Language Testing*. New York: McGraw Hill.

LADO, R. 1964, *Language Teaching: A Scientific Approach*. New York: McGraw-Hill.

LALONDE, R.N. 1982, Second language acquisition: A causal analysis. Unpublished MA thesis, University of Western Ontario.

LAM, T.C. 1992, Review of practices and problems in the evaluation of bilingual education. *Review of Educational Research* 62 (2), 181–203.

LAMBERT, W.E. 1974, Culture and language as factors in learning and education. In F.E. ABOUD and R.D. MEADE (eds) *Cultural Factors in Learning and Education*. Bellingham, Washington; 5th Western Washington Symposium on Learning.

LAMBERT, W.E. 1980, The social psychology of language. In H. GILES, W.P. ROBINSON and P.M. SMITH (eds) *Language: Social Psychological Perspectives*. Oxford: Pergamon.

LAMBERT, W. and CAZABON, M. 1994, *Students' Views of the Amigos Program*. Santa Cruz, CA: National Center for Research on Cultural Diversity and Second Language Learning.

LAMBERT, W.E. and TAYLOR, D.M. 1990, *Coping with Cultural and Racial Diversity in Urban America*. New York: Praeger.

LAMBERT, W.E. and TUCKER, R. 1972, *Bilingual Education of Children. The St Lambert Experiment*. Rowley, MA: Newbury House.

LAMENDELLA, J. 1979, The neurofunctional basis of pattern practice. *TESOL Quarterly* 13, 5–13.

LANAUZE, M. and SNOW, C. 1989, The relation between first- and second-language writing skills. *Linguistics and Education* 1, 323–339.

LANDRY, R., ALLARD, R. and THÄBERGE, R. 1991, School and family French ambiance and the bilingual development of Francophone Western Canadians. *Canadian Modern Language Review* 47 (5), 878–915.

LANGE, D.L. (ed.) 1980, *Proceedings of the National Conference on Professional Priorities, November 1980*. New York: ACTFL Materials Center.

LANZA, E. 1992, Can bilingual two-year-olds code-switch? *Journal of Child Language* 19, 633–658.
LAPKIN, S., HARLEY, B. and TAYLOR, S. 1993, Research directions for core French in Canada. *Canadian Modern Language Review* 49 (3), 476–513.
LAPKIN, S., SWAIN, M. and SHAPSON, S. 1990, French immersion research agenda for the 90s. *Canadian Modern Language Review* 46 (4), 638–674.
LARSEN-FREEMAN, D. 1983, Second language acquisition: Getting the whole picture. In K. BAILEY, M. LONG and S. PECK (eds) *Second Language Acquisition Research*. Rowley, MA: Newbury House.
LAURÉN, C. 1994, Cultural and anthropological aspects of immersion. In *Language Immersion: Teaching and Second Language Acquisition: From Canada to Europe. Second European Conference 1994, Vaasa Finland*, Issue 192, pp. 21–26.
LAURÉN, U. 1991, A creativity index for studying the free written production for bilinguals. *International Journal of Applied Linguistics* 1 (2), 198–208.
LAURIE, S.S., 1890, *Lectures on Language and Linguistic Method in School*. Cambridge: Cambridge University Press.
LEBLANC, C. and COURTEL, C. 1990, Executive summary: The culture syllabus. *Canadian Modern Language Review* 47 (1), 82–92.
LEBLANC, R. 1990, Le curriculum multidimensionnel: Une synthèse. *Canadian Modern Language Review* 47 (1), 32–42.
LEBLANC, R. 1992, Second language retention. *Language and Society* 37, 35–36.
LEBRUN, N. and BAETENS BEARDSMORE, H. 1993, Trilingual education in the Grand Duchy of Luxembourg. In H. BAETENS BEARDSMORE (ed.) *European Models of Bilingual Education*. Clevedon: Multilingual Matters.
LEMAN, J. 1993, The bicultural programmes in the Dutch-language school system in Brussels. In H. BAETENS BEARDSMORE (ed.) *European Models of Bilingual Education*. Clevedon: Multilingual Matters.
LEOPOLD, W.F. 1939–1949, *Speech Development of a Bilingual Child. A Linguists' Record* (4 volumes). Evanston, IL: Northwestern University Press.
LEVY, P. and GOLDSTEIN, H. 1984, *Tests in Education. A Book of Critical Reviews*. London: Academic Press.
LEWIS, E.G. 1977, Bilingualism and bilingual education: The ancient world of the Renaissance. In B. SPOLSKY and R.L. COOPER (eds) *Frontiers of Bilingual Education*. Rowley, MA: Newbury House.
LEWIS, E.G. 1981, *Bilingualism and Bilingual Education*. Oxford: Pergamon.
LINDHOLM, K.J. 1987, *Directory of Bilingual Education Programs* (Monograph No. 8). Los Angeles: University of Southern California, Center for Language Education and Research.
LINDHOLM, K.J. 1990, Bilingual immersion education: Criteria for program development. In A.M. PADILLA, H.H. FAIRCHILD and C.M. VALADEZ (eds) *Bilingual Education: Issues and Strategies*. London: Sage.
LINDHOLM, K.J. 1991 (also 1995), Theoretical assumptions and empirical evidence for academic achievement in two languages. *Hispanic Journal of Behavioral Sciences*

BIBLIOGRAPHY

13 (1), 3–17. Also in A.M. PADILLA (ed.) 1995, *Hispanic Psychology: Critical Issues in Theory and Research*. Thousand Oaks, CA: Sage.

LINDHOLM, K.J. 1994, Promoting positive cross-cultural attitudes and perceived competence in culturally and linguistically diverse classrooms. In R.A. DEVILLAR, C. FALTIS and J. CUMMINS (eds) *Cultural Diversity in Schools: From Rhetoric to Practice*. Albany, NY: State University of New York Press.

LINDHOLM, K.J. and ACLAN, Z. 1991, Bilingual proficiency as a bridge to academic achievement: Results from bilingual/immersion programs. *Journal of Education* 173 (2), 99–113.

LINGUISTIC MINORITIES PROJECT 1985, *The Other Languages of England*. London: Routledge and Kegan Paul.

LONG, M. 1985, Input and second language acquisition theory. In S. GASS and C. MADDEN (eds) *Input in Second Language Acquisition*. Rowley, MA: Newbury House.

LÓPEZ, L.E. 1990, Development of human resources in and for intercultural bilingual education in Latin America. *Prospects (UNESCO)* 20 (3), 311–320.

LOWE, P. 1983, The oral interview: Origins, applications, pitfalls and implications. *Die Unterrichtspraxis* 16, 230–244.

LUCAS, T., HENZE, R. and DONATO, R. 1990, Promoting the success of Latino language-minority students: An exploratory study of six High Schools. *Harvard Educational Review* 60 (3), 315–340.

LUKMANI, Y.M. 1972, Motivation to learn and learning proficiency. *Language Learning* 22, 261–273.

LYNCH, J. 1992, *Education for Citizenship in a Multicultural Society*. New York: Cassell.

LYON, J. 1996, *Becoming Bilingual: Language Acquisition in a Bilingual Community*. Clevedon: Multilingual Matters.

LYONS, J.J. 1990, The past and future directions of Federal bilingual-education policy. In C.B. CAZDEN and C.E. SNOW (eds) *Annals of the American Academy of Political and Social Science*, Vol. 508, pp 119 134. London: Sage.

MACKEY, W.F. 1965, *Language Teaching Analysis*. London: Longman.

MACKEY, W.F. 1970, A typology of bilingual education. *Foreign Language Annals* 3, 596–608.

MACKEY, W.F. 1978, The importation of bilingual education models. In J. ALATIS (ed.) *Georgetown University Roundtable: International Dimensions of Education*. Washington, DC: Georgetown University Press.

MACNAB, G.L. 1979, Cognition and bilingualism: A reanalysis of studies. *Linguistics* 17, 231–255.

MACNAMARA, J. 1966, *Bilingualism and Primary Education, A Study of Irish Experience*. Edinburgh: Edinburgh University Press.

MACNAMARA, J. 1969, How can one measure the extent of a person's bilingual proficiency. In L.G. KELLY (ed.) *Description and Measurement of Bilingualism* (pp. 80–119). Toronto: University of Toronto Press.

MACNEIL, M.M. 1994, Immersion programmes employed in Gaelic-medium units in Scotland. *Journal of Multilingual and Multicultural Development* 15 (2&3), 245–252.
MÄGISTE, E. 1984, Learning a third language. *Journal of Multilingual and Multicultural Development* 5 (5), 415–421.
MALAKOFF, M. 1992, Translation ability: A natural bilingual and metalinguistic skill. In R.J. HARRIS (ed.) *Cognitive Processing in Bilinguals*. Amsterdam: North-Holland.
MALAKOFF, M. and HAKUTA, K. 1990, History of language minority education in the United States. In A.M. PADILLA, H.H. FAIRCHILD and C.M. VALADEZ (eds) *Bilingual Education Issues and Strategies*. London: Sage.
MALDONADO, J.A. 1994, Bilingual special education: Specific learning disabilities in language and reading. *Journal of Educational Issues of Language Minority Students* 14, 127–147.
MALHERBE, E.C. 1946, *The Bilingual School*. London: Longman.
MANZER, K. 1993, Canadian immersion: Alive and working well in Finland. *Language and Society* 44, 16–17.
MAR-MOLINERO, C. 1987, The teaching of Catalan in Catalonia. *Journal of Multilingual and Multicultural Development* 10 (4), 307–326.
MARTÍNEZ, P.P. 1990, Towards standardization of language for teaching in the Andean countries. *Prospects (UNESCO)* 20 (3), 377–386.
MARTIN-JONES, M. and ROMAINE, S. 1986, Semilingualism: A half baked theory of communicative competence. *Applied Linguistics* 7 (1), 26–38.
MÄSCH, N. 1994, The German model of bilingual education. In R. KHOO, U. KREHER and R. WONG (eds) *Towards Global Multilingualism: European Models and Asian Realities*. Clevedon: Multilingual Matters.
MASHIE, S.N. 1995, *Educating Deaf Children Bilingually*. Washington, DC: Gallaudet University.
MATSUMI, N. 1994, Process of words memory in second language acquisition: A test of bilingual dual coding model. *Japanese Journal of Psychology* 64 (6), 460–468.
MATTHEWS, T. 1979, *An Investigation Into the Effects of Background Characteristics and Special Language Services on the Reading Achievement and English Fluency of Bilingual Students*. Seattle, WA: Seattle Public Schools, Department of Planning.
McCONNELL, B. 1980, Effectiveness of individualized bilingual instruction for migrant students. Unpublished PhD dissertation, Washington State University.
McCRACKEN, W. 1991, *Deaf-Ability Not Disability*. Clevedon: Multilingual Matters.
McGAW, B. 1988, Meta-analysis. In J.P. KEEVES (ed.) *Educational Research, Methodology and Measurement*. New York: Pergamon.
McGROARTY, M. 1992, The societal context of bilingual education. *Educational Researcher* 21 (2), 7–9.
McGROARTY, M. and FALTIS, C. 1991, *Languages in School and Society: Policy and Pedagogy*. Berlin/New York: Mouton de Gruyter.
McKAY, S. 1988, Weighing educational alternatives. In S.L. McKAY and S.C. WONG (eds) *Language Diversity: Problem or Resource?* New York: Newbury House.

BIBLIOGRAPHY

McLAREN, P. 1988, Culture or canon? Critical pedagogy and the politics of literacy. *Harvard Educational Review* 58, 211–234.

McLAUGHLIN, B. 1978, The monitor model: Some methodological considerations. *Language Learning* 28, 309–332.

McLAUGHLIN, B. 1984, *Second-language Acquisition in Childhood. Volume 1: Preschool Children.* Hillsdale, NJ: Lawrence Erlbaum.

McLAUGHLIN, B. 1985, *Second Language Acquisition in Childhood. Volume 2: School Age Children.* Hillsdale, NJ: Lawrence Erlbaum.

McLAUGHLIN, B. 1987, *Theories of Second-Language Learning.* London: Edward Arnold.

McLAUGHLIN, B. and GRAF, P. 1985, Bilingual education in West Germany: Recent developments. *Comparative Education* 21 (3), 241–255.

McMAHON, A.M. 1994, *Understanding Language Change.* Cambridge: Cambridge University Press.

MERCER, J.R. 1973, *Labeling the Mentally Retarded.* Berkeley: University of California Press.

MEYER, M.M. and FIENBERG, S.E. 1992, *Assessing Evaluation Studies: The Case of Bilingual Education Strategies.* Washington, DC: National Academy Press.

MILLER-NOMELAND, M. 1993, *Kendall Demonstration Elementary School: Deaf Studies Curriculum Guide.* Washington, DC: Gallaudet University.

MILLS, R.W. and MILLS, J. (eds) 1993, *Bilingualism in the Primary School: A Handbook for Teachers.* London: Routledge.

MOLL, L.C. 1992, Bilingual classroom studies and community analysis. *Educational Researcher* 21 (2), 20–24.

MORALES, R. and BONILLA, F. 1993, *Latinos in a Changing US Economy.* London: Sage.

MORISON, S.H. 1990, A Spanish–English dual-language program in New York City. In C.B. CAZDEN and C.E. SNOW (eds) *The Annals of the American Academy of Political and Social Science,* Vol. 508, 160–169. London: Sage.

MORRIS, D. 1992, The effects of economic changes on Gwynedd society. In L. DAFIS (ed.) *Lesser Used Languages: Assimilating Newcomers.* Carmarthen, Wales: Joint Working Party on Bilingualism in Dyfed.

MORRISON, D. and LOW, G. 1983, Monitoring and the second language learner. In J. RICHARDS and R. SCHMIDT (eds) *Language and Communication.* London: Longman.

MORTIMORE, P. *et al.* 1988, *School Matters. The Junior Years.* Wells, Somerset: Open Books.

MOYA, R. 1990, A decade of bilingual education and indigenous participation in Ecuador. *Prospects (UNESCO)* 20 (3), 331–344.

MULTILINGUAL RESOURCES FOR CHILDREN PROJECT 1995, *Building Bridges: Multilingual Resources for Children.* Clevedon: Multilingual Matters.

MYERS SCOTTON, C. 1983, The negotiation of identities in conversation: A theory of markedness and code choice. *International Journal of the Sociology of Language* 44, 115–136.

MYERS SCOTTON, C. 1991, Making ethnicity salient in codeswitching. In J.R. DOW (ed.) *Language and Ethnicity. Focusschrift in Honor of Joshua Fishman*. Amsterdam/Philadelphia: John Benjamins.

MYERS SCOTTON, C. and URY, W. 1977, Bilingual strategies: The social functions of code-switching. *Linguistics* 193, 5–20.

NÁÑEZ, J.E., PADILLA, R.V. and MÁEZ, B.L. 1992, Bilinguality, intelligence and cognitive information processing. In R.V. PADILLA and A.H. BENAVIDES (eds) *Critical Perspectives on Bilingual Education Research*. Tempe, AZ: Bilingual Press.

NEUFELD, G.G. 1974, A theoretical perspective on the relationship of bilingualism and thought: Revisited. *Working Papers on Bilingualism*, No. 2, 125–129.

NIETO, S. 1992, *Affirming Diversity: The Sociopolitical Context of Multicultural Education*. New York: Longman.

NOVAK-LUKANOVIC, S. 1988, Bilingual education in Yugoslavia. *Journal of Multilingual and Multicultural Development* 9 (1&2), 169–176.

OBLER, L. 1983, Knowledge in neurolinguistics: The case of bilingualism. *Language Learning* 33 (5), 159–191.

OCHS, T. 1993, 'Why can't we speak Tagalog?' The problematic status of multilingualism in the International School. *Journal of Multilingual and Multicultural Development* 14 (6), 447–462.

OGBU, J. 1978, *Minority Education and Caste: The American System in Cross-Cultural Perspective*. New York: Academic Press.

OGBU, J. 1983, Minority status and schooling in plural societies. *Comparative Education Review* 27 (2), 168–190.

OKA, Hideo 1994, Studies on bilingualism and their implication in Japan. In R. MICHAEL BOSTWICK (ed.) *Immersion Education International Symposium Report on Second Language Acquisition through Content Based Study: An Introduction to Immersion Education*. Numazu, Japan: Katoh Gakuen.

OLLER, J.W. 1979, *Language Tests at School*. London: Longman.

OLLER, J.W. 1982, Evaluation and testing. In B. HARTFORD, A. VALDMAN and C. FOSTER (eds) *Issues in International Bilingual Education*. New York; Plenum Press.

OLLER, J.W. and PERKINS, K. 1978, A further comment on language proficiency as a source of variance in certain affective measures. *Language Learning* 28, 417–423.

OLLER, J.W. and PERKINS, K. 1980, *Research in Language Testing*. Rowley, MA: Newbury House.

OLNECK, M.R. 1993, Terms of inclusion: Has multiculturalism redefined equality in American education? *American Journal of Education* 101 (3), 234–260.

OTHEGUY, R. 1982, Thinking about bilingual education: A critical appraisal. *Harvard Educational Review* 52 (3), 301–314.

OTHEGUY, R. and OTTO, R. 1980, The myth of static maintenance in bilingual education. *Modern Language Journal* 64 (3), 350–356.

OVANDO, C.J. 1990, Essay review: Politics and pedagogy: The case of bilingual education. *Harvard Educational Review* 60 (3), 341–356.

BIBLIOGRAPHY

OVANDO, C.J. and COLLIER, V.P. 1987, *Bilingual and ESL Classrooms: Teaching in Multicultural Contexts*. New York: McGraw-Hill.

OXENHAM, J. 1980, *Literacy: Writing, Reading and Social Organization*. London: Routledge and Kegan Paul.

PADILLA, A.M. 1991, English Only vs. bilingual education: Ensuring a language-competent society. *Journal of Education* 173 (2), 38–51.

PADILLA, R.V. and BENAVIDES, A.H. (eds) 1992, *Critical Perspectives on Bilingual Education Research*. Tempe, AZ: Bilingual Press.

PADILLA, A.M. and SUNG, H. 1992, A theoretical and pedagogical framework for bilingual education based on principles from educational psychology. In R.V. PADILLA and A.H. BENAVIDES (eds) *Critical Perspectives on Bilingual Education Research*. Tempe, AZ: Bilingual Press.

PAIVIO, A. 1986, *Mental Representations: A Dual Coding Approach*. Oxford: Oxford University Press.

PAIVIO, A. 1991, Mental representations in bilinguals. In A.G. REYNOLDS (ed.) *Bilingualism, Multiculturalism and Second Language Learning*. Hillsdale, NJ: Lawrence Erlbaum.

PAIVIO, A. and DESROCHERS, A. 1980, A dual-coding approach to bilingual memory. *Canadian Journal of Psychology* 34, 390–401.

PAKIR, A. 1994, Making bilingualism work: Developments in bilingual education in ASEAN. In R. KHOO, U. KREHER and R. WONG (eds) *Towards Global Multilingualism: European Models and Asian Realities*. Clevedon: Multilingual Matters.

PATTANAYAK, D.P. 1988, Monolingual myopia and the petals of the Indian lotus. In T. SKUTNABB-KANGAS and J. CUMMINS (eds) *Minority Education: From Shame to Struggle*. Clevedon: Multilingual Matters.

PAULSTON, C.B. 1980, *Bilingual Education: Theories and Issues*. Rowley, MA: Newbury House.

PAULSTON, C.B. 1992a, *Linguistic and Communicative Competence*. Clevedon: Multilingual Matters.

PAULSTON, C.B. 1992b, *Sociolinguistic Perspectives on Bilingual Education*. Clevedon: Multilingual Matters.

PAULSTON, C.B. 1994, *Linguistic Minorities in Multilingual Settings*. Amsterdam/Philadelphia: John Benjamins.

PAULSTON, C.B. (ed.) 1988, *International Handbook of Bilingualism and Bilingual Education*. New York: Greenwood.

PAULSTON, C.B., CHEE CHIN, P. and CONNERTY, M.C. 1993, Language regenesis: A conceptual overview of language revival, revitalisation and reversal. *Journal of Multilingual and Multicultural Development* 14 (4), 275–286.

PEAL, E. and LAMBERT, W.E. 1962, The relationship of bilingualism to intelligence. *Psychological Monographs* 76 (27), 1–23.

PEDERSEN, R.N. 1992, *One Europe: 100 Nations*. Clevedon: Channel View Books.

PÉREZ, B. and TORRES-GUZMÁN, M. 1995, *Learning in Two Worlds: An Integrated Spanish/English Biliteracy Approach* (2nd edn). New York: Longman.

PERLMANN, J. 1990, Historical legacies: 1840–1920. In C.B. CAZDEN and C.E. SNOW (eds) *English Plus: Issues in Bilingual Education*. London: Sage.
PEROTTI, A. 1994, *The Case for Intercultural Education*. Strasbourg: Council of Europe Press.
PHILLIPSON, R. 1992, *Linguistic Imperialism*. Oxford: Oxford University Press.
PINTNER, R. and ARSENIAN, S. 1937, The relation of bilingualism to verbal intelligence and school adjustment. *Journal of Educational Research* 31, 255–263.
POHL, J. 1965, Bilingualismes. *Revue Roumaine de Linguistique* 10, 343–349.
PORTER, R. 1990, *Forked Tongue: The Politics of Bilingual Education*. New York: Basic Books.
PRICE, E. 1985, Schools Council Bilingual Education Project (Primary Schools) 1968–1977: An assessment. In C.J. DODSON (ed.) *Bilingual Education: Evaluation, Assessment and Methodology*. Cardiff: University of Wales Press.
PURKEY, S.C. and SMITH, M.S. 1983, Effective schools: A review. *Elementary School Journal* 86 (4), 427–452.
RAMIREZ, A.G. 1985, *Bilingualism Through Schooling: Cross Cultural Education for Minority and Majority Students*. Albany: State University of New York Press.
RAMIREZ, J.D. 1992, Executive summary. *Bilingual Research Journal* 16, (1&2), 1–62.
RAMIREZ, J.D. and MERINO, B.J. 1990, Classroom talk in English immersion, early-exit and late-exit transitional bilingual education programs. In R. JACOBSON and C. FALTIS (eds) *Language Distribution Issues in Bilingual Schooling*. Clevedon: Multilingual Matters.
RAMIREZ, J.D., YUEN, S.D. and RAMEY, D.R. 1991, *Final Report: Longitudinal Study of Structured English Immersion Strategy, Early-exit and Late-exit Programs for Language-minority Children. Report Submitted to the US Department of Education*. San Mateo, CA: Aguirre International.
RANSDELL, S.E. and FISCHLER, I. 1987, Memory in a monolingual mode: When are bilinguals at a disadvantage. *Journal of Memory and Language* 26, 392–405.
RANSDELL, S.E. and FISCHLER, I. 1989, Effects of concreteness and task context on recall of prose among bilingual and monolingual speakers. *Journal of Memory and Language* 28, 278–291.
REBUFFOT, J. 1993, *Le Point sur L'Immersion au Canada*. Anjou, Québec: Centre Éducatif et Culturel.
REID, S. 1993, *Lament for a Nation: The Life and Death of Canada's Bilingual Dream*. Vancouver: Arsenal Pulp Press.
RESNICK, L.B. and RESNICK, D.P. 1992, Assessing the thinking curriculum: New tools for educational reform. In B.R. GIFFORD and M.C. O'CONNOR (eds) *Changing Assessments: Alternative Views of Aptitude, Achievement and Instruction*. Boston: Kluwer.
RESNICK, M.C. 1993, ESL and language planning in Puerto Rican education. *TESOL Quarterly* 27 (2), 259–275.
REYNOLDS, A.G. 1991, The cognitive consequences of bilingualism. In A.G. REYNOLDS (ed.) *Bilingualism, Multiculturalism and Second Language Learning*. Hillsdale, NJ: Lawrence Erlbaum.

BIBLIOGRAPHY

REYNOLDS, D. (ed.) 1985, *Studying School Effectiveness*. Lewes, East Sussex: Falmer.

REYNOLDS, P. 1971, *A Primer in Theory Construction*. Indianapolis: Bobbs-Meirill.

RICCIARDELLI, L.A. 1992, Creativity and bilingualism. *Journal of Creative Behavior* 26 (4), 242–254.

RICHARDS, J.C. and ROGERS, T.S. 1986, *Approaches and Methods in Language Teaching*. Cambridge: Cambridge University Press.

RINGBOM, H. 1985, *Foreign Language Learning and Bilingualism*. Turku: Abo Akademi.

RIPPBERGER, S.J. 1993, Ideological shifts in bilingual education: Mexico and the United States. *Comparative Education Review* 37 (1), 50–61.

RIVERA, C. (ed.) 1984, *Language Proficiency and Academic Achievement*. Clevedon: Multilingual Matters.

ROBERTS, C. 1985, Teaching and learning commitment in bilingual schools. Unpublished PhD thesis, University of Wales.

ROBERTS, C. 1987, Political conflict over bilingual initiatives: A case study. *Journal of Multilingual and Multicultural Development* 8 (4), 311–322.

ROBERTS, G. 1994, Nurse/patient communication within a bilingual health care setting. *British Journal of Nursing* 3 (2), 60–67.

ROBSON, A. 1995, The assessment of bilingual children. In M.K. VERMA, K.P. CORRIGAN and S. FIRTH. (eds) *Working with Bilingual Children*. Clevedon: Multilingual Matters.

ROMAINE, S. 1995, *Bilingualism*. Oxford: Basil Blackwell.

RONJAT, J. 1913, *Le developpement du langage observe chez un enfant bilingue*. Paris: Champion.

ROSENTHAL, R. 1966, *Experimenter Effects in Behavioral Research*. New York: Appleton-Century-Crofts.

ROSIER, P. and HOLM, W. 1980, *The Rock Point Experience: A Longitudinal Study of a Navajo School Program*. Washington, DC: Center for Applied Linguistics.

ROSSELL, C.H. 1992, Nothing matters?: A critique of the Ramirez *et al.* longitudinal study of instructional programs for language-minority children. *Bilingual Research Journal* 16 (1&2), 159–186.

RUBAGUMYA, C.M. 1990, *Language in Education in Africa*. Clevedon: Multilingual Matters.

RUBAGUMYA, C.M. (ed.) 1994, *Teaching and Researching Language in African Classrooms*. Clevedon: Multilingual Matters.

RUBIN, J. 1977, Attitudes toward language planning. In C.C. ELERT *et al.* (eds) *Dialectology and Sociolinguistics*. UMEA: UMEA Studies in the Humanities 12.

RUEDA, R. 1983, Metalinguistic awareness in monolingual and bilingual mildly retarded children. *NABE Journal* 8, 55–68.

RUIZ, R. 1984, Orientations in language planning. *NABE Journal* 8 (2), 15–34.

SAER, D.J. 1922, An inquiry into the effect of bilingualism upon the intelligence of young children. *Journal of Experimental Pedagogy* 6, 232–240 and 266–274.

SAER, D.J. 1923, The effects of bilingualism on intelligence. *British Journal of Psychology* 14, 25–38.

SAER, D.J., SMITH, F. and HUGHES, J. 1924, *The Bilingual Problem*. Wrexham: Hughes and Son.
SAIF, P.S. and SHELDON, M.E. 1969, *An Investigation of the Experimental French Program at Bedford Park and Allenby Public Schools*. Toronto: Toronto Board of Education.
SANKOFF, G. 1972, Language use in multilingual societies. In J.B. PRIDE and J. HOLMES (eds) *Sociolinguistics: Selected Readings*. Harmondsworth: Penguin.
SAUNDERS, G. 1988, *Bilingual Children: From Birth to Teens*. Clevedon: Multilingual Matters.
SCHERMERHORN, R.A. 1970, *Comparative Ethnic Relations*. New York: Random House.
SCHINKE-LLANO, L. 1989, Early childhood bilingualism: In search of explanation. *Studies in Second Language Acquisition (SSLA)* 11 (3), 223–240.
SCHLOSSMAN, S. 1983, Is there an American tradition of bilingual education? *American Journal of Education* 91, 139–186.
SCHUMANN, J. 1978, *The Pidginization Process: A Model for Second Language Acquisition*. Rowley, MA: Newbury House.
SECADA, W.G. 1991, Degree of bilingualism and arithmetic problem solving in Hispanic First Graders. *Elementary School Journal* 92 (2), 213–231.
SECADA, W.G. 1993, The political context of bilingual education in the United States. In B. ARIAS and U. CASANOVA (eds) *Bilingual Education: Politics, Research and Practice*. Berkeley, CA: McCutchan.
SECRETARY'S COMMISSION ON ACHIEVING NECESSARY SKILLS (SCANS) 1991, *What Work Requires of Schools. A SCANS Report for America 2000*. Washington, DC: US Department of Labor.
SELINKER, L., SWAIN, M. and DUMAS, G. 1975, The interlanguage hypothesis extended to children. *Language Learning* 25, 139–152.
SHARPE, P. 1994, A study of some of the environmental features found to be conducive to the bilingual development of pre-school children in Singapore. *Early Child Development and Care* 98, 59–72.
SHEILS, J. 1988, *Communication in the Modern Languages Curriculum*. Strasbourg: Council for Cultural Cooperation, Council of Europe.
SHOHAMY, E. 1983, The stability of the oral proficiency trait on the oral interview speaking test. *Language Learning* 33, 527–540.
SIERRA, J. and OLAZIREGI, I. 1989, *EIFE 2. Influence of Factors on the Learning of Basque*. Gasteiz, Spain: Central Publications Service of the Basque Government.
SIGUAN, M. and MACKEY, W.F. 1987, *Education and Bilingualism*. London: Kogan Page.
SINGLETON, D. 1989, *Language Acquisition: The Age Factor*. Clevedon: Multilingual Matters.
SKEHAN, P. 1986, Where does language aptitude come from? In P.M. MEARA (ed.) *Spoken Language*. London: CILT.
SKEHAN, P. 1988, Language testing. *Language Teaching*, 21 (January) 1–13 and (October) 211–22.

BIBLIOGRAPHY

SKUTNABB-KANGAS, T. 1977, Language in the process of cultural assimilation and structural incorporation of linguistic minorities. In C.C. ELERT *et al.* (eds) *Dialectology and Sociolinguistics*. UMEA: UMEA Studies in the Humanities.

SKUTNABB-KANGAS, T. 1981, *Bilingualism or Not: The Education of Minorities*. Clevedon: Multilingual Matters.

SKUTNABB-KANGAS, T. 1991, Swedish strategies to prevent integration and national ethnic minorities. In O. GARCÍA (ed.) *Bilingual Education: Focusschrift in Honor of Joshua A. Fishman*. Amsterdam/Philadelphia: John Benjamins.

SKUTNABB-KANGAS, T. and CUMMINS, J. (eds) 1988, *Minority Education: From Shame to Struggle*. Clevedon: Multilingual Matters.

SKUTNABB-KANGAS, T. and PHILLIPSON, R. 1989, 'Mother tongue': The theoretical and sociopolitical construction of a concept. In U. AMMON (ed.) *Status and Function of Languages and Language Variety*. New York: W. de Gruyter.

SKUTNABB-KANGAS, T. and PHILLIPSON, R. (eds) 1994, *Linguistic Human Rights: Overcoming Linguistic Discrimination*. Berlin: Mouton de Gruyter.

SKUTNABB-KANGAS, T. and TOUKOMAA, P. 1976, *Teaching Migrant Children Mother Tongue and Learning the Language of the Host Country in the Context of the Socio-Cultural Situation of the Migrant Family*. Tampere, Finland: Tukimuksia Research Reports.

SLEETER, C.E. and GRANT, C.A. 1987, An analysis of multicultural education in the United States. *Harvard Educational Review* 57 (4), 421–444.

SMITH, D.J. and TOMLINSON, S. 1989, *The School Effect*. London: Policy Studies Institute.

SMITH, F. 1923, Bilingualism and mental development. *British Journal of Psychology* 13, 271–282.

SMITH, F. 1982, *Writing and the Writer*. London: Heinemann.

SNOW, C.E. and HOEFNAGEL-HÖHLE, M. 1978, The critical period for language acquisition: Evidence from second language learning. *Child Development* 49, 1114–1128.

SNOW, M.A. 1990, Instructional methodology in immersion foreign language education. In A.M. PADILLA, H.H. FAIRCHILD and C.M. VALADEZ (eds) *Foreign Language Education: Issues and Strategies*. London: Sage.

SPOLSKY, B. 1989a, Maori bilingual education and language revitalization. *Journal of Multilingual and Multicultural Development* 10 (2), 89–106.

SPOLSKY, B. 1989b, Review of '*Key Issues in Bilingualism and Bilingual Education*'. *Applied Linguistics* 10 (4), 449–451.

SPOLSKY, B. 1989c, *Conditions for Second Language Learning*. Oxford: Oxford University Press.

SPOLSKY, B. and COOPER, R. (eds) 1977, *Frontiers of Bilingual Education*. Rowley, MA: Newbury House.

SRIDHAR, K.K. 1991, Bilingual education in India. In O. GARCÍA (ed.) *Bilingual Education: Focusschrift in Honor of Joshua A. Fishman*. Amsterdam/Philadelphia: John Benjamins.

STERN, H.H. 1983a, *Fundamental Concepts of Language Teaching*. Oxford: Oxford University Press.
STERN, H.H. 1983b, Toward a multidimensional foreign language curriculum. In R.G. MEAD (ed.) *Northeast Conference on the Teaching of Foreign Languages. Foreign Languages: Key Links in the Chain of Learning*. Middlebury, VT: Northeast Conference.
STERN, H.H. 1984, A quiet language revolution: Second language teaching in Canadian contexts: Achievements and new directions. *Canadian Modern Language Review* 40 (5), 506–524.
STERN, H.H. 1992, *Issues and Options in Language Teaching*. Oxford: Oxford University Press.
STERNBERG, R.J. 1985, *Beyond IQ: A Triarchic Theory of Human Intelligence*. Cambridge: Cambridge University Press.
STERNBERG, R.J. 1988, *The Triarchic Mind: A New Theory of Human Intelligence*. New York: Viking.
STREET, B.V. 1984, *Literacy in Theory and Practice*. Cambridge: Cambridge University Press.
STREET, B.V. 1994, What is meant by local literacies. *Language and Education* 8 (1&2), 9–17.
STOTZ, D. and ANDRES, F. 1990, Problems in developing bilingual education programs in Switzerland. *Multilingua* 9 (1), 113–136.
STRONG, M. 1995, A review of bilingual/bicultural programs for deaf children in North America. *American Annals of the Deaf* 140 (2), 84–94.
STUBBS, M. 1991, Educational language planning in England and Wales: Multicultural rhetoric and assimilationist assumptions. In F. COULMAS (ed.) *A Language Policy for the European Community*. New York: Mouton de Gruyter. Also in O. GARCÍA and C. BAKER (eds) 1995, *Policy and Practice in Bilingual Education: A Reader Extending the Foundations*. Clevedon: Multilingual Matters.
SWAIN, M. 1972, Bilingualism as a first language. Unpublished PhD dissertation, University of California, Irvine.
SWAIN, M. 1985, Communicative competence: Some roles of comprehensible input and comprehensible output in its development. In S. GASS and C. MADDEN (eds) *Input in Second Language Acquisition*. Rowley, MA: Newbury House.
SWAIN, M. 1986, Communicative competence: Some roles of comprehensible input and comprehensible output in its development. In J. CUMMINS and M. SWAIN 1986, *Bilingualism in Education*. New York: Longman.
SWAIN, M. 1993, The output hypothesis: Just speaking and writing aren't enough. *Canadian Modern Language Review* 50, 158–164.
SWAIN, M. and LAPKIN, S. 1982, *Evaluating Bilingual Education: A Canadian Case Study*. Clevedon: Multilingual Matters.
SWAIN, M. and LAPKIN, S. 1991a, Additive bilingualism and French immersion education: The roles of language proficiency and literacy. In A.G. REYNOLDS (ed.) *Bilingualism, Multiculturalism and Second Language Learning*. Hillsdale, NJ: Lawrence Erlbaum.

BIBLIOGRAPHY

SWAIN, M. and LAPKIN, S. 1991b, Heritage language children in an English–French bilingual program. *Canadian Modern Languages Review* 47 (4), 635–641.

SWAIN, M., LAPKIN, S., ROWEN, N. and HART, D. 1990, The role of mother tongue literacy in third language learning. *Language, Culture and Curriculum* 3 (1), 65–81.

TAKAKI, R. 1993, Multiculturalism: Battleground or meeting ground? *Annals of the American Academy of Political and Social Science* 530, 109–121.

TANSLEY, P. and CRAFT, A. 1984, Mother tongue teaching and support: A Schools Council enquiry. *Journal of Multilingual and Multicultural Development* 5 (5), 367–384.

TARONE, E. 1980, Communication strategies, foreigner talk and repair in interlanguage. *Language Learning* 30, 417–431.

TAYLOR, D.M. 1991, The social psychology of racial and cultural diversity. In A.G. REYNOLDS (ed.) *Bilingualism, Multiculturalism and Second Language Learning*. Hillsdale, NJ: Lawrence Erlbaum.

TAYLOR, D.M., CRAGO, M.B. and McALPINE, L. 1993, Education in Aboriginal communities: Dilemmas around empowerment. *Canadian Journal of Native Education* 20 (1), 176–183.

THOMAS, J. 1988, The role played by metalinguistic awareness in second and third language learning. *Journal of Multilingual and Multicultural Development* 9, 235–247.

THOMAS, W.P. 1992, An analysis of the research methodology of the Ramirez Report. *Bilingual Research Journal* 16 (1&2), 213–245.

THOMAS, W.P., COLLIER, V.P. and ABBOTT, M. 1993, Academic achievement through Japanese, Spanish or French: The first two years of partial immersion. *Modern Language Journal* 77 (2), 170–179.

TIKUNOFF, W.J. 1983, *Compatibility of the SBIF Features With Other Research Instruction of LEP Students*. San Francisco: Far West Laboratory.

TODD, R. 1991, *Education in a Multicultural Society*. London: Cassell.

TOLLEFSON, J.W. 1991, *Planning Language, Planning Inequality*. London: Longman.

TOLLEFSON, J.W. (ed.) 1995, *Power and Inequality in Language Education*. Cambridge: Cambridge University Press.

TOMLINSON, S. 1986, Ethnicity and educational achievement. In S. MODGIL, G. VERMA, K. MALLICK and C. MODGIL (eds) *Multicultural Education. The Interminable Debate*. London: Falmer.

TORRANCE, E.P. 1974a, *Torrance Tests of Creative Thinking: Directions Manual and Scoring Guide*. Lexington, MA: Ginn.

TORRANCE, E.P. 1974b, *Torrance Tests of Creative Thinking: Norms-Technical Manual*. Lexington, MA: Ginn.

TORRES, G. 1991, Active teaching and learning in the bilingual classroom: The child as an active subject in learning to write. In O. GARCÍA (ed.) *Bilingual Education: Focusschrift in Honor of Joshua A. Fishman*. Amsterdam/Philadelphia: John Benjamins.

TOSI, A. 1983, *Immigration and Bilingual Education*. Oxford: Pergamon.

TOSI, A. 1988, The jewel in the crown of the modern prince: The new approach to bilingualism in multicultural education in England. In T. SKUTNABB-KANGAS and J. CUMMINS (eds) *Minority Education: From Shame to Struggle.* Clevedon: Multilingual Matters.

TOSI, A. 1991, High-status and low-status bilingualism in Europe. *Journal of Education* 173 (2), 21–37.

TOUKOMAA, P. and SKUTNABB-KANGAS, T. 1977, *The Intensive Teaching of the Mother Tongue to Migrant Children at Pre-school Age* (Research Report N . 26). Department of Sociology and Social Psychology, University of Tampere.

TREMBLAY, R. *et al.* 1989, *Se lancer en affaires avec un jeu.* Winnipeg: Canadian Association of Second Language Teachers.

TROIKE, R.C., 1978, Research evidence for the effectiveness of bilingual education. *NABE Journal* 3 (1), 13–24.

TRUEBA, H.T. 1988, Culturally based explanations of minority students' academic achievement. *Anthropological and Education Quarterly* 19, 270–287.

TRUEBA, H.T. 1989, *Raising Silent Voices: Educating the Linguistic Minorities for the 21st Century.* New York: Newbury House.

TRUEBA, H.T. 1991, The role of culture in bilingual instruction. In O. GARCÍA (ed.) *Bilingual Education: Focusschrift in Honor of Joshua A. Fishman (Volume 1).* Amsterdam/Philadelphia: John Benjamins.

TUCKER, G.R. and d'ANGLEJAN, A. 1972, An approach to bilingual education: The St Lambert Experiment. In M. SWAIN (ed.) *Bilingual Schooling: Some Experiences in Canada and the United States.* Ontario: Ontario Institute for Studies in Education Symposium Series/1.

TUNMER, W.E. and HERRIMAN, M.L. 1984, The development of metalinguistic awareness: A conceptual overview. In W.E. TUNMER, C. PRATT and M.L. HERRIMAN (eds) *Metalinguistic Awareness in Children.* Berlin: Springer-Verlag.

TUNMER, W.E. and MYHILL, M.E. 1984, Metalinguistic awareness and bilingualism. In W.E. TUNMER, C. PRATT and M.L. HERRIMAN (eds) *Metalinguistic Awareness in Children.* Berlin: Springer-Verlag.

TUNMER, W.E., PRATT, C. and HARRIMAN, M.L. (eds) 1984, *Metalinguistic Awareness in Children: Theory, Research and Implications.* Berlin: Springer-Verlag.

UNITED NATIONS EDUCATIONAL, SCIENTIFIC AND CULTURAL ORGANIZATION (UNESCO) 1953, *The Use of Vernacular Languages in Education.* Paris: UNESCO.

UNITED NATIONS EDUCATIONAL, SCIENTIFIC AND CULTURAL ORGANIZATION (UNESCO) 1991, *World Education Report 1991.* Paris: UNESCO.

UNITED STATES DEPARTMENT OF EDUCATION 1992, *The Condition of Bilingual Education in the Nation: A Report to the Congress and the President.* Washington, DC: Department of Education.

VAID, J. and HALL, D.G. 1991, Neuropsychological perspectives on bilingualism: Right, left and center. In A.G. REYNOLDS (ed.) *Bilingualism, Multiculturalism and Second Language Learning.* Hillsdale, NJ: Lawrence Erlbaum.

BIBLIOGRAPHY

VALDÉS, G. and FIGUEROA, R.A. 1994, *Bilingualism and Testing: A Special Case of Bias*. Norwood, NJ: Ablex.

VAN EK, J.A. 1986, *Objectives for Foreign Language Learning. Volume I: Scope*. Strasbourg: Council of Europe.

VAN EK, J.A. 1987, *Objectives for Foreign Language Learning. Volume II: Levels*. Strasbourg: Council of Europe.

VARESE, S. 1990, Challenge and prospects for Indian education in Mexico. *Prospects (UNESCO)* 20 (3), 345–356.

VERHOEVEN, L.T. 1994, Transfer in bilingual development: The linguistic interdependence hypothesis revisited. *Language Learning* 44 (3), 381–415.

VERMA, M.K., CORROGAN, K.P. and FIRTH, S. (eds) 1995, *Working With Bilingual Children*. Clevedon: Multilingual Matters.

VYGOTSKY, L.S. 1962, *Thought and Language*. Cambridge, MA: MIT Press.

WAGGONER, D. 1988, Language minorities in the United States in the 1980s. In S.L. McKAY and S.C. WONG (eds) *Language Diversity: Problem or Resource?* New York: Newbury House.

WAGNER, S.T. 1980, The historical background of bilingualism and biculturalism in the United States. In M. RIDGE (ed.) *The New Bilingualism*. Los Angeles: University of Southern California Press.

WALDMAN, I. 1994, Bilingual administrative support personnel in United States corporations. *The Modern Language Journal* 78 (3), 327–338.

WEINREICH, U. 1970, *Languages in Contact: Findings and Problems*. The Hague: Mouton.

WELLS, G. 1986, *The Meaning Makers: Children Learning Language and Using Language to Learn*. London: Heinemann.

WELLS, G. and CHANG-WELLS, G.L. 1992, *Constructing Knowledge Together: Classrooms as Centers of Inquiry and Literacy*. Portsmouth, NH: Heinemann.

WESCHE, M.B. 1993, French immersion graduates at university and beyond: What difference has it made? In J.M. ALATIS (ed.) *The Georgetown Roundtable on Languages and Linguistics 1992*. Washington, DC. Georgetown University Press.

WHITMORE, K. F. and CROWELL, C. C. 1994, *Inventing a Classroom. Life in a Bilingual Whole Language Community*. York, ME: Stenhouse.

WIDDOWSON, H. 1978, *Teaching Language as Communication*. Oxford: Oxford University Press.

WILKINS, D.A. 1976, *Notional Syllabuses*. Oxford: Oxford University Press.

WILLIAMS, C.H. 1991a, Language planning and social change: Ecological speculations. In D.F. MARSHALL (ed.) *Language Planning Volume III*. Philadelphia: John Benjamins BV.

WILLIAMS, C.H. 1991b, *The Cultural Rights of Minorities: Recognition and Implementation* (Discussion Papers in Geolinguistics No. 18). Staffordshire: Staffordshire Polytechnic.

WILLIAMS, G. 1992, *Sociolinguistics: A Sociological Critique*. London: Routledge.

WILLIAMS, J.D. and SNIPPER, G.C. 1990, *Literacy and Bilingualism*. New York: Longman.

WILLIG, A.C. 1981/82, The effectiveness of bilingual education: Review of a report. *NABE Journal* 6 (2&3), 1–19.

WILLIG, A.C. 1985, A meta-analysis of selected studies on the effectiveness of bilingual education. *Review of Educational Research* 55 (3), 269–317.

WILLIG, A.C. and RAMIREZ, J.D. 1993, The evaluation of bilingual education. In B. ARIAS and U. CASANOVA (eds) *Bilingual Education: Politics, Research and Practice.* Berkeley, CA: McCutchan.

WILLIG, C.J. 1990, *Children's Concepts and the Primary Curriculum.* London: Paul Chapman.

WITKIN, H.A. *et al.* 1962, *Psychological Differentiation.* New York: John Wiley.

WITKIN, H.A. *et al.* 1971, *A Manual for the Embedded Figures Test.* Palo Alto, CA: Consulting Psychologists Press.

WONG FILLMORE, L. 1979, Individual differences in second language acquisition. In C. FILLMORE, D. KEMPLER and W. WANG (eds) *Individual Differences in Language Ability and Language Behavior.* New York: Academic Press.

WONG FILLMORE, L. 1982, Instructional language as linguistic input: Second language learning in classrooms. In L. WILKINSON (ed.) *Communicating in the Classroom.* New York: Academic Press.

WONG FILLMORE, L. 1991a, When losing a second language means losing the first. *Early Childhood Research Quarterly* 6, 323–346.

WONG FILLMORE, L. 1991b, Second-language learning in children: A model of language learning in social context. In E. BIALYSTOK (ed.) *Language Processing in Bilingual Children.* Cambridge: Cambridge University Press.

WONG FILLMORE, L. and VALADEZ, C. 1986, Teaching bilingual learners. In M.C. WITTROCK (ed.) *Handbook of Research on Teaching* (3rd ed). New York: Macmillan.

WORLD BANK 1982, *The Use of First and Second Languages in Primary Education:* Selected Case Studies (World Bank Staff Working Paper No. 504). Washington, DC: World Bank.

YATIM, A.M. 1988, Some factors affecting bilingualism amongst trainee teachers in Malaysia. Unpublished PhD thesis, University of Wales.

YOUNG, R.M. 1987, Interpreting the production of science. In D. GILL and L. LEVIDOV (eds) *Anti-Racist Science Teaching.* London: Free Association Books.

ZAPPERT, L.T. and CRUZ, B.R. 1977, *Bilingual Education: An Appraisal of Empirical Research.* Berkeley, CA: Bay Area Bilingual Education League.

ZENTELLA, A.C. 1988, The language situation of the Puerto Ricans. In S.L. McKAY and S.C. WONG (eds) *Language Diversity: Problem or Recourse.* New York: Newbury House.

ZONDAG, K. 1991, Bilingual education in Friesland from the innovator's point of view. In O. GARCÍA (ed.) *Bilingual Education: Focusschrift in Honor of Joshua A. Fishman.* Amsterdam/Philadelphia: John Benjamins.

ZUNIGA, M. 1990, Educational policies and experiments among indigenous populations in Peru. *Prospects (UNESCO)* 20 (3), 365–376.

Author Index

A.C.A.C., 231
Abbott, M., 193
Abdulaziz, M.H., 390
Aclan, Z., 193
Ada, F., 309, 310
Afolayan, A., 194
Aitchison, J., 36, 43
Albó, X., 390
Alford, M.R., 390
Alladina, S., 390
Allard, R., 102
Allardt, E., 39, 367
Allardyce, R., 390
Allen, P., 206
Amadio, M., 390
American Psychological Association, 213
Andersen, R., 109
Anderson, C.A., 293
Anderson, T., 166
Andres, F., 37, 184
Appel, R., 13
Argyle, M., 153
Arias, M., 166, 222, 390
Arnberg, L., 90, 93, 131
Arnberg, P., 90
Arsenian, S., 121
Artigal, J.M., 184, 200, 390
Auerbach, E.R., 320

Baca, L.M., 262
Bachi, R., 85
Bachman, L.F., 30, 31, 32, 33

Baetens Beardsmore, H., 6, 14, 24, 33, 55, 101, 195, 196, 197, 222, 390
Baker, C., xii, 12, 16, 21, 22, 24, 29, 54, 55, 68, 83, 92, 103, 104, 105, 127, 130, 136, 143, 184, 195, 197, 200, 218, 222, 248, 254, 265, 270, 272, 312, 341, 349, 371, 379, 387, 389, 390
Baker, K., 211, 212, 213, 214, 215, 216
Balkan, L., 131, 138
Barona, A., 265
Barona, M.S., 265
Barth, F., 367
Bel, A., 184, 200
Ben-Zeev, S., 131, 133, 134, 136
Benavides, A.H., 143, 390, 392
Benton, R.A., 390
Benyon, J., 185, 186
Berliner, D.C., 202
Bernhardt, E.B., 334, 337, 338
Berthold, M., 184
Bialystok, E., 134, 135, 138, 143, 150
Biddle, B., 342, 343
Bild, E., 228
Blanc, M., 106
Bloome, D., 300
Bloomfield L., 7, 14, 23
Bonilla, F., 62
Bourhis, R., 52, 53, 56
Boyer, M., 166
Boyle, E., 200, 390
Braine, M., 85
Brown, H., 335

49

Brown, J., 201
Bruck, M., 140
Bull, B., 359
Bullock Report (Department of Education and Science), 322
Burt, M., 10, 112, 203, 213, 283
Byrne, J., 109, 110

Caldwell, J., 184
Calero-Breckheimer, A., 323, 324, 328
California State Department of Education, 203, 276, 277, 290, 338, 390
Campbell, R., 134
Canadian Education Association, 181, 210, 335
Canale, M., 30
Carey, S., 207
Carroll, B., 6
Carroll, J., 30
Carter, T., 218
Casanova, U., 166, 169, 222, 356, 390
Cazabon, M., 193
Cazden, C., 172, 197, 215, 222, 360, 371, 390, 391
Cenoz, J., 228
Cervantes, H., 262
Chamberlain, P., 266
Chang-Wells, G., 294, 295, 301, 312, 318
Chatfield, M., 218
Chattergy, V., 359
Chee Chin, P., 62
Chomsky, N., 99, 100, 111, 283
Christian, D., 187, 192, 193
Clarkson, P., 148, 150
Cline, T., 157, 159, 270, 272
Cloud, N., 261
Clyne, M., 390
College for Continuing Education, 241
Collier, V., 193, 203, 248, 392
Conklin, N., 44, 46, 50, 52
Connerty, M., 62
Cook, V., 278
Cooper, R., 40, 43, 65, 390
Corder, S., 284
Corrigan, K., 390
Corson, D., 227, 356, 363, 390, 391
Coulmas, F., 57, 58
Coupland, N., 74, 110

Courtel, C., 290
Craft, A., 83
Crago, M., 210
Crawford, J., 166, 197, 360, 371, 390, 391
Crowell, C., 297, 312, 392
Cruz, B., 203, 213
Crystal, D., 361
Cummins, J., 7, 78, 103, 123, 130, 131, 136, 138, 139, 145, 147, 148, 151, 152, 153, 154, 155, 159, 160, 185, 197, 208, 210, 211, 215, 219, 222, 228, 248, 252, 254, 267, 268, 272, 310, 345, 346, 347, 349, 363, 371, 385, 390, 391, 392
Cziko, G., 215, 218

d'Andrea, D., 81, 154
d'Anglejan, A., 181
d'Emilo, L., 390
Damico, J., 272
Danesi, M., 197, 208, 210, 211, 222, 390, 391
Danoff, M., 200
Darcy, N., 118
Davidman, L., 382, 387
Davidman, P., 382, 387
Dawe, L., 148, 150
de Avila, E., 138, 148
de Kanter, A., 211, 212, 213
Delgado-Gaitan, C., 252, 320, 321, 322, 328, 348, 387, 391
Delpit, L., 308, 348, 349
Department of Education & Science, 251
Department of Education & Science & the Welsh Office, 28, 228, 230
Desrochers, A., 125, 126
Devillar, R., 390, 391
Di Pietro, R., 88
Diaz, C., 46
Diaz, R., 123, 139, 141
Dicks, J., 337
Diebold, A., 7, 16
Dodson, C., 16
Dolson, D., 188, 215
Donaldson, M., 134
Donato, R., 218, 220, 223
Donmall, B., 379
Dopke, S., 93
Dorian, N., 47, 48
Doyle, A., 132

AUTHOR INDEX

Duff, P., 390
Dulay, H., 10, 112, 203, 213, 283
Dumas, G., 206
Duncan, S., 138, 148
Dunkin, M., 342, 343
Dyson, A., 301

Eastman, C., 40, 86, 90
ECIS (the European Council of International Schools), 195
Edelsky, C., 159, 319
Edwards, J., 48, 49, 50, 203, 366, 378, 391
Edwards, V., 210, 390
Eiseman, T., 390
Ellis, N., 134
Ellis, R., 5, 96, 97, 99, 100, 103, 108, 111, 113, 115
Erickson, F., 363

Faltis, C., 177, 390, 391
Fantini, A., 79, 90, 93
Ferguson, C., 36, 173
Feuerverger, G., 326
Fienberg, S., 215, 216
Figueroa, R., 25, 33, 265, 270, 272
Figuroa, P., 251, 260
Firth, S., 390
Fischler, I., 134, 142
Fishman J., 8, 11, 12, 36, 37, 38, 50, 62, 63, 64, 66, 67, 68, 69, 70, 72, 73, 74, 173, 184, 185, 203, 353, 386, 391
Fitzgerald, J., 166
Fitzpatrick, F., 200
Fortune, D., 390
Fortune, G., 390
Frederickson, N., 157, 159, 272
Freeman, R., 193
Friere, P., 308
Fromm, E., 124
Fruehling, R., 359

Gaarder, A., 279
Gal, S., 47
Galambos, S., 134, 135, 136
Galbraith, P., 150
Gandhi, M., 361
García, E., 220
García, G., 324

García, O., xii, 16, 40, 58, 61, 62, 167, 168, 175, 179, 184, 185, 187, 192, 197, 222, 248, 272, 312, 349, 364, 368, 371, 387, 389, 390, 391
García, R., 46
Gardner, R., 103, 104, 105, 106, 107, 109, 115
Gaudart, H., 390
Geary, D., 134
General Accounting Office, 216, 217
Genesee, F., 136, 138, 204, 205, 207, 228, 319, 338, 369, 390, 391
Gersten, R., 255, 260
Ghuman, P., 83, 390
Giles, H., 52, 53, 56, 74, 109, 110
Girard, D., 285, 286
Glass, G., 213
Gliksman, L., 105
Goetz, E., 323, 324, 328
Goldstein, H., 10
Gomeztortosa, E., 124
Gonzalez, J., 360
Gordon, M., 365
Graf, P., 390
Graff, H., 306, 307
Grant, C., 381
Graves, D., 301
Gregory, E., 303, 304, 320
Griffiths, M., 356
Grosjean, F., 8, 27, 269
Guilford, J., 119
Gulutsan, M., 131, 139
Gurdian, G., 390

Haberland, H., 362
Hagemeyer, A., 243
Hakuta, K., 78, 81, 92, 127, 134, 135, 136, 142, 154, 166, 169, 356, 391
Hall, D., 124, 125
Hall, G., 192
Hall, K., 337
Halliday, M., 31
Hallinger, P., 219
Hamayan, E., 138, 272, 319
Hamers, J., 106
Hamlin, J., 184
Hammerly, H., 206
Hansegard, N., 9
Harding, E., 93

51

Harley, B., 84, 108, 152, 206, 289, 337
Harris, J., 28, 127, 200
Harris, R., 134, 143
Harry, B., 255, 272
Hart, D., 26, 228
Hatch, E., 111
Hawkins, E., 379
Heath, S., 66, 304, 305, 306, 312
Heller, M., 207, 208, 222, 338, 370, 390
Henze, R., 218, 220, 223
Heredia, R., 125
Hernandez, R., 266
Hernandez-Chavez, E., 10
Herriman, M., 134
Hinde J., 12, 21, 22
Hirsch, E., 302
Hoefnagel-Höhle, M., 152
Hoffmann, C., 14, 86, 87, 391
Holm, A., 184, 185, 213, 362
Holm, W., 184, 185, 213, 362
Hornberger, N., 15, 55, 173, 176, 188, 200, 254, 362, 312, 320, 323, 328, 345, 390
Horvath, B., 390
Houghton, C., 173
Housen, A., 101, 195, 196
Houston, S., 16
Huddy, L., 216, 376
Hudelson, S., 295, 315, 316, 317, 328
Hudson, L., 129
Huffines, M., 43
Hughes, J., 118
Hummel, K., 125, 134
Hunter, J., 213
Hurd, M., 228
Hymes, D., 30, 283

Ianco-Worrall, A., 132, 133, 134
Imedadze, N., 139
Imoff, G., 360
Isaacs, E., 117

Jackson, G., 213
Jacobson, R., 237, 238, 241, 248, 391
Jacques, K., 184
Jimenez, R., 324
Johnson, D., 319
Johnson, R., 205
Jones, G., 194, 390, 391

Jones, W.R., 120, 121
Jong, E. de, 93

Kardash, C., 134
Karniol, R., 259
Kaur, S., 91
Keatley, C., 125, 134
Keel, P., 272
Kessler, C., 148
Keyser, R., 201
Kjolseth, R., 358
Kline, P., 24
Klinger, C., 139
Kloss, H., 166
Kolers, P., 125
Krashen, S., 77, 103, 111, 113, 114
Kyle, J., 248

Lado, R., 6, 30
Lalonde, R., 107
Lam, T., 203
Lambert, W.E., 66, 101, 102, 104, 121, 122, 123, 124, 127, 136, 138, 180, 193, 228, 275, 276
Lamendella, J., 111
Lanauze, M., 323
Landry, R., 102
Lange, L., 288
Lanza, E., 89
Lapkin, S., 26, 101, 200, 203, 204, 208, 222, 227, 228, 289, 323, 390, 392
Larsen-Freeman, D., 113
Laurén, C., 184
Laurén, U., 130, 131
Laurie, S., 117, 118
Leblanc, C., 290
Leblanc, R., 179, 288
Lebrun, N., 197, 390
Leopold, W., 78, 79, 132
Levy, P., 10
Lewis, E.G., 165
Lindholm, K., 186, 187, 192, 193, 334
Linguistic Minorities Project, 22, 83
López, L., 390
Lourie, M., 44, 46, 50, 52
Low, G., 113
Lowe, G., 26
Lucas, T., 218, 220, 223

AUTHOR INDEX

Lukmani, Y., 105
Lynch, J., 374, 380, 381, 387
Lyon, J., 93
Lyons, J., 166, 169, 356

Macedo, D., 308
Mackey, W.F., 6, 106, 165, 173, 174
MacNab, G., 123, 141
Macnamara, J., 6, 200
MacNeil, M., 184
Máez, B., 118
Mägiste, E., 228
Malakoff, M., 90, 91, 166
Maldonado, J., 260
Malherbe, E., 200
Manzer, K., 184
Mar-Molinero, C., 390
Martin, P., 194
Martin-Jones, M., 152, 159
Martínez, P., 390
Mäsch, N., 194
Mashie, S., 266
Matsumi, N., 125
Matthews, T., 201
McAlpine, L., 210
McConnell, B., 201
McCracken, W., 248
McGaw, B., 213
McGroarty, M., 360, 391
McKay, S., 176, 371, 387, 390, 391
McLaughlin, B., 77, 81, 108, 112, 113, 115, 125, 390, 391
McLeod, K., 197, 390
McMahon, A., 36, 43
Medeiros-Landurand, P., 266
Mercer, J., 260
Merino, B., 178, 214
Meyer, J., 188, 215
Meyer, M., 215, 216
Miller-Nomeland, M., 241, 242
Mills, J., 390, 391
Mills, R., 91, 390, 391
Moll, L., 321
Morales R., 62
Morison, S., 187
Morris, D., 60
Morris, S., 197, 390
Morrison, D., 113

Mortimore, P., 219
Moya, R., 390
Mulcahy, R., 148
Multilingual Resources for Children Project, 327, 328
Murphy, J., 219
Muysken, P., 13
Myers Scotton, C., 87, 88
Myhill, M., 134

Náñez, J., 118
Neufeld, G., 139
Nieto, S., 382, 387, 392
Novak-Lukanovic, S., 390

Obler, L., 124
Ochs, T., 195
Ogbu, J., 362, 363
Oka, H., 184
Olaziregi, I., 184, 200
Oller, J., 6, 10, 11, 30, 103
Olneck, M., 382, 383
Otheguy, R., 58, 61, 62, 173, 187, 192, 353, 354, 366, 378
Otto, R., 173
Ovando, C., 248, 358, 392
Oxenham, J., 295
Ozóg, A., 194, 390, 391

Padilla, A., 134, 360
Padilla, R., 118, 143, 390, 392
Paivio, A., 125, 126
Pakir, A., 194
Pattanayak, D., 390
Paulston, C., 30, 46, 50, 62, 73, 74, 165, 344, 365, 368, 369, 390, 391, 392
Peal, E., 121, 122, 123, 124, 127
Pearoon, R., 321
Pedersen, R., 390
Pérez, B., 328, 392
Perkins, K., 103
Perlmann, J., 166
Perotti, A., 384, 390
Phillipson, R., 16, 355, 361, 371
Pierson, R., 107
Pintner, R., 121
Pohl, J., 15, 16
Porter, R., 366

53

Pratt, C., 134
Price, E., 200
Prys Jones, S., 83, 195, 379
Purkey, S., 219

Quinn, M., 148

Ramey, D., 214, 215, 223
Ramirez, J., 178, 214, 215, 216, 223
Ransdell, S., 134, 142
Rebuffot, J., 180, 181, 332, 335
Redfem, A., 210, 390
Reid, S., 39
Resnick, D., 266
Resnick, L., 266
Resnick, M., 48
Reynolds, A., 122, 140, 392
Reynolds, D., 219
Ricciardelli, L., 130, 131, 134, 135
Richards, J., 278, 290, 392
Riley, P., 93
Ringbom, H., 228
Rippberger, S., 369
Rivera, C., 159, 160
Roberts, C., 208, 333
Roberts, G., 87
Robson, A., 156, 159
Rogers, T., 278, 290, 392
Romaine, S., 13, 36, 43, 79, 86, 89, 92, 152, 159
Ronjat, J., 78
Rosenthal, R., 142
Rosier, P., 213
Rossell, C., 215
Rowen, N., 228
Rubagumya, C., 390, 392
Rubin, J., 40
Rueda, R., 141, 142, 262
Ruiz, R., 353, 354, 355
Ryan, E., 134

Saer, D., 118, 120, 200
Saif, P., 228
Sais, E., 134
Salamanca, D., 390
Sankoff, G., 12
Saunders, G., 79, 93, 392
Schermerhorn, R., 180, 365, 367, 370

Schinke-Llano, L., 79
Schlossman, S., 166
Schmidt, F., 213
Schrier, L., 334
Schumann, J., 108, 109
Sears, D., 216, 376
Secada, W., 155, 366
Selinker, L., 206
Shapson, S., 204, 208
Sharpe, P., 77
Sheils, J., 286
Sheldon, M., 228
Shohamy, E., 26
Sierra, J., 184, 200
Siguan, M., 106
Singleton, D., 84, 85
Skehan, P., 26
Skutnabb-Kangas, T., 7, 9, 11, 14, 16, 24, 33, 50, 148, 177, 178, 355, 357, 365, 371, 390, 392
Sleeter, C., 381
Smith, D., 219
Smith, F., 118, 201, 318
Smith, M., 213
Smith, M., 219
Snipper, J., 323
Snow, C.E., 152, 172, 197, 222, 323, 360, 371, 390, 391
Snow, M.A., 337
Spolsky, B., 49, 95, 115, 184, 390, 392
Sridhar, K., 390
Starck, C., 367
Stern, H.H., 5, 204, 278, 288, 289, 290, 341, 392
Sternberg, R.J., 140
Stotz, D., 184
Street, B., 303, 307, 308
Strong, M., 244, 248
Stubbs, M., 38, 357, 359
Sung, H., 134
Swain, M., 26, 30, 77, 80, 101, 132, 160, 195, 200, 203, 204, 205, 206, 208, 222, 227, 228, 248, 323, 390, 391, 392

Takaki, R., 366
Tansley, P., 83
Tarone, E., 100
Taylor, D., 52, 53, 56, 210, 275, 276, 364, 376

AUTHOR INDEX

Taylor, S., 288
Terrell, T., 113, 114
Théberge, R., 102
Thomas, J., 228
Thomas, W., 193, 215
Tikunoff, W., 220
Todd, R., 384
Tollefson, J., 110
Tomlinson, S., 219, 251
Toohey, K., 185, 186
Torrance, E., 129
Torres, G., 323
Torres-Guzmán, M., 328, 392
Tosi, A., 195, 196, 365
Toukomaa, P., 11, 148
Tremblay, R., 288
Troike, R., 203, 213
Trueba, H., 218, 252, 253, 348, 355, 357, 363, 387, 390, 391, 392
Tucker, G., 136, 138, 180, 181
Tunmer, W., 134

United Nations Educational, Scientific and Cultural Organization (UNESCO), 27, 227
United States Department of Education, 216
Ury, W., 88

Vaid, J., 124, 125
Valadez, C., 248
Valdés, G., 25, 33, 265, 270, 272
Valencia, J., 228
van Beeck, H., 55
van Ek, J., 277, 284, 285
Varese, S., 390

Vaughan, P., 390
Verhoeven, L., 228, 345
Verma, M., 390
Vygotsky, L., 139, 300

Wagner, S., 176
Waldman, L., 61
Weinreich, U., 15
Wells, G., 294, 295, 301, 312, 318, 323
Wells, M., 173
Wesche, M., 206
Whitmore, K., 297, 312, 392
Widdowson, H., 285
Wilkins, D., 285
Williams, C., 41, 42, 368
Williams, G., 37, 73, 110
Williams, J., 323
Willig, A., 213, 214, 216
Willig, C., 318
Witkin, H., 137
Wong Fillmore, L., 80, 81, 98, 99, 111, 152, 248
Wong, S.C., 371, 387, 390, 391
Woodward, J., 255, 260
World Bank, 200

Yatim, A., 105
Young, R., 383
Yuen, S., 214, 215, 223

Zappert, L., 203, 213
Zentella, A., 90
Zondag, K., 390
Zuniga, M., 390

Subject Index

Ability in language, 5f
Academic language competence, 10f
Accommodation theory, 109f
Acculturation model, 108f
Achievement in language, 5
Acquisition planning, 65
Additive bilingualism, 66, 101f, 334, 346
Adult language learning, 83f
Age, 84f
Aims of bilingual education, 173f
Anti-racism, 374f, 384f
Anxiety, 106, 210
Aptitude, 101f
Assessment, 260f, 265f, 281
Assimilation, 173, 176, 242, 275, 264f, 375f
Asymmetrical principle, 39
Attitudes, 41f, 89, 101f, 206, 209
Audiolingualism, 282f
Australia, 184
Autonomous minorities, 362

Balance theory, 145f
Balanced bilinguals, 8, 122, 130
Basal readers, 298f
Basques, 184
BICS, 151f
Bilingual Education Act, 169f
Biliteracy, 315f
Boundaries, 38, 48, 190f, 232f
Brain, 124f
Brunei, 193f

CALP, 151f

Canada, 180f, 203f, 289f, 331f, 369f
Caretaker speech, 335
Caste-like minorities, 362f
Catalan, 184
Census, 18, 22, 54
Civil rights, 168, 356, 364
Codeswitching, 86f, 234
Common underlying proficiency, 147f
Communicative language, 25f, 283f
Communicative sensitivity, 136f
Community, 35f, 56, 61, 73, 78, 83, 243, 305, 346
Competence in language, 5, 28, 30f
Conceptual map, 400
Concurrent language use, 237f
Conflict paradigm, 368f
Content reduced communication, 151f
Context, 23, 36, 96, 97, 219, 281, 300, 341f
Context embedded communication, 151f
Conversational fluency, 10f
Corpus planning, 65
Creative thinking, 129f
Criterion referenced tests, 27f, 270
Critical literacy, 306f
Cuban, 169, 192
Cultural pluralism, 63, 365f, 378f
Culture, 64f, 108f, 231f, 277, 289, 301f, 332

Deaf bilinguals, 241f
Developmental maintenance education, 184f, 208f
Diglossia, 36f
Divergent thinking, 129f

SUBJECT INDEX

Domains, 12, 20f, 361
'Double semilingualism', 8f
Dual coding model, 125f
Dual language books, 325f
Dual language education, 186f

Economy and bilingualism, 56f
Effectiveness of bilingual education, 200f
Empowerment, 268, 294, 345f
England, 38, 83, 358
English, 57f, 81, 167, 204, 209, 334, 360f
English-only movement, 360f
Enrichment bilingual education, 173
Equilibrium paradigm, 368f
Ethnic community schools, 184f
Ethnic identity, 303, 367f
European Schools, 195f

Field dependency/independency, 137f
Finnish, 162
Foreign language teaching, 179
French, 180f, 203f, 394f, 369f
Functional approach, 283f
Functions of language, 11f, 39f, 109

Gaelic, 47f, 184
Germany, 194, 195
Global language proficiency, 10f
Graded Intergenerational Disruption Scale, 67f

Hearing impaired, 241f
Hebrew, 83, 85f
Heritage language education, 184f, 208f
Home (see Parents)

Identity, 374f
Immersion bilingual education, 180f, 203f, 331f, 369f
In-migrant, 46f, 166f, 362f, 366f
Individual bilingualism, 4f, 11f, 37f, 99f
Inputs, 98f, 112, 341f
Instrumental motivation, 104f
Integrative motivation, 104f
'Intelligence', 117f, 267
Inter-language marriage, 54
Interactional approach, 286f
Interdependence, 97, 345f

Interlanguage, 336
International schools, 194f
Interpreters, 90f, 268
Ireland, 184
Israel, 83, 85, 86

Japan, 57, 184, 194

Language acquisition, 77
Language allocation, 232f
Language as a problem, 353f
Language as a resource, 357f
Language as a right, 354f
Language awareness, 379f
Language background, 12f, 20f
Language balance, 24f
Language contact, 35f
Language death, 47f
Language delay, 255f
Language garden, 40f
Language learning, 77f
Language loss, 44f, 80f
Language maintenance, 43f, 62
Language planning, 40f, 64f
Language reproduction, 67f
Language revival/reversal, 52f, 62f, 66f
Language rights, 354f
Language separation, 33, 48, 190f, 233f, 332
Language shift, 42f, 52f
Language skills, 5f
Language status, 52f
Language targets, 108
Language vitality, 52f, 62
Lateralization, 124f
Lau remedies, 169f, 356
Learning difficulties, 251f
Literacy, 293f, 315f

Mainstream bilingual education, 179f
Maintenance bilingual education, 173f
Malaysia, 105
Maori, 356
Mass media, 55
Measurement, 18f
Meta analysis, 125, 213f
Metalinguistic awareness, 132f
Mexicans, 382f

57

Monitor model, 111f
Mother tongue, 16
Motivation, 101f
Multiculturalism, 264f, 274f
Multidimensional language curriculum, 288f

Notional-functional, 285f

Objectives, 28, 228f
Oracy, 6f
Oral interview, 26
Outputs, 100f, 202, 211, 341f

Parents, 77f, 186, 252, 303f, 319f, 346
Pennsylvania German, 42f, 54, 55
Performance in language, 5
Personality principle, 39f
Peru, 55f
Prejudice reduction, 384f
Processes, 100, 341f
Productive language skills, 5f
Proficiency in language, 5, 22, 27, 101f
Puerto Ricans, 54, 79
Pull-out classes, 177

Racism, 384f
Receptive language skills, 6f
Religion, 55
Reversing language shift, 62f
Review & Study Questions, 14, 33, 50, 74, 92, 115, 127, 143, 160, 197, 223, 248, 272, 290, 313, 328, 339, 350, 372, 387
Rights, 354f
Rurality, 54

Scotland, 47f, 184
Segregationist education, 178
'Semilingualism', 8f
Separate underlying proficiency, 145f
Separatist education, 180
Sequential bilingualism, 76f, 81f
Sheltered English, 176, 177
Sign language, 244
Simultaneous bilingualism, 76f
Societal bilingualism, 35f

Socioeconomic/sociocultural class, 47f, 65, 88, 106, 123, 219, 253, 263f, 301
Spanish, 20f, 61, 135, 174f, 358
Special education, 260f
Special needs, 254f
Stammering, 255f
Status planning, 65
Structural approach, 282f
Structured immersion, 174f, 214f
Study activities, 15, 33, 50, 74, 92, 115, 127, 143, 161, 198, 223, 249, 272, 290, 313, 328, 339, 350, 372, 387
Stuttering, 255f
Submersion, 170, 174f
Subtractive bilingualism, 66, 101f, 346
Surface fluency, 11
Sweden, 148
Switzerland, 184

Teacher effectiveness, 220
Territorial principle, 38f
Testing, 24f, 119, 266f
Thinking, 7, 122f, 129f
Threshold, 130f, 138, 148f
Total communication, 245
Transfer, 90, 324, 336
Transitional bilingual education, 170, 173f, 178f, 214f
Trilingualism, 228
Two way language education *see* Dual language education, 186f
Typology of bilingual education, 174f

Underlying proficiency model, 146
Ulpan, 83
Underachievement, 251f
United States, 166f, 211f, 260f, 265f, 359f

Wales, 184
Whole language, 296f
Withdrawal classes, 177
Word association, 25
Writing, 317f

Zone of Proximal Development, 300